KB125309

지은이 | 김고은

경희대학교 한의학과를 졸업하고 동대학 동서의학대학원에서 의과학
석사 학위를 취득했다. 1998년부터 점성학을 익히기 시작했으며 이후
로 그룹 단위의 스터디와 함께 연구를 계속했다. 2006년부터 점성학
공개 강의를 개설해 진행하고 있다. 저서로는 『정신과학 천문편』(공저)
과 『크리스천 점성술 1~3권』(역서)이 있다.

블로그 https://blog.naver.com/svara
유튜브 채널 https://www.youtube.com/c/Chronosight (점성술운세)

천궁도와 별이야기

Interpretation
of Fixed Stars
in Astrology

천궁도와
별이야기

김고은 지음

CONTENTS

고전 점성술의 기본 틀이 마련된 현시점.
'해석의 디테일'을 풍요롭게 구성하는
항성의 용도가 한층 빛을 발하는 순간입니다.

지난 2008년 〈크리스천 점성술Christian Astrology〉의 번역본 세 권을 출간했습니다. 이후로 12년 동안 한국의 서양 고전 점성술 분야는 상당한 발전을 이루었으며 사용자층 역시 과거에 비해 많이 늘어났습니다. 이는 오래전부터 고전 점성술을 익혀온 입장에서 매우 고무적이고 기분 좋은 일이 아닐 수 없습니다.

중세 아랍 점성술을 넘어 미발굴 상태였던 헬레니즘 점성술에 대한 연구와 재평가가 순차적으로 진행되면서, 밀레니엄 이후 이런저런 시행착오를 거쳤던 '고전 출생 점성술Natal Astrology'의 기본 틀이 이제는 사실상 자리가 잡힌 상황입니다. '행성-감응점-하우스 조합'의 배치와 연계성에 입각한 천궁도의 해석 방법은 학파 간의 차이보다는 그 공통분모가 명백히 더 커졌고, 입문자 입장에서 서로 모순되어 보이는 이론을 접하며 혼란함을 느끼는 경우 또한 점점 줄어들고 있습니다. 한국의 고전 점성술 연구 수준은 영미권에서 선도하던 트렌드를 따라잡는 수준을 벗어나, 이제는 기존의 체계를 통합하여 새로운 기법을 정립하는 단계에까지 발전한 상황입니다.

다만 아직까지 제대로 정리가 되고 있지 않은 점성술 분야가 바로 '항성Fixed Stars'에 대한 내용입니다. 과거 고전 점성술이 한국에 처음 도입되던 시기에 일각에서 행성이 아닌 항성 중심으로 천궁도를 해석하려는 관점이 있었으나 그리 오래가지 못했는데, 워낙 불안정한 체계에 유효성을 담보하기 어려웠기 때문이라는 해석이 지배적입니다. 헬레니즘 점성술은커녕 중세 아랍 점성술의 문헌조차 널리 소개되지 않았던 시절이니, 아무래도 지식과 정보가 부족한 상황에서 인지상정으로 좀 더 쉽고 인상적인 내용에 끌렸던 것이 아니었을까 추정하고 있습니다. 하지만 이제는 상황이 달라졌습니다. 고전 점성술의 기본 축인 행성-감응점-하우스 조합에 대한 내용이 체계화되어 널리 알려져 있고, 점성술의 입문자들은 상호 소통 가능한 표준화된 자료로 점성술을 익히고 있습니다. 지난 10여 년 동안 활발한 연구를 통해 영미권과 한국 모두 비교적 탄탄한 고전 점성술의 기반이 갖추어진 셈입니다.

고전 점성술에서 항성 관련 내용은 각론各論에 속합니다. 그런 만큼 기초적인 분야는 아닙니다. 천궁도 해석의 중심이 되기보다는, 사전에 행성과 하우스 등을 분석하여 기본 골격이 잡힌 상태에서 살을 붙여주며 디테일을 만드는 역할을 맡는 것이 항성입니다. 따라서 기초가 부족한 상태에서 항성을 적용하기 시작하면 분석의 기준이 불분명하기 때문에 해석이 중구난방이 되며 이현령비현령 식, 즉 '갖다 붙이는 식'으로 빠지기 쉽습니다. 항성을 적용하기 전에 고전 점성술의 기초를 체계적으로 익히는 것이 바른 순서입니다.

바꾸어 말하면, 기초가 갖추어진 상태라면 비로소 항성을 익혀서 적용할 수 있는 선결 조건이 충족된 것입니다. 각론이자 해석의 디테일을 풍요롭게 구성하는 항성의 용도는 고전 점성술의 기본 틀이 마련된 현시점에서 더욱 빛을 발할 수 있습니다. 약물을 투여할 때 효과는 충분한데 부작용이 적은 경우에 최선의 결과를 얻게 됩니다. 그런 측면에서 바로 지금이 고전 점성술 연구에 항성의 체계화라는 약물을 투여하기에 적기라고 판단할 수 있습니다.

학문과 기술의 기초를 튼튼히 다지는 것은 무엇보다 중요한 일입니다. 그렇지만 한편으로는 기초를 충분히 다진 후에는 그 이상으로 나아가야 합니다. 튼튼해진 기초에 만족하여 그 영역을 벗어날 생각을 못한다면 다음 단계의 발전이란 있을 수 없습니다. 기초적인 해석 이상의 정밀함과 디테일을 원한다면, 기초 단계를 넘어선 지식이 필요합니다. 비록 졸저이지만 이 책의 출간이 고전 점성술이 나아갈 다음 단계의 초석이 될 수 있기를 희망합니다.

저자 입장에서 품을 수 있는 또 하나의 바람이 있다면, 이 책에 담긴 내용이 고전 점성술 사용자 이외의 독자들에게도 재미를 선사할 수 있으면 좋겠다는 것입니다.

천문 관측을 즐기며 별자리를 좋아하시는 분들에게는 실제 밤하늘에서 볼 수 있는 별들이 특정한 개인의 인생과 상관관계를 가질 수 있다는 점, 또한 실제로 누군가에게 어떤 별이 중요성을 가지는지 도수 계산을 통해 실제로 확인할 수 있다는 점이 흥미롭게 다가올 수 있다고 생각합니다. 책 말미에 덧붙인 항성 총론 부분에 온라인상으로 손쉽게 천궁도를 작성하고 특정 개인에게 어떤 항성이 유효하게 들어오는지 확인할 수 있는 방법을 기재해두었으니 참조하시기 바랍니다. 또한 소설, 드라마, 영화, 웹툰 등 가상의 캐릭터를 구상하고 플롯을 짜는 직종에 종사하는 분들 역시 이 책에 수록된 내용에서 자그마한 아이디어를 얻을 수 있을지도 모르겠습니다. 예전부터 구미권, 일본, 대만 등에서 점성술과 별자리는 캐릭터 설정의 한 틀로 사용되고 있었으며, 열두 별자리를 넘어 수십 개 항성의 영역까지 간다면 더욱 다채로운 개성을 찾을 수 있을 것입니다.

이 별들의 캐릭터는 각자 외딴섬처럼 떨어져 자기만의 포트폴리오에 갇혀 있는 존재가 아닙니다. 서로 돕거나 혹은 적대하는 등 관계를 맺으며 좀 더 큰 스토리 라인을 함께 만들어나가는 존재입니다. 그 안에서 선역과 악역이, 주연과 조연이 서로 긴밀하게 얽혀 들어가며 만들어지는 이야기는 그 자체만으로도 한 편의 영화를 보는 것 같은 즐거움을 안겨주곤 합니다.

이 책의 내용이 더 많은 분에게 도움이 될 수 있기를 기원합니다.

2020년
김고은

항성이 알려주는
출생 천궁도와
인물 성향의 비밀

데네브 카이토스

Deneb Kaitos / Diphda

★ 관측정보

별 이름: 데네브 카이토스

별자리 분류(constellation): 고래자리 베타(β)성

황경(longitude): 백양궁(Aries) 1도 11분(1900년 기준) / 백양궁(Aries) 2도 35분(2000년 기준)

적위(declination): 남위 18도 32분(1900년 기준) / 남위 17도 59분(2000년 기준)

적경(right ascension): 00h 43m

황위(latitude): 남위 20도 47분

광도(magnitude): 2.02

★ observation info.

Fixed star: **DENEB KAITOS** Difda

Constellation: Beta(β) Cetus

Longitude 1900: 01ARI11	Longitude 2000: 02ARI35
Declination 1900: -18°32'	Declination 2000: -17°59'
Right ascension: 00h 43m	Latitude: -20°47'
Spectral class: K0	Magnitude: 2.02

천문 예측을 위한 실질 상대 등급 : 2부 리그 1군 주전 멤버

프톨레마이오스 기준 행성 속성 : 토성

천궁도 해석을 위한 실제 속성 : 리젝션 아래에 목성의 각을 받는 화성

데네브 카이토스는 고래자리 베타성으로 고래의 꼬리에 해당하는 항성입니다. 베타성이지만 알파성인 멘카르Menkar보다 광도가 더 높습니다. 황위로 남위 20도에 위치하여 PED 방식을 적용하기에 완전히 적합하지는 않지만, 광도가 2.0에 달하기 때문에 충분히 활용 가능합니다. 20세기 후반 기준으로 황경 도수가 백양궁 2도 전후에 위치합니다.

동양 천문에서는 서방칠수인 규수奎宿에 속하는 토사공土司空으로 분류됩니다. 토목공사 및 제방 등 물을 저장하는 분야에 관여하는 별로 묘사되고 있습니다.

프톨레마이오스는 데네브 카이토스를 토성 속성으로 분류했지만, 임상적으로는 화성 - 목성 속성에 가깝습니다. 다만 화성을 보조하는 이 목성의 속성은 순수한 길성이라기보다는, 다소 변질되어 불안정하고 화성의 충동에 끌려가는 시녀 같은 역할을 맡습니다. 즉 데네브 카이토스 자체가 밤의 행성인 화성이 핵심이고 낮의 행성인 목성이 겉포장만 담당하는 구도에 가깝습니다.

데네브 카이토스의 캐릭터는 겉으로는 사회 정의를 구현하고 만인의 이익을 위해 뛰어다니는 일종의 사회활동가나 정치인에 가까운데, 실제로는 자기 욕심에 충실한 인물입니다. 남 보기에 부끄러운 일은 은밀히 숨어서 저지르지만, 치밀하지 못해 결국 그 치부가 들통나면서 악명을 얻기 쉽습니다. 소위 말하는 표리부동, 겉과 속이 다른 위선적인 인물형에 가깝습니다. 예를 들어 젊었을 적에 민주화를 지향하며 학생운동에 매진하다가 나이 들어서는 전향하여 극보수 정치가로 변모하는 경우와 같이, 자신의 투쟁심을 표출하고 사리사욕을 채우기 위해 단체에서 직책을 맡아 권력과 명예를 노리는 인물형이 이에 속합니다.

데네브 카이토스는 행성들과의 상성이 극과 극입니다. 태양과 만나면 보통 상해와 질병이 발생하는 등 개인의 흉사로 나타나고, 달이나 화성과 만나면 성급하고 충동적인 행동을 억제하지 못하여 온갖 말썽을 일으킵니다. 토성을 만나면 각종 음험한 일을 암면에서 진행시키는 역할을 맡으며, 목성과 금성을 만나면 겉으로는 정의롭고 선량한 척하면서 뒷구멍으로 호박씨를 잘 까는 위선적 인물이 됩니다. 오직 수성과 만나는 경우에만 공공의 이득을 위해 일하는 일꾼처럼 긍정적인 면모를 보입니다.

★

Christiano Ronaldo

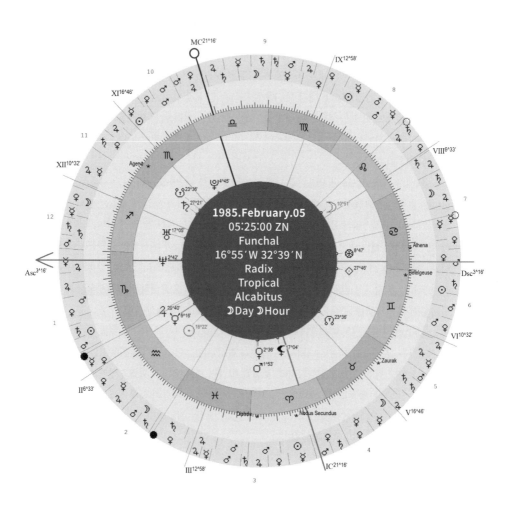

1985.February.05
05:25:00 ZN
Funchal
16°55′ W 32°39′ N
Radix
Tropical
Alcabitus
☽ Day ☽ Hour

크리스티아누 호날두

세계 축구사에 영원히 기록될 위대한 공격수.
이성관계 문제와 위선적인 욕망 뒤에 찾아오는 불명예를 얻다.

향후 몇십 년간은 축구사에서 위대한 선수 열 손가락 안에서 배제될 일이 없는 최고의 공격수로, 다른 부가 설명이 필요 없는 인물입니다. 천궁도에서 화성이 30도 이내 오차로 데네브 카이토스와 접근 회합을 이루고 있습니다. 이 화성은 마갈궁 Asc의 엑절테이션 로드로서 Asc와 2도 이내 오차로 사각을 맺고 있으며, 백양궁에서 룰러십을 얻고 있고, LoF의 10하우스인 PoM에서 직업의 지표성을 담당하고 있습니다.

천궁도에서 화성은 매우 위력적이고 지도적인 위치에 있습니다. 그러나 비비언 롭슨Vivian E. Robson은 화성-데네브 카이토스 조합에 대해 '열정적이지만 거칠고, 감염과 상해를 자주 당하거나 머리를 다치기 쉬우며, 자신의 잘못된 행동으로 불명예와 몰락을 겪게 된다'라고 논한 바 있습니다.

실제 임상적으로도 화성이 데네브 카이토스와 만나면 의욕이 지나치게 과하고 충동적인 행동을 저지르기 쉬우며, 크게 성공한다 해도 이후 밝혀진 자신의 과실 탓에 패가망신하는 경우가 많습니다. 이 화성의 경우 데네브 카이토스 이외에도 금성과 파틸 회합을 맺고 있기 때문에, 운동선수로서 커리어에 지장을 주는 큰 부상을 입기보다는 이성과의 연애나 결혼 문제가 발목을 잡기 쉽습니다. 비록 금성 자체는 길성이지만, 백양궁의 화성 입장에서는 데트리먼트 로드이기 때문에 화성에게 결과적으로 손해를 가져다줄 수 있습니다. 금성은 이 천궁도에서 5하우스와 10하우스를 주관하기 때문에 호날두의 평판과 유흥 양쪽에 관여합니다.

실제로 호날두는 유흥을 너무 좋아하여 팀 동료들과 고급 콜걸들을 불러 하룻밤에 한화 2억 원이 넘는 돈을 쓴 적도 있다고 합니다. 클럽에서 만난 여성과 관계를 가질 때 저질렀던 성폭행 혐의로 불기소 처분을 받은 적도 있습니다. 현재 자기 아이가 4명인데, 모두 친모가 다른 것으로 알려져 있습니다. 특히 술집 점원과의 사이에서 낳은 첫째 아들은 생모에게 거액을 지급하고 양육권을 가져와 친가 가족들이 키우고 있습니다.

축구 역사상 위대한 축구선수 중 한 명으로서 소위 신의 영역에 진입한 선수이지만, 금성과 5하우스 사안에서 쌓아놓은 행적이 정말 보통이 아닙니다. 전설적인 농구선수 윌트 체임벌린 Wilt Chamberlain만큼은 아니겠지만, 호날두는 이 금성 사안에서조차 신의 영역에 도달하려고 애쓰고 있는 것일지도 모릅니다.

Algenib

★ 관측정보

별 이름: 알게니브

별자리 분류(constellation): 페가수스자리 감마(γ)성

황경(longitude): 백양궁(Aries) 7도 46분(1900년 기준) / 백양궁(Aries) 9도 9분(2000년 기준)

적위(declination): 북위 14도 38분(1900년 기준) / 북위 15도 11분(2000년 기준)

적경(right ascension): 00h 13m

황위(latitude): 북위 12도 36분

광도(magnitude): 2.84

★ observation info.

Fixed star: **ALGENIB**

Constellation: Gamma(γ) Pegasus

Longitude 1900: 07ARI46	Longitude 2000: 09ARI09
Declination 1900: +14°38'	Declination 2000: +15°11'
Right ascension: 00h 13m	Latitude: +12°36'
Spectral class: B2	Magnitude: 2.84

천문 예측을 위한 실질 상대 등급 : 2부 리그 2군 주전 멤버

프톨레마이오스 기준 행성 속성 : 화성 - 수성

천궁도 해석을 위한 실제 속성 : 화성의 각을 받는 수성

알게니브는 페가수스자리의 감마성으로 페가수스의 날개에 위치합니다. 페가수스 자체가 신화에서는 메두사의 피에서 만들어진 존재이며, 점성학적으로도 화성 - 수성 속성으로서 야망과 욕심은 있는데 성급한 판단으로 일을 그르치는 이야기 구조를 가진 별자리입니다. 즉 신비한 동물이라기보다는 흉험한 몬스터에 가깝습니다. 광도 2.84에 황위가 북위 12도 정도로 황도에 비교적 근접한 별입니다. PED 기법으로 적용해도 유효성이 충분합니다.

동양 천문에서는 북방칠수인 벽수壁宿의 첫 번째 별壁宿一로 분류되며, 문필과 도서 자료를 주관한다고 전해집니다.

알게니브는 '흉하지만 이득이 남는' 일련의 항성 그룹에 속하는 별입니다. 작은개자리 알파성인 프로키온Procyon과 속성도를 비롯해 여러모로 비슷합니다. 알게니브는 사고의 속도와 신체 활동 모두 빠르고 기민한 캐릭터이며, 관심을 둔 분야를 순식간에 습득하는 장점도 있습니다. 다만 기본적으로 타인에 대한 신뢰가 없고 거짓말을 당연히 여기며 목적을 달성하기 위해 더럽고 악의적인 일도 거리낌 없이 할 수 있는 유형이기도 합니다.

인간관계 측면에서 평판이 그리 좋지 않습니다. 그래도 워낙 기민하고 이득을 잘 챙기기 때문에 욕을 먹으면서도 실속 있게 이문을 잘 남깁니다. 즉 돈도 잘 벌고 사업 운영도 잘 맞는 별입니다. 작은 프로키온이라 불러도 크게 틀리지 않습니다. 죄책감이 희박한데 행동력과 지능 모두를 갖추고 있는 경우 세속적인 성공에는 도움이 됩니다. 다만 알게니브는 정신 질환과의 친화도가 높은 약점이 있는데, 이미 천궁도의 다른 부분에서 정신 질환을 가중시키는 구조가 형성되어 있는 경우 당사자의 정신 건강에 악영향이 뒤따를 수 있습니다. 특히 알게니브가 루미너리와 회합을 이룰 때 정신적인 문제와 그로 인한 흉사가 명백해집니다. 꼭 정신적 문제가 아니더라도 화성 속성의 항성답게 외상이나 사고 가능성도 높아집니다. 반면 루미너리가 아닌 다섯 행성과 만났을 때 상기한 '흉사이되 이득'의 정황이 비교적 잘 표현됩니다. 초창기에 체계가 아직 갖춰지지 않아 명백한 규칙이 없는 영역에서 순발력 있게 사업을 벌여 이익을 본 후 다음 사업을 찾아보는 것이 알게니브에게 가장 잘 어울리는 역할입니다.

★

Stormy Daniels

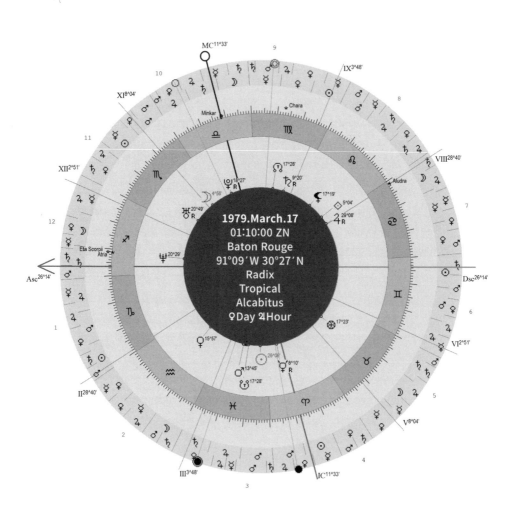

MC 11^33'

9

IX 3^48'

10

XI 8^04'

8

Minkar

Chara

11

VIII 28^40'

XII 2^51'

Aludra

Eta Scorpii
Atria

7

12

1979.March.17
01:10:00 ZN
Baton Rouge
91°09′W 30°27′N
Radix
Tropical
Alcabitus
♀Day ♃Hour

Asc 26^14'

Dsc 26^14'

1

6

VI 2^51'

II 28^40'

5

2

V 8^04'

4

III 3^48'

IC 11^33'

3

스토미 대니얼스

미국 포르노업계의 전설적인 멀티플레이어.
소송에 자주 노출되나 그로 인한 이득을 얻게 되는 구조를 지녔다.

2000년대 초반 업계를 지배한 미국의 전설적인 여성 포르노 배우, 작가, 감독으로 그 방면에서 명예의 전당에 오른 인물입니다. 뮤지션이라고 치면 작사·작곡, 공연, 음반 제작을 할 수 있고, 외모와 가창력 모두 뛰어난 멀티플레이어에 비유할 수 있습니다.

문제는 2006년에 이 사람이 현 미국 대통령인 도널드 트럼프와 '잠깐 사귄 적이 있다'는 점입니다. 2016년 미국 대선 투표 10일 전 당시 트럼프 대선 후보의 개인 변호사인 마이클 코언이 10년 전의 관계에 대해 발설하지 않는 조건으로 13만 달러를 전달했다는 사실이 트럼프 대통령 당선 이후에 폭로된 것입니다. 당시 세 번째 부인 멜라니아가 출산 전후였던 시기임을 감안하면 도의적으로 비난받을 만한 행동이고, 사적인 관계였다고는 해도 재벌과 포르노 배우와의 만남이니 금품에 준하는 대가가 전혀 없었을 것이라 여기기 힘들다고 추론하는 쪽이 상식적일 것입니다. 이때는 운로상 피르다르 메이저 목성 / 마이너 수성 시기에 해당하며, 수성은 천궁도에서 알게니브와 접근 38분 오차로 회합을 이룹니다. 비비언 롭슨은 수성-알게니브 조합에 대해 '성질이 급하고 정신적인 문제가 있으나, 소송 등 법적인 다툼에서 승리하기 쉽다'고 서술한 바 있습니다. 즉 대립과 소송 등 명백한 화성 영역의 흉사가 벌어지되 그 결과로 세속적인 이득을 얻는, 알게니브 특유의 장점이 수성과의 만남에서도 발휘되는 것입니다. 이 천궁도에서 수성이 분쟁과 소송을 담당하는 7하우스를 다스리고 있어 더더욱 소송의 징험이 강화되는 것도 사실입니다.

알게니브와 만나는 마이너 로드 수성 시기에 법적인 다툼이 발생할 만한 원인 사안이 생겼고, 10년 후인 2016년은 메이저 화성 / 마이너 토성 시기에 2하우스 마갈궁 프로펙션으로서 연주도 토성으로 겹칩니다. 토성은 수성과 파틸 오엽각Quincunx을 맺고 있기 때문에, 겉으로 잘 드러나지 않지만 불편한 방식으로 얽어매는 수성 사안의 사건이 이 시기에 발생할 것입니다. 실제로 당시 그는 트럼프의 변호사와 남들 모르게 은밀한 거래를 했는데, 소송과 계약을 주관하는 7하우스 로드 수성 분야에서 10년 전 성관계에 관련된 다소 위법적인 거래가 이루어진 셈입니다.

과거의 관계에 대해 입을 닫는 것만으로 13만 달러를 받은 셈이니 객관적으로도 이득은 이득입니다. 또한 2018년 3월 이 함구를 요구하는 민법상 계약의 부당함을 주장하며 파기 소송을 거는 스캔들로 트럼프 대통령을 곤경에 빠뜨린 점을 생각하면, 알게니브가 소송 등 승패가 걸린 사안에서 여러모로 유리하다는 점을 확인할 수 있습니다.

Alpheratz

★ 관측정보

별 이름: 알페라츠

별자리 분류(constellation): 안드로메다자리 알파(α)성

황경(longitude): 백양궁(Aries) 12도 55분(1900년 기준) / 백양궁(Aries) 14도 18분(2000년 기준)

적위(declination): 북위 28도 32분(1900년 기준) / 북위 29도 5분(2000년 기준)

적경(right ascension): 00h 08m

황위(latitude): 북위 25도 40분

광도(magnitude): 2.06

★ observation info.

Fixed star: **ALPHERATZ** Sirrah

Constellation: Alpha(α) Andromeda

Longitude 1900: 12ARI55	Longitude 2000: 14ARI18
Declination 1900: +28°32'	Declination 2000: +29°05'
Right ascension: 00h 08m	Latitude: +25°40'
Spectral class: B8 blue - white	Magnitude: 2.06

천문 예측을 위한 실질 상대 등급 : 2부 리그 1군 주전 멤버

프톨레마이오스 기준 행성 속성 : 목성 - 금성

천궁도 해석을 위한 실제 속성 : 수성과 목성의 각을 받는 금성

안드로메다자리의 알파성인 알페라츠입니다. 광도 2.06에 황위가 북위 25도에 위치하여 PED 활용이 가능한 별이며, 도수상 PED 적용이 가능한 별이 상대적으로 적은 백양궁의 대표적인 항성 중 하나입니다. 20세기 후반 기준으로 황경 도수가 백양궁 13도 후반에 위치합니다.

동양 천문에서는 북방칠수에 속하는 벽수의 두 번째 별壁宿二로 분류됩니다. 중요한 서적과 문헌을 주관하는데, 다섯 행성이나 혜성 등과 만나 문제가 발생하면 국가에 토목공사가 진행되어 많은 부담이 따르며 아랫사람들끼리 서로 질시하게 된다고 전해집니다.

프톨레마이오스에 따르면 안드로메다자리 자체는 금성 속성인데, 알파성인 알페라츠는 목성 - 금성 속성으로 분류되어 있습니다. 실제로도 금성 - 목성 속성의 순길성에 가까운 별이지만, 임상적으로는 목성보다 수성 속성이 금성 속성을 보조하는 측면에서 더 부각됩니다. 단순히 선량하고 사랑스럽고 인기 좋은 캐릭터라기보다는 똑똑하고 유능하며 이문에 밝아 사업에서도 두각을 나타내는 별입니다. 타인의 지원에 의존하는 등의 불로소득이 아닌, 본인의 노력으로 기술을 갈고닦는 장인 정신까지도 갖추고 있습니다. 다만 천칭자리 베타성인 주벤 에샤마리Zuben Eschamali처럼 허점이 없는 별은 아니며, 굳이 문제를 일으킨다면 보조 속성인 수성적인 부분이 부각되는 경향이 있습니다.

알페라츠는 향상심이 있고 목적을 위해 많이 애쓰고 노력하는 경향이 있어 자칫 경쟁하는 과정에서 결과를 혼자 독점하려는 탐욕이 발동하거나, 주변 사람들이 모두 고생하는 와중에 자기만 생존하려는 이기적인 본심이 드러나면서 흠이 잡히곤 합니다. 다만 이러한 결점은 아주 큰 잘못을 저지르며 흉사에 휘말리는 수준은 아닙니다. 사업하다가 수주를 따기 위해 살짝 거짓말을 한다든가, 자신의 기술이나 퍼포먼스에 완벽을 기하다 보니 주변 사람을 배려하지 않아 상처를 주는 식입니다. 완전히 길성으로만 이루어진 금성 - 목성 속성의 별이었다면 주변 사람을 우선 배려하는 선량한 면모가 있을 것입니다. 하지만 알페라츠는 유능하며 노력을 통해 성과를 달성하는, 어떻게 보면 본체는 금성인데 수성 - 목성 인클로저 상태에서 공부하고 기술을 숙달시키려는 캐릭터에 가까우므로 그 과정에서 경쟁을 피할 수가 없습니다. 그런 환경에서 성취를 내려면 어찌 됐든 이겨야 하는데, 이기려고 애쓰는 중에 가끔 앞서 얘기한 결점이 나타나게 됩니다. 대부분의 행성과 만났을 때 길한 징험이 부각되는 순길성에 가까운 별이지만, 수성이나 토성과 만났을 때 간혹 이런 탐욕이나 이기적인 부분이 흠결로 나타나곤 합니다.

★

Marlon Brando

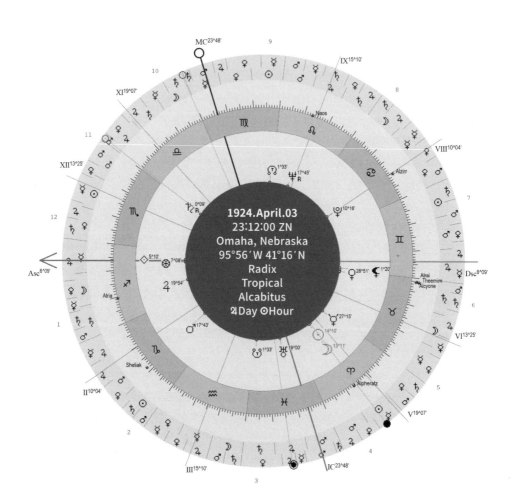

말런 브랜도

메소드 연기의 거장으로서 영화계의 신적인 존재
완벽한 연기를 위한 집착이 결국 인간관계의 문제로

원래 출생기록은 23시 정각으로 기재되어 있으나, 프라이머리 디렉션 목록과 실제 이력을 대조하여 보정했을 때 23시 12분 쪽이 좀 더 유력하다고 판단됩니다. 군사학교에서 퇴학당하고 뉴욕에 가서 연기학교에 다니기 시작한 것이 1943년 IC가 정방향으로 루미너리와 만나는 시기와 일치하고, 첫 부인과 이혼하고 이후로 실패를 맛볼 본인의 영화사를 창업하는 것은 1959년 MC가 정방향으로 토성과 만나는 시기와 들어맞습니다. 또한 아들이 딸의 약혼자를 총으로 쏴 죽인 후 살인자로 투옥되었던 것이 1990년 MC가 역방향으로 화성을 만나는 시기와 상합합니다.

영화계와 연기 영역에서는 신화적인 존재에 가까우며, 메소드 연기의 거두로서 모든 남성 배우에게는 정답과도 같은 인물입니다. 모범적이고 곧은 캐릭터가 아닌, 악역을 마다하지 않는 성격파 배우가 영화제에서 남우주연상을 탈 수 있다는 것을 보여준 주인공입니다.

달이 알페라츠와 5도 오차로 접근 회합을 이루며 상당 부분 변색한 경우에 해당합니다. 태양이 엑절테이션을 얻은 백양궁에서 형성된 신월New Moon로서, 달은 자신의 알무텐인 태양과도 파틸 접근 회합 중이며 도머사일 로드인 화성과도 유효 접근 사각을 맺고 있습니다. 백양궁이나 사자궁처럼 태양이 메이저 디그니티를 얻은 궁에 위치한 달이 유효 회합 범위 내에서 신월을 이루는 경우, 원래 흰 도화지와 같은 달이 태양의 속성으로 변색되는 경향이 있습니다. 이에 더하여 백양궁의 도머사일 로드인 화성과도 각을 맺고, 아주 가깝게 항성 알페라츠와도 만나고 있어 이 천궁도의 달은 완전히 변색되어 우리가 아는 일반적인 달과는 사실상 다른 행성이 되어 있는 것입니다.

신월 천궁도이다 보니 Asc, LoF, LoS, LoB에다 LoE까지 모두 상승궁인 인마궁에 위치하게 됩니다. 이들 모두를 담당하는 로드는 1하우스에서 동궁하며 룰러십을 얻는, 그러나 역행 정지 상태의 인마궁 목성입니다. 사생활에서는 비록 막장의 면모를 보여주었지만 말런 브랜도는 남아공의 흑인이나 미국 원주민 등 소외된 약자의 권리를 보호하고 대변하는 정치적 활동을 평생 지속한 인물입니다. 역행 정지의 반골 성향이 룰러십을 얻은 인마궁 목성의 방식으로 표현된 셈입니다.

이 케이스는 점성학적으로 분석할 가치가 높은, 매우 특별하고 많은 설명이 필요한 천궁도입니다. 그러나 여기에서는 항성 알페라츠에 집중해서 살펴보겠습니다. 비비언 롭슨은 달-알페라츠 조합에 대해 '정력적이고 쉽게 포기하지 않으면 부와 명예를 모두 얻을 것이다. 주변에 좋은 동료들이 많고 사업적인 성공도 거둘 수 있다'라고 논한 바 있습니다.

말런 브랜도 개인의 성향과 재능에 대해서는 상합하는 내용이며, 엄청난 명예와 그에 뒤따르는 재물까지 얻은 것도 사실입니다. 다만 좋은 동료들이 많았다는 점과 본인의 사업에서 성공했는지의 여부에서는 다소 이견이 나올 수 있는 인물입니다. 본인만의 완벽주의가 있는데 이게 워낙 까탈스럽게 표현되어 집단 작업에서는 오히려 방해 요소로 작용하는 경우가 많았고, 성격 자체가 개차반인 부분이 있어 배우 동료들 입장에서 함께 일하고 싶은 사람은 아니었다고 합니다. 또한 본인이 직접 창업하거나 추진했던 사업이 그렇게 잘 풀린 것도 아니었습니다. 천궁도 자체가 워낙 삶의 기복이 커질 수밖에 없는 구조이기 때문입니다.

달이 화성에 접근하는 동시에 Asc 로드인 목성도 화성과 아주 가깝게 패러렐 상태이며, 이는 이 사람의 성정과 기질을 대변하는 중첩된 품성의 프로미터를 마갈궁 화성이 맡게 된다는 의미입니다. 화성은 천왕성과 1도 10분 정도의 유효 육각을, 해왕성과는 2도 오차의 아주 정확한 오엽각을 맺고 있어, 섹트 구성까지 온전치 않은 화성의 불안정성은 더욱 커지게 됩니다. 쉽게 말하자면 승부욕이 강하고 공격적인데 '사차원'이기까지 하다는 것입니다. 그러한 화성이 달을 채색시키는 중요한 변수로 작용하다 보니 순길성에 가까운 알페라츠의 색채가 온전히 달을 통해 표현되는 데 지장이 생깁니다. 달이라는 도화지의 채색을 맡은 화가가 한 명이 아니다 보니 일종의 '사공이 많아 배가 산으로 가는' 현상이 나타납니다. 게다가 마갈궁 화성은 금성 속성 위주의 알페라츠와는 상충하는 측면이 워낙 큽니다. 평균 상태에서는 전반적인 인간관계가 그다지 나빠질 이유가 없는 알페라츠지만, 목적을 위해서는 수단과 방법을 가리지 않는 마갈궁 화성 때문에 인간관계에 제동이 걸립니다.

앞의 설명을 통해 알페라츠의 유일한 흠이라고 지적한 것이, 남들보다 나은 결과물을 만들어내는 과정에서 주변 사람을 배려하지 않는 이기적인 언행이 튀어나온다는 점이었습니다. 달과 만나는 알페라츠를 동일 선상에서 간섭하는 마갈궁 화성 때문에, '자기밖에 모르는' 성격상 흠결이 오히려 더 부각될 수 있습니다. 내가 완벽한 연기로 좋은 작품 만들겠다는데 남들은 안중에도 없는 것이지요.

이와 같이 알페라츠는 단순히 오감을 충족시키는 금성 성향에 예술을 즐기는 항성이 아닌, 숙련과 노력을 통해 높은 수준의 성과와 퍼포먼스를 만들어내는 별입니다. 결과물의 완성도로 평가되고 찬사를 받는 분야에 적합하지만, 그 과정에서 간혹 말썽이 일어나기도 한다는 점은 염두에 둘 필요가 있습니다.

미라크

Mirach

★ 관측정보

별 이름: 미라크

별자리 분류(constellation): 안드로메다자리 베타(β)성

황경(longitude): 백양궁(Aries) 29도 1분(1900년 기준) / 금우궁(Taurus) 0도 24분(2000년 기준)

적위(declination): 북위 35도 5분(1900년 기준) / 북위 35도 36분(2000년 기준)

적경(right ascension): 01h 09m

황위(latitude): 북위 25도 56분

광도(magnitude): 2.05

★ observation info.

Fixed star: **MIRACH**

Constellation: Beta(β) Andromeda

Longitude 1900: 29ARI01	Longitude 2000: 00TAU24
Declination 1900: +35°05'	Declination 2000: +35°36'
Right ascension: 01h 09m	Latitude: +25°56'
Spectral class: M0	Magnitude: 2.05

천문 예측을 위한 실질 상대 등급 : 2부 리그 1군 주전 멤버

프톨레마이오스 기준 행성 속성 : 금성

천궁도 해석을 위한 실제 속성 : 달과 화성의 각을 받는, 섹트 구성이 어긋난 금성

안드로메다자리의 베타성인 미라크입니다. 광도 2.05로 알파성 알페라츠와 거의 비슷한 정도로 밝은 별입니다. 황위에서 북위 25도 정도라서 PED 기법을 적용할 수 있으며, 20세기 후반 기준으로 황경 도수가 백양궁 29도와 금우궁 0도 사이에 위치합니다. 금우궁 0도의 미라크와 쌍자궁 0도의 알키오네플레이아데스 성단로 외워두면 편합니다.

동양 천문에서는 서방칠수에 속하는 규수奎宿의 아홉 번째 별奎宿九로 분류됩니다. 관개 수로와 무기고를 관장하며, 다섯 행성이나 혜성 등과 만나며 인동되었을 때 물에 관련된 재해나 병란이 발생한다고 전해집니다.

미라크는 금성 속성의 항성 중 겉으로는 좋아 보이나 실제로는 흉한 측면이 더 부각되는, 나름 특이한 별입니다. 미라크의 캐릭터는 상냥하고 친절하며 미적 감각과 교양까지 다 갖춘, 주위의 모든 사람이 친교를 나누기 원하는 사랑스러운 인물입니다. 또한 그러한 친분과 인기를 유지하고 있던 차에 괜찮은 배우자를 만나 축복받는 결혼으로 이어지기 쉽습니다. 다만 그 이후에 벌어지는 일들이, 혹은 좋아 보이는 현상의 이면에 문제가 좀 있습니다. 너무 친절하고 매력적이기 때문에 주변에 이성이 끊이지 않는데, 미라크 캐릭터는 이런 상황에서 선을 긋고 관계를 정리하는 일 처리에 정말 소질이 없습니다. 공식적인 연애와 결혼 이후에도 이런 저런 인연을 끊지 못하기 때문에 나중에 결국 불화의 원인으로 작용하는 경우가 많습니다. 본인 역시 오감을 충족시키는 감각적인 자극에 대한 욕구가 커 유혹에 약한 편이고, 의무가 아닌 기분에 따라 행동하는 경향이 있습니다. 인연도 단속하지 못하고 유혹에도 약해 종종 불륜이나 양다리 등의 불미스러운 사건에 자주 연루되고, 결국 이러한 문제로 연애의 파국이나 이혼으로 이어지기도 합니다. 상태가 좋지 않은 금성의 특징이 있다면, 젊었을 때에는 아름다웠으나 나이가 들면서 생활 관리가 안 되어 미모가 한순간에 퇴색해버릴 수 있다는 점입니다. 미라크 캐릭터 역시 그러한 경향이 있어 연령대가 중년 초입에 접어들면 자신의 매력에 이끌려 다가오는 이성이 줄어들면서 과거를 향수하며 허랑방탕한 생활에서 헤어나지 못하는 경우가 잦습니다. 그 과정에서 음주, 흡연, 약물 등에 의존하게 되는 경향도 있습니다. 젊었을 때 인기 만점이었던 매력녀와 매력남이 자기 관리가 안 되었을 때 벌어지는 일들, 어떻게 보면 한국식 아침 드라마나 라틴 드라마 채널 텔레노벨라에 자주 나올 법한 스토리 라인에 특화되어 있는 것이 이 미라크라는 별입니다. 시작은 화려하나 끝이 파국인 줄거리로, 금성의 흉한 이면을 표현하는 데 제격인 별이기도 합니다.

NATAL CHART

★

Marilyn Monroe

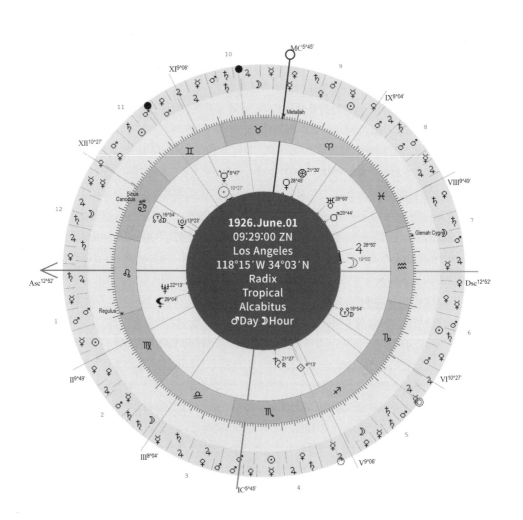

1926.June.01
09:29:00 ZN
Los Angeles
118°15′W 34°03′N
Radix
Tropical
Alcabitus
♂Day ☽Hour

메릴린 먼로

남성 편력과 염문으로 가득했던 전설적 여배우의 삶.
낮은 자존감을 극복하지 못하고 술과 약물에 과도하게 의존하다.

프라이머리 앵글 디렉션 목록과 실제 삶의 이력을 대조했을 때 병원 출생기록에 기재된 9시 30분 정각과 큰 오차는 없는 듯합니다. 약간 변경이 있다 해도 28~29분 정도일 것입니다.

금성이 미라크와 37분 오차로 접근 회합을 맺고 있습니다. 20세기 초반에 태어난 인물의 천궁도에서 금성이 미라크와 오차 범위 40분 이내의 유효 접근 회합을 맺으려면, 그 금성은 백양궁 끝 도수에서 데트리먼트 상태에 빠지며 동시에 흉성인 토성 텀에 위치할 수밖에 없습니다. 이런 부분이 미라크의 흉함을 더욱 부각시키는 요소로 작용합니다.

20세기 초반에 활동했던 점성가이자 대영박물관 큐레이터인 비비언 롭슨은 금성-미라크 조합에 대해 마치 메릴린 먼로와 동시대에 살며 그녀를 관찰해온 것처럼 정확한 묘사를 남겼습니다. '관능적이고 윤리적인 부분에 신경 쓰지 않으며, 스캔들에 계속 휘말리고 음주와 약물중독에 노출되는 삶' 자존감이 워낙 떨어지는 성격이라 끊임없이 의지할 남자를 찾아 여러 번 결혼하면서 술과 약물에 의존하는 삶의 패턴은 쌍둥이자리 알파성인 카스토르Castor 항목에서 예시로 들었던 주디 갈런드Judy Garland와 유사합니다. 여성의 천궁도에서 금성이 내행성 속성이 위주가 되는 별과 만났을 때 그러한 경향이 더욱 부각되는 것으로 생각됩니다. 다만 메릴린 먼로의 경우 7하우스에서 섹트 구성이 완벽한 보병궁 목성이 금성을 유효 육각으로 보호해주고 있기 때문에, 반복된 결혼과 스캔들이 본인의 커리어나 명성에 큰 피해를 입히지 않고 적당히 넘어간 것으로 생각됩니다. 또한 당시 미국 대통령이었던 존 F. 케네디와 그 동생인 로버트 케네디와 동시에 이성관계를 맺는 일종의 놀라운 퍼포먼스를 역사에 남기기도 했습니다.

물론 천궁도의 LoF가 너무 심하게 손상된 상태이기 때문에 짧은 수명까지 목성이 막아주지는 못했습니다. 백양궁 21도의 LoF는 자신의 펄 로드 토성과 파틸 오엽각을 맺고 있으며, 자신의 데트리먼트 로드인 금성과는 30분 오차의 패러렐인 데다가, 해왕성과는 파틸 삼각을 맺고 있습니다. LoF의 도머사일 로드인 화성은 LoF에 대해 어버전Aversion 상태이며, 알무텐 태양은 각 오차 범위가 너무 크고, 목성이 5도 넘는 범위에서 육각을 보내고 있지만 역부족입니다. 만일 LoF가 리젝션 로드인 두 행성과 동시에 각을 맺고 있는 상황이 아니었다면 50대는 넘겼을 것이라 생각되지만, 두 개가 다 들어오면서 확실히 수명 측면에서도 문제가 생깁니다. 특히 펄 로드이자 섹트 구성이 온전치 않은 토성이 파틸 오엽각으로 들어오는 것은 수명과 건강 사안에서는 주요 손상 두 개에 준하는 변수이며, 다른 보호 효과로 이 손상을 벌충하기는 대단히 어렵습니다. 그나마 리젝션 로드 중 하나가 길성인 금성이라 40대를 넘길 수 있다고 판단하는 것이 보통이지만 섹트 구성이 완전히 어긋난 상태에서 겉만 화려하고 속은 흉한 항성을 만나고 있는 금성이기 때문에, 길성 특유의 '상태는 안 좋아도 수명은 어떻게든 이어가게 하는' 효과가 무력화된 것으로 생각됩니다.

샤라탄

Sharatan

★ 관측정보

별 이름: 샤라탄

별자리 분류(constellation): 양자리 베타(β)성

황경(longitude): 금우궁(Taurus) 2도 34분(1900년 기준) / 금우궁(Taurus) 3도 58분(2000년 기준)

적위(declination): 북위 20도 19분(1900년 기준) / 북위 20도 47분(2000년 기준)

적경(right ascension): 01h 54m

황위(latitude): 북위 8도 29분

광도(magnitude): 2.655

★ observation info.

Fixed star: **SHARATAN**

Constellation: Beta(β) Aries

Longitude 1900: 02TAU34	Longitude 2000: 03TAU58
Declination 1900: +20°19'	Declination 2000: +20°47'
Right ascension: 01h 54m	Latitude: +08°29'
Spectral class: A5	Magnitude: 2.655

　　샤라탄Sharatan 혹은 셰라탄Sheratan이라 불리는 양자리 베타성입니다. 광도 2.6 전후에 황위가 북위 8도라서 PED 방식을 충분히 적용할 수 있습니다. 20세기 후반 기준으로 황경 도수가 금우궁 3도 중반에 위치합니다.

　　샤라탄은 형님뻘인 양자리 알파성인 하말의 단점을 부각시킨 것 같은 별입니다. 무대포에 고집 세고 막무가내인 캐릭터인데, 고집이 강하고 남의 말을 듣지 않아 아주 미련한 방법을 고집하다가 어이없는 상황에서 큰 실패를 겪는 경우가 많습니다. 일상에서는 크게 다치거나 대형 사고에 휘말리는 경우도 많습니다. 보통 남들이 무리수라고 말리는 일에 도전하다가, 너무 과하다고 남들이 기피하는 일정을 소화하다가 탈이 나는 패턴입니다.

하말

Hamal

★ 관측정보

별 이름: 하말

별자리 분류(constellation): 양자리 알파(α)성

황경(longitude): 금우궁(Taurus) 6도 16분(1900년 기준) / 금우궁(Taurus) 7도 40분(2000년 기준)

적위(declination): 북위 22도 59분(1900년 기준) / 북위 23도 27분(2000년 기준)

적경(right ascension): 02h 07m

황위(latitude): 북위 9도 57분

광도(magnitude): 2.0

★ observation info.

Fixed star: **HAMAL**

Constellation: Alpha(α) Aries

Longitude 1900: 06TAU16   Longitude 2000: 07TAU40

Declination 1900: +22°59'   Declination 2000: +23°27'

Right ascension: 02h 07m   Latitude: +09°57'

Spectral class: K2   Magnitude: 2.0

천문 예측을 위한 실질 상대 등급 : 1부 리그 2군 주전 멤버

프톨레마이오스 기준 행성 속성 : 화성 - 토성

천궁도 해석을 위한 실제 속성 : 금성의 각을 받는 화성

양자리 알파성인 하말은 광도가 2.0으로 상당히 밝은 별이며, 황위가 북위 9도 정도로 황도에서 10도 이상 떨어져 있지 않습니다. PED 방식을 적용하기에 적합한 별이며, 사실상 고전 점성술에서 활용할 수 있는 양자리의 거의 유일한 항성이라 할 수 있습니다. 20세기 후반 기준으로 황경 도수가 금우궁 7도 초중반에 위치합니다.

동양 천문에서는 서방칠수에 속한 루수婁宿의 세 번째 별인 루수삼婁宿三으로 분류됩니다. 하늘의 감옥을 담당하고, 제사에 쓸 동물의 공급을 맡고 있다고 전해집니다. 다섯 행성과 만났을 때 모두 흉한 징험이 나타난다고 합니다.

하말은 분명한 클리셰를 따르는 캐릭터입니다. 난폭하고 방탕하며 규율을 잘 따르지 않는데, 우두머리 기질이 있어 본인과 마음이 맞는데 급은 떨어지는 동료나 부하들을 잘 챙깁니다. 평소 게으르고 움직이는 걸 귀찮아하지만 충동적이어서 순간 욱하면 불처럼 화내며 마음에 안 드는 것을 다 쓸어버립니다. 흥분했을 때 아무것도 눈에 들어오지 않는 캐릭터라고 할 수 있습니다. 하지만 놀랍게도 애처가 기질이 있어 부인의 조언이나 요청에는 아주 크게 좌우되는 경향이 있습니다. 베갯머리송사라는 관용어구가 제대로 적용되는 경우입니다. 즉 하말 캐릭터는 배우자가 누구냐에 따라서 본인의 세속적 성패의 방향이 크게 갈립니다. 말하자면, 현숙한 부인을 둔 산적 두목과 같은 캐릭터라고 할 수 있습니다. 똑똑하고 현명한 부인의 조언을 잘 따르면 아주 크게 성공할 수 있지만, 부인이 현명하지 못하거나 내조 역할을 해줄 참모가 없으면 그저 그런 자리에서 좀처럼 올라가지 못하고 혼자 흥분하다 몰락하는 수순을 밟는 것입니다.

이러한 속성의 하말이 긍정적으로 쓰이려면 달과 만날 때가 가장 유리합니다. 하말의 충동적인 측면이 많이 제어되면서 간혹 성실한 면모까지 생깁니다. 반면에 태양이나 화성과 만나면 하말의 충동은 브레이크가 전혀 걸리지 않기 때문에, 자기 멋대로 살다가 운이 꺾이면 바로 지위와 힘을 잃는 수순을 밟습니다. 길성인 금성이나 목성과 만나도 과히 좋다고 하기 어렵습니다. 오히려 토성과 만나면 진중하고 계산적인 구석이 생기며 욕은 먹을지언정 손익 관계에서는 도움이 될 수 있습니다.

★

Nastassja Kinski

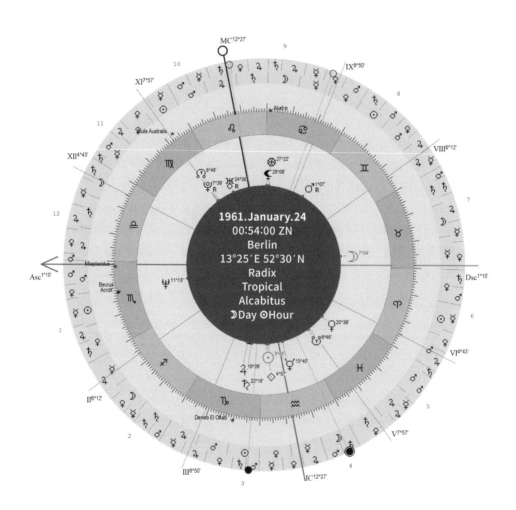

1961.January.24
00:54:00 ZN
Berlin
13°25′E 52°30′N
Radix
Tropical
Alcabitus
☽Day ☉Hour

나스타샤 킨스키 —————————————

10대 후반, 영광의 정점에 섰던 여배우.
내리막에도 굴하지 않고 비교적 꾸준하고 성실했던 이력을 지녔다.

10대 시절 출연했던 로만 폴란스키 감독의 〈테스Tess〉로 전 세계적인 명성을 얻은 여배우로,
한때 세계에서 손에 꼽을 정도로 핫한 배우 중 한 명이었습니다.

LoF 로드로서 앵글에 위치한 금우궁 달이 직업의 지표성이자 명예의 지표성으로 기능한
천궁도인데, 30분 이내의 오차로 하말과 만나고 있습니다. 하말이 원래 게으르게 지내다가도 어
쩌다 얻어걸리는 큰 것 한 방을 노리는 경향이 있는데, 달과 만난 하말은 이러한 사행성 심리에
브레이크가 걸리면서 그 폭발적인 에너지를 꾸준히 유지하며 롱런할 수 있는 토대가 됩니다. 실
제로 10대 초반부터 지속적으로 커리어를 이어나가다 〈테스〉로 큰 성공을 맛본 이후에도 결혼
과 출산으로 잠깐 쉰 기간을 빼고는 꾸준히 배우 활동을 지속하고 있습니다. 달-하말 조합의 또
다른 특징이 있다면 배우자나 파트너가 크게 성공하여 본인이 거기에 묻어가는 경우가 많다는
점입니다. 실제로 1979년에 촬영한 로만 폴란스키의 〈테스〉가 대성공하여 아카데미 6개 부문의
후보에 올라 3개 부문에서 수상했고, 본인은 10대 후반에 골든 글로브 여우주연상을 수상하는
놀라운 성취를 이룬 바 있습니다.

운로를 살펴보면 이때가 피르다르 메이저 토성 / 마이너 달 구간에 7하우스 금우궁 프로펙
션으로 달이 동궁하는 시기입니다. 달-하말 조합이 노골적으로 부각되는 기간임이 분명합니다.
메이저 로드 토성은 길성 인클로저 상태이고, 당연히 연주 금성이 메이저 로드 토성과 유효 육각
을 맺게 됩니다. 달-하말 조합의 항성 효과를 제외하고서라도 행성 구조만으로도 세속적 성취
를 이룰 수 있는 완벽한 타이밍이라 해도 과언이 아닙니다.

멘카르
Menkar

★ 관측정보

별 이름: 멘카르

별자리 분류(constellation): 고래자리 알파(α)성

황경(longitude): 금우궁(Taurus) 12도 55분(1900년 기준) / 금우궁(Taurus) 14도 19분(2000년 기준)

적위(declination): 북위 3도 42분(1900년 기준) / 북위 4도 4분(2000년 기준)

적경(right ascension): 03h 02m

황위(latitude): 남위 12도 35분

광도(magnitude): 2.53

★ observation info.

Fixed star: **MENKAR**

Constellation: Alpha(α) Cetus

Longitude 1900: 12TAU55	Longitude 2000: 14TAU19
Declination 1900: +03°42'	Declination 2000: +04°04'
Right ascension: 03h 02m	Latitude: -12°35'
Spectral class: M2	Magnitude: 2.53

천문 예측을 위한 실질 상대 등급 : 2부 리그 2군 주전 멤버

프톨레마이오스 기준 행성 속성 : 토성

천궁도 해석을 위한 실제 속성 : 화성의 각을 받는 토성

고래자리 알파성인 멘카르입니다. 황위가 남위 12도이고 광도 2.53이라 PED로 충분히 활용 가능한 별입니다. 적위 역시 북위 4도 근처라서 모든 행성 및 감응점에 적용 가능합니다. PED 기법으로 활용할 수 있는 항성의 숫자가 적은 금우궁 초중반에서 상대적으로 부각되는 별이기도 합니다. 다만 황경 도수에서 불과 5분 오차로 안드로메다자리의 감마성인 알마크 Almach가 붙어 있기 때문에, 서로의 영향력과 색채가 섞이지 않게 하기 위해서는 결국 PED보다는 angle at birth 방식으로 확인하게 됩니다.

동양 천문에서 멘카르는 서방칠수 중 세 번째인 위수胃宿에 속하는 천균天囷의 첫 번째 별天囷一로 분류됩니다. 천균은 하늘의 곡식 창고라는 의미이며, 길성이 인동시킬 때 곡식과 재물이 풍부해지고 흉성이 인동시킬 때 기근이 발생한다고 전해집니다.

멘카르는 그렇게까지 위력적이지는 않지만, 속성상 순흉성으로 분류됩니다. 토성이 위주이며 화성 속성이 외부 효과로 끼어드는 구조입니다. 같은 고래자리에 속한 베타성 데네브 카이토스가 화성 속성이 위주이고 토성이 외부 효과로 끼어드는 구조인 측면에서 대조적입니다.

멘카르 자체는 토성의 부정적 측면을 극대화한 것 같은 캐릭터를 지녔습니다. 의심 많고 나보다 많이 가진 타인을 질투하며, 재물에 집착하다 보니 써야 할 때 제대로 쓰지 못하고 쓸모없게 변해버리며 결국 자기 손에서 빠져나가는 식으로 귀결됩니다. 내가 행복하고 잘되기 위해 본인이 노력하기보다는 남의 불행을 봐야 더 만족하는 토성 특유의 저열한 심술이 멘카르 캐릭터의 밑바닥에 깔려 있는 것도 사실입니다. 특히 토성의 전통적인 의미 영역인 '윗대에서 전해 내려오는 재물과 유산'에 관련된 흉사가 곧잘 나타납니다. 멘카르와 관련되어 가장 빈번하게 나타나는 스토리는 상속과 증여에 관련된 다툼입니다. 부모님이 돌아가시고 상속을 받는 과정에서 유산을 놓고 형제끼리 불구대천 지경으로 싸운다든가, 상속을 받은 자산에 낀 악성 대출로 인해 오히려 더 피곤해진다든가, 혹은 아예 부모님이나 가문의 빚을 갚느라 인생을 궁핍하게 보낸다든가 하는 식입니다.

토성이 농업이나 토지를 주관하므로, 멘카르가 사건화되었을 때 가뭄이나 병충해로 기근이 들어 수확량이 떨어진다든가 혹은 조상 대대로 농사짓던 땅을 빼앗기고 생계를 이을 거리가 마땅찮아진다든가 하는 일도 발생하기 쉽습니다. 또한 본인이나 육친에 대한 질병이나 사고가 잘 발생하여 멘카르와 만나는 행성이 해당 천궁도에서 담당하는 육친에게 신체적 흉사가 끊이지 않는 경향도 있습니다. 위력이 좀 약할 뿐이지 멘카르도 천칭자리 알파성인 주벤 엘게누비 Zuben Elgenubi처럼 순흉성으로서, 횡발도 바라기 어렵고 물상 대체도 쉽지 않은 편입니다.

Maya Angelou

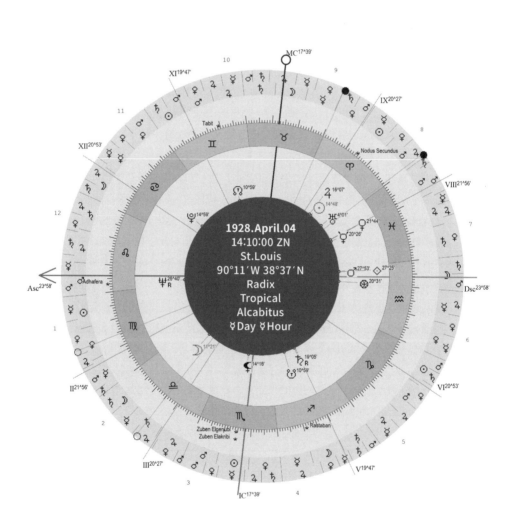

마야 안젤루

참혹했던 인생 초반기를 딛고 일어선 미국의 대표적인 흑인 문학가.
초년에 고생하고 노력에 대한 대가는 매우 늦게 돌아오는 구조이다.

people

미국의 가장 유명한 흑인 문학가 중 한 명으로서, 오프라 윈프리와 비슷하게 흑인 여성들의 멘토와도 같은 인물입니다. 3세 때 부모가 이혼하고, 조부모와 살던 중 여덟 살 때 어머니를 찾아갔다가 어머니의 남자 친구에게 성폭행을 당합니다. 이후 충격으로 5년 동안 실어증을 겪었고, 만 16세에 미혼모가 되었습니다. 먹고살기 위해 요리사, 가수, 댄서 일을 하며 간혹 성매매로 돈을 벌기도 했습니다. 30대 초반에 시민운동에 뛰어들어 편집 일을 하게 되었고, 1969년에 자전적 소설을 출간하여 크게 히트한 후 미국을 대표하는 흑인 시인이자 소설가로서 이름을 알렸습니다. 일생 동안 배우, 극작가, 영화제작, 저널리스트 등으로도 활발히 활동하다가 2014년 사망했습니다.

angle at birth 기법으로 멘카르가 3분 이내 오차로 남중culmination at birth하는 천궁도입니다. 어릴 때 끔찍한 일을 당한 후 불우한 유년기를 보내면서 소위 말하는 비천한 직업을 전전하며 분투했던, 고생스럽고 불명예스러운 초기 이력과 연관성을 가집니다. MC의 로드로서 MC와 유효 삼각을 맺고 있는 금성 역시 쌍어궁에서 엑절테이션을 얻기는 하지만, 토성의 2도 이내 정방향 사각을 맞는 와중에 자신의 데트리먼트 로드이자 펄 로드인 수성과 1도 30분 이내 회합을 맺고 있어 매우 불리한 상황입니다. 흉한 항성 하나가 남중하는 것만으로 자오선 축에 관련된 모든 사안이 평생 동안 지속적으로 흉한 상태에 놓이는 것은 아닙니다. 그러나 MC나 IC의 로드마저 명백히 불리한 상태에 있다면, 상당히 오랜 시간 동안 그 손상에서 벗어나지 못할 가능성이 높습니다.

다행히도 LoF의 로드로서 PoA에 위치하는 토성이 금성과 목성의 유효각을 동시에 받으며 길성 인클로저 상태에 놓여 있습니다. 이런 경우 시간이 지나면 지날수록 사회·경제적 지위가 개선되는 것은 사실이지만, 토성 자체가 역행 정지 상태이기 때문에 긍정적인 변화가 실제로 이루어지기까지 상당히 오랜 시간이 걸릴 것임을 추정 가능합니다.

자우라크

Zaurak

별 이름: 자우라크

별자리 분류(constellation): 에리다누스자리 감마(γ)성

황경(longitude): 금우궁(Taurus) 22도 28분(1900년 기준) / 금우궁(Taurus) 23도 52분(2000년 기준)

적위(declination): 남위 13도 48분(1900년 기준) / 남위 13도 30분(2000년 기준)

적경(right ascension): 03h 57m

황위(latitude): 남위 33도 12분

광도(magnitude): 2.9

★ observation info.

Fixed star: **ZAURAK**

Constellation: Gamma(γ) Eridanus

Longitude 1900: 22TAU28	Longitude 2000: 23TAU52
Declination 1900: -13°48'	Declination 2000: -13°30'
Right ascension: 03h 57m	Latitude: -33°12'
Spectral class: M0	Magnitude: 2.9 variable

천문 예측을 위한 실질 상대 등급 : 2부 리그 2군 교체 멤버

프톨레마이오스 기준 행성 속성 : 토성

천궁도 해석을 위한 실제 속성 : 12하우스의 토성

에리다누스자리의 감마성인 자우라크입니다. 광도 2점대 후반에 황위가 남위 33도라서 PED 기법을 적용할 수 있는 거의 하한선에 해당하는 별입니다. angle at birth나 PoD 기법으로 접근하는 것이 좀 더 적합합니다. 20세기 후반 기준으로 황경 도수가 금우궁 23도 중반에 위치합니다.

자우라크는 우울증을 대표하는 별들 중 하나로, 이미 우울증의 구조가 어느 정도 성립한 천궁도에서 중요 행성이나 품성의 지표성이 자우라크까지 가깝고 만나고 있는 경우 우울증의 징험을 강화하는 요소로 작용하곤 합니다. 예를 들어 12하우스의 달이 자우라크와 30분 이내로 회합을 이룬 상태에서 토성과 유효 대립각을 맺고 있다면, 그 천궁도의 주인공은 가볍고 활달하며 나쁜 일을 쉽게 잊어버리고 재빨리 일어서는 캐릭터일 확률은 없다고 봐도 무방합니다. 달이 황소자리에서 엑절테이션 상태라는 것만 고려한 채 이 항성의 존재와 영향력을 인지하지 못하고 지나치면 판단에서 오류를 범하게 되는 것입니다. 다만 자우라크는 일등급 항성도 아닐뿐더러 황도에서 근접한 위치에 있는 별도 아니기 때문에, 다른 유사 구조 없이 단지 주요 행성이 자우라크랑 가까이 있다는 것만으로 우울증을 거론할 수 있을 만큼의 강력한 변수는 아닙니다.

알골
Algol

★ 관측정보

별 이름: 알골

별자리 분류(constellation): 페르세우스자리 베타(β)성

황경(longitude): 금우궁(Taurus) 24도 46분(1900년 기준) / 금우궁(Taurus) 26도 10분(2000년 기준)

적위(declination): 북위 40도 34분(1900년 기준) / 북위 40도 57분(2000년 기준)

적경(right ascension): 03h 08m

황위(latitude): 북위 22도 25분

광도(magnitude): 2.12

★ observation info.

Fixed star: **ALGOL**

Constellation: Beta(β) Perseus

Longitude 1900: 24TAU46

Declination 1900: +40°34'

Right ascension: 03h 08m

Spectral class: B8

Longitude 2000: 26TAU10

Declination 2000: +40°57'

Latitude: +22°25'

Magnitude: 2.12 VAR

천문 예측을 위한 실질 상대 등급 : 1부 리그 1군 주전 멤버

프톨레마이오스 기준 행성 속성 : 토성 - 목성

천궁도 해석을 위한 실제 속성 : 화성과 달의 각을 받는 토성

서양 고전 점성술에서 등장하는 모든 별 중 최고 최악의 흉성으로 일컬어지는 카풋 알골Caput Algol입니다. 페르세우스자리 베타성으로서 잘린 메두사 머리 위치에 해당합니다. 변광성으로서 평균 광도는 2.1로 낮지 않으며, 황위가 북위 22도에 위치하여 PED 방식을 적용할 수 있습니다. 20세기 후반 기준으로 황경 도수가 금우궁 25도 후반에 위치합니다.

알골의 특이점은 육안으로 관측 가능한 변광성이고 그 광도의 변화가 정확한 주기로 나타난다는 점입니다. 세 개의 별이 공전하면서 지구의 관측자 입장에서 일종의 식eclipse 현상이 나타나고 광도가 2.1에서 3.4로 떨어지며 어두워지는데, 이 현상은 2일 21시간에 한 번씩 8~10시간 정도 지속된다. 이를 알골 미니마Algol Minima라고 부릅니다. 기원전 12세기 이집트에서는 이미 이 알골 미니마 현상을 토대로 길일과 흉일을 구분하고 있었으며, 옛 이슬람 아랍제국에서 점성술이 흥성하던 시절에 정복 전쟁을 수행 중이던 장군은 알골 미니마 구간에서는 중요한 전투를 벌이지 않았다고 전해집니다. 일등성이 아닌 광도 수준인데도 동서고금의 수많은 문화권에서 아주 많은 신경을 쓰며 관찰하고 있던 별로서, 하나같이 대흉의 상징이자 두려움의 대상으로 받아들여왔던 바 있습니다.

동양 천문에서는 서방칠수의 위수에 속한 대릉의 다섯 번째 별大陵五로 분류됩니다. 대릉은 거대한 분묘, 즉 무덤을 의미합니다. 이 대릉을 오성이 범하거나 일월식과 혜성이 만나고 지나갈 때 병란, 전염병, 가뭄, 홍수 등으로 시체가 겹겹이 쌓일 정도로 대량의 사망자가 발생한다고 전해집니다. 서양 쪽도 마찬가지이며, 이유가 어찌 되었든 건드리기만 해도 사람이 많이 죽는다는 의미인 것은 대동소이합니다.

우누칼하이, 프레세페, 주벤 엘게누비, 셰아트 등의 항목에서 점성술에서 언급되는 순흉성 혹은 극흉성이 어떤 속성을 지니고 있으며 어떤 식으로 작용하는지 논한 바 있습니다.

알골은 대흉성이자 순흉성 중에서도 첫 손가락에 꼽히는, 소위 국가대표급 별로서 점성술에서 흉사로 분류되는 모든 형태의 사건들을 자신의 의미 영역으로 두고 있습니다. 그중에서도 알골만의 키워드가 있다면, 요절untimely death, 교수형과 효수beheading, 끔찍한 형벌로써의 죽음 등이 있습니다. 알골은 모든 형태의 요절과 비자연사를 담당하는데, 비자연사 중에서도 질병보다는 사고나 상해에 의한 죽음, 질병이라도 만성이 아닌 전염되는 급성 감염에 의한 죽음을 의미합니다. 또한 단순히 싸우다가 죽거나 차에 치이는 등의 사고에 의한 것이 아닌, 공권력에 의한 형벌의 의미로 사형당하는 경우를 특히 많이 시사합니다. 이 중에서도 목에 관련된 것들, 즉 목을 매달아 죽이는 교수형이나 목을 잘라서 죽이는 효수 등이 특히 자주 등장합니다. 혹은 거열, 팽형, 능지처참 등 공포를 유발하기 위해 일부러 큰 고통을 가하도록 고안한 사형 방법들도 알골의 영역이라 할 수 있습니다. 즉 단순한 죽음 이외에 추가적인 파급 효과나 의미가 부여되는, 끔찍하거나 의도적인 형태의 특정한 목적을 가진 살인이 알골의 진면목이라 하겠습니다.

한편 알골의 또 다른 특징이 있다면, 단순한 흉성으로 끝나지 않고 다른 화성 속성 일등성들과 같이 타인을 해하고 죽이는 것이 미덕인 영역에서 횡발을 통해 큰 성공을 거둘 수 있다는 점입니다. 주로 군인이 되어 전장에서 공로를 세운다든가, 검찰과 경찰 등 사법 영역에서 범죄자들을 체포하고 형벌을 내리는 등의 영역입니다. MC 근처에서 힘을 얻은 루미너리나 목성이 알골과 가까운 회합을 이룬 상태에서 길성의 도움까지 동시에 받는 구조가 이와 같이 횡발을 통해 높은 사회적 지위를 얻는 알골 활용의 대표적인 경로라고 할 수 있습니다.

또한 알골이 하일렉 포인트나 핵심 행성과 가깝게 만나는 천궁도에서 극단적인 형태의 흉사가 사건이 되지 않도록 길성과 디스포지터 등으로 잘 보호되는 구조를 동시에 가지는 경우, 당사자의 일반 지능이 무척 높아지는 경향이 있습니다. 보통 흉성 속성의 항성이 부각되는 천궁도의 소유자들은 보편적인 지능이 아닌 특정 분야에서만 협소한 재능이 부여되는 경향이 있는데언어 방면은 별로인데 수학만 잘한다든가, 지능은 평균인데 기계를 다루는 손재주만 좋다든가, 유독 알골의 경우 일반 지능의 척도인 IQ 자체가 월등해지는 경향성이 발견되는 것이 상당히 특이한 부분입니다.

대흉성인 알골의 가장 긍정적인 측면이 표현된다면, 당사자가 가만히 참아야 할 때 잘 참고, 나서서 끊어야 할 때 칼같이 끊는 재능이 발현되는 경우일 것입니다. 진퇴의 타이밍에 대한 천부적인 감이 있어서 적절한 시기 기회가 올 때까지 놀라울 정도로 자신의 공격성을 억제하다가 정말 필요한 순간에 확 터뜨리는 것입니다. 질적으로 완벽한 앵글의 화성이 천갈궁 초반에 위치하는 경우와 비슷한데, 이는 쌍둥이자리 베타성인 폴룩스Pollux의 속성과도 공통점을 가집니다.

Tucker Carlson

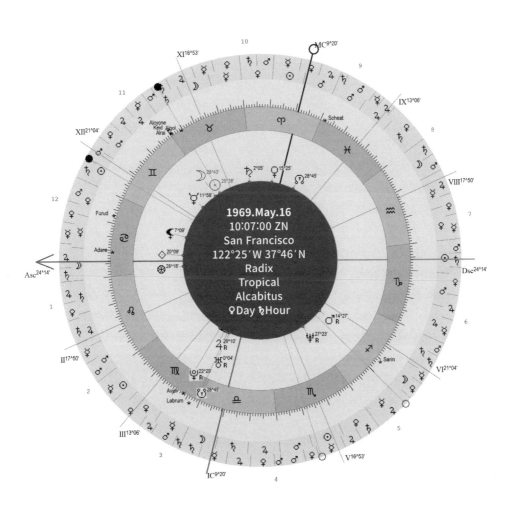

1969.May.16
10:07:00 ZN
San Francisco
122°25′W 37°46′N
Radix
Tropical
Alcabitus
♀Day ♄Hour

터커 칼슨 ─────────────────

미국 보수 우파 미디어의 간판 앵커이자 트럼프의 측근.
많은 운이 따르지만 타협의 여지가 없는 극단적인 가치관이 허점으로 작용하다.

미국 보수 우파 미디어인 폭스Fox TV의 간판 앵커 중 한 명입니다. 애국주의 극보수주의자로서 인종차별에 여성 비하 발언 이력이 있고 난민 유입에 대해서도 극렬히 반대하는 입장입니다. 다만 비슷한 계열이라 할 수 있는 존 볼턴 전 백악관 비서관에 비하면 완전한 고립주의 지향이라 중동을 비롯한 여러 분쟁 지역에서 미국이 완전히 손을 떼는 것이 바람직하다고 주장하고 있습니다.

성향이 비슷한 트럼프 대통령의 주요 비선 참모 중 한 명으로서, 2019년 9월 볼턴 비서관이 해임되기 직전 내부적으로 이 인물과의 첨예한 의견 대립이 있었다고 전해집니다. 트럼프의 재선을 위해 무엇이든 할 수 있는, 트럼프의 개인 변호사인 루디 줄리아니와는 다른 영역에서 활동하는 차기 비선 실세로 점쳐지기도 하는 사람입니다.

금우궁 신월에 거해궁 후반에서 상승하는 천궁도입니다. Asc, LoF, LoS 로드를 겸임하는 달이 LoB 로드 태양과의 회합에서 갓 빠져나와 목성과도 삼각을 맺고 있습니다. 즉 네이티브를 대표하는 행성이 태양-목성 인클로저 상태인 것입니다. 더불어 LoE 로드로서 쌍자궁에서 룰러십을 얻고 MC와 유효 육각을 맺는 수성이 달과 파틸 패러렐로 연결되어 있습니다. 세속적인 성패에 관여하는 거의 모든 감응점의 로드가 달을 중심으로 엮여 있는 구도인데, 심지어 MC의 로드인 화성조차 수성과 유효 대립각을 맺고 있습니다. 국가대표급의 연계성이 형성된 천궁도입니다. 다만 아무리 행성 간 연계성이 뛰어나다고 해서 신월 자체에서 비롯되는 취약점이 사라지지는 않습니다. 신월 전후에 태어난 인물은 무엇을 해도 집중하고 몰입하는 경향이 있어서, 그 결과의 성패 역시 모 아니면 도 식으로 극단적으로 흐르기 쉽습니다. 특히 신월의 달은 회합을 이루는 태양의 방향성에 크게 채색되기 마련인데, 이 천궁도의 문제는 태양이 10분 이내의 오차 범위로 아주 가깝게 알골과 만나고 있다는 점입니다. 거의 변색되어 있는 태양이 이 사람의 Asc, LoF, LoS를 모두 주관하는 달을 이차적으로 채색시키는 것입니다. 좋게 말하면 일관적이고 통일성 있는 삶이고, 나쁘게 말하면 타협의 여지가 없는 매우 극단적인 가치관으로 이어질 수 있는 경우입니다. 다만 루미너리가 알골과 만나는 예시 중에서도 이 천궁도는 대흉성 알골의 부작용이 상당 부분 완화될 수 있는 구조를 갖추고 있습니다. 금우궁은 달이 엑절테이션을 맡는 궁이며, 이 천궁도의 태양은 금우궁에 위치하여 오히려 디스포지터인 달의 리셉션을 받고 있습니다. 이런 경우 비록 신월이라 해도 태양의 결정 권한 중 상당수가 달에게 일임되어, 알골로 변색된 태양의 전횡을 어느 정도 제어할 수 있습니다. 더불어 처녀궁 목성이 달과 태양 모두를 삼각으로 봐주고 있어, 알골이 발현되면서 저지른 행동의 결과를 목성이 상당 부분 덮어줄 수 있는 구조이기도 합니다.

그래도 태양이 흉성 알골과 만나 입게 되는 직접적 피해는 어디로 가지 않습니다. 만 7세에 부모가 이혼한 후 10세 전후에 아버지가 이미 두 번의 이혼 경력이 있는 명문가 상속녀와 재혼하면서 아주 복잡하고 혼란스러운 성장기를 보냈습니다. 보헤미안 성향이라 가정과 아이들을 잘 돌보지 않았던 생모가 사망한 이후 그 상속분에 대해 소송을 했으나, 정작 생모의 유언장에는 친아들인 이 사람에게 재산을 한 푼도 남기지 않겠다고 명시가 되어 있어 큰 낭패를 보기도 했습니다. 즉 부모 관련으로 상당히 불리하게 꼬인 이력이 있는 인물입니다. 태어난 이후 10년간의 운로에서 메이저 피르다르 로드가 태양이었기 때문에 해당 시기 알골은 지속적인 프로미터로 사건화될 수 있습니다. 그런데도 주요 행성들의 위치성이나 연계성이 워낙 탄탄한 천궁도이기 때문에, 차기 미국의 보수 진영에서 나름 중요한 지위에 오를 수도 있을 것이라 생각됩니다. 다만 신월에다 태양이 알골과 너무 가까이 있어 자기 그릇에 비해 너무 높은 자리에 오르게 되면, 특히 타인의 생사여탈권을 쥐는 공적 직함을 얻게 되면 결국 횡파와 몰락으로 이어질 공산이 큽니다.

O. J. Simpson

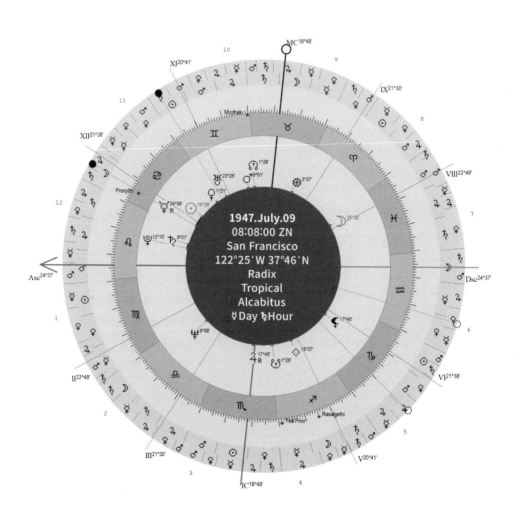

1947.July.09
08:08:00 ZN
San Francisco
122°25′ W 37°46′ N
Radix
Tropical
Alcabitus
☿Day ♄Hour

O. J. 심슨

**세기의 살인사건 피의자로 전락한 미식축구의 영웅.
승부의 세계에서 벗어나는 순간, 그 치열함이 범죄의 영역으로**

1970년대 미식축구계 최고의 러닝백이자 명실상부한 전국구 스타였습니다. 당시만 해도 미식축구는 농구처럼 흑인 선수들이 다수인 종목이 아니었기 때문에, 심슨은 흠결 없이 모범적이고 우수한 흑인이 미식축구의 전설로 기록되면서 여전히 인종차별의 풍습이 뚜렷하던 미국 사회에서 흑인의 위상을 높인 영웅이었습니다.

문제는 1994년 6월 캘리포니아에서 그의 백인 전처와 식당 종업원이 살해되는 사건이 발생한 이후였습니다. 이는 미국뿐만 아니라 전 세계적으로 큰 논란을 불러일으키면서 미국 사법 관련 역사에서 유명한 사건으로 남았습니다. 이 사건의 사실 관계와 의혹이 제기된 많은 자료와 뒷이야기들이 있지만, 결론은 간단합니다. 엄청난 몸값을 자랑하는 당대 최고의 변호인단을 고용하면서 재판에 대응한 심슨은 정황상 아주 유력한 살인 용의자였지만 결국 무죄로 방면되는 데 성공합니다. 다만 이 사건 이후 심슨은 막대한 변호사 수임료를 지불하고 나서 세금도 못 내는 빈궁한 처지가 되었는데, 결국 2007년 9월 라스베이거스에서 총기를 사용하여 납치와 강도를 계획한 혐의로 유죄 판결을 받아 2017년까지 10년 동안 교도소에서 복역하다 가석방되었습니다.

angle at birth 기법에서 1분 이내의 매우 적은 오차 범위로 알골이 남중합니다. 황위가 20도 이상이라 황도와 어느 정도 거리가 있는 별이니만큼, 알골의 위력이 당사자에게 직접 들어온다는 점에서는 당연히 PED 기법보다 angle at birth 기법이 더 유효합니다. 따라서 알골이 직업, 사회적 평판, 커리어 부문에서 어떻게 사건화되는지 관찰할 수 있는 아주 좋은 예시 천궁도라 할 수 있습니다.

알키오네
Alcyone

★ 관측정보

별 이름: 알키오네

별자리 분류(constellation): 황소자리 에타(η)성

황경(longitude): 금우궁(Taurus) 28도 36분(1900년 기준) / 쌍자궁(Gemini) 0도 0분(2000년 기준)

적위(declination): 북위 23도 57분(1900년 기준) / 북위 24도 6분(2000년 기준)

적경(right ascension): 03h 47m

황위(latitude): 북위 4도 3분

광도(magnitude): 2.87

★ observation info.

Fixed star: **ALCYONE** The central star of the Pleiades

Constellation: Eta(η) Taurus

Longitude 1900: 28TAU36

Declination 1900: +23°57'

Right ascension: 03h 47m

Spectral class: B7

Longitude 2000: 00GEM00

Declination 2000: +24°06'

Latitude: +04°03'

Magnitude: 2.87

천문 예측을 위한 실질 상대 등급 : 1부 리그 2군 주전 멤버

프톨레마이오스 기준 행성 속성 : 달 - 화성

천궁도 해석을 위한 실제 속성 : 리젝션 아래에 금성과 달의 각을 받는 화성

플레이아데스 성단의 중앙에서 가장 밝은 별인 알키오네입니다. 황위가 북위 4도로서 황도에 근접하여 PED 방식을 적용하기에 적합하며, 자체적인 광도가 2.87이지만 성운과 성단의 특성상 점성학적인 유효성은 광도 1도 정도 높은 등급에 해당합니다. 2000년 기준으로 황경 도수가 정확히 쌍자궁 0도에 위치하며, 20세기 후반 기준으로 금우궁 29도 후반에 분포합니다. 플레이아데스 성단은 전통적으로 칠공주seven sisters라 하여 인접한 일곱 별로 구성되어 있는데, 황경 도수상 맨 앞의 일렉트라Electra가 2000년 기준 금우궁 29도 25분, 맨 뒤의 플레이오네Pleione가 쌍자궁 0도 21분이므로 사실 알키오네 기준으로 다른 별들보다 앞뒤 20분 정도의 오브를 더 허용하여 살피는 것이 적절합니다.

동양 천문에서 알키오네는 서방칠수에 속하는 묘수昴宿의 여섯 번째 별宿六로 분류됩니다. 옥사와 송사, 이민족의 침략과 항전 등을 의미하며 행성이나 일월식으로 인동되었을 때 나라에 변란이 일어나며 신하들이 처형되는 일들이 발생한다고 전해집니다.

알키오네는 플레이아데스 성단의 중심 항성이며 그 의미 영역도 성단 전체를 대표합니다. 성단 공통의 의미 영역과 대비되는 칠공주 각각의 속성에 대해서는 잘 알려져 있지 않은데, 이들이 황경 황위 적경 상으로 너무나도 가깝기 때문입니다. 히아데스 성단과 프리마 히아둠Prima Hyadum 항목에서 논했듯이, 알키오네는 단일 항성이 아닌 집합적인 변수로 취급하는 것이 적절합니다.

알키오네는 아주 특이한 별이긴 하지만 특징적인 키워드가 많은 편입니다. 기본적으로 질병과 상해를 강하게 시사합니다. 급성 질환과 만성 질환을 가리지 않으며, 당사자가 알키오네를 통해 세속적 성취를 이루든 실패하든 상관없이 질병과 상해의 발생은 피해갈 수 없습니다. 그런 점에서 아주 명확하고 강고한 징험이라 할 수 있습니다. 특히 알키오네가 루미너리와 만나는 경우 군, 검, 경 등의 화성 분야에서 세속적인 성취를 이루는 경향이 있으나, 그만큼 다양한 질병과 상해의 고통에 노출될 확률도 증가합니다.

플레이아데스를 포함한 모든 성단과 성운은 점성학적으로 눈 문제안 질환, 근시, 난시, 약시, 실명 등를 시사합니다. 알키오네와 플레이아데스는 이와 더불어 얼굴의 상해와 흉터가 키워드입니다. 알키오네가 부각되는 천궁도의 소유자는 얼굴 한 부분에 크고 작은 흉터가 생기는 경우가 대부분이며, 어쩌다 다친다 해도 꼭 얼굴을 다치는 일이 많습니다. 그 밖에도 감정과 충동으로 인한 우발적인 폭행과 살해 시도에 연루되는 경우가 많은데, 그런 점에서 풍상궁 화성의 특징과 유사합니다. 이러한 폭력 사건은 치정 문제와 관련된 것일 확률이 높습니다.

화성 - 금성 혹은 화성 - 달 속성의 항성들은 치정과 이상 성 충동 등이 특징인데, 알키오네 역시 마찬가지입니다. 동성애를 시사하는 대표적인 별들 중 하나로, 성적 지향성이 특이하거나 혹은 변동성 폭이 큰 편입니다. 억제하기 힘든 강한 욕정이나 성적 충동을 의미하기도 합니다. 굳이 따지자면, 변태성이 문제가 아니라 성 충동이 과해서 문제가 되는 경우로 벡터의 방향보다 크기가 문제인 경우입니다. 꼭 성적인 부분뿐만이 아니라 사람에 대한 욕심이 너무 지나쳐서 치정과 집착에 관련된 문제가 잘 발생합니다.

화성 분야에서 횡발이 일어날 가능성이 높지만 엄격하게 말하면 사실 알키오네는 흉성으로 분류해야 합니다. 일곱 행성을 가리지 않고 만났을 때 모두 흉한 징험이 나타나게 됩니다. 세속적 성취에 도움이 되는 경우라 해도 질병과 상해 사건이 부각되는 것만은 피할 수 없습니다. 눈과 얼굴 이외에도 성기의 질병이나 상해도 자주 관찰할 수 있습니다.

나이절 패라지

20대에 고환암이 발병한 영국의 극우파 정치가

로든 레이팅Rodden Rating이 A등급이기 때문에 생시기록이 분 단위로 정확하다는 보장은 없는 천궁도입니다. 영국의 대표적인 극우파 정당인 독립당의 당수였으며, 2018년부터는 브렉시트당의 당 대표를 맡고 있는 정치가입니다. 20대 초반 고환암을 진단받아 일찍이 고환 한쪽을 절제하는 수술을 받았습니다. 두 번 결혼했고, 자식은 4명을 두었습니다.

금성이 알키오네와 1분 이내 오차로 아주 정확히 회합을 이루는 천궁도입니다. Asc 로드인 수성이 토성과 거의 파틸 육각을, LoF 로드인 금성 역시 토성과 1도 30분 정도의 out-of-sign 사각을, 달의 디스포지터로서 달의 첫 접근을 받는 목성 역시 토성과 파틸 컨트랜티션을 이루는, 토성이 무척 부각되는 천궁도의 소유자입니다.

루디 줄리아니

뉴욕의 범죄율을 극적으로 낮춘 연방검사 출신의 전직 뉴욕 시장

로든 레이팅이 A등급이기 때문에 생시기록이 분 단위로 정확하다는 보장은 없는 천궁도입니다. 본명은 루돌프 줄리아니이며, 루디라는 애칭으로 주로 불리고 있습니다. 미국 연방검사 출신으로 뉴욕 시장을 연임하여 뉴욕의 범죄율을 극적으로 낮춘 인물입니다. 아주 호전적이고 타협을 불허하는 일종의 '꼴통 검사' 캐릭터로 유명한데, 2008년 미국 대선 경선에 도전했으나 중간에 불출마 선언을 하며 포기한 적이 있습니다. 현 미국 대통령인 도널드 트럼프의 개인 변호사이자 비선 실세 중에서도 핵심적인 인물로서, 우크라이나 스캔들에 연루된 트럼프 탄핵 사건에서 중요한 빌미를 제공한 바 있습니다.

금성이 5분 이내 오차 범위로 알키오네와 매우 가깝게 회합을 이루고 있습니다. 뉴욕 시장으로 재직하던 만 56세에 전립선암이 발견되어 방사선 치료를 받은 적이 있는데, 운로상으로 이때가 피르다르 메이저 목성/마이너 금성 시기로 타임 로드 금성이 알키오네의 사건을 겪는 시기였습니다. 나이절 패라지와 마찬가지로 금성이 알키오네와 매우 가깝게 만나는데, 두 사람 모두 성기 관련 질환으로 비가역적인 치료를 받았다는 공통점이 부각됩니다.

★

Nigel Farage

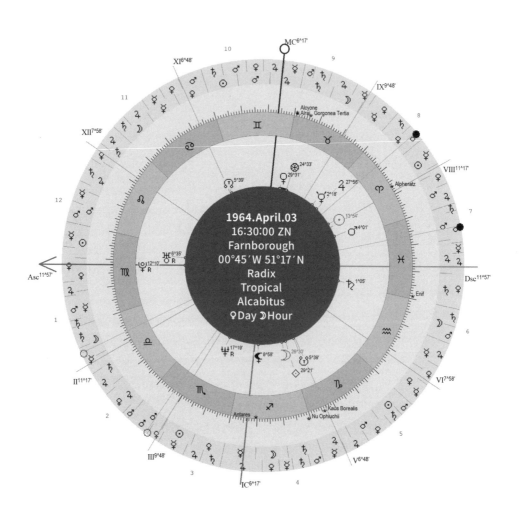

NATAL CHART

★

Rudy Giuliani

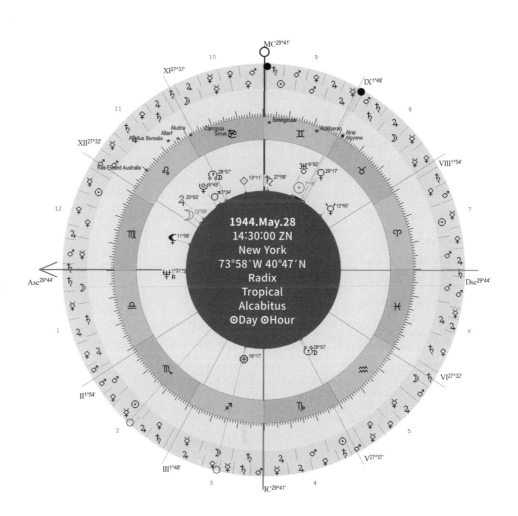

1944.May.28
14:30:00 ZN
New York
73°58′W 40°47′N
Radix
Tropical
Alcabitus
☉Day ☉Hour

Mirfak

★ 관측정보

별 이름: 미르파크

별자리 분류(constellation): 페르세우스자리 알파(α)성

황경(longitude): 쌍자궁(Gemini) 0도 41분(1900년 기준) / 쌍자궁(Gemini) 2도 5분(2000년 기준)

적위(declination): 북위 49도 30분(1900년 기준) / 북위 49도 52분(2000년 기준)

적경(right ascension): 03h 24m

황위(latitude): 북위 30도 7분

광도(magnitude): 1.806

★ observation info.

Fixed star: **MIRFAK**

Constellation: Alpha(α) Perseus

Longitude 1900: 00GEM41	Longitude 2000: 02GEM05
Declination 1900: +49°30'	Declination 2000: +49°52'
Right ascension: 03h 24m	Latitude: +30°07'
Spectral class: F5	Magnitude: 1.806

천문 예측을 위한 실질 상대 등급 : 1부 리그 2군 교체 멤버

프톨레마이오스 기준 행성 속성 : 언급 없음

천궁도 해석을 위한 실제 속성 : 수성의 각을 받는 화성

페르세우스자리 알파성인 미르파크입니다. 광도가 1.8에 달하며 황위 역시 북위 30도 정도로 PED 방식으로 활용이 가능한 별입니다. 황경 도수가 20세기 후반 기준 쌍자궁 1도 후반에 위치합니다.

미르파크는 활달하고 겁이 없어 일 벌이기 좋아하는 캐릭터에 가깝습니다. 심사숙고하거나 돌다리를 두드려보고 건너는 것과는 거리가 멉니다. 다른 사람 눈치를 보거나 상황의 압박감에 위축되는 일은 좀처럼 없지만, 아무래도 신중함이 좀 부족하기 때문에 성과를 내기 위해서는 여러 번 시행착오를 겪기 쉬운 것도 사실입니다. 또한 문제가 발생했을 때 정정당당하게 과오를 인정하고 바로잡기보다는 언 발에 오줌 누기 식으로 둘러대거나 거짓말을 해서 대충 수습하고 넘어가려는 바람직하지 못한 습성이 있습니다. 이는 황도상 서로 정확히 마주 보는 위치에 있는, 즉 인마궁 2도에 위치한 전갈자리의 델타성인 드슈바Dschubba와 유사한 특징이라 할 수 있습니다.

프리마 히아둠

Prima Hyadum

★ 관측정보

별 이름: 프리마 히아둠

별자리 분류(constellation): 황소자리 감마(γ)성

황경(longitude): 쌍자궁(Gemini) 4도 24분(1900년 기준) / 쌍자궁(Gemini) 5도 48분(2000년 기준)

적위(declination): 북위 15도 23분(1900년 기준) / 북위 15도 37분(2000년 기준)

적경(right ascension): 04h 19m

황위(latitude): 남위 5도 43분

광도(magnitude): 3.65

★ observation info.

Fixed star: **PRIMA HYADUM**

Constellation: Gamma(γ) Taurus

Longitude 1900: 04GEM24	Longitude 2000: 05GEM48
Declination 1900: +15°23'	Declination 2000: +15°37'
Right ascension: 04h 19m	Latitude: - 05°43'
Spectral class: G9	Magnitude: 3.65

천문 예측을 위한 실질 상대 등급 : 2부 리그 2군 주전 멤버

프톨레마이오스 기준 행성 속성 : 토성 - 수성

천궁도 해석을 위한 실제 속성 : 화성과 금성의 각을 받는 수성

히아데스 산개성단의 첫 번째이자 가장 밝은 별로, 황소자리 감마성으로 분류되는 프리마 히아둠입니다. 자체적인 광도는 낮은 편이나 이들이 속한 산개성단 전체가 일종의 V자 형상으로 육안으로 상당히 명확하게 보이는 천체입니다. 또한 점성학적인 영향력 측면에서 별에 비해 성단과 성운의 광도는 1+ 정도 높은 것으로 취급합니다.

동양 천문에서는 서방칠수에 속하는 필수畢宿의 네 번째 별, 즉 필수사畢宿四로 분류됩니다. 주로 비와 바람이 나타나는 시기에 예측에 사용했던 별이며, 실제로 서양에서도 태양이 히아데스 산개성단 근처를 지날 때 우기雨期가 시작되는 전조로 받아들이는 풍습이 있었다고 합니다.

프리마 히아둠은 히아데스 산개성단을 대표하는 별로, 황소자리 델타성으로 분류되는 히아둠 IIHaydum II와 엡실론성으로 분류되는 아인Ain 등의 의미 영역을 모두 포괄합니다. 따라서 이 별의 속성 자체가 복합적이며, 단일한 개인보다 군집의 성격을 띠고 있습니다. 이 군집 전체의 속성 중 공통적인 부분이 있다면, 금성 - 화성 - 달로 대표되는 밤의 행성 계열에 가깝다는 것입니다. 낮의 행성 계열 특유의, 규정을 의식하고 개인보다 집단의 시스템을 중요시하는 측면은 히아데스 성단에 속한 별들에게 거의 없다고 볼 수 있습니다.

히아데스의 캐릭터는 요령이 대단히 좋고, 육감과 열정으로 상황에 대응하는 경향이 있습니다. 한마디로 촉이 좋고 감이 뛰어납니다. 따라서 엄정한 논리를 따르기보다 사고와 언행이 비약하는 경향이 있으며, 계획에 따라 성실하게 공부하고 노력하기보다는 벼락치기에 능하고, 요령이 워낙 좋기 때문에 상황이 닥치면 임기응변으로 위기를 넘기는 습성이 있습니다. 즉흥적이고 무계획적인, 즉 혼돈 성향chaotic이 뚜렷하며 이는 전통적인 밤의 행성 계열 특유의 경향성과 교집합을 가집니다.

유독 하일렉 포인트와 만나는 경우에 흉사가 발생할 가능성이 높아지는데, 특히 일신의 상해와 질병으로 나타날 확률이 증가합니다. 성단과 성운의 공통분모로서 눈에 문제가 생기기 쉬우며, 꼭 눈과 얼굴이 아니라도 사람에 의해 다치는 상황, 즉 얻어맞거나 칼에 찔리거나 공권력에 의해 구속되고 처벌을 받는 경향이 뚜렷합니다. 풍상궁에 위치한 화성에게 흉각을 받아 피해를 입는 징험과 대단히 유사합니다. 반면에 다섯 행성과 만나면 신체적 상해와 질병의 징험은 약해지고 오히려 남다른 재주가 부각되는 경우가 많습니다. 수성과 만나면 성급하지만 대단히 영리하고 이재에 밝아, 어떻게 보면 작은개자리 알파성인 프로키온과 비슷한 방향성을 가집니다. 화성과 만나면 난폭하지만 그만큼 용감하고 행동력이 뛰어납니다.

가장 바람직한 조합으로는 히아데스가 금성과 만나는 경우인데, 워낙 감성이 뛰어나기 때문에 각종 예술과 문예 등에서 두각을 나타내기 쉽습니다. 히아데스 자체가 타고나기를 워낙 촉이 좋고 감이 뛰어난 편인데, 금성과 이어지며 물고기가 물을 만난 격이 됩니다. 연예인, 작가, 배우 등의 문화예술계에서 자주 보이는 조합입니다. 반면에 낮의 행성 계열인 목성이나 토성이 히아데스를 만나면 인간관계 문제가 잘 나타나는데, 특히 주변에서 자주 보는 이웃이나 동료들과 잦은 불화가 발생하는 경향이 있습니다. 목성과 만날 때에는 지위와 권력에 대한 욕심은 있는데 본성이 신실하지 못하기 때문에 위선적인 면모가 드러나기 쉽습니다. 또한 토성과 만나면 오히려 옥시덴트 위상의 수성이 토성과 조합을 이루는 경우 특유의 박학다식하고 공부를 좋아하는 측면이 나타나곤 합니다. 다만 이 경우에도 역시 인간관계는 좋지 못합니다.

Dennis Rodman

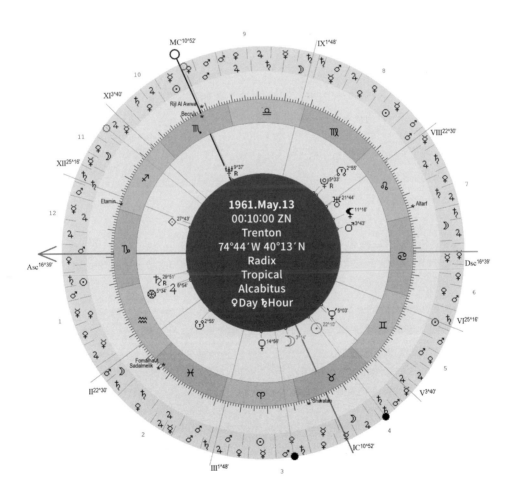

데니스 로드맨

**NBA 최고의 리바운더이자 헌신적인 팀플레이어.
농구장 밖에서는 온갖 기행을 자제 못하는 골칫거리 악동의 평판을 받다.**

NBA 사상 최고의 리바운더이자 수비수인 데니스 로드맨입니다. 농구광인 북한의 김정은 주석과 오래전부터 왕래하며 친구가 되는 등 온갖 기행으로 유명하지만, 실제로는 본업에서 비교를 불허하는 대단한 농구선수입니다.

중3 때까지 키가 170cm가 안 되어 고교 시절부터 농구를 시작했으며, 서서히 두각을 나타내다가 만 25세에야 뒤늦게 NBA에 입성하게 됩니다. 당시 선수들 개개인의 인지도는 최고의 조직력과 더티 플레이로 리그 상위를 수성하던 디트로이트 피스톤스에 입단하여, 무서운 베테랑 선배들과 리더십 있는 감독에게 스파르타 훈련을 받아 엄청난 역량의 선수로 성장합니다. 이후 샌안토니오 스퍼스를 거쳐 마이클 조던이 있는 시카고 불스로 이적한 후 조던-피펜-로드맨의 농구 역사상 대표적인 사기 조합을 구성하지만, 실제로 개인 기량의 정점은 피스톤스 후반기에 이미 도달한 상태였다고 평가됩니다.

기행을 일삼으며 노력을 안 하는 천재처럼 보일 수 있지만, 사실은 엄청나게 혹독한 훈련을 통해 성장해온 뚝심과 인내력으로 똘똘 뭉친 선수입니다. 또한 자기만 알고 동료들에게 협조하지 않는 이기적인 플레이를 할 것 같지만, 부상을 감수하고 철저하게 팀을 위해 뛰는 헌신적인 팀플레이어 유형에 속합니다. 언뜻 보면 아무 생각 없이 몸을 던져가며 막무가내로 경기하는 것 같지만, 농구 센스가 뛰어난 영리한 플레이어로 평가받는 선수입니다. 외견상 이미지와 내실이 아주 많이 다른 스타일입니다. 다만 농구장 밖에서의 행적을 보면 악동이 맞습니다. 세 번 결혼하고 세 번 모두 이혼했으며, 애인과 부인을 가릴 것 없이 잊을 만하면 폭력을 행사하기도 했습니다. 전문적인 치료를 여러 번 받아야 했을 정도로 알코올중독이 심했고, 도박으로 큰돈을 날리는 일도 부지기수였습니다. 음주 운전과 공무집행방해죄로 구금도 자주 당했고, 각종 민사소송으로 손해배상 건수에 연루된 적도 한두 번이 아닙니다.

7하우스 로드인 달이 두 흉성 사이에 낀 비시지드besieged 상태이며, 달이 처음으로 접근 각을 맺는 화성은 결혼의 랏ʰⁱ을 담당하고 있으며 달 입장에서는 데트리먼트 로드로서 손해를 끼치는 형국입니다. 이와 함께 수성이 프리마 히아둠과 15분 이내로 접근 회합을 이루고 있습니다. 비비언 롭슨은 수성-프리마 히아둠 조합에 대해 '기민하고 영리하며, 성질이 급하여 자신의 과실을 늘 후회하는 편이고, 작은 일로 분쟁을 잘 일으키나 재물 사안에서는 유리한 편이다'라고 논한 바 있습니다. 실제로 자기 일에서는 확실한 프로였고 돈도 많이 벌었지만, 사생활이 워낙 관리가 안 되어 이런저런 말썽거리가 셀 수도 없이 벌어졌고 그로 인해 벌어둔 돈을 모두 탕진하는 흐름으로 이어졌습니다.

2하우스의 LoF와 파틸 회합을 이루는 목성이 5하우스의 금우궁 태양을 데트리먼트 로드로 두고 유효 컨트랜티션을 맺고 있고, 보병궁 24도의 LoB 역시 데트리먼트 로드인 태양과 2도 정도의 사각을 맺고 있습니다. 천궁도에서 돈을 쓰고 모으는 모든 요소가 5하우스 태양으로 인한 손해를 입는 구조입니다. 이런 경우 버는 것보다 쓰는 게 더 많아 종잣돈을 탕진하는 경우가 많습니다. 비록 수성-히아데스 조합이 이재가 뛰어나 상당한 돈을 벌 수 있다 해도, 천궁도에서 이미 재물 관련으로 깨진 독 구조가 분명히 형성되어 있는 한 큰 의미가 없습니다.

Aldebaran

★ 관측정보

별 이름: 알데바란

별자리 분류(constellation): 황소자리 알파(α)성

황경(longitude): 쌍자궁(Gemini) 8도 23분(1900년 기준) / 쌍자궁(Gemini) 9도 47분(2000년 기준)

적위(declination): 북위 16도 18분(1900년 기준) / 북위 16도 31분(2000년 기준)

적경(right ascension): 04h 35m

황위(latitude): 남위 5도 28분

광도(magnitude): 0.85

★ observation info.

Fixed star: **ALDEBARAN** Oculus Tauri

Constellation: Alpha(α) Taurus

Longitude 1900: 08GEM23	Longitude 2000: 09GEM47
Declination 1900: +16°18'	Declination 2000: +16°31'
Right ascension: 04h 35m	Latitude: - 05°28'
Spectral class: KM	Magnitude: 0.85 Variable

천문 예측을 위한 실질 상대 등급 : 1부 리그 1군 주전 에이스

프톨레마이오스 기준 행성 속성 : 화성 - 목성

천궁도 해석을 위한 실제 속성 : 목성의 각을 받는 화성

황소자리 알파성으로, '황소의 눈'으로 불리는 알데바란입니다. 달에 의해 엄폐occultation가 가능한 네 가지 일등성 중 하나로, 고전 점성술에서 활용되는 가장 중요한 항성의 일원이라 할 수 있습니다. 변광성으로서 광도는 평균 0.85 전후로 기복이 있으며, 황위가 남위 5도 전후로서 황도에 매우 근접하여 PED 방식으로 적용하기에 적합합니다. 20세기 후반 기준으로 황경 도수는 쌍자궁 9도 초반에 위치합니다.

동양 천문에서 서방칠수에 속하는 필수畢宿의 다섯 번째 별, 즉 필수오畢宿五로 분류하며 별칭으로 천고성天高星이나 필대성畢大星으로 불리기도 합니다. 국가 전체에 이르는 병란과 옥사, 혹은 대규모 비바람 등의 자연재해에 관여한다고 전해집니다. 고전 점성술에서는 광도가 1.5 이내인 일등성 중 황도에 근접하여 달의 엄폐 현상이 가능한 네 개의 별을 로열스타Royal Star로 분류합니다.

단도직입적으로 말하자면, 이 네 개의 로열스타 중 가장 상식적이고 정상에 가까운 별이 알데바란입니다. 사자자리 알파성인 레굴루스Regulus는 과대망상과 신분 상승의 권력욕에 빠져 있고, 처녀자리 알파성인 스피카Spica는 외견상 선량하게 보이지만 공정함이나 평등의 개념을 도외시하며, 전갈자리 알파성인 안타레스Antares는 너무 파괴적입니다. 반면에 황소자리 알파성인 알데바란은 다소 공격적이기는 해도 명민하고 책임감 있으며 자신의 신뢰와 명예를 지키고자 하고 사교성 또한 양호한 편입니다. 레굴루스가 제왕, 스피카가 천재, 안타레스가 장군 혹은 혁명가라면, 알데바란은 유능한 사회인이자 사업가라 할 수 있습니다.

알데바란의 특징은 활력과 에너지가 넘치지만 성급함으로 일을 그르치지는 않으며, 필요할 때 용감하고 공격적인 입장을 취할 수 있지만 동시에 품위와 인내력이 있어 오랫동안 버티며 참을 줄도 안다는 점입니다. 중국 전국시대 4대 명장 중 한 명인 염파廉頗처럼, 공격해야 하는 상황에서는 폭발적이지만 수성하고 방어해야 하는 상황이라면 몇 년이고 묵묵히 버틸 수 있는, 칼과 방패를 다 갖춘 캐릭터입니다. 알데바란의 또 한 가지 장점이 있다면, 창의성이 있고 금전적 감각이 좋아 사업에 능하다는 것입니다. 이전에 없던 아이디어를 떠올려 새로운 조직 구조를 고안하고 사업 모델을 적용하는 등 기획 단계에서의 경쟁력이 무척 뛰어난 편입니다. 다만 다른 수성 - 목성 계열 참모 역할의 별들과 다른 점은, 알데바란은 자신이 기획도 하고 일을 주선하여 사업을 직접 이끌고 책임질 수 있다는 것입니다. 즉 사업 영역에서 돌파력과 내구력을 둘 다 갖춘, 1세대 창업주 역할에 가장 적합한 별입니다. 이런 부분을 고려하면 알데바란은 목성 - 화성 속성의 순길성인 오리온자리 베타성 리겔Rigel과 유사하게 분류될 수 있습니다. 순길성까지는 아니더라도 전반적으로 흉성이라기보다 길성에 가깝다고 보는 것이 맞습니다. 흉성 계열 항성들의 특징이 육친과 인간관계 문제가 특정 분야에서는 반드시 발생한다는 점인데, 알데바란의 경우 사교성도 있고 결혼 후 가정을 꾸리는 부분에서도 큰 문제가 없다고 판단합니다. 다만 알데바란 역시 목성보다는 화성 속성이 우선인 별이기 때문에, 한 번 제대로 분노하면 무지막지한 고집을 부리며 아무도 못 말리는 공격성을 표출하기도 합니다. 나아가 외부 효과로서 상해와 감염 질환에 잘 노출되는 약점 또한 사라지지 않습니다. 고질적으로 이어지는 만성 질환보다는 고열을 포함한 전신 반응을 동반하는 감염성 질환이 두드러지고, 급성 염증이 아니면 사고로 상해를 입어 다치는 경향이 있습니다.

아무리 건실하고 상식적이라 해도, 알데바란 역시 로열스타이기 때문에 횡발과 횡파의 구도가 뚜렷한 편입니다. 리겔처럼 건전한 2등으로 살다가도 어느 순간 최고의 자리에 오를 수 있는 기회가 찾아오고, 한 번 그 지위에 오른 후에는 결국 횡파를 겪고 그 자리에서 내려오는 일련의 과정을 겪게 됩니다.

군, 검, 경 등 타인의 생사여탈권을 쥔 공적인 지위 아니면 긍정적으로 발현되기 힘든 여타 화성 속성의 일등성들과 달리, 알데바란은 사실 공직과 군부보다도 기업인으로 대성하는 선택지가 하나 더 있습니다. 또한 무력과 혈통이 재물을 지배하던 과거와 달리, 현재 자본주의 사회는 재물이 권력을 지배하기 때문에 굳이 알데바란 캐릭터가 위계를 중시하는 관료주의 사회에 매달릴 필요가 없습니다. 오히려 사업으로 경제계에서 창의성과 기획력을 발휘하는 쪽이 로열스타의 원죄와도 같은 리바운드를 덜 겪을 수 있습니다.

NATAL CHART

★

John F. Kennedy Jr.

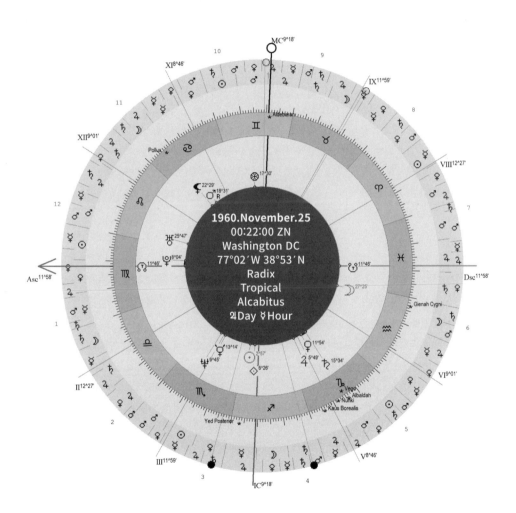

1960.November.25
00:22:00 ZN
Washington DC
77°02′ W 38°53′N
Radix
Tropical
Alcabitus
♃Day ♀Hour

존 F. 케네디 주니어 ────────────────

미국 정치 명문가 출신의 전도유망한 엄친아.
암살당한 아버지에 이어 본인 역시 석연찮은 요절로 생을 마무리하다.

미국의 케네디 대통령과 재클린 여사의 외동아들입니다. 출생기록을 확인한 측근의 증언만 남아 있어 로든 레이팅이 AA가 아닌 A 등급으로 기록되어 있는데, 어머니가 재혼한 일자, 본인의 결혼 일자, 로펌에 취업한 일자 등을 프라이머리 앵글 디렉션 목록과 대조하면 이 생시가 거의 정확하다고 봐도 무방할 것입니다.

알데바란이 angle at Birth 기법에서 3분 오차로 남중하며, 동시에 PED 기법으로는 5분 이내 오차로 아주 정확하게 MC와 회합을 이루고 있는 천궁도입니다. 문제는 이러한 경우 자동으로 IC가 안타레스와 가깝게 만나게 된다는 점입니다. 더욱이 처녀궁 8도의 명왕성이 자오선 축과 동시에 유효 사각을 맺고 있어 집안에 관련된 흉사에 죽음의 그림자가 드리우는 것을 피할수 없습니다.

좋은 쪽으로나 나쁜 쪽으로나 미국에서 가장 유명한 가문 출신으로, 태어난 시점부터 전세계의 관심을 이렇게나 받은 인물은 당대에 영국 왕족들밖에 없다고 호사가들의 입에 오르내리는 인물입니다. 더욱이 최강대국 미국의 암살당한 대통령의 외동아들이라는 점에서 이 인물의 성장, 신변, 이력의 변화 자체가 정치계의 관심을 받을 수밖에 없었던 경우입니다.

비비언 롭슨은 남중하는 알데바란에 대해 '명예, 지위, 재물을 모두 얻으며 이성에게 많은 도움을 받을 것'이라고 논한 바 있습니다. 외가 자체도 나름 명문가였고, 만 8세가 되기 전 어머니가 당대 세계 최고의 부호였던 오나시스와 결혼하면서 새아버지가 보트 한 척을 선물할 정도의 환경에서 성장했습니다. 뛰어난 외모는 물론 리더십과 사교성까지 모두 갖춘 일종의 엄친아였기 때문에 언제나 주변 여성들의 관심을 받으며 살았습니다. 아버지와 다른 점은 양다리를 걸쳐 바람을 피우는 성향 없이 연애와 결혼에서 단 한 여성에게 집중했다고 합니다.

고전 점성술의 관점에서 이 사람의 천궁도에 특이점이 있다면, 수명을 관장하는 아페타 Apheta가 태양, 달, Asc, LoF 같은 일반적인 하일렉 포인트가 아닌 MC라는 점입니다. 프라이머리 앵글 디렉션상 IC가 정방향으로 토성과 만나는 디렉션으로부터 14개월 전 비행기 사고로 부인과 함께 사망했습니다. 베티우스 발렌스 Vettius Valens가 제시한 ascensional time 기법으로도 비슷한 오차로 MC가 토성과 대립각을 맺는 시기에 해당합니다.

앞에서 말한 바와 같이 자오선의 MC-IC 축이 알데바란-안타레스 축과 겹치고 명왕성까지 유효 사각으로 두 감응점을 동시에 치고 있는 천궁도입니다. 보통 이런 경우 부모의 사망이나 가문의 흉사로 사건화되며 당사자는 그저 그 영향을 우회적으로 받을 뿐인데, 이 사람처럼 집안과 출신 등의 출생 배경이 세계 전체의 흐름과 직결되는 경우 자오선 축의 흉사가 천궁도 주인 본인의 목숨에까지 미치게 되는 것입니다. 세계 점성술Mundane Astrology과 출생 점성술Natal Astrology 사이의 뚜렷한 접점을 보여주는 매우 중요한 샘플입니다. 출생 점성술의 수명 영역에서 위험한 구조 중 하나가, 루미너리를 포함한 하일렉 포인트 중 하나가 알데바란-안타레스 축에 걸리고 그 반대편에서 파틸 대립각을 맺는 흉성이 위치하는 경우입니다. 이 경우 하일렉 포인트 쪽이 알데바란이나 안타레스 중 하나와 유효 회합을 이루고, 반대편의 흉성 역시 다른 하나의 로열스타와 회합을 맺기 때문에 항성 레벨의 충돌이 개인 차원에서 바로 구현되는 것입니다.

　이 천궁도의 경우 알데바란-안타레스의 충돌이 자오선 축에서 나타나 개인의 사건을 집단 레벨로 확장시키는 명왕성까지 조합되어 개인의 운명과 집단의 운명 경계가 불분명해진 예라 할 수 있습니다.

★

Dwayne Johnson

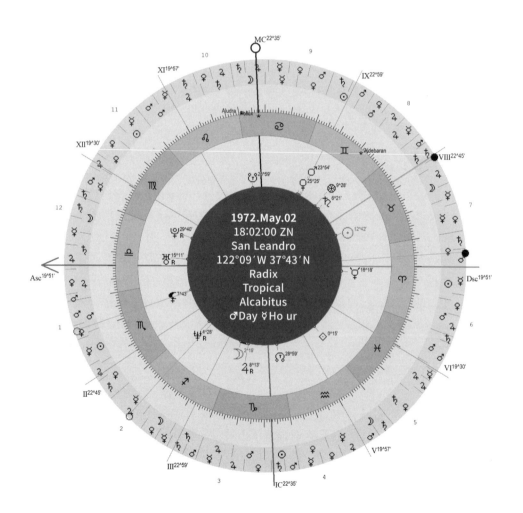

드웨인 존슨

**프로 레슬러로 정점을 찍은 후 최고 개런티를 받는 영화배우로 거듭난 인물.
부상 위험과 격렬한 액션이 필요한 분야에서 기복 없이 승승장구 중이다.**

작은개자리 알파성인 프로키온의 예시로도 제시했던 프로 레슬러이자 영화배우인 드웨인 존슨의 천궁도입니다. 매우 위력적인 헤비급 항성을 4개 이상 발현하고 있는 이 특별한 천궁도에서, 알데바란은 개인의 사회 활동을 담당하는 LoF와 PED 상으로 3분 이내의 오차 범위로 아주 정확하게 만나고 있습니다.

신체적인 상해를 입을 가능성과 함께 격렬한 액션을 요하는 업계에서 승승장구하는 이력, 또한 자신의 경력과 이미지메이킹 모두에서 별다른 허점 없이 현명하게 제어하는 철저한 기획력 모두 알데바란의 특징으로, 로열스타 중 가장 안정적인 알데바란의 장점을 잘 살리고 있는 인물입니다.

행성이 아닌 감응점에 들어오는 항성의 효과가 언제 부각되는지, 운로상에서 그 시기를 예측하기 위해서 통상적으로 해당 도수의 도머사일 로드가 타임 로드를 맡는 구간을 살피게 됩니다. 알데바란의 경우 현재 쌍자궁에 위치하기 때문에 그 도머사일 로드인 수성이 뚜렷하게 타임 로드로 부각되는 시기를 찾아볼 수 있습니다.

고교 시절부터 미식축구 유망주로 좋은 성적을 내고 있다가 급작스럽게 심한 부상을 입은 후 빠르게 프로 레슬링업계로 진로를 틀어 만 24세에 혜성같이 데뷔한 이력이 있습니다. 부상 후 가족의 권고로 프로 레슬링 연습을 시작한 것이 만 23세 처녀궁 프로펙션에 연주가 수성인 시기에 해당합니다. 즉 메이저 피르다르 로드도 수성, 연주도 수성으로 타임 로드가 중첩되는 구간입니다. 강력한 로열스타 알데바란을 관리하는 입장의 수성이 운로를 주관할 때 이후 세계적인 명성과 부를 얻게 되는 프로 레슬러 커리어를 시작한 셈입니다.

리겔

Rigel

★ 관측정보

별 이름: 리겔

별자리 분류(constellation): 오리온자리 베타(β)성

황경(longitude): 쌍자궁(Gemini) 15도 26분(1900년 기준) / 쌍자궁(Gemini) 16도 50분(2000년 기준)

적위(declination): 남위 8도 19분(1900년 기준) / 남위 8도 12분(2000년 기준)

적경(right ascension): 05h 14m

황위(latitude): 남위 31도 7분

광도(magnitude): 0.13

★ observation info.

Fixed star: **RIGEL**

Constellation: Beta(β) Orion

Longitude 1900: 15GEM26	Longitude 2000: 16GEM50
Declination 1900: ‐08°19'	Declination 2000: ‐08°12'
Right ascension: 05h 14m	Latitude: -31°07'
Spectral class: B8	Magnitude: 0.13

천문 예측을 위한 실질 상대 등급 : 1부 리그 1군 교체 멤버

프톨레마이오스 기준 행성 속성 : 목성 - 화성

천궁도 해석을 위한 실제 속성 : 화성의 각을 받는 목성

오리온자리의 베타성인 리겔로 오리온의 왼쪽 발목에 위치한 별입니다. 리겔은 오리온자리에서 가장 밝은 별임에도 알파성이 아닌 베타성으로 분류되는데, 이는 과거 천문학자들에 따르면 리겔이 오리온자리에 완전히 속해 있기보다는 일종의 독립적인 별에 가까우며 인근의 에리다누스자리와 오히려 가깝다고 여겨진 점과 관련성이 있다고 생각됩니다. 밤하늘에서 일곱 번째로 밝은 별이므로 특정 별자리에 얽매이지 않는 별개의 독립적인 의미 영역을 가진다고 해도 전혀 이상하지 않습니다. 실제로 오리온자리는 알파성 베텔게우스Betelgeuse와 감마성 벨라트릭스Bellatrix를 제외하면 목성 - 토성 속성을 공통점으로 가지는데, 리겔은 목성 - 토성보다는 오히려 목성 - 화성 속성에 가깝기 때문에 다소 상이한 부분이 있습니다. 광도에 비해 황위가 남위 31도로 황도와 꽤나 떨어져 있습니다. 즉 PED 방식으로는 리겔의 위력이 온전히 표현되기는 어렵습니다. angle at birth 기법과 PoD 기법으로 적용하는 것이 좀 더 적절합니다.

동양 천문에서 리겔은 오리온 벨트와 함께 서방칠수의 삼수參宿에 속하며, 우측 아래의 편장군偏將軍으로 분류됩니다. 군사 이동 및 군량 상태, 국가 단위의 변란에 관한 사건을 주관한다고 전해집니다.

리겔을 온전히 순길성이라고 분류하기는 어렵지만, 그래도 중립보다는 길성 쪽에 훨씬 가깝다고 판단해도 무방합니다. 횡발을 통해 사회, 경제적 지위가 갑자기 높아지는 효과도 기대할 수 있지만 그에 이은 횡파와 몰락의 확률은 상대적으로 적은 편입니다. 황도와 상당히 떨어져 있어 처녀자리 알파성인 스피카보다 PED 기준 영향력은 강하지 않지만, 어떻게 보면 로열스타인 스피카보다 더 안정적입니다. 같은 길성 속성으로 분류된다 해도 스피카는 밤의 행성인 금성 속성 기반이고 리겔은 낮의 행성인 목성 속성 기반이라는 점도 주목할 만한 차이입니다.

리겔의 캐릭터는 건장하고 육체와 정신 모두 건강한, 소위 말하는 장군감이라 부를 만한 인물입니다. 다만 전갈자리 알파성인 안타레스나 쌍둥이자리 베타성인 폴룩스처럼 경쟁, 승부, 정복, 파괴에 집중하기보다는 승리한 후 명예롭게 개선하며 권한을 얻는 쪽에 가깝습니다. 그런 점에서 정복보다 군림에 집중하는 사자자리 알파성인 레굴루스와 유사합니다. 리겔은 목동자리 알파성인 아크투루스Arcturus와 비슷하게, 헤라클레스와 길가메시처럼 일종의 신화적 영웅을 의인화한 캐릭터라 할 수 있습니다. 차이점이 있다면 아크투루스가 재야에서 자유롭게 활동하는 다소 아웃사이드 지향성이 있는 데 비해, 리겔은 인사이드 지향이라 중앙에서 공적인 지위를 얻고 군림하려는 측면이 부각됩니다. 다만 영웅이 자기 자신의 오만과 분노로 일을 그르치면서 고난에 빠지게 되는 수순은 두 별 모두 같습니다.

같은 오리온자리의 알닐람Alnilam과 알니탁Alnitak처럼 목성 - 토성 성향의 가부장적이고 완고하며 고집스러운 면모가 뚜렷하지는 않으나, 리겔 역시 목성 - 화성 캐릭터로서 오만하여 남의 말을 잘 듣지 않으며 모욕당했을 때 분노하여 언제든지 폭력을 저지를 수 있는 역할인 것이 사실입니다. 평소 목성 특유의 관대하고 사려 깊은 면모를 유지하다가도, 화가 나면 극도로 불손하고 무례해지기 때문에 압제적인 환경에서 아랫사람 입장으로 오래 버티기는 어려운 캐릭터입니다. 다소 성질이 급하고 간혹 폭력적으로 변하는 단점이 있지만, 그래도 평소에는 건강하고 힘이 세며 지구력도 있고 멘탈도 강하여 불굴의 의지나 용기를 발휘하곤 합니다. 군, 검, 경 등 공적인 권위를 토대로 타인에게 생사여탈권을 행사하는 직종에 가장 잘 어울리는 한편, 이공계 쪽의 재능 또한 뛰어나 과학자나 엔지니어로도 적합합니다. 사회적으로 권위를 인정받고 존경받을 수 있는 메이저 종교의 종교인으로도 대성할 수 있습니다. 물론 이는 종교인이 판사 역할을 겸임하던 전근대 시절에 해당되는 내용으로, 현대 자본주의 사회 기준으로는 많이 퇴색한 징험이긴 합니다.

길성으로서 리겔의 장점은 다섯 행성 모두와 상성이 좋다는 것입니다. 심지어 화성이나 토성과 만난 리겔조차 긍정적인 특징이 잘 부각됩니다. 문제는 루미너리입니다. 리겔의 악덕은 보통 루미너리와 만났을 때 잘 드러나고, 그중에서도 특히 달과의 상성이 좋지 않습니다.

태양 - 리겔 조합은 경쟁과 다툼은 있지만 영광과 권력도 얻을 수 있는 데 비해 달 - 리겔 조합은 얻는 것 없이 잃기만 하는 경우가 많습니다. 예상치 못한 불운으로 잘 진행되던 일이 뒤집어지는 경우도 많고, 질병과 사고로도 사건화되는데 이는 본인이 아닌 어머니나 여자 형제들의 흉사로 대신 나타나기도 합니다. 감응점으로는 MC보다는 Asc와 만나는 쪽이 더 낫습니다. 다소 유약한 경향이 있는 쌍자궁 상승 중에서도 Asc와 리겔이 유효 회합을 이루는 도수는 목성 - 화성 조합의 건실함과 힘을 얻을 수 있는 오아시스 같은 구간이라 할 수 있습니다.

★

Bear Grylls

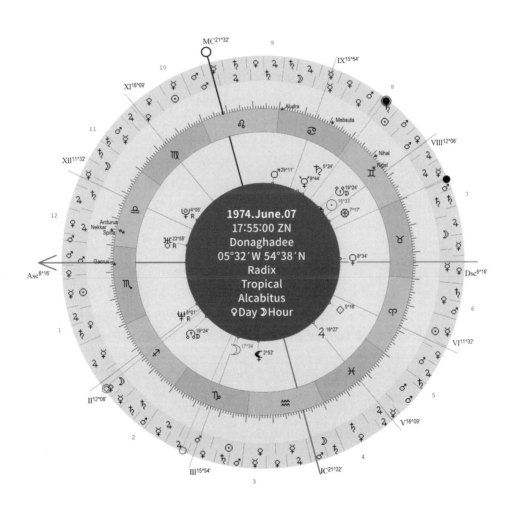

베어 그릴스

극단적인 환경에 도전하는 저명한 생존 전문가.
직업군인 복무 중 부상으로 제대했으나 오히려 모험가로 대성공했다.

극단적인 환경에 도전하는 생존 전문가로 전 세계적으로 유명해진 베어 그릴스는 영국 상류층 집안 출신에 군인으로 복무하던 인물입니다. 1996년 11월 낙하산 사고로 인한 척추 골절로 전역한 이후 에베레스트 등반과 각종 모험에 나서며 인지도를 얻었고, 2006년 야외 생존 리얼리티 프로그램에 장기 출연을 시작하며 세계적으로 유명해졌습니다.

태양이 리겔과 5분 이내 오차로 분리 회합 상태로서 태양이 어느 정도 리겔의 색채로 변색된 케이스입니다. 리겔과 태양이 만나는 경우 리겔의 목성 속성보다 화성 속성이 부각되는 경향이 뚜렷합니다. 조급하고 난폭한 방식으로라도 순발력과 용기를 발휘하여 피를 흘리고 적과 싸우며 큰 명성과 부를 얻는 패턴이 두드러집니다. 직업군인으로 복무하다가 이후 모험가이자 생존 전문가로 큰 명성을 얻은 것과 일맥상통합니다.

이 천궁도에서 태양은 상해를 의미하는 8하우스에 위치하는데, 동시에 루미너리를 극단적인 환경과 위험에 노출시켜 취약하게 만드는 남교점과 유효 회합을 이루고 있습니다. 위험과 상해에 대한 징험이 중첩되면서 더더욱 위협적이고 다치기 쉬운 직종에 종사하게 되며 실제로 그 과정에서 많이 다친 것이 사실입니다. 다만 이 태양은 룰러십을 얻은 목성의 파틸 정방향 사각을 받고 있어 상해가 발생하더라도 심각한 후유장애나 목숨을 위협받는 상황까지는 가지 않을 것입니다. 다만 태양 입장에서는 수상궁에 위치한 목성이 데트리먼트 로드로 들어오기 때문에, 목숨은 잃지 않더라도 향후 건강에 문제가 생길 수 있습니다. 실제로 베어 그릴스는 고지혈증의 가족력이 뚜렷하며 아버지도 혈관 질환으로 급사했습니다.

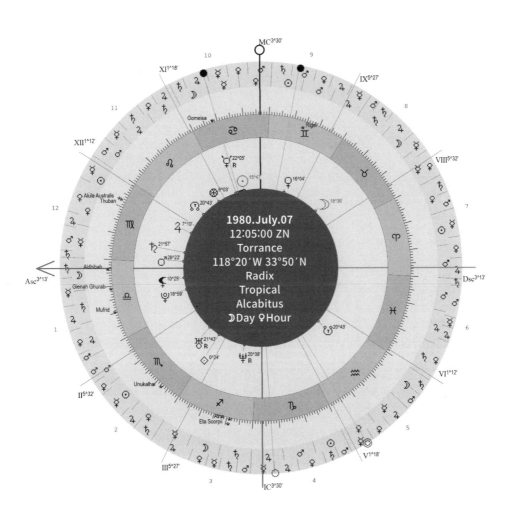

NATAL CHART

★

Michelle Kwan

1980.July.07
12:05:00 ZN
Torrance
118°20′W 33°50′N
Radix
Tropical
Alcabitus
☽Day ♀Hour

미셸 콴

김연아 이전 세계 여성 피겨스케이트 분야를 지배했던 대스타.
불리한 행성 구조에도 불구하고 길성 리겔을 통해 상향혼에 성공했다.

홍콩계 미국인 피겨스케이트 선수로, 세계선수권 대회 5회 우승 이력을 가지고 있으며 나가노 동계올림픽 은메달리스트이기도 합니다. 2006년 은퇴하기까지 미국에서 가장 유명한 피겨스케이트 선수인 동시에 미국 여성 운동선수 중 가장 인지도가 높다고 평가되기도 했습니다. 실제로 1997~2005년 사이 여성 피겨스케이트 선수 중 가장 많은 상금과 출연료를 받은 인물입니다. 다시 말하자면, 김연아 선수가 출현하기 전까지 세계에서 손에 꼽는 유명한 피겨스케이터 중한 명이었다고 해도 과언이 아닙니다.

PoA에 위치하는 직업의 지표성 금성이 속도 3%로 순행 정지하며 리겔에게 30분 이내 오차로 접근 회합을 맺고 있습니다. 정지 금성은 한 가지 동작이나 퍼포먼스만 죽어라 반복 연습하며 완성도를 높이고 기록 경쟁을 하는 피겨스케이트에 완벽하게 들어맞는 직업의 지표성이라 할 수 있으며, 그 금성에 리겔이 붙어 좀 더 큰 규모의 명예까지 뒤따른 케이스입니다. 금성-리겔 조합의 또 하나의 특징은 세속적으로 썩 괜찮은 조건의 결혼을 한다는 것인데, 네이티브가 여성인 경우 특히 상향혼의 징험으로 나타나는 경우가 많습니다. 실제로 미셸 콴도 백악관 스태프 이력을 쌓은 미국 명문가 자제와 결혼했습니다. 변호사 자격을 지닌 국방부 관료인 그녀의 남편은 2014년 로드아일랜드 주지사에 도전했다가 낙선했는데, 2017년 결국 이혼하게 되었습니다.

운로를 살펴봤을 때 미셸 콴의 결혼식이 이루어진 2013년 1월의 경우 피르다르로 메이저 달/마이너 토성에 9하우스 쌍둥이 프로펙션으로 연주는 수성인 시기입니다. 천궁도에서 수성은 토성과 파틸 육각을 맺고 있는데, 토성은 도로테우스 결혼의 랏 로드이며 7하우스 로드 화성과 오브 이내 범위로 회합, 금성과는 오브 이내 범위로 사각을 맺고 있습니다. 토성이 이 천궁도의 결혼 사안에서 가장 영향력 있는 프로미터가 되는 셈입니다. 그러한 토성이 마이너 피르다르 로드로서 연주와 파틸각을 맺는 한편, 쌍둥이 프로펙션에서 금성과 동궁하는 시기에 결혼했으니 운로의 전형적인 공식을 따르고 있음을 알 수 있습니다. 7하우스 로드인 화성이 12하우스에 위치하고 토성과 오브 이내 범위로 회합하고 있고, 보편적인 결혼의 지표성인 금성 역시 처녀 토성과 리젝션 아래 오브 이내 사각을 맺고 있어 연애운이나 결혼운이 과히 좋다고 할 수 없는 천궁도입니다. 실제로 이런 토성의 중복 손상 구조 때문에 이혼이 사건화된 것으로 생각됩니다. 이와 같이 결혼의 지표성 전반에 걸쳐 형성되어 있는 악조건에서도 명문가 자제와 결혼을 했던 것은 금성-리겔 조합의 유리한 징험이 발현된 결과라고 봐도 무방할 것 같습니다.

* 감응점

출생 점성술에서 실제 눈에 보이는 행성이 아니지만 중요한 의미를 가지거나 좌표를 가늠하는 기준이 되는 지점을 감응점sensitive point이라고 부릅니다.

감응점은 행성과 마찬가지로 황경, 적위 등의 도수값으로 표기됩니다. 널리 쓰이는 대표적인 감응점으로 Asc상승점, MC중천점, LoF포르투나 등이 있습니 다.

* Asc

상승점Ascendant의 축약어입니다. 해당 천궁도의 주인공이 태어나는 순간 출생 지역의 동쪽 지평선과 황도면이 교차하는 지점을 상승점이라 칭합니다. 당사자의 육체를 의미하며, 체질과 신체적 특징 등을 담당합니다.

보통 황경 기준으로 도수를 측정합니다. 예를 들어 아널드 슈워제네거의 상승점은 거해궁 16도 7분에, 타이거 우즈의 상승점은 처녀궁 24도 33분에 위치한다고 표현합니다.

* MC

중천점 혹은 남중점Medium Coeli의 축약어입니다. 해당 천궁도의 주인공이 태어나는 순간 출생 지역의 자오선 남쪽이 황도면과 교차하는 지점을 중천점이라 칭합니다. midheaven이라 불리기도 합니다. 당사자가 속한 직역, 커리어, 사회적 평판 등을 담당합니다.

* Dsc

하강점Descendant의 축약어입니다. 해당 천궁도의 주인공이 태어나는 순간 출생 지역의 서쪽 지평선과 황도면이 교차하는 지점을 하강점이라 칭합니다. 당사자의 인간관계, 결혼, 이동 등을 담당합니다.

벨라트릭스
Bellatrix

★ 관측정보

별 이름: 벨라트릭스

별자리 분류(constellation): 오리온자리 감마(γ)성

황경(longitude): 쌍자궁(Gemini) 19도 33분(1900년 기준) / 쌍자궁(Gemini) 20도 57분(2000년 기준)

적위(declination): 북위 6도 16분(1900년 기준) / 북위 6도 21분(2000년 기준)

적경(right ascension): 05h 25m

황위(latitude): 남위 16도 48분

광도(magnitude): 1.64

★ observation info.

Fixed star: **BELLATRIX**

Constellation: Gamma(γ) Orion

Longitude 1900: 19GEM33	Longitude 2000: 20GEM57
Declination 1900: +06°16'	Declination 2000: +06°21'
Right ascension: 05h 25m	Latitude: -16°48'
Spectral class: B2	Magnitude: 1.64

천문 예측을 위한 실질 상대 등급 : 1부 리그 2군 주전 멤버

프톨레마이오스 기준 행성 속성 : 화성 - 수성

천궁도 해석을 위한 실제 속성 : 수성의 각을 받는 화성

오리온자리의 감마성인 벨라트릭스입니다. 광도 1.64에 황위는 남위 17도 정도라서 황도에 가까운 것도 아니지만 완전히 떨어진 것도 아닙니다. PED 방식으로 충분히 활용 가능한 위치입니다.

오리온자리는 베타성인 리겔이 광도상으로 알파성인 베텔게우스보다 더 밝은 별자리로, 사실 리겔이라는 별이 오리온자리의 보편적인 노선과 다소 괴리되어 있습니다. 리겔을 제외하고 나면 알파성인 베텔게우스와 감마성인 벨라트릭스가 화성 - 수성 속성으로서 거의 쌍둥이와 같은 지위를 점하고 있습니다. 실제로 둘의 지향성이 비슷한 편인데, 다른 점이 있다면 베텔게우스는 남성형에 가깝고 벨라트릭스는 여성형에 가깝다는 것입니다.

동양 천문에서는 서방칠수의 삼수參宿에 속하며, 삼수의 다섯 번째 별參宿五로 분류됩니다. 병사와 전쟁을 담당하는 장군성 역할을 맡는다고 전해집니다.

벨라트릭스는 변덕스럽고 감정적이나, 왕성한 활동량과 선동가 기질이 있어 주변 사람들을 잘 끌어모으는 캐릭터를 가지고 있습니다. 다만 타인과 감정적으로 한번 틀어지면 좀처럼 그 관계가 회복되기 어렵기 때문에, 오랜 시간 안정적으로 인간관계를 유지하기 힘든 유형이기도 합니다.

처녀궁 화성과 비슷하게 손재주가 뛰어나고 기술적인 완성도에 집착하는 완벽주의 경향이 있어 공학자, 기술자, 의사 등 섬세하고 숙련된 기교를 필요로 하는 직종에 잘 맞습니다. 조각, 디자인, 무용, 행위예술 등 보편적인 화성 - 수성 조합의 문화예술계 분야에서도 빛을 발할 수 있습니다. 다만 10년, 20년 묵묵히 자신의 일을 하면서 실력을 쌓아가는 장인 스타일은 아니고, 남들 앞에서 자신의 작품이나 퍼포먼스를 과시해야 직성이 풀리는 쪽에 가깝습니다. 낮의 행성 계열처럼 합의된 절차에 따라 정당한 권위를 내세우며 존경을 받는 것보다는 군중의 갈채와 열광을 이끌어내며 순식간에 인지도를 얻는 철저한 밤의 행성 계열입니다.

워낙 흥분을 잘 하고 하나에 꽂히면 끝까지 파고들면서 열광하는 캐릭터로, 본질적 위계 중 엑절테이션의 속성을 그대로 가지고 있습니다. 다만 그만큼 불안정성도 큰 편이며 횡발과 횡파 확률이 높습니다. 본래 화성의 영역이 아닌 직종에서는 시간을 두고 순조롭게 커리어를 쌓아가는 완발을 기대하기가 애초에 힘든 별입니다. 공격적이고 속도감도 있으며 타인과의 경쟁에서 이겨야 대성할 수 있는 화성의 영역에서 오히려 안정성을 되찾습니다. 기본적으로 말솜씨와 글솜씨가 좋은 편이고, 일대일 대화나 일대다 연설 모두 강한 인상을 남기곤 합니다. 목소리가 약하거나 발언권이 떨어지는 경우를 찾아보기가 어렵습니다. 말싸움이나 토론에서 지는 경우가 별로 없고, 논리가 밀릴 때에는 억지를 부리더라도 일단 이겨야 직성이 풀리는 스타일입니다. 한편으로는 자기 잘못을 허심탄회하게 인정하지 않고 고집을 부리는 경향이 있습니다. 이 성향은 주변 사람들이 모두 대세에 따르며 수긍할 때 본인만 아니라고 못을 박는 근성이나 반항심으로 나타나기도 하는데, 잘 풀리면 간혹 용감하다는 평가를 받습니다.

벨라트릭스는 본래 자신의 행성 속성인 수성 혹은 화성과 회합을 이룰 때 가장 긍정적인 표현형으로 나타나며, 달과 만나는 경우도 다소 불안정하기는 하지만 크게 횡발하여 세속적 성취를 이루는, 소위 말해 한 방이 있습니다. 목성과 만나는 경우도 뒷말은 많이 듣지만 세속적 성취와 자리 보전에는 유리합니다. 반면에 태양, 금성, 토성과 만났을 때 벨라트릭스의 흉함이 부각되는 경향이 있습니다. MC에 직접 들어오는 경우도 손해보다 이득이 크다고 판단하기는 어려우며, Asc와 만나는 경우 명백히 흉하고 손해가 더 커집니다.

생각보다 재물에 관련된 손익에는 크게 관여하지 않습니다. 애초에 재물 사안을 중심 의미 영역으로 두는 별이 아닙니다. 반면에 가족, 친구, 결혼, 이웃 등 대부분의 인간관계에서는 좋지 않게 작용합니다. 남에게 상처는 곧잘 주는 데 비해 본인은 잘 토라져서 감정적 앙금을 좀처럼 풀지 않는, 소위 답 없는 정서 구조를 가지고 있습니다. 이러한 인간관계에서의 불리함은 벨라트릭스가 수성과 만날 때 좀 덜해지는 경향이 있습니다.

급성 질환, 사고와 상해, 실명 가능성 등 그 자체로 화성 속성의 병인의 지표성으로 작용할 수 있는 별이며, 태양, 달, Asc, LoF와 같은 하일렉 포인트와 직접 만났을 때 흉함이 커질 수밖에 없습니다. 그중에서 달이 그나마 상대적으로 상황이 나은 정도인 것이지 흉함을 면하는 것은 아닙니다.

★

Steve Jobs

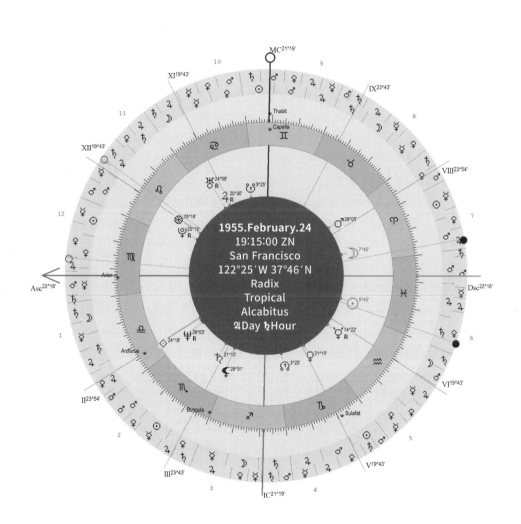

스티브 잡스

아이디어와 열정으로 세상을 바꾼 현대사회의 선각자.
집요하고 모멸적이기까지 한 완벽주의를 강요하여 완성도를 이루어내다.

30초 오차로 벨라트릭스가 남중하는 천궁도입니다. 물론 이 사람의 신화적 성공에는 1분 30초 오차로 동시에 남중하는 황소자리 베타성인 엘 나스El Nath의 역할도 필수지만, 엘 나스 자체가 워낙 색깔이 없는 무속성이어서 외견상 벨라트릭스의 원색이 부각될 수밖에 없습니다.

사생활에서도 소시오패스sociopath 성향이 다분했지만, 일터에서의 스티브 잡스는 실로 벨라트릭스의 화신과도 같은 인물이었다고 전해집니다. 부하 직원들에게 실현이 거의 불가능해 보이는 막중한 업무를 맡긴 후 기한 내에 성과를 내지 못하면 엄청나게 화를 내면서 모멸적인 발언을 쏟아내다가도, 다음 날에는 언제 그랬냐는 듯이 웃고 다녔다고 합니다. 어제는 완전히 엉망이라고 욕하던 시제품을 다음 날에는 좋아 보인다고 손바닥 뒤집듯이 의견을 바꾸는 경우도 많았습니다. 즉 변덕스럽고 감정적이며 할 말 안 할 말 가리지 않고 남에 대한 비난을 서슴지 않았던 동시에, 결과물의 완성도에 극도로 집착하기 때문에 어떻게든 결국에는 차이를 만들어내는 인물이었던 셈입니다. 일터에서 같이 일할 때에는 정말 지옥같이 느껴지지만, 시간이 흐른 후에는 악착같이 이루어놓은 성취를 보여주는 직업인이었다는 평가가 지배적입니다.

벨라트릭스가 angle at birth 기법으로 남중하는 도수는 PED 기법상 20분 이내의 오차로 MC가 카펠라와 황경상 회합을 이루게 됩니다. 즉 20세기 후반 출생인 인물의 천궁도에서 MC가 쌍자궁 21도와 22도 사이에 위치하는 경우, 들어오는 항성들의 종류와 정확한 오차 범위를 확인하는 것이 좋습니다. 벨라트릭스, 엘 나스, 카펠라 이 세 헤비급 항성들이 동시에 들어올 확률이 높기 때문입니다. 또한 이 세 별이 모두 화성-수성 조합의 속성을 가지고 있기 때문에 삼중첩이 되었을 때의 위력이나 색채 모두 강렬할 수밖에 없습니다.

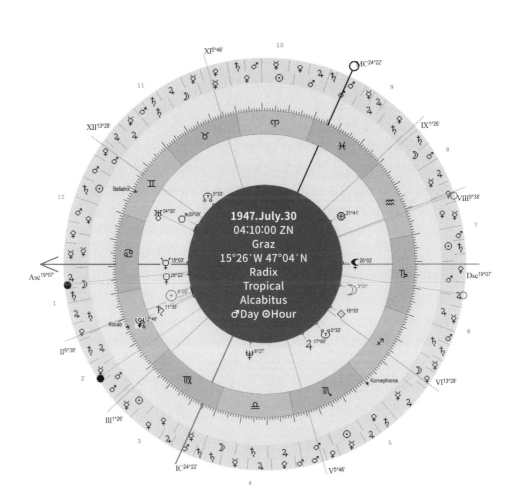

NATAL CHART

★

Arnold Schwarzenegger

1947.July.30
04:10:00 ZN
Graz
15°26′ W 47°04′ N
Radix
Tropical
Alcabitus
♂Day ☉Hour

아널드 슈워제네거

10년 가까이 세계를 제패했던 보디빌더 출신의 무비 스타.
군인, 보디빌더, 액션 배우 등의 거친 역할로 아메리칸 드림을 실현했다.

아널드 슈워제네거의 천궁도에서 화성은 화성이 PED 방식 기준 10분 이내의 적은 오차로 벨라트릭스와 접근 회합을 맺고 있습니다. 벨라트릭스의 채색이 뚜렷한 화성이라 평가할 수 있으며, 이 화성이 LoF와 파틸 삼각을 맺고 있습니다.

비비언 롭슨은 이 화성-벨라트릭스 조합을 '강한 힘과 체력, 군인, 외과 의사, 금속 기술자로 성공하고, 사고와 상해에 쉽게 노출되는 경향이 있다'고 서술한 바 있습니다. 실제로 이들은 아널드 슈워제네거의 인생 이력을 대변하고 있는 키워드입니다. 오스트리아에서 탱크를 다루는 군인으로 복무했고, 전설적인 보디빌더로서 1960년대 말부터 1980년 초까지 사실상 세계를 제패했으며, 1980년대에 영화배우로 인기를 얻을 때에도 주로 전사와 군인코난, 코만도, 터미네이터 등을 연기했습니다. 또한 의료 점성술 총론 강의에서 상해의 대표적 샘플로 선정했을 정도로 일생 동안 엄청나게 많은 사고와 상해를 당한 인물이기도 합니다. 화성이 프로미터로 작용하는 시기뿐만 아니라 인생 전체에서 지속적으로 상해가 발생했던 것은 벨라트릭스로 채색된 화성이 LoF와 파틸각을 맺고 있기 때문입니다.

한편 벨라트릭스가 태양이나 Asc와 만나는 구조였다면, 강력한 힘과 체력도 그로 인한 유명세와 영광을 얻지 못한 채 그저 상해와 질병으로 고생만 했을 수도 있습니다. 벨라트릭스는 자신의 속성으로 정형화된 화성이나 수성과 만났을 때 손해보다 이득이 더 커지기 때문입니다.

★ IC

천저점 혹은 북중점Imum Coeli의 축약어입니다. 해당 천궁도의 주인공이 태어나는 순간 출생 지역의 자오선 북쪽이 황도면과 교차하는 지점을 천저점이라 칭합니다. 당사자가 사는 거주지, 집, 자영업자인 경우 본인의 업장, 이사 등을 담당합니다.

★ 랏

랏은 천궁도의 기본 감응점과 행성의 도수를 조합하여 각각의 영역에 투사한 2차 감응점을 뜻합니다. 예를 들어 천궁도 당사자의 아버지가 어떤 사람인지 추정하기 위해서는 아버지의 영역을 담당하는 랏인 Lot of Father을 살피게 되는데, Lot of Father의 산출 공식은 낮의 천궁도인 경우 상승점의 도수에서 태양의 도수를 뺀 후 토성의 도수를 더하여, 밤의 천궁도인 경우 그 반대로 상승점의 도수에서 토성의 도수를 뺀 후 태양의 도수를 더하여 산출합니다.

서양 고전 점성술 체계의 천궁도에서 자주 사용되는 대표적인 랏으로서 LoFLot of Fortune / 포르투나, LoSLot of Spirit / 스피릿, LoELot of Exaltation, LoBLot of Basis, Lot of Marriage, Lot of Mother, Lot of Father, Lot of Children, Lot of Eros, Lot of Accusation 등이 있습니다.

헬레니즘 점성술이 체계적으로 연구되지 않았던 과거에는 중세 아랍점성술에서 기원했다고 하여 아라빅 파트Arabic Part라고 불리기도 했습니다. 현재 고전 점성술 연구 결과에 토대를 둔 랏의 정확한 명칭은 헬레니스틱 랏Hellenistic Lot입니다.

카펠라
Capella

★ 관측정보

별 이름: 카펠라

별자리 분류(constellation): 마차부자리 알파(α)성

황경(longitude): 쌍자궁(Gemini) 20도 28분(1900년 기준) / 쌍자궁(Gemini) 21도 51분(2000년 기준)

적위(declination): 북위 45도 54분(1900년 기준) / 북위 46도 0분(2000년 기준)

적경(right ascension): 05h 16m

황위(latitude): 북위 22도 51분

광도(magnitude): 0.08

★ observation info.

Fixed star: **CAPELLA Amalthea**

Constellation: Alpha(α) Auriga

Longitude 1900: 20GEM28	Longitude 2000: 21GEM51
Declination 1900: +45°54'	Declination 2000: +46°00'
ascension: 05h 16m	Latitude: +22°51'
Spectral class: GG	Magnitude: 0.08

천문 예측을 위한 실질 상대 등급 : 1부 리그 1군 주전 멤버

프톨레마이오스 기준 행성 속성 : 화성 - 수성

천궁도 해석을 위한 실제 속성 : 화성의 각을 받는 수성

밤하늘에서 여섯 번째로 밝은 별인 마차부자리의 알파성인 카펠라입니다. 광도가 0.08 이며 황위가 북위 22도라서 PED 기법으로 활용하기에 충분합니다. 다만 적위가 너무 높아 PoD 기법을 적용하기는 어려운 별입니다. 20세기 후반 기준으로 황경 도수가 쌍자궁 21도 초중반에 위치합니다. 주의할 부분이 있다면, 카펠라 앞뒤 구간이 일등성에 준하는 별들이 워낙 많이 포진하는 위치라는 점입니다. 앞쪽으로 벨라트릭스, 뒤쪽으로 민타카Mintaka와 엘 나스가 1도 이내로 가까이 붙어 있어 PED 방식으로 순수하게 카펠라의 색채만 부각되는 경우는 생각보다 찾기 어렵습니다.

동양 천문에서는 서방칠수에 속하는 필수畢宿의 오거성五車星 중 두 번째 별五車二로 분류됩니다. 황소자리 베타성인 엘 나스를 제외하면 오거성을 구성하는 나머지 넷은 모두 서양 별자리로 마차부자리에 속한 별들이며, 서양과 동양 모두 이 별들을 마차나 전차로 묘사하고 있음을 알 수 있습니다. 필수의 오거성은 황제의 군대가 사용하는 전차를 의미하며, 이 별들은 군사 이동이나 군수품에 관련된 사안을 담당한다고 전해집니다.

카펠라는 광도가 무척 높지만 횡발과 횡파를 거듭하는 여타 일등성들과는 다소 상이한 줄거리를 가지고 있는 별입니다. 오히려 목동자리 알파성인 아크투루스처럼 비록 저공비행이라도 기복 없이 자기 길을 가는 스타일입니다. 이는 단순히 황도에 그렇게까지 가깝지 않다는 위치에 기인한 것만은 아니며, 이 별의 속성 자체가 그러한 경향성을 가지기 때문이라고 생각됩니다.

카펠라는 수성 - 화성 속성의 별인데, 화성 위주에 수성이 보조하는 작은개자리 알파성 프로키온이나 오리온자리 알파성인 베텔게우스 같은 별들과 달리 수성 위주의 화성이 보조하는 쪽에 가깝습니다. 카펠라의 핵심 키워드는 호기심과 수다스러움이라 해도 무방합니다. 외견상 똑똑하고 영민하며, 글과 말에 능하고 외국어를 잘하며 해외로 왕래하는 생활에 적합한 특징도 있지만 그 중심에는 밑도 끝도 없는 호기심이 자리 잡고 있습니다. 한번 궁금한 게 생기면 의문이 해결될 때까지 파고드는 경향이 있는데, 이는 일종의 성실함이나 책임감에서 비롯된 것이 아니라 궁금한 것을 참지 못하는 성향 때문입니다.

따라서 연구자가 언제 제대로 된 결과를 낼 수 있을지 알 수 없는 부분에 10년, 20년 파고들며 묵묵히 연구를 한다든가, 혹은 형사나 탐정이 단서를 모아 냉철하게 수사를 진행하는 스타일과도 거리가 있습니다. 카펠라의 호기심은 다분히 즉흥적이고 단발성이며, 그 단기적인 궁금함을 빠르게 풀어헤치는 데는 막강한 재능이 있지만 좀처럼 꾸준하게 장기 계획으로 이어지지는 않습니다. 학계에 종사하는 경우 기발함과 천재성이 있거나, 입담이 매우 좋거나, 대중 저술을 많이 하거나, 상상력이 풍부하고 발명가 기질이 있는 경우가 많습니다. 하루 종일 실험실에 틀어박혀 조용히 연구만 하는 스타일은 아닙니다. 이러한 단발성의 호기심에서 비롯되는 카펠라의 다른 특징들도 있습니다. 조금만 덜 생산적인 방향으로 가도 빅마우스 big mouth, 즉 가십거리를 수집하여 순식간에 다른 사람들에게 전달하는 아주머니 역할을 맡게 됩니다. 물론 이 과정에서 구설수와 시비가 자주 생기는데, 대부분은 '안 해도 될 말을 해서', '전달하지 않아도 될 이야기를 굳이 전달해서' 발생하는 문제입니다. 또한 별로 화제로 삼고 싶지 않은 부분을 집요하게 물어보다가 타인에게 무례를 범하는 경우도 꽤 많습니다. 이러한 성향 때문에 가족, 이웃, 지인들 사이에서 불화가 빈번하게 발생합니다.

꼭 호기심이나 가십에 관련되지 않더라도, 이 별 자체가 수성 - 금성 속성이 아닌 수성 - 화성 속성이기 때문에 그 어조가 다소 비꼬고 불만을 표하는 쪽이며 그만큼 남들이 듣기에는 거슬릴 수 있습니다. 내뱉고 나면 본인은 후련한데 듣는 입장에서는 불편한 말들을 자주 하게 되다 보니 어찌 되었든 편한 대화 상대는 아닌 경우가 많습니다.

이러한 카펠라의 성향이 생산적으로 쓰이려면 아무래도 기자처럼 어떤 정보를 빠르게 입수하여 늦지 않게 전달하는 직종이 적합합니다. 오랜 시간에 걸쳐 장고하며 신중하게 검토하는 연구 분야의 저술보다는, 자질구레하고 신변잡기에 가까운 내용이라도 흥미 위주로 빠르게 전달하며 대중의 호기심을 충족시키는 분야가 잘 맞는 것입니다. 워낙 머리가 빠르게 돌아가고 글과 말에 능하기 때문에 큰 실수만 안 하면 세속적 성취를 이루는 데 지장은 없지만, 횡발을 거쳐 세속적으로 매우 높은 지위에 오르는 경우는 생각보다 많이 없습니다. 이렇게 사회적으로 대성하는 경우는 오히려 수성 분야보다 화성 분야의 직종인 즉 군, 검, 경에서 자주 보이는데, 정보 장교로 별을 단다든가 위기 대응 능력이 탁월하여 고속 승진하는 경찰 같은 식입니다.

★

Michio Kaku

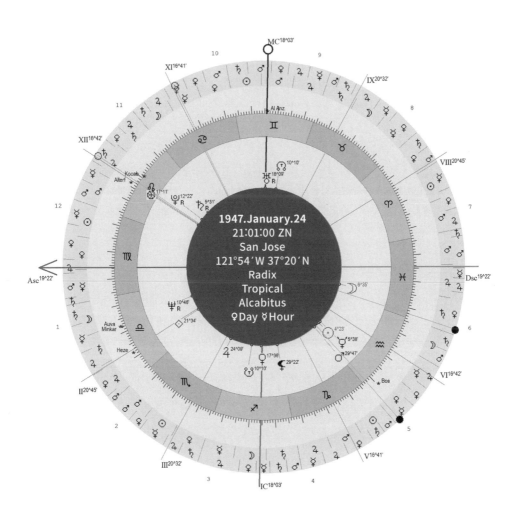

미치오 가쿠

people

미국 캘리포니아 출신의 일본계 이론물리학자.
40대 이후 물리학의 대중화와 과학 입문서 저술에 힘썼다.

1947년 캘리포니아에서 태어난 일본계 미국인 이론물리학자입니다. 양자역학과 끈 이론의 권위자이며, 고교 시절 차고에서 원자가속기를 만들고 하버드대학 물리학과를 수석으로 졸업한 일화가 유명합니다. 40대 이후에는 물리학의 대중화에 앞장섰고, 수많은 과학 입문서를 저술하고 과학 다큐멘터리에 출연하며 유명해진 인물입니다.

angle at birth 기법으로 카펠라가 약 5분 30초 오차로 남중하는 천궁도입니다. 카펠라는 광도 0점 대역이기 때문에 angle at birth 기법에서 오차 범위를 전후 6분까지 허용합니다. PED 방식으로 쌍자궁 20도 전반만 되어도 MC에 벨라트릭스가 들어오기 때문에, 1940년대 말 기준으로는 MC가 쌍자궁 18도 후반 전후가 되어야 순수한 카펠라의 색채를 확인할 수 있습니다. 말과 글에 능하여 학계에 종사할 경우 저술과 방송 활동을 많이 하게 되는 카펠라의 특징이 이력에서 잘 드러나는 인물입니다.

카펠라의 호기심과 영민함도 있지만, MC와 아주 정확히 만나는 천왕성 역시 천재성의 징험을 더해줍니다. 보병궁 초반 수성 텀에 위치한 태양과 수성이 직업의 지표성인 사자궁 토성과 동시에 파틸 대립각을 맺는 구조인데, 천갈궁 목성이 이들 셋과 모두 유효 앤티션/컨트랜티션을 맺으며 중재하는 묘한 구조가 형성된 천궁도입니다. Asc 및 MC의 로드 수성과 LoF 로드 태양이 동시에 목성-토성 인클로저 상태이므로, 학계 내부의 연구보다는 좀 더 장기적인 영향력을 발휘하는 일에 적합합니다. 만일 카펠라가 아닌 로열스타 계열이 남중했다면, 학자보다는 정치나 외교 쪽으로 커리어를 쌓았을 확률이 매우 높은 구조로 추정됩니다.

LoS 로드인 금성이 LoF와 파틸 사각, 차트의 핵심 구조인 수성-태양-토성이 모두 인마궁 4도 근처의 LoE와 2도 이내 가까운 길각을 맺고 있는, 연계성이 매우 탁월한 천궁도의 소유자이기도 합니다.

★

Rashida Jones

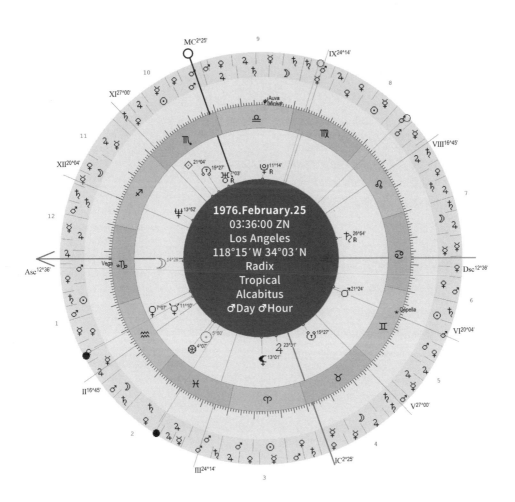

라시다 존스

세계적인 음악인 퀸시 존스를 아버지로 둔 하버드 출신의 엄친딸.
배우, 가수, 제작자, 감독, 작가 등 다양한 분야에 재능을 분산시키는 스타일이다.

유명한 음악가이자 프로듀서인 퀸시 존스Quincy Jones의 딸입니다. 화성이 PED 기준으로 카펠라와 접근 7분 오차의 가까운 회합을 맺고 있습니다. 황경 도수상으로 카펠라의 도수 54분 전에 벨라트릭스가 있고 33분 후에 민타카가 있습니다. 따라서 PED 방식으로 앞뒤에 바로 붙어 있는 무거운 별들의 영향을 최소한으로 남기고 카펠라의 색깔만 부각시키기 위해서는, 사실 카펠라에게 접근 20분 / 분리 5분 정도로 아주 가깝게 회합을 맺는 행성과 감응점만 고려하게 되는 까다로운 조건이 있습니다.

비비언 롭슨은 카펠라-화성 조합에 대해 '지적이고 학력이 높으나 자잘한 일들에 관심을 쏟느라 재능을 낭비하는 경향이 있다'고 서술했습니다. 실제로 라시다 존스는 하버드대학에 진학해 철학과 종교학을 복수 전공하여 학위를 이수한 고학력의 재원입니다. 재학 시 법조인이 되려고 생각했는데, 당시 세계적인 이슈로 떠오른 O. J. Simpson 사건에서 심슨이 무죄 판결을 받고 방면되는 것을 보고는 미국 사법적 정의의 실체에 대해 실망하고 문화예술계로 진로를 변경했다고 합니다. 미식축구 선수 O. J. 심슨에 대해서는 페르세우스자리 베타성인 알골 항목에서 예시로 설명한 바 있습니다. 이후 배우, 가수, 제작자, 감독, 작가 등 문화예술계의 다양한 영역에서 모두 활약하는 다방면의 재능을 보여주었으나, 엄격하게 평가하자면 어느 한 분야에서 아주 크게 성공하지는 못했습니다. 비비언 롭슨의 묘사처럼 '재능 낭비'라고 규정한다면 너무 가혹한 평가가 되겠으나, 어쨌든 한 분야에 집중하여 큰 성공을 거둘 수 있는 인물인데 이런저런 분야에 자기 재능과 노력을 조금씩 분산시키는 커리어를 이어온 것은 부정할 수 없습니다.

오리온자리 엡실론성인 알닐람 항목에서 예시로 소개한 타이거 우즈의 천궁도처럼, 양자리 목성과 쌍둥이자리 화성이 육각을 맺고 있습니다. 다만 이때 목성은 화성을 도머사일 로드로 보며 이득을 얻는데 화성은 목성을 데트리먼트 로드로 보며 손해를 감수하는 구조라 할 수 있습니다. 라시다 존스의 천궁도에서는 목성이 아닌 화성이 주체가 되었을 때 카펠라의 색채가 사건화되기 때문에 더욱 불리해지는 것이 사실입니다.

* LoF

정식 명칭인 Lot of Fortuna의 축약어이며, 보통 포르투나라고 읽습니다.

포르투나의 경우 낮의 천궁도에서는 상승점의 도수에서 태양의 도수를 뺀 후 달의 도수를 더해서, 밤의 천궁도인 경우 그 반대로 상승점의 도수에서 달의 도수를 뺀 후 태양의 도수를 더하여 산출합니다.

포르투나는 고전 점성술에서 적용하는 여러 랏 중 가장 널리 쓰이며 활용도도 높은, 가장 대표적인 랏이라 할 수 있습니다.

포르투나는 당사자가 후천적으로 겪게 되는 모든 외부 효과를 담당하며, 특히 당사자가 노력하지 않았음에도 얻게 되는 불로소득이나 당사자의 잘못이 아님에도 겪게 되는 흉사를 의미합니다.

이는 부모의 경제력이나 집안의 자산 등 당사자 일신의 재능과 상관없이 매겨지는 삶의 시작점이 어디쯤 위치하는지의 여부와도 관련되어 있으며, 나아가 부, 권력, 명예 등 당사자의 세속적 성패를 가늠하는 핵심 지표로도 사용됩니다. 이러한 중요성을 인지하고, 헬레니즘 점성술 시대의 대표적인 점성가인 베티우스 발렌스Vettius Valens는 이 포르투나를 천궁도에 존재하는 제2의 상승점이라고 칭한 바 있습니다.

* 네이티브

출생 점성술에서 해당 천궁도의 주인공을 네이티브native라고 부릅니다. 네이티브가 태어난 정확한 생시와 출생 지역을 토대로 출생 천궁도를 작성하게 됩니다. 호러리 점성술horary astrology의 용어와 혼용하여 당사자querent라고 칭하기도 합니다.

엘 나스

El Nath

★ 관측정보

별 이름: 엘 나스

별자리 분류(constellation): 황소자리 베타(β)성

황경(longitude): 쌍자궁(Gemini) 21도 11분(1900년 기준) / 쌍자궁(Gemini) 22도 35분(2000년 기준)

적위(declination): 북위 28도 31분(1900년 기준) / 북위 28도 36분(2000년 기준)

적경(right ascension): 05h 26m

황위(latitude): 북위 5도 23분

광도(magnitude): 1.65

★ observation info.

Fixed star: **EL NATH**

Constellation: Beta(β) Taurus

Longitude 1900: 21GEM11	Longitude 2000: 22GEM35
Declination 1900: +28°31'	Declination 2000: +28°36'
ascension: 05h 26m	Latitude: +05°23'
Spectral class: B7	Magnitude: 1.65

천문 예측을 위한 실질 상대 등급 : 1부 리그 2군 주전 멤버

프톨레마이오스 기준 행성 속성 : 화성 - 수성

천궁도 해석을 위한 실제 속성 : 리셉션 아래에 수성의 태양의 각을 받는 화성

엘 나스는 황소자리 베타성으로 황소의 북쪽 뿔이라고 불립니다. 남쪽 뿔은 황경 도수 상 2도 뒤에 위치한 제타성 알 헤카^{Al Hecka}입니다. 엘 나스는 황소자리를 구성하는 별들 중 광 도로나 황도와의 근접성 모두에서 알파성 알데바란의 뒤를 잇는 2인자라고 할 수 있습니다. 광도 1.65에 황위가 북위 5도로 PED 기법을 적용했을 때의 활용도가 매우 높아 사실상 로열 스타 바로 아래 등급인데 이상할 정도로 인지도가 낮은 별이기도 합니다. 20세기 후반 기준으 로 황경 도수는 쌍자궁 22도 초반에 위치합니다.

동양 천문에서는 서방칠수에 속하는 필수畢宿의 오거五車 중 다섯 번째 별五車五로 분류 됩니다. 이 별은 오거성 중 서남방에 해당하며 형혹성熒惑星, 즉 화성의 속성으로 규정됩니다. 서양 천문에서 오거성의 나머지 넷은 마차부자리로 분류되는데, 서양과 동양 모두 이 별들을 마차나 전차로 묘사하고 있다는 공통점을 발견할 수 있습니다. 동양에서는 이 오거성이 황제 의 군대가 사용하는 전차를 의미하며, 군사 이동이나 군수품에 관련된 사안을 담당한다고 전 해집니다.

엘 나스는 이 정도로 높은 광도나 점성학적 활용도를 갖춘 항성들 중에서도 아주 특이한 부류에 속합니다. 놀라울 정도로 색깔이 없으며, 사실상 무속성에 가까운 별입니다. 엘 나스가 주관하는 사안들 자체는 일반적인 화성 - 수성 조합의 영역에 상합하기는 합니다. 그러나 이 화 성 - 수성 계열의 속성을 지닌 항성으로 분류되는 대표적인 별들인 프로키온, 베텔게우스, 벨라 트릭스, 알게니브 등과 기질적인 유사점이 별로 없습니다. 예를 들어 성급하다든가, 분주하다 든가, 싸움을 좋아한다든가, 경솔하게 굴다가 일을 그르친다든가 하는 일반적인 화성 - 수성 조 합의 특징을 가지고 있지 않은 별이 엘 나스입니다.

엘 나스의 이러한 무속성은 개인의 캐릭터로 들어오면 중립적인 가치관으로 나타나는 경우가 많습니다. 기본적으로 선악에 대해서 중립이며, 사물이나 인간을 윤리적 혹은 종교적 인 잣대로 판단하지 않습니다. 즉 대상에 의미를 부여하고 가치 평가를 하지 않은 상태에서 그것 그대로를 직시하는 일종의 초연함으로 표현됩니다. 다만 이는 깨달음을 얻은 고승의 초 연함 같은 것이 아닌, 자연이 생물을 대할 때 무생물과 다를 바 없이 취급하는 일종의 무정함 에 가깝습니다. 태풍이 불고 홍수가 날 때 미처 도피처를 찾지 못한 들짐승의 새끼들은 무참 히 죽어가는데, 자연은 이에 대해 가치 평가를 하지 않고 법칙 그대로 진행합니다. 멍청하고 약하면 죽고, 똑똑하고 강하면 사는 일종의 적자생존 원칙을 그대로 집행하는 것입니다. 이러한 자연의 특성을 동양 도가 사상에서는 천지불인天地不仁이라 논했는데, 엘 나스가 이러한 속성을 대표하는 별이라 할 수 있습니다. 측은지심이 애초부터 존재하지 않습니다.

이와 비슷한 맥락으로, 엘 나스의 의미 영역은 인간 사회에서 일종의 신기술이나 새롭게 고안된 이론으로 곧잘 구현되는 경향이 있습니다. 예를 들어 원자력과 핵분열 기술 같은 것입니다. 기술 그 자체로는 선악의 구분이 없는데 어떻게 쓰는가에 따라 인류의 번영을 가져다줄 수도 있고, 혹은 도시 하나와 수십만의 인명을 단 한 번에 쓸어버리는 대학살로 귀결될 수도 있습니다. 이와 같이 엘 나스는 그 자체만으로는 용도가 정해져 있지 않은 강력한 기술, 특히 군사적 기술과 무기에 관여하는 경우가 많습니다. 엘 나스를 괜히 황소의 뿔이라고 하는 것이 아닙니다. 가만히 있을 때에는 아무 위협이 안 되지만, 돌진할 때 받히면 죽습니다.

엘 나스는 이와 같이 중립적인 동시에 마치 살아 있는 자연법칙 같은, 엄격하게 말하자면 인간미가 좀 떨어지는 캐릭터에 가깝습니다. 다만 세속적 성취를 가져다준다는 측면에서는 오히려 길성에 가깝습니다. 대부분의 행성과 만났을 때 격이 높아지고 커리어에서 성공하며 금전적으로도 이득이 생기는 경향이 있습니다. 인간관계에서도 그리 나쁘지 않습니다. 도중에 경쟁자가 생기지만 당사자에게 큰 위협이 될 정도는 아니며, 상사의 총애를 받다 보니 동료들이 시기 어린 눈으로 바라보기도 합니다. 가정이나 결혼 등 육친에 관련된 사안에서도 굳이 말하자면 흉하기보다는 길한 쪽입니다.

이러한 부분을 고려했을 때 일반적인 화성 - 수성 조합의 별들과는 확실히 차이가 있습니다. 그렇다고 해서 목성이나 금성 같은 길성 속성의 항성에 가까운 것도 아닙니다. 굳이 따지자면, 질적으로 완전히 안정화된 화성이 태양과 수성을 동시에 보고 있는 상태가 엘 나스의 기본 속성에 근접합니다. 어쨌든 항성들은 광도가 높아질수록 별의 색채 역시 강해지고 뚜렷해지는 것이 보통인데, 엘 나스는 밝고 위력적인 별임에도 그 색깔이 거의 드러나지 않는 특이한 별이라 하겠습니다.

★

Luis Walter Alvarez

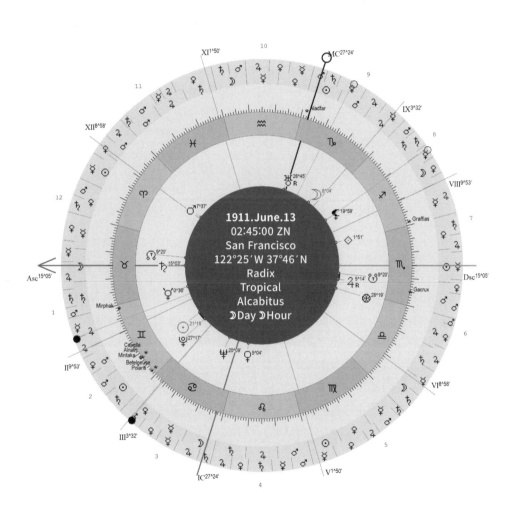

1911.June.13
02:45:00 ZN
San Francisco
122°25′ W 37°46′ N
Radix
Tropical
Alcabitus
☽Day ☽Hour

루이스 월터 앨버레즈

**노벨상을 수상한 실험물리학자이자 수많은 기술을 고안한 발명가.
군사기술 분야의 업적으로 빛나는 르네상스식 천재성을 지녔다.**

1968년에 노벨상을 수상한 미국의 실험물리학자이자 발명가입니다. 현대 레이더 시스템의 아버지로 지금 사용되고 있는 레이더의 기초적인 식별 원리를 고안한 인물이며, 핵분열 기술을 사용하여 원자폭탄을 만든 인물 중 한 명이기도 합니다. 제2차 세대대전 중 항공기에 관련된 몇 가지 핵심 기술을 개발했으며, 우주선cosmic ray을 이용하여 아직 발굴되지 않은 이집트 피라미드의 안쪽 방 위치를 포착한다든가, 지질학자인 아들과 함께 공룡 멸종에 관한 유력한 가설을 제시한다든가 하는, 현대 과학기술의 여러 분야에 아주 광범위한 기여를 한 인물입니다. 굳이 유형을 분류하자면 레오나르도 다빈치와 같은 르네상스식의 과학 천재라 할 수 있으며, 칼 세이건이나 리처드 파인만 같은 유명세가 없을 뿐이지 과학계 내부에서는 어지간해서 대적하기 힘든 먼치킨 중의 한 명입니다. 이후에는 자동 골프 연습 기구 같은 일반 용품까지 발명했습니다.

태양이 엘 나스와 2분 이내로 합하여 완전히 변색된 상태입니다. PED 방식의 활용도로만 평가했을 때에는 열 손가락 안에는 반드시 들어가는 별이다 보니, 이 정도로 가깝게 루미너리와 만나는 경우 해당 루미너리 자체가 엘 나스의 속성으로 변색되는 것입니다. 노벨상을 받을 정도의 업적과 천재성, 그리고 주로 군사용 기술을 개발했던 이력을 감안하면 엘 나스의 키워드가 충분히 인생에 발현되었다고 할 수 있습니다.

Asc 로드와 LoF 로드를 겸임하는 금성이 QS 앵글에서 PoA에 위치합니다. 섹트 구성이 온전한데 룰러십까지 얻어 질적으로 완벽한 12하우스의 백양궁 화성과 금성이 3도 이내 접근 삼각을 맺고, 자신의 텀 로드이자 트리플리시티 로드인 LoS 로드 목성과도 파틸 사각을 맺습니다. 동시에 LoE 로드와 LoB 로드를 겸임하는 쌍자궁 수성과도 5도 이내 오브 범위의 접근 육각을 맺고 있습니다. 천궁도 내에서 직함을 가진 모든 행성이 금성에게 빛을 보내고 있으며, 금성이 정당성, 위치성, 연계성을 모두 얻은 전형적인 선장이자 핵심 행성으로 기능하는 천궁도입니다.

일주이자 시주인 달이 마갈궁에서 자신의 알무텐인 화성과 파틸 사각을 맺고 있어 백양궁 화성이 Asc 로드와 달을 동시에 보는 중첩된 품성의 프로미터로 선정됩니다. 섹트와 본질적 위계를 동시에 얻은 밤 차트의 12하우스 화성이 품성을 대표하니, 연구실에 틀어박혀 개발에 몰두하는 것이 천성인 과학자이자 발명가로서 살아갔던 이력과 상합합니다. 만약 이 천궁도의 화성이 12하우스가 아닌 앵글에 위치하고 금성은 케이던트 하우스에 위치하는 구조였다면, 이 사람은 연구하는 과학자 대신 본인이 직접 전장에 나가는 군인이 되었을 수도 있을 것입니다.

NATAL CHART

★

Angelina Jolie

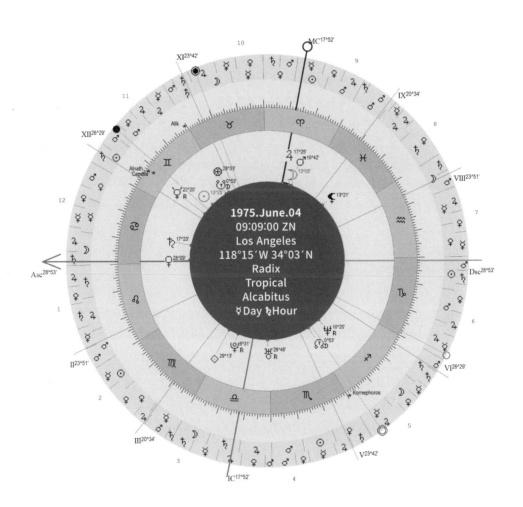

1975.June.04
09:09:00 ZN
Los Angeles
118°15′ W 34°03′ N
Radix
Tropical
Alcabitus
☿ Day ♄ Hour

앤젤리나 졸리 ———————————————— people

할리우드를 대표하는 수준을 넘어 세계적인 인물의 반열에 든 배우.
여섯 명의 자녀를 부양하기 위해 시간적, 금전적으로 많은 부담을 지고 있다.

대부분의 행성과 만났을 때 길성으로 작용하는 엘 나스가 조금 헛발을 디디게 되는 것이 수성과 만나는 조합입니다. 비비언 롭슨은 수성-엘 나스 조합에 대해 '상급자의 총애를 받지만 그만큼 동료들이 시기하게 된다. 높은 직위에 오르거나 직역을 바꾸는 경우가 많다. 재물 관련해서는 전반적으로 유리하나 사소한 지출이 잦으며 집안일에 돈이 많이 들어간다. 간혹 환자와 노약자를 돌보고 부양하는 처지가 되곤 한다'고 논한 바 있습니다.

앤젤리나 졸리의 천궁도에서 수성은 엘 나스와 5분 오차 범위에서 아주 가까운 회합을 이루고 있습니다. 전 세계적으로 인지도를 얻은 영화배우이자 연예인으로서 사실상 미국을 대표하는 여배우 중 한 명입니다. 광대한 명성으로 글로벌 레벨의 셀럽이라 해도 과언이 아니며, 인기를 얻는 과정에서 엄청난 부를 축적한 것도 사실입니다. 반면에 자신이 낳은 3명 이외에도 약소국에서 입양한 3명까지 총 6명의 자녀를 키우느라 아주 많은 시간과 정성을 들이고 있으며, 이로 인해 많은 지출이 있다는 점은 부정할 수 없습니다. 사소한 지출이 많고 집안일에 돈이 많이 들어간다는 점에서 롭슨의 서술과 일치합니다.

* 열두 사인과 열두 별자리

서양 고전 점성술에서 채택하고 있는 황도 12궁은 회귀황도계tropical zodiac에 기반하여 황도를 열두 공간으로 나눈 구획입니다. 회귀황도계는 낮이 길어지면서 밤과 낮의 길이가 같아지는 춘분점vernal equinox을 기준으로 삼고 있습니다.

반면에 육안상으로 보이는 별들의 위치는 지구의 관측자 입장에서 고정되어 있습니다. 이 별들의 위치를 기준으로 한 좌표계가 항성황도계sidereal zodiac입니다. 세차운동 precession에 의해 매해 춘분점의 위치가 항성황도계 기준으로 시계 방향으로 역행하기 때문에, 회귀황도계 기준 별들의 황경 도수 역시 72년에 1도씩 순행하게 됩니다.(자세한 내용은 항성 총론의 관련 항목을 참조하시기 바랍니다.)

이 회귀황도계 기준의 황도 12궁에서 각각의 궁을 사인sign이라고 부릅니다. 춘분점을 황경 0도로 지정한 후 30도씩 시계 반대 방향으로 순행하며 열두 사인이 구성됩니다. 차례대로 백양궁Aries, 금우궁Taurus, 쌍자궁Gemini, 거해궁Cancer, 사자궁Leo, 처녀궁 Virgo, 천칭궁Libra, 천갈궁Scorpio, 인마궁Sagittarius, 마갈궁Capricorn, 보병궁Aquarius, 쌍어궁Pisces이라고 지칭합니다.

반면에 항성황도계 기준으로 황도에 바로 근접한 별들의 군집을 열두 별자리 constellation라고 칭하는데, 회귀황도계 기준의 황도 12궁과 혼동하기 십상입니다. 사인과 별자리는 좌표계의 기준이 전혀 다르기 때문에 반드시 구별해야 하는 개념입니다.

열두 별자리는 양자리the Ram, 황소자리the Bull, 쌍둥이자리the Twins, 게자리the Crab, 사자자리the Lion, 처녀자리the Virgin, 천칭자리the Scales / the Claws, 전갈자리the Scorpion, 궁수자리the Archer, 염소자리the Goat, 물병자리the Water Pourer, 물고기자리 the Fishes로 부릅니다.

회귀황도계와 항성황도계의 좌표가 거의 일치했던 시점이 서기 1~2세기 서양 고전 점성술의 근간인 헬레니즘 점성술이 꽃을 피웠던 시대였고, 21세기에 접어든 현재 두 좌표계는 대략 25도 정도 격차가 벌어진 상태입니다. 예를 들어 서기 2000년 기준으로 양자리의 알파성인 하말Hamal은 회귀황도계에서 금우궁 7도에 위치하며, 처녀자리의 알파성인 스피카는 회귀황도계에서 처녀궁 23도에 위치합니다. 거의 궁 하나씩이 지나쳐서 엇갈려 있는 상태인 것입니다.

알닐람

Alnilam

★ **관측정보**

별 이름: 알닐람

별자리 분류(constellation): 오리온자리 엡실론(ε)성

황경(longitude): 쌍자궁(Gemini) 22도 4분(1900년 기준) / 쌍자궁(Gemini) 23도 28분(2000년 기준)

적위(declination): 남위 1도 16분(1900년 기준) / 남위 1도 12분(2000년 기준)

적경(right ascension): 05h 36m

황위(latitude): 남위 24도 30분

광도(magnitude): 1.69

★ **observation info.**

Fixed star: **ALNILAM**

Constellation: Epsilon(ε) Orion

Longitude 1900: 22GEM04	Longitude 2000: 23GEM28
Declination 1900: - 01°16'	Declination 2000: - 01°12'
ascension: 05h 36m	Latitude: -24°30'
Spectral class: B0	Magnitude: 1.69

천문 예측을 위한 실질 상대 등급 : 1부 리그 2군 교체 멤버

프톨레마이오스 기준 행성 속성 : 목성 - 토성

천궁도 해석을 위한 실제 속성 : 리젝션 아래에 토성의 각을 받는 목성

단일 별자리로는 사실상 최강인 오리온자리의 엡실론에 해당하는 알닐람입니다. 알파, 베타, 감마성도 아닌데 광도가 1.69이며 밤하늘에서 29번째로 밝은 별입니다. 다만 황위가 남위 24도이기 때문에 PED 방식으로 적용했을 때 우선권은 그렇게 높지 않습니다. 오리온의 벨트Cingular Orionis / The Belt of Orion를 구성하는 3개의 별 중 맏형이라 할 수 있습니다. 다른 두 별인 민타카와 알니탁Alnitak과는 차이점보다 공통점이 더 많습니다.

동양 천문에서는 서방칠수인 삼수參宿의 두 번째 별參宿二로 분류됩니다. 일종의 장군성 중 하나로, 다섯 행성과 일월에 의해 인동되었을 때 군사 이동이나 변란이 발생한다고 전해집니다.

고전적인 행성 속성 분류로는 목성 - 토성 조합에 속합니다. 이는 오리온자리 전체의 속성과도 일치하는데, 반면에 알파성인 베텔게우스와 감마성인 벨라트릭스는 화성 - 수성 속성으로서 오리온자리 전체의 속성과 상이합니다. 보통 특정 별자리의 전체 속성이 알파성이나 베타성의 속성을 따라가는 것을 감안했을 때 특이한 경우라고 할 수 있습니다.

알닐람은 성질이 급하고 독단적인 일종의 마초에 가까운 캐릭터를 가지고 있습니다. 수성 - 화성 속성의 프로키온 같은 별처럼 가볍고 살살거리는 이미지와는 거리가 멀고, 가끔은 완고하고 무거운 느낌까지 줍니다. 비상시에는 큰형님으로 따를 만한 인물이지만, 평범한 시절이라면 오히려 집안에 분란을 일으킬 수 있는 인물형입니다. 아버지나 윗사람에게는 반발하며 대드는 한편, 자신을 따르는 아랫사람들에게는 잘해주는 골칫거리 큰아들 같은 별입니다. 행성 중 가장 느린 목성 - 토성 조합 속성을 가지고 있어 본인이 우두머리나 맏이가 되지 않으면 성미에 안 차는, 느리고 완고하고 자존심 강한 캐릭터입니다. 따라서 부모나 집안 어른처럼 자신을 아랫사람으로 두는 이들과 다툼이 벌어지기 쉽습니다. 깔끔한 도시인과 같은 스타일과 거리가 있고, 거칠고 완고하며 가부장적인 동시에 가끔 무례하기까지 한 시골의 자경단원 같은 느낌입니다.

알닐람은 이력상으로 갑자기 큰 명예와 인지도를 얻는 경향이 있지만, 고집 세고 무례하기로 그만큼 악명을 쌓기도 쉽습니다. 자신에게 굽히는 이들에게는 좋은 리더가 될 수 있지만, 반면에 자신을 우두머리로 대해주지 않는 이들과 불화를 일으킵니다. 자기만큼 강하고 대단하다고 인정한 인물과는 친구가 되어 협력하려 하나 그런 경우는 거의 없습니다. 재물 측면에서도 도움이 안 되고 오히려 불리한 것이 알닐람입니다. 권위와 인지도 측면에서는 유리하지만, 그와 비례하여 지출도 늘어나기 때문에 돈을 벌어 내 것으로 만든다는 측면에서는 오히려 문젯거리가 됩니다. 기본적으로 체력이 좋고 강인하지만, 워낙 하는 일이 많다 보니 이런저런 질병에 시달리기도 합니다.

알닐람은 태양, 토성, MC와 만날 때에만 긍정적인 측면이 부각되고 그 외의 모든 행성과 상성이 좋아 보통 흉성으로 작용합니다. 굳이 말하자면 길흉에 중립인 별이지만, 손익 측면에서는 이득보다 손해로 돌아서는 경우가 더 많습니다. 지위와 체면에 비해 실속이 떨어진다고 해도 과언이 아닙니다.

함께 오리온의 벨트에 속하는 알니탁과는 거의 비슷한데, 민타카와는 다소간의 차이점이 부각됩니다. 민타카는 기본적으로 토성 - 수성 속성이기 때문에, 알닐람처럼 맏형이나 우두머리 역할보다는 오히려 학자나 논객 스타일에 가깝습니다. 홀로 공부하는 것을 좋아하는 똑똑하고 현명한 캐릭터지만, 박정하고 인덕이 부족하여 알닐람처럼 아랫사람들이 따르지는 않습니다. 다만 계산이 빨라 이문을 남기고 재물을 취하는 능력은 민타카 쪽이 알닐람보다 뛰어납니다.

★

Donald Trump

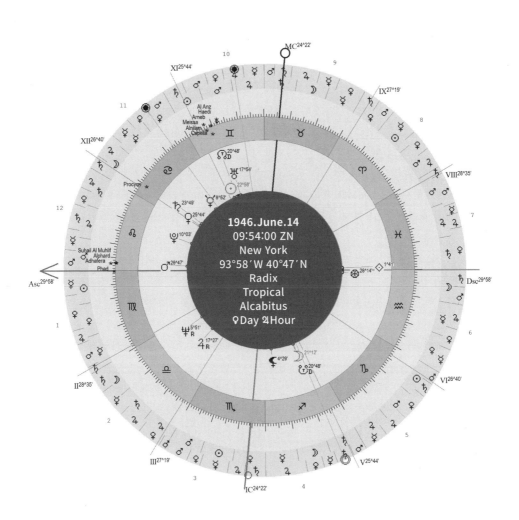

도널드 트럼프 —————————————————

현시대의 격변과 논란을 주도하다시피 하는 미국의 45대 대통령.
고집불통에 성질 급하고 무례한, 알닐람의 키워드를 정확히 대변한다.

Asc와 만나는 레굴루스로 유명한 인물이지만 사실 괴상해 보일 정도로 특이한 이 미국의 45대 대통령은 단지 항성 한두 개만으로는 설명이 불가능한 캐릭터입니다. 개기월식이 이루어지는 찰나에 태어났는데 Asc 로드마저 루미너리인 태양인 셈이니 기본적으로 보통 사람이 아니며, 한술 더 떠서 이 태양이 알닐람과 10분 이내로 아주 가깝게 만나고 있습니다.

사실상 흉성에 가깝다는 생각이 들 정도로 만나는 행성이 담당하는 사안에서 손해가 많이 발생하는 것이 알닐람인데, 그나마 알닐람의 장점이 부각되는 것이 태양, 토성, MC와 회합을 이루는 경우입니다. 도널드 트럼프가 이에 해당합니다.

항성의 점성학적 해석에서 최고 권위자라고 할 수 있는 비비언 롭슨은 태양이 알닐람과 만나는 조합에 대해 '고집불통에 성질 급하고 무례하다'라고 서술했습니다. 트럼프의 대외적 이미지를 정확하게 묘사하는 형용사라 할 수 있습니다. 롭슨의 묘사는 임상적으로 기가 막히게 들어맞는 경우가 많아 깜짝 놀랄 때가 한두 번이 아닙니다. 태양-알닐람 조합에서 기원한 고집 세고 막무가내인 품성이, 섹트 구성이 완전히 어긋난 사자궁 화성이 상승성 역할을 하는 천궁도 구조와 이어져 좋지 않은 쪽으로 강화되면서 우리가 아는 도널드 트럼프의 캐릭터로 완성되는 것이 아닌가 싶습니다.

실제로 이 인물이 대통령으로 당선될 정도의 인지도를 쌓아가는 과정에서 매우 논쟁적이고 욕을 먹는 아주 험한 이미지가 핵심이었습니다. 장기간 출연한 〈어프렌티스Apprentice〉라는 예능 프로그램에서도 "넌 해고야! You're Fired!"라는 유행어를 만들며 일종의 악역을 맡아 인기를 얻은 셈입니다. 악명이라 해도 임계점 이상으로 쌓이면 오히려 본인에게 이득이 된다는 이론을 굳게 신봉하고 있으며, 실제로 그러한 방식으로 미국의 대통령 자리에까지 오른 정말 특이한 인물입니다.

Asc와 만나고 있는 레굴루스가 파격적인 성공의 토대를 깔아주었다면, 이 천궁도의 진짜 실무자 역할을 맡은 별은 레굴루스보다는 알닐람 쪽이 아닐까 싶습니다.

★

Tiger Woods

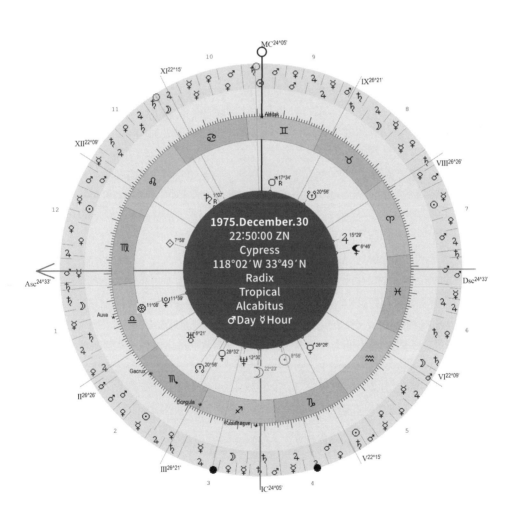

1975.December.30
22:50:00 ZN
Cypress
118°02′W 33°49′N
Radix
Tropical
Alcabitus
♂Day ☿Hour

타이거 우즈 ────────

**2000년대 초반 골프계를 평정한 역대 최고의 골프선수.
경기장 밖에서 쌓은 악명이 커리어를 훼손하는 지경까지 가다.**

50초 오차로 알닐람이 남중하는 천궁도입니다. angle at birth 기법의 특성상 트럼프의 경우보다 훨씬 개별성이 부각됩니다. 알닐람이 황도와 꽤 떨어져 있다는 점에서 아무래도 PED 기법보다는 angle at birth 기법 쪽에 집중하게 됩니다.

2000년대 초반 골프계를 평정한 이 인물의 업적에 대해서는 구구절절한 설명이 필요하지 않을 것 같습니다. 다만 타이거 우즈의 경우 알닐람을 비롯한 오리온 벨트 특유의 '악명을 쌓는다'는 부분이 자신의 커리어가 아닌 사생활에 관련된 스캔들에서 나타났다는 점이 주목할 만합니다. 물론 트럼프도 자기 커리어 이외의 사적인 여러 분야에서 악명을 많이도 쌓긴 했지만, 최소한 그러한 악역을 수행하며 자신의 커리어에서 오히려 인지도와 이득을 취했다는 점이 특수한 경우입니다. 반면에 우즈는 커리어 자체에서는 문제가 없었는데 사생활에서 오명을 입어 도리어 커리어를 훼손시켰다는 점이 더 부각됩니다. 불륜 사실이 폭로되어 이혼을 겪고 공백기를 가지며 떨어진 폼은 아직까지 제대로 회복이 안 되고 있습니다.

달과 태양이 서로 앤티션을 이루고 있고, 7하우스의 도머사일 로드인 목성이 7하우스에 대해 어버전인 상태에서 7하우스 로드를 대리하는 금성이 토성과 파틸 컨트랜티션 상태라는 점이 흥미로운 천궁도입니다. 앤티션과 컨트랜티션이라는 유사 애스펙트 자체가 외견상 눈에 보이는 사건으로 이어지기보다는 외부인 입장에서 잘 안 보이는 내부 사정 변동에 더 가까운 의미를 지닙니다. 보편적인 이성관계를 주관하는 달-태양이 앤티션으로 이어지고 결혼생활을 의미하는 7하우스의 알무텐 금성이 하필이면 흉성 토성과 컨트랜티션으로 이어진다는 것 자체가 남들 모르게 은밀한 이성관계를 가진다는 의미가 있으며, 이미 불륜에 관련된 다른 구조가 성립한 천궁도에서는 그러한 흉한 징험을 더욱 강화합니다.

1970년대 전후 출생인 사람들의 천궁도에서 황경상 MC가 쌍둥이 24도 전후에 위치하는 경우 알닐람이 남중하는 동시에, PED 기법으로 MC가 오리온 벨트의 또 하나의 구성원인 알니탁과 20분 이내로, 또한 황소자리의 흉성 알 헤카와 30분 이내로 회합을 이루게 됩니다. 자오선 기반이기 때문에 이 역시 천궁도가 작성된 지역이나 위도와는 상관없이 적용됩니다. 알니탁은 원래 알닐람과 속성이 유사하며, 알 헤카는 다소 치기 어린 악행이나 부도덕성과 관련이 깊기 때문에, 이 MC의 도수만으로 남중하는 알닐람의 흉한 부분이 좀 더 쉽게 사건화됩니다.

* 열두 하우스

점성술의 천궁도에서 상승점을 기준으로 360도의 전체 원을 12등분하여 각각의 구획에 특정한 의미 영역을 부여합니다. 이를 하우스house라고 표현하며, 고전적인 명칭으로는 템플temple이라 칭하기도 합니다.

12등분을 통해 시계 반대 방향으로 1하우스에서 12하우스까지 열두 하우스가 존재합니다. 이들 하우스 각각이 개별적인 의미 영역을 가지고 있습니다. 각 하우스에는 아주 많은 파생적인 의미가 있지만, 가장 대표적인 키워드만 소개하자면 다음과 같습니다.

1하우스 : 신체, 몸, 기질, 체격, 네이티브 본인
2하우스 : 재산, 당장 쓸 수 있는 주머닛돈, 네이티브와 같은 편인 인물
3하우스 : 단거리 왕복 이동, 형제와 친척, 개인적으로 공부하는 분야
4하우스 : 부모, 가문, 출신, 집안 어르신, 부동산
5하우스 : 자녀, 제자, 강연, 자문, 조언, 유희, 투자
6하우스 : 질병, 노동, 책임, 의무, 자원의 점진적 소모
7하우스 : 인간관계, 다툼, 분쟁, 적, 결혼, 배우자, 이동, 계약
8하우스 : 상해, 사고, 채무, 상대방의 재산, 허송세월, 기우
9하우스 : 정규교육, 해외 이동, 외국, 종교, 은퇴
10하우스 : 직업, 사회 활동과 공적 지위, 회사, 상사
11하우스 : 인맥, 불로소득, 사치, 공금, 미래 계획
12하우스 : 은둔, 격리, 감금, 만성질환, 중독, 활동 중단

알 헤카

Al Hecka

★ 관측정보

별 이름: 알 헤카

별자리 분류(constellation): 황소자리 제타(ζ)성

황경(longitude): 쌍자궁(Gemini) 23도 23분(1900년 기준) / 쌍자궁(Gemini) 24도 47분(2000년 기준)

적위(declination): 북위 21도 5분(1900년 기준) / 북위 21도 9분(2000년 기준)

적경(right ascension): 05h 37m

황위(latitude): 남위 2도 11분

광도(magnitude): 3.0

★ observation info.

Fixed star: **AL HECKA**

Constellation: Zeta(ζ) Taurus

Longitude 1900: 23GEM23

Longitude 2000: 24GEM47

Declination 1900: +21°05'

Declination 2000: +21°09'

ascension: 05h 37m

Latitude: - 02°11'

Spectral class: B2

Magnitude: 3.0

천문 예측을 위한 실질 상대 등급 : 2부 리그 2군 주전 멤버

프톨레마이오스 기준 행성 속성 : 화성

천궁도 해석을 위한 실제 속성 : 리젝션 아래에 금성의 각을 받는 화성

황소자리 제타성으로, 황소자리의 두 뿔 중 남쪽 뿔로 불리는 알 헤카입니다. 북쪽 뿔은 좀 더 광도가 높은 베타성 엘 나스입니다. 광도가 3.0으로 육안상 잘 보이기는 해도 그렇게까지 밝은 별은 아니지만, 황위가 남위 2도로 황도에 무척 가깝고 그만큼 PED 기법을 적용했을 때 활용도가 높습니다.

다만 오리온자리 제타성인 알니탁이 황경상 불과 6분 정도밖에 떨어져 있지 않은데, 알니탁은 남위 25도에 위치하지만 광도 2.0으로 알 헤카보다 많이 밝기 때문에 PED상으로 순수하게 알 헤카의 유효성만 검증하기는 어렵습니다. 위도에 따라 변동이 있지만 angle at birth 기법으로도 위력적인 별들이 비슷한 도수대에서 상승하거나 남중하는 경향이 있어, 아무래도 적위를 이용한 PoD 기법이 알 헤카의 점성학적 의미 영역을 추출하는 데 가장 적합하다고 할 수 있습니다.

동양 천문에서는 서방칠수 중 필수畢宿에 속하는 천관天關으로 분류되며, 천관을 이루는 일련의 별들 중 대표를 맡고 있습니다. 천관은 국경의 관문을 의미하기 때문에 흉하게 인동되었을 때 변방의 오랑캐가 나타나는 등 병란이 발생하고 관문이 폐쇄되어 교역에 지장이 생긴다고 전해집니다.

알 헤카는 프톨레마이오스가 다른 속성이 섞이지 않은 순수한 화성 속성으로 분류해놓은 얼마 안 되는 별 중 하나입니다. 황소자리의 남쪽 뿔인 알 헤카는 북쪽 뿔인 엘 나스와 비교하지 않을 수가 없습니다. 엘 나스는 선악의 축에서 벗어난 중립적이지만 아주 강력한 힘, 즉 누가 그것을 쓰느냐에 따라 풍요롭기도 하지만 간혹 지옥도가 펼쳐질 수도 있는 신기술이나 무기를 의미합니다. 예를 들자면 원자력과 방사능 공학과 같은 분야입니다. 당사자 개인에게는 재능을 부여하고 사회적 지위를 높이는 경향이 있어 굳이 말하자면 길성 역할에 가깝습니다. 반면에 남쪽 뿔인 알 헤카는 명백히 흉성 역할입니다. 양자리의 알파성 하말과 유사한데, 흥분하면 아무 생각 없이 뿔로 들이받는 경향이 있습니다. 알 헤카는 조금만 욱하면 터지기 때문에, 일생 동안 쓸데없는 말썽들이 자주 벌어지고 그로 인한 손해를 지속적으로 감수하게 됩니다. 성질이 급하고 좀처럼 절제가 안 되는 캐릭터입니다.

알 헤카는 본래 탐욕적이고 이기적인 데다가 충동과 욕망에 충실한 특징이 있습니다. 절제가 안 되는데 탐욕만 강하기 때문에 그 사회적 활동 양태가 다소 천박하게 보일 수 있고, 특히 금성이나 화성과 연결될 때에는 연애와 성관계 등에서 그 천박함이 나타나기 쉽습니다.

쉽게 유혹하거나 쉽게 유혹당하는, 혹은 노출이 심하다든가 스킨십에 거리낌이 없다든가 하는 성향이 자주 관찰됩니다. 성욕이 아닌 물욕으로 나타나면 쉽게 투자나 도박에 빠져 돈을 탕진한다든가, 말초적인 감각으로 흘러가면 술, 담배, 약 등에 빠져 좀처럼 교정되지 않는 나쁜 습관으로 자리 잡는 경우를 비교적 흔하게 볼 수 있습니다. 또 한 가지 알 헤카의 특이점이라면 질 낮은 패거리와 주로 어울린다는 것입니다. 타인에 대한 경계치가 워낙 낮아 친구와 지인을 가려서 사귀지 않고 별다른 생각 없이 바람직하지 않은 일들, 심하면 위법적인 일들도 같이하게 되는 경우가 많습니다. '나쁜 친구들과 사귀지 말라'는 부모님 등 보호자의 조언과 단속이 꼭 필요한 스타일이라 하겠습니다. 세속적인 성공을 거두었다 해도 소싯적에 만나던 질 낮고 거친 친구들과 교류를 지속하는 경향이 있으며, 공인이 된 경우 이러한 분별없는 교류가 나중에 발목을 잡기 쉽습니다.

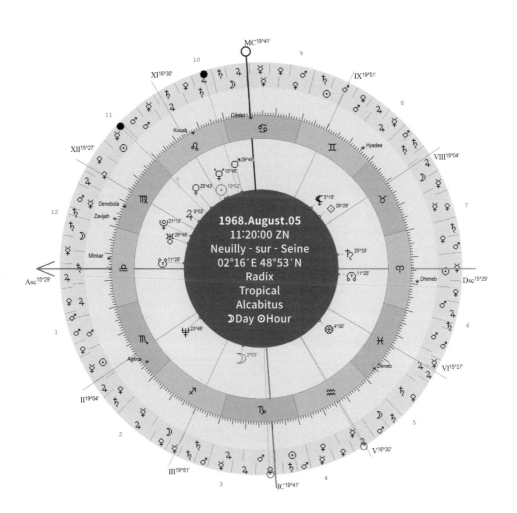

NATAL CHART

★

Marine Le Pen

1968.August.05
11:20:00 ZN
Neuilly - sur - Seine
02°16′E 48°53′N
Radix
Tropical
Alcabitus
☽Day ☉Hour

마린 르펜

**프랑스의 대표적 극우파 정당인 국민전선의 당수.
친아버지를 축출해서까지 당수 자리에 오른 무자비한 면모를 지녔다.**

프랑스 극우파 정치인의 거두인 장-마리 르펜의 딸이며, 변호사 활동을 하다 이후 아버지의 뒤를 이어 본인도 극우파 노선으로 정치계에 입문한 인물입니다. 정치인으로 성장하는 과정에서 정치적으로 불리하자 아버지를 그 자신이 세운 당인 국민전선에서 축출하고 본인이 당수가 되는 등 무자비한 면모를 보여준 바 있으며, 2017년 프랑스 대선에서 결선까지 올라가는 저력을 보여주었습니다.

PoA에 위치한 직업의 지표성인 달이 자신의 자리인 10하우스 거해궁 29도의 화성과 2도 이내 컨트랜티션을 맺고 있습니다. 이 화성은 섹트 구성이 어긋난 채 펄 상태에서 앵글에 떠 있는데, PoD상으로 5분 이내로 알 헤카와 패러렐 상태입니다. 화성 자체의 질적인 상태도 매우 불안정하지만, 거해궁 화성-백양궁 토성의 특징적인 기울어진 리셉션biased reception 아래 흉성 사각 구조가 형성되어 있으며, 이는 증오와 대립이 삶의 중심 주제이거나 이에 관련된 직역에 종사하는 것으로 나타나곤 합니다.

일반적인 정당이 아닌 극우나 극좌 쪽 정치인이다 보니 알 헤카의 특징인 '친구와 지인들이 거칠고 험한' 징험이 잘 드러나는 경우입니다. 이민자를 더 이상 받지 않아야 한다는 게 아니라 기존의 이민자들을 2세 3세까지 색출하여 추방해야 하며 이 과정에서 필요하면 폭력도 행사할 수 있다는 극단적인 주장을 하는 이들이 당사자의 주변에 널리 분포하고 있습니다.

금성이나 화성이 알 헤카와 만나는 경우 성적으로 문란하거나 치정에 관련된 사건을 겪기 쉬운데, 마린 르펜은 아직 그런 방면에서는 문제가 된 적이 없습니다. 이혼을 두 번 겪고 지금은 세 번째 결혼생활을 하고 있긴 하지만, 이는 프랑스 문화권의 특성상 그렇게까지 특이한 일은 아닙니다. 또한 굳이 알 헤카의 의미 영역까지 말하지 않더라도, 7하우스 로드인 화성이 앵글에서 본질적 위계와 섹트를 모두 잃은 채 자신의 리젝션 로드인 토성과 사각을 맺는 처참한 구조만으로도 충분히 설명되는 이력입니다.

＊ WS / QS

고전 점성술에서 열두 하우스의 구획을 나누는 방식이 여러 가지 있습니다. 크게 두 가지로 구분하자면 홀사인 하우스 시스템Whole sign house System과 쿼드런트 하우스 시스템Quadrant house System이며, 전자를 WS로 후자를 QS로 축약합니다. QS는 divisional house system이라 부르기도 합니다.

WS는 열두 하우스의 경계를 황도 12궁으로 일치시키는 방식입니다. 예를 들어 Asc가 사자궁에 위치한다면, 1하우스가 사자궁, 2하우스가 처녀궁, 3하우스가 천칭궁이 되며 나머지 하우스들도 회귀황도계의 열두 사인에 맞게 바로 배치됩니다. 즉 1하우스의 면적은 사자궁 0도 0분 0초에서 29도 59분 59초까지로, 2하우스는 처녀궁 0도 0분 0초에서 29도 59분 59초까지로 구획이 바로 정해지는 셈입니다. 서양 고전 점성술, 특히 헬레니즘 점성술은 이 WS를 기본 하우스 시스템으로 적용합니다. 행성의 하우스 위치, 로드십lordship, 하우스의 의미 영역 모두 WS를 기반으로 둡니다.

반면에 QS는 열두 사인과 상관없이 특정한 측량학적 기준에 의하여 황도면 360도를 열두 구획으로 나누는 체계입니다. 지구의 황도면과 적도면은 23.5도 기울어져 있으며, 자전 속도에 따른 실제 지평선의 이동이 꼭 황도 면적과 일치하지 않기 때문에 QS 기준 열두 하우스의 황경상 면적은 서로 같을 수가 없습니다. 특히 출생 지역이 고위도로 가면서 적도에서 멀어져 극에 가까워질수록 이 격차는 더욱 커집니다.

열두 하우스를 나누는 측량학적 기준이 하나가 아니기 때문에 QS에 해당하는 여러 다양한 하우스 시스템이 존재하게 됩니다. 적도면의 공간적 배치에 따라 하우스를 구분한 regiomontanus 방식과 자전 속도에 따른 시간 기준으로 하우스를 구분한 placidus 방식이 널리 알려져 있으며, 좀 더 고전에서 사용되어온 alcabitius 및 porphyry 방식도 헬레니즘 점성가들 사이에서 많이 채택되는 하우스 시스템입니다. QS로 나누어진 하우스 배속은 로드십이 아닌 오직 행성의 위치만 고려합니다. 하우스 의미와 상관없이, 해당 행성이 지닌 상대적인 영향력의 크기만을 QS상 하우스 포지션으로 판단합니다.

점성술의 하우스 시스템이 단일하지 않다는 점은 입문자들에게 다소 혼동을 불러일으킬 수 있는 부분입니다. 따라서 초심자로 점성술을 익힐 때에는 WS만 고려하고 QS는 이후 중급 이상의 내용을 익히면서 천천히 참고해도 늦지 않습니다.

베텔게우스
Betelgeuse

★ **관측정보**

별 이름: 베텔게우스

별자리 분류(constellation): 오리온자리 알파(α)성

황경(longitude): 쌍자궁(Gemini) 27도 21분(1900년 기준) / 쌍자궁(Gemini) 28도 45분(2000년 기준)

적위(declination): 북위 7도 23분(1900년 기준) / 북위 7도 24분(2000년 기준)

적경(right ascension): 05h 55m

황위(latitude): 남위 16도 1분

광도(magnitude): 0.50

★ **observation info.**

Fixed star: **BETELGEUSE**

Constellation: Alpha(α) Orion

Longitude 1900: 27GEM21	Longitude 2000: 28GEM45
Declination 1900: +07°23'	Declination 2000: +07°24'
ascension: 05h 55m	Latitude: -16°01'
Spectral class: M2	Magnitude: 0.50 Variable

천문 예측을 위한 실질 상대 등급 : 1부 리그 1군 주전 멤버

프톨레마이오스 기준 행성 속성 : 화성 - 수성

천궁도 해석을 위한 실제 속성 : 수성의 각을 받는 화성

오리온자리의 알파성인 베텔게우스는 밤하늘에서 아홉 번째로 밝은 진홍색 별입니다. 변광성인 일등성 중에서 광도의 기복이 가장 큰 편으로 때에 따라 0.0까지 밝아졌다가 1.3까지 어두워지기도 합니다. 평균적으로 0.50 정도로 판단합니다. 2020년 1월에는 갑자기 심하게 어두워져 광도가 2.5까지 떨어지는 일이 있었고, 많은 천문학자들이 초신성 폭발이 임박한 징후일 수도 있다고 논했습니다. 그러나 한 달 뒤 광도가 회복되기 시작하여 해당 논의는 일단락된 상태입니다.

'거인의 겨드랑이'라는 아랍어 명칭에서 기원한 이름으로 불리고 있습니다. 오리온자리의 다른 별들과 달리 화성 - 수성 속성으로, 오직 감마성인 벨라트릭스와 동일 속성으로서 성별이 다른 쌍둥이와 같은 관계입니다. 황위가 남위 16도로 충분히 PED 기법을 적용할 수 있습니다.

동양 천문에서는 서방칠수에 속하는 삼수參宿의 네 번째 별參宿四로 분류되며, 대표적인 장군성으로서 전쟁, 군사, 변란과 연관성이 있습니다.

베텔게우스의 핵심 키워드는 엘리트, 혹은 슈퍼맨입니다. 아무리 로열스타라고 해도 재물, 권력, 명예 중 하나는 좀 빠지기 마련인데 이 별은 세 가지 모두 따라옵니다. 특히 화성 속성의 장군성들은 권력은 있어도 재물과는 다소 거리가 먼 경우가 많은데, 유독 베텔게우스는 권력과 재물이 언제나 함께 붙어 다니게 됩니다. 순수한 권력과 명예 측면에서도 보통 수준이 아니라 상당한 지위까지 올라갈 수 있는 별입니다.

권력과 재물이 같이 간다는 것은 이너서클에 속하는 출신 좋은 인물로서 귀족이나 엘리트를 뜻하는 경우가 많습니다. 따라서 개천 용과는 그다지 어울리지 않는 별이라 할 수 있습니다. 슈퍼맨이라는 것은 견줄 사람이 없는 최고 최대의 재능이라는 뜻이 아니라 머리 좋고 건강하고 운동도 잘하는데 예술적 재능도 있는, 소위 말하는 양질의 유전자가 엘리트 교육을 받은 만능형 인간에 가깝습니다. 예술 중에서는 특히 고체를 다루는 금속가공과 조각 등에 일가견이 있습니다.

비슷한 화성 - 수성 속성이지만 작은개자리 알파성인 프로키온처럼 정신없고 부산스러우며 생각보다 행동이 앞서는 유형은 아닙니다. 베텔게우스는 오히려 진지하고 주도면밀하며 어설프게 나대는 것을 싫어합니다. 진중하고 주도면밀하다는 점에서는 쌍둥이자리 베타성인 폴룩스와 비슷한데, 거기에 엘리트 의식이나 체면치레하는 부분까지 더해져 좀 더 귀족적인 이미지를 가지게 됩니다. 문제는 이러한 습성과 같이 딸려오는 거만함과 차별의식, 선민의식 같은 것들입니다. 평범한 사람, 혹은 세속에 찌들어 비굴하게 사는 소인들과 거리를 두려는 계급의식을 가지기 쉽습니다. 군, 검, 경처럼 공직인 동시에 타인의 생사여탈권을 쥐는 직종이 어울립니다. 가장 적합한 것은 장교로 시작해서 정치인이나 관료가 되는 수순입니다. 비슷하게 흉성인 화성 영역에 속하지만 고위 공직과는 교집합이 별로 없는 의료계와는 친화도가 높지 않습니다. 오히려 이공계 교수나 고위 종교인, 혹은 말과 글로 권력을 행사하는 언론인에 가깝습니다. 즉 기술자나 장인보다는 결국 지위와 권위가 강한 별이라 할 수 있습니다.

루미너리와 다섯 행성 모두 베텔게우스와 만나면 명예와 지위로 이어지게 됩니다. 즉 완전히 상성이 틀어지는 경우가 하나도 없고, 심지어 MC 및 Asc와 만났을 때에도 흉하기는 해도 얻는 것이 뚜렷합니다. 다만 금성과 토성은 베텔게우스와 만났을 때 일종의 부작용이 나타나기 쉬운데, 육친이나 가정 관계에서 고통스러운 이력이 생기기 쉽습니다.

루미너리 중에서도 태양이 베텔게우스와 만나면 달과 만나는 경우보다 횡발도 강하게 찾아오지만 횡파 확률도 증가합니다. 따라서 좀 더 안정적으로 권력과 재물을 누리려면 달이 베텔게우스와 만나는 쪽이 더 낫습니다.

★

Henry Kissinger

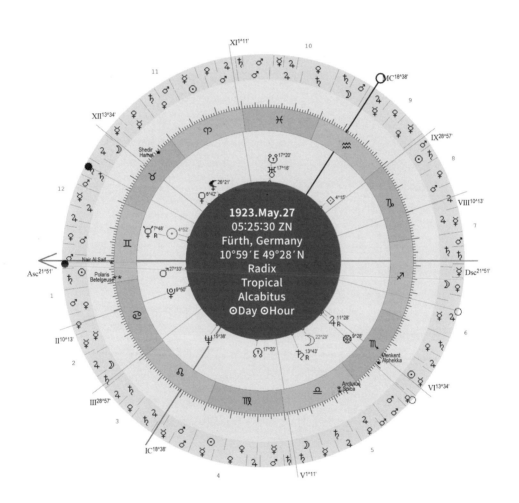

1923.May.27
05:25:30 ZN
Fürth, Germany
10°59′ E 49°28′ N
Radix
Tropical
Alcabitus
☉Day ☉Hour

헨리 키신저 ———————————————— people

20세기 최고의 협상가이자 역사에 남을 외교 전문가.
화성과 만난 베텔게우스의 안정성을 증명하는 행보를 보인다.

20세기 최고의 외교 협상가이며 아마 역사상 최고의 외교 전문가 중 한 명인 헨리 키신저입니다. 독일 남부 출신의 유대인으로서 나치의 탄압을 피해 미국으로 이민 온 인물입니다. 똑똑하기로는 둘째가라면 서러울 정도의 영재였고, 하버드대학 정치학 박사 학위를 따고 동 대학 국방연구소에 재직하다가 외교 관료가 되어 닉슨의 방중을 성사시키고 중동평화협정의 기점을 마련했으며 1973년에는 베트남 종전을 이끌어내 노벨평화상을 받았습니다.

로든 레이팅 AA 등급으로 가장 신뢰할 만한 생시로 기록된 출생 정보지만, 5시 반으로 30분 단위로 끊어져 있어 연령대를 감안하면 생시가 정확한지 확인이 필요합니다. 이민 시기와 이혼 시기 등으로 생시 보정rectification을 해보면 5시 25분 30초 전후가 이 사람의 이력과 가장 맞다는 것을 알 수 있습니다.

LoF 로드이자 달의 퍼스트 어플라잉을 받는 화성이 1하우스에 위치하며 베텔게우스와 PED 기준 10분 이내에 정확한 회합을 이루고 있습니다. 비비언 롭슨은 화성-베텔게우스 조합에 대해 '신중하고 말을 아끼는 인물로서 조직을 만들고 이끄는 데 능하며, 군사 분야에서 명예를 얻어 높은 지위에 오를 수 있다'고 서술한 바 있습니다.

화성-수성 속성의 베텔게우스가 화성과 만나면 아주 난폭하고 흉해질 것 같지만, 실제로는 오히려 그 반대임을 임상적으로 확인할 수 있습니다. 베텔게우스 자체가 매우 진중하고 계획적인 속성이 있고, 화성이 베텔게우스의 통로가 되었을 때 그 진가가 발휘되는 것입니다. 경박하고 성급하기보다는 오히려 조심스럽고 말을 아끼는 캐릭터입니다. 일종의 정지 화성처럼 쓸데없는 데 에너지를 분산시키지 않고 조용히 역량을 모으다가 적합한 타이밍이 되었을 때 맹렬하게 폭발시키는 경향이 있습니다. 작은개자리 알파성인 프로키온이 토성과 만나는 경우처럼 오히려 더 힘 있고 무게가 실리는 것입니다. 다만 베텔게우스와 화성의 공통 의미 영역인 '군사 방면'이 부각되는 것은 변하지 않으며, 그 신중하고도 뾰족한 방향성이 군사적 영역에서 사용된 경우 최고 수준의 권력과 명예가 뒤따를 수 있습니다.

키신저의 천궁도에서 LoF와 유효 회합, MC와 파틸 앤티션을 이루는 목성이 직업의 지표성이 되며, 내합으로서 AR 상태와 비슷한 쌍둥이 수성이 Asc 로드로서 이를 보조합니다. 기본적으로 지식노동 분야에 종사하는 데 적합한 지적인 인물입니다. 따라서 본인이 군인으로서 전쟁에 직접 참여하기보다는 외교관으로서 전쟁을 조율하고 종식시키는 역할을 맡았다고 판단할 수 있습니다. 물론 1943년에는 징집되어 제2차 세계대전에 종군한 경험이 있습니다.

이 희대의 외교 전문가이자 역사적 인물에게 유효 항성이 베텔게우스만 들어오는 것은 아닙니다. 전쟁, 신무기, 돌파력, 높은 명예 등을 상징하는 황소자리 베타성인 엘 나스가 Asc와 20분 이내 회합을 이루며, 달이 로열스타 중 두 번째 서열인 처녀자리 알파성 스피카와 20분 이내 회합을 이루고 있습니다. 기본적으로 1군의 위력적인 별들이 셋 이상 포진해 있는 고격의 천궁도입니다.

그런데 생각보다 이 인물은 횡파나 리바운드가 별로 없는 삶을 살아왔습니다. 위력적 항성의 특징이 급작스러운 세속적 성취를 이루게 한 후 그것을 앗아가는 패턴임을 감안하면 이례적인 경우라 할 수 있습니다. 리바운드가 아주 크게 몰려올 것 같은 이미지의 베텔게우스가 실상은 리바운드가 그렇게 심하지 않은 별이라는 점, 또한 그러한 베텔게우스가 화성과 만났을 때 놀라울 정도로 안정적이라는 점을 주지할 만합니다.

Boris Johnson

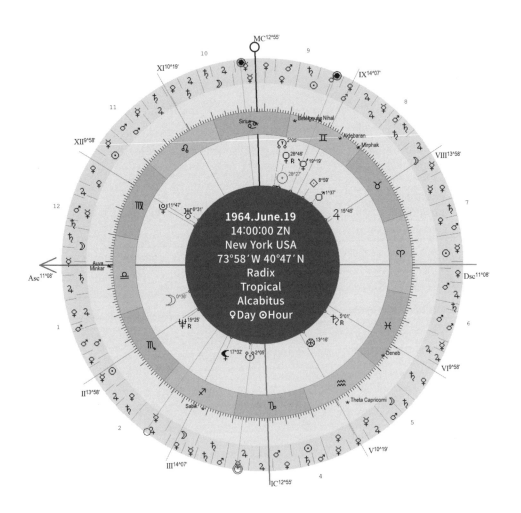

보리스 존슨

런던 시장을 역임한 극우파 정치인이자 영국의 77대 총리.
상류층 출신으로 몸에 밴 계급의식과 엘리트주의가 특징이다.

보리스 존슨은 영국의 트럼프라 불리는 잉글랜드의 정치인입니다. 로든 레이팅 A인 데다 정각으로 표기된 생시라서 실제 삶의 이력과 출생 정보와 상합하는지 확인 과정을 거쳤습니다. 2009년 런던 시장 재임 2년 차에 혼외 자녀 스캔들이 터진 후 사실상 인정하여 이미지 손상을 크게 겪은 사건이 MC가 역방향으로 화성과 만나는 앵글 디렉션으로, 2018년에 외교부 장관을 사임하고 곧 두 번째 부인과 이혼 준비 중임을 밝힌 사건이 IC가 정방향으로 토성과 만나는 앵글 디렉션으로 나타나 이 출생 정보를 사용해도 무방할 것이라 생각됩니다.

보리스 존슨은 영국의 보수당 중에서도 극우파에 분리주의 성향으로 현재 세계 경제와 통상 분야를 뒤흔들고 있는 브렉시트 사건의 주모자 중 한 명입니다. 인종차별적이고 LGBT를 혐오하는 정치적 입장을 내세우고 있으며, 상류층 출신으로서 몸에 밴 계급의식과 엘리트주의를 은연중 드러내는 와중에 겉으로는 '갈팡질팡대는 모습이 웃기는 상류층 출신 언론인'으로서 대중적인 인지도를 얻은 바 있습니다.

태양이 PED 기준으로 베텔게우스와 12분 오차, 금성은 31분 오차로 회합을 이루고 있습니다. 금성은 태양과 18분 정도의 오차로 회합을 이루고 있어 카지미Cazimi 상태에 가까우나, 황위와 적위 모두 2도 내외의 차이가 있어 완벽한 카지미 상태라고 판단하기는 어렵습니다. 어쨌든 PED상 베텔게우스의 황경 도수 주변에 위치한 태양과 금성이 모두 베텔게우스의 유효 영향권 안에 들어가는 건 사실이며, 공교롭게도 일주가 금성이며 시주는 태양인 천궁도입니다. 한술 더 떠서 금성은 Asc 로드를 담당하고 있으며 태양은 금성과 파틸 회합을 맺고 있으니, 이 인물 품성의 프로미터에서 베텔게우스가 한자리 제대로 차지하고 있다는 점은 확고해집니다. 베텔게우스 특유의 엘리트주의와 계급의식 같은 특성이 보리스 존슨의 성격과 습관으로 바로 표출될 수 있는 것입니다. 비비언 롭슨의 서술에 따르면, '태양-베텔게우스 조합의 특징은 명예와 권력을 얻지만 결국 몰락으로 이어지는 횡발과 횡파의 구조이며, 금성-베텔게우스 조합의 특징은 이문을 남기고 재물을 쌓기에는 유리하지만 가정사와 결혼 문제가 생긴다'는 것입니다.

보리스 존슨이 영국 총리에 오르기 전까지 여러 가지 스캔들에 휘말린 전적이 있습니다. 언론인 시절 거짓으로 근거 없는 기사를 작성했다든가, 런던 시장 취임 다음 해에 혼외자녀 스캔들이 터져 얼굴에 먹칠을 했다든가, 2016년 브렉시트를 주도하여 성공시킨 이후 총리를 노리다 측근의 배신으로 자리를 빼앗겼다든가 하는 일들입니다. 즉 커리어에서 기복이 매우 뚜렷한 인물이며, 2019년 12월 조기 총선에서도 불명예 퇴진할 확률이 높다고 생각됩니다. 결혼생활 역시 실패한 첫 결혼 후 두 번째 부인과는 네 명의 아이를 낳으며 잘 사는 것 같았지만, 혼외 자녀 스캔들이 터지고 나서 외교부 장관직을 사임하면서 이혼 절차를 밟게 되었습니다.

그 위력에 비해 생각보다 횡파와 리바운드의 위험성이 크지 않은 별인 베텔게우스가 만났을 때 가장 불안정해지는 조합인 태양과 금성이 동시에 베텔게우스와 유효 회합을 이루고 있는 재미있는 천궁도라고 할 수 있습니다.

★ PoA

PoA는 Place of Acquisition의 축약어입니다. LoF가 위치한 궁의 WS상 열한 번째 사인 전체가 이 PoA에 해당합니다. PoA는 다른 랏처럼 도수로 획정되지 않으며, 해당 사인 30도 전체가 모두 PoA 영역으로 간주됩니다.

PoA는 네이티브가 재물을 수득하는 현실적인 방식을 주관합니다. PoA에 위치한 행성들은 직업 활동, 투자, 증여, 상속 등으로 네이티브가 금전적인 수입을 얻게 되는 각각의 경로를 담당한다고 판단합니다.

★ 타임 로드

타임 로드time lord는 점성학적인 운로 판단에서 기준이 되는 행성을 의미합니다. 해당 시기의 타임 로드가 어떤 행성인지에 따라 각 연령대에서 네이티브가 어떤 입장이 되는지의 여부가 결정됩니다. 보통 프로펙션과 피르다르firdar 로드로 기본 타임 로드 조합을 구성합니다.

★ 프로펙션

프로펙션profection은 점성술의 대표적인 운로 기법 중 하나입니다. 매년 생일이 돌아올 때마다 WS상으로 해당 연도 운로의 기준이 한 번씩 순행 이동하는 것이 애뉴얼 프로펙션annual profection입니다. 예를 들어 만 12세에는 1하우스 사자궁, 만 13세는 2하우스 처녀궁, 만 14세는 3하우스 천칭궁이 되는 식입니다. 만 12세의 프로펙션 로드는 사자궁의 로드인 태양, 만 13세는 수성, 만 14세는 금성이 될 것입니다. 이 애뉴얼 프로펙션 로드를 연주lord of the year라고 부릅니다.

멘칼리난
Menkalinan

★ 관측정보

별 이름: 멘칼리난

별자리 분류(constellation): 마차부자리 베타(β)성

황경(longitude): 쌍자궁(Gemini) 28도 31분(1900년 기준) / 쌍자궁(Gemini) 29도 55분(2000년 기준)

적위(declination): 북위 44도 56분(1900년 기준) / 북위 44도 56분(2000년 기준)

적경(right ascension): 05h 59m

황위(latitude): 북위 21도 30분

광도(magnitude): 1.9

★ observation info.

Fixed star: **MENKALINAN**

Constellation: Beta(β) Auriga

Longitude 1900: 28GEM31   Longitude 2000: 29GEM55

Declination 1900: +44°56'   Declination 2000: +44°56'

ascension: 05h 59m   Latitude: +21°30'

Spectral class: A2   Magnitude: 1.9 VAR

천문 예측을 위한 실질 상대 등급 : 1부 리그 2군 교체 멤버

프톨레마이오스 기준 행성 속성 : 화성 - 수성

천궁도 해석을 위한 실제 속성 : 금성의 각을 받는, 섹트에서 벗어난 화성

마차부자리Auriga의 베타성인 멘칼리난입니다. 광도 1.9에 황위는 북위 21도 정도로 PED 방식으로 활용하기에 부족함이 없습니다. 20세기 후반 기준으로 황경 도수는 쌍자궁 29도 중반에 위치합니다.

마차부자리 알파성인 카펠라처럼 고전에서 화성 - 수성 속성으로 분류되어 있으며, 실제로 화성 속성이 가장 부각되는 별입니다. 다만 보조 속성이 수성보다는 금성 쪽이 조금 더 두드러집니다. 굳이 말하자면 화성 - 금성 속성의 캐릭터에 가깝습니다.

멘칼리난은 아주 위험한 상황에서 몸을 다치는 일이 자주 있는데, 꼭 뜬금없는 외부 효과 때문에 그렇게 된다기보다는 당사자 자신이 그 사고를 자초한 경우가 많습니다. 특정한 감각을 추구하다가 점점 더 큰 자극을 원하게 되는 쪽인데, 이 자극이 순간적으로 강한 아드레날린이 분비되는 상황에서 쾌감을 느끼는 방향이 대부분입니다. 그저 공포영화의 오싹함을 즐기는 수준이 아니라 점점 높은 위치에서 번지점프에 도전한다든가, 사고가 나면 크게 다칠 수 있는 익스트림 스포츠를 취미로 삼는 쪽으로 발전하기도 합니다. 패러글라이딩, 암벽등반, 철인3종경기 등 사고가 나면 크게 다칠 가능성이 높은 위험한 취미들이 이에 해당합니다. 그렇게까지 대단한 취미에 빠지지는 않고 일상적인 운동을 하더라도 헬스장에서 유산소운동 위주로 하기보다는 크로스핏을 시작하여 남들보다 좀 더 빠르게 강도를 높이는 식입니다. 신체적 부담이 큰 운동이다 보니 아무래도 부상 확률이 높고, 위험한 운동을 하고 있다면 크게 다치거나 심지어 죽거나 불구가 되는 경우도 있습니다.

향정신성의약품이나 마약에 손대는 경우도 비슷합니다. 가벼운 마리화나 정도로 시작했다가 필로폰, 코카인, 헤로인으로 가는 식으로 상대적으로 짧은 시간 안에 더 큰 자극을 갈구하게 되는 것입니다. 사람들이 번지점프를 하는 이유가 위험에 노출되며 분비되는 아드레날린 등의 신경전달물질이 뇌 안에서 일종의 짜릿함과 연계된 쾌감으로 이어지기 때문인데, 멘칼리난이 활성화된 천궁도를 가진 사람은 이 위험에 대한 반응을 쾌감으로 받아들이는 경향이 있습니다. 따라서 위험한 활동이나 점차 과한 자극을 추구하게 되는 일종의 감각중독에 빠지기 쉽습니다.

무르짐

MURZIM

★ 관측정보

별 이름: 무르짐

별자리 분류(constellation): 큰개자리 베타(β)성

황경(longitude): 거해궁(Cancer) 5도 48분(1900년 기준) / 거해궁(Cancer) 7도 11분(2000년 기준)

적위(declination): 남위 17도 54분(1900년 기준) / 남위 17도 57분(2000년 기준)

적경(right ascension): 06h 22m

황위(latitude): 남위 41도 15분

광도(magnitude): 1.98

★ observation info.

Fixed star: **MURZIM**

Constellation: Beta(β) Canis Major

Longitude 1900: 05CAN48	Longitude 2000: 07CAN11
Declination 1900: -17°54'	Declination 2000: -17°57'
ascension: 06h 22m	Latitude: - 41°15'
Spectral class: B1	Magnitude: 1.98

천문예측을 위한 실질 상대 등급 : 1부 리그 2군 교체 멤버

프톨레마이오스 기준 행성 속성 : 금성

천궁도 해석을 위한 실제 속성 : 금성의 각을 받는 수성

무르짐 혹은 미르잠이라 불리는 큰개자리의 베타성입니다. 광도가 1.98로서 상당히 밝은 편이며 웬만한 군소 별자리의 알파성 등급에 준합니다. 다만 황위가 남위 41도로 황도와 멀리 떨어져 PED 기법을 적용하기에 적합하지 않으며, angle at birth나 PoD 기법에서 유효성이 잘 나타납니다.

동양 천문에서는 남방칠수의 정수井宿에 속하는 군시軍市의 첫 번째 별軍市一로 분류됩니다. 병량 보급 및 군수 물자 교역과 비축에 관련된 일을 담당한다고 전해집니다.

무르짐은 황도와 거리가 상당이 멀기 때문에 예전부터 PED 기법으로 널리 쓰이던 별은 아닙니다. 다만 아나운서, 리포터, 대변인 등 '자신의 말이 아닌 남의 말을 대신 전달하는' 직역에서 특히 많이 발견된다는 임상적 공감대가 있으며 이는 대체로 유효한 명제입니다.

★

Virginie de Clausade

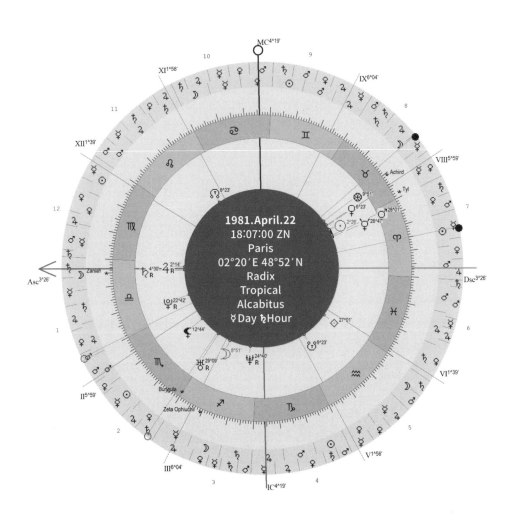

1981.April.22
18:07:00 ZN
Paris
02°20′E 48°52′N
Radix
Tropical
Alcabitus
☿Day ♄Hour

비르지니 드 클로자드

문화예술계 명문가 출신의 저명한 프랑스 뉴스 앵커.
남의 말을 전하는 무르짐과 자기 뜻을 밝히는 안타레스가 조합된 캐릭터이다.

프랑스에서 가장 유명한 뉴스 앵커이자 라디오 및 TV 진행자 중 한 명으로 문화예술계 및 방송계의 명문가 출신입니다. angle at birth 기법으로 무르짐이 3분 정도의 오차로 남중하는 천궁도입니다.

LoF 로드인 금성이 금우궁에서 룰러십을 얻은 상태에서 LoF와 유효 회합을 이루고 있습니다. 천궁도에서 길성이 LoF 로드이면서 LoF와 동궁하는 구조가 형성된 경우 당사자가 유복한 집안에서 태어날 확률이 비약적으로 증가합니다. 도수 오차가 좀 있지만 달이 첫 접근각을 맺는 수성은 백양궁에서 자신의 도머사일 디스포지터인 화성과 유효 회합을 맺고 있습니다. 기자, 앵커, 리포터 계열 직업에서 자주 보이는 구조입니다.

무르짐이 자오선 축에서 남중하는 경우 리포터, 아나운서, 대변인 등 자신의 말이 아닌 남의 말을 전달하는 직역에 종사할 가능성이 높아집니다. 다만 이 인물의 경우 달이 전갈자리 알파성인 로열스타 안타레스와 40분 이내 범위로 접근 회합을 맺고 있기 때문에, 남의 말이 아닌 자기 의견도 논설로 기고하기도 합니다. 로열스타 등급의 일등성은 자체적인 색깔과 힘이 있기 때문에 타인의 뜻을 전달하기보다 자기 생각을 내세우기 마련입니다. 반면에 그러한 일등성 없이 순수하게 무르짐만 부각되는 경우 아무래도 타인의 생각을 말로 전달하고 대변하는 쪽에 집중하는 경우가 많습니다.

이 인물보다 훨씬 더 유명한 미국의 방송인 바버라 월터스Barbara Walters 역시 무르짐이 남중하는 천궁도를 가지고 있습니다. 다만 생시 정보의 로든 레이팅이 AA가 아닌 A 등급이기 때문에 샘플로 지정하지는 않았습니다. 무르짐과 앵커 직역에 관심 있는 분들은 Astrodatabank.com에서 바버라 월터스의 천궁도를 한번 찾아보시기 바랍니다.

알헤나
Alhena

★ 관측정보

별 이름: 알헤나

별자리 분류(constellation): 쌍둥이자리 감마(γ)성

황경(longitude): 거해궁(Cancer) 7도 42분(1900년 기준) / 거해궁(Cancer) 9도 6분(2000년 기준)

적위(declination): 북위 16도 29분(1900년 기준) / 북위 16도 24분(2000년 기준)

적경(right ascension): 06h 37m

황위(latitude): 남위 6도 44분

광도(magnitude): 1.91

★ observation info.

Fixed star: **ALHENA**

Constellation: Gamma(γ) Gemini

Longitude 1900: 07CAN42	Longitude 2000: 09CAN06
Declination 1900: +16°29'	Declination 2000: +16°24
ascension: 06h 37m	Latitude: - 06°44'
Spectral class: A1	Magnitude: 1.91

천문 예측을 위한 실질 상대 등급 : 1부 리그 2군 주전 멤버

프톨레마이오스 기준 행성 속성 : 수성 - 금성

천궁도 해석을 위한 실제 속성 : 수성의 각을 받는 금성

쌍둥이자리 감마성인 알헤나는 아랍어 Al Han'ah의 음역으로 '표식'을 의미하며 쌍둥이자리의 발 부분에 위치하는 별입니다. 감마성이 광도 1.91이고, 알파성인 카스토르Castor가 1.6, 베타성인 폴룩스가 1.1이니 쌍둥이자리가 상당히 밝은 별들로 구성되었음을 알 수 있습니다. 알헤나는 황위가 남위 6~7도 사이라서 황도에 근접한 별이며 PED 기준 활용도 역시 매우 높습니다. 20세기 후반 기준으로 황경 도수가 거해궁 8도 후반에 위치합니다.

동양 천문에서는 남방칠수의 필두인 정수井宿의 세 번째 별인 정수삼井宿三으로 분류됩니다. 황제의 친척, 고위 대신, 국고 등에 관여한다고 전해집니다.

고전 문헌에서 수성 - 금성 속성으로 분류되고 있으나, 임상적으로는 수성보다 금성이 훨씬 부각되는 별입니다. 다만 순길성이라고 평가할 수 없는 것이 금성의 미덕과 악덕 양쪽을 극명하고 전형적으로 표현하는 별이기 때문입니다. 미적 감각과 예술적 재능이 뛰어나며, 예민한 감각으로 훌륭한 결과물과 아닌 것을 섬세하게 구분하는 심미안이 있습니다. 품위 있고 교묘한 화술로 분쟁과 알력이 있는 상황에서 중재를 유도하는 말솜씨와 글솜씨 역시 갖춘 별입니다. 다만 변호사가 논리와 법적 근거를 토대로 중재하기보다 교양과 품위로 꽉 찬 부잣집 마나님이 서로의 비위를 맞춰주며 다독이는 쪽에 가깝습니다.

알헤나의 문제라면 게으르고 노동을 싫어하며, 오감 만족을 지나치게 추구하다 보니 불쾌하고 힘든 것을 기피하는 경향이 뚜렷하다는 것입니다. 무엇보다 오감 만족에 대한 기준이 너무 높아서 훌륭한 작품, 고급 서비스, 가치가 높은 명품만 눈에 들어오는 탓에 자연스레 사치에 빠지는 경우가 많습니다. 엄격하게 말하자면 명품만 좋아한다기보다는 질 낮고 저급한 것을 못 견디는 쪽에 가깝습니다. 인간관계에서도 듣기에 좋은 말만 해주는 이들을 곁에 두다 보니 아무래도 사회적으로 행동반경이 협소해집니다. 다만 가족관계를 비롯한 전반적인 인간관계는 괜찮은 편이고, 화성 속성이 딱히 섞여 있지 않기 때문에 불륜과 양다리에 연루되는 경우도 별로 없습니다.

전반적으로 모든 행성과 상성이 잘 맞는 편이고, 특히 루미너리와 만나는 경우 타고난 재능을 발휘하여 사회적 명예와 지위까지 얻는 경향이 있습니다. 반면에 수성과 토성은 알헤나의 금성 속성과 다소 충돌하는 측면이 있어 불협화음이 좀 생기기도 합니다. 금성과 만나는 경우 역시 마냥 좋다기보다는 금성의 미덕뿐만 아니라 악덕까지 강하게 표출되기 때문에, 자칫 과유불급의 폐해가 발생할 수 있습니다.

★

Donald Trump

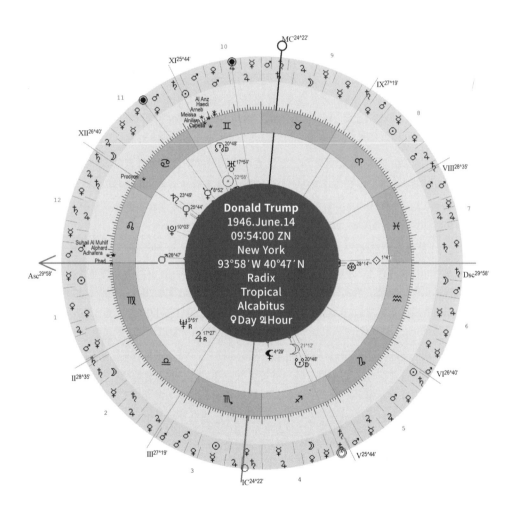

138

도널드 트럼프

**젊은 시절부터 유망한 사업가로 대중적 인지도를 쌓은 인물.
프로 레슬링과 리얼리티 프로그램 등 방송연예계에서 특히 인기를 구가했다.**

오리온자리 엡실론성인 알닐람 항목에서 예시로 든 도널드 트럼프의 천궁도입니다. 수성이 30분 오차로 알헤나와 회합을 이루고 있습니다. Asc 기준 12하우스에 LoF 기준으로도 6하우스에 위치한 상태라서 일견 이 천궁도에서 일종의 못 써먹는 찌꺼기처럼 보이기도 하지만, 의외로 많은 직함과 역할을 차지하고 있는 것이 트럼프의 수성입니다.

수성은 LoB 로드이자 LoE 로드로서 자신의 도머사일 로드 달과 3분 오차로 매우 정확한 컨트랜티션을 맺고 있으며, 태양과도 1도 47분 오차로 앤티션을 맺고 있습니다. 소위 말하는 루미너리 인클로저 상태입니다. 높은 인지도와 지명도를 얻을 수 있는 조합이며, 더불어 교점과도 파틸 앤티션/컨트랜티션을 맺고 있어 대중에게 자신의 사생활이 노출되기도 쉽습니다. 수성의 하우스 위치가 매우 불리한 것은 사실이지만, PoA의 달과의 컨트랜티션을 통해 케이던시cadency를 우회할 수 있습니다. 또한 루미너리 인클로저를 통해 수성 사안에서 벌어지는 일들이 주변 사람들에게 널리 알려질 수 있습니다. 교점까지 관여하기 때문에 본인이 원치 않는 것까지 대중에게 폭로되기도 할 것입니다. 게다가 LoE 자체가 원래 루미너리와 친화도가 높은 감응점임을 감안하면, 그 로드인 수성이 관여하는 사안은 아주 광범위한 파급 효과를 낼 수 있습니다.

수성-알헤나 조합의 특징은 명성을 얻지만 쾌락을 좇는 성향이 뚜렷하고, 그 과정에서 친교를 나누었던 지인들 때문에 본인의 일에 지장이 생긴다는 것입니다. 실제로 트럼프는 포르노 배우와 부적절한 관계를 맺은 후 돈으로 입을 막았다는 사실 때문에 대통령 재임 초기에 만만찮은 스캔들에 시달렸으며, 역시 비슷하게 과거 친하게 지내던 억만장자 금융가인 제프리 엡스타인의 미성년 성범죄 스캔들에 직접 연루될 뻔한 사건도 있었습니다. 제프리 엡스타인은 2019년 8월 11일에 감옥에서 자살했는데, 타살 정황에 대한 의혹이 아직 정리되지 않은 상태입니다. 한편으로는, 알헤나의 금성 영역에 해당하는 문화예술계와 방송연예계에서 유명인으로서 큰 이득을 얻은 것도 사실입니다. 프로 레슬링업계인 WWE에 등장해 직접 링에서 뒹굴고 넘어지는 본격적인 출연을 하며 높은 인지도를 얻었고, 〈어프렌티스〉라는 취업 리얼리티 프로그램에 무려 11년 동안 출연하면서 유행어까지 남기며 많은 인기를 얻었습니다.

실제 운로를 살펴봐도 피르다르 메이저 달/마이너 수성 시기, 즉 수성 입장에서 달에 관련된 사건을 겪는 기간에 트럼프는 젊은 억만장자로서 대중의 관심을 받으며 승승장구하고 있었습니다. 현재 연회비가 20만 달러인 회원제 휴양지인 마라라고 리조트는 당시 구입한 부동산입니다. 트럼프가 대통령으로 당선된 이후 마라라고는 '겨울의 백악관'으로 불리고 있으며, 일본의 아베 총리나 중국의 시진핑 주석과의 회담 장소 등으로 활용되며 더욱 유명해졌습니다.

시리우스
Sirius

★ **관측정보**

별 이름: 시리우스

별자리 분류(constellation): 큰개자리 알파(α)성

황경(longitude): 거해궁(Cancer) 12도 42분(1900년 기준) / 거해궁(Canceri) 14도 5분(2000년 기준)

적위(declination): 남위 16도 35분(1900년 기준) / 남위 16도 42분(2000년 기준)

적경(right ascension): 06h 45m

황위(latitude): 남위 39도 36분

광도(magnitude): -1.46

★ **observation info.**

Fixed star: **SIRIUS Canicula**

Constellation: Alpha(α) Canis Major

Longitude 1900: 12CAN42	Longitude 2000: 14CAN05
Declination 1900: -16°35'	Declination 2000: -16°42'
ascension: 06h 45m	Latitude: -39°36'
Spectral class: A1	Magnitude: -1.46

천문 예측을 위한 실질 상대 등급 : 1부 리그 1군 주전 멤버

프톨레마이오스 기준 행성 속성 : 목성 - 화성

천궁도 해석을 위한 실제 속성 : 태양과 화성의 각을 받는 목성

지구에서 관측할 수 있는 밤하늘에서 가장 밝은 별, 큰개자리 알파성인 시리우스입니다. 다만 황위는 남위 39도에 달하여 황도와 상당히 멀리 떨어져 있고, PED보다는 아무래도 angle at birth 기법을 적용하는 쪽이 더 유효한 별입니다. 20세기 후반 기준으로 황경 도수는 거해궁 13도 후반에 위치합니다.

시리우스는 그 압도적인 밝기 때문에 지금까지 존재했던 모든 문화권에서 고유의 이름과 역할이 있다고 해도 과언이 아닙니다. 동양 천문에서는 가장 많은 별이 포함된 남방칠수의 정수井宿에 속한 천랑성天狼星이며, 보통 변방과 세외의 이민족을 주관하며 이들에 의한 변란을 의미한다고 전해집니다.

시리우스의 키워드는 책임과 헌신입니다. 본인이 집중하는 분야에 사명감을 가지고 헌신하며, 막대한 책임감에서 기원하는 인내력과 끈기를 가지고 있습니다. 또한 대부분의 경우 그 막중한 임무를 수행하기 위한 월등한 개인 능력까지 구비하고 있습니다. 모든 책임을 홀로 져야 하는 지위, 관리자와 책임자 모든 역할에 최적의 캐릭터라고 할 수 있습니다. 이는 작은 업장 매니저가 될 수도 있고, 국가 단위가 되면 대통령과 고위 관료처럼 국가 업무 전체를 책임지는 자리가 될 수도 있습니다. 그래서 최종 결과물만 놓고 봤을 때, 천궁도에서 시리우스가 제대로 발현된 인물들은 각자의 분야에서 최고의 자리에 올라 오래도록 남는 위명을 얻게 되는 경우가 많습니다. 소위 그 분야의 전설이 되는 것입니다.

로열스타인 레굴루스, 스피카, 알데바란, 안타레스가 무소불위의 권력을 쥐고 일인자 지위에 오를 수 있지만 어느 순간 모든 것이 환영처럼 날아갈 수 있는 불안정한 측면이 있는 데 비해, 시리우스에 동반되는 명예나 지위는 좀 더 건실하며 역사로 오래도록 기록되는 측면이 있습니다. 시리우스가 괜히 가장 밝은 별이 아닙니다.

재미있는 부분이라면, angle at birth 방식으로 시리우스가 발현되면 극적인 행적과 폭넓은 기복이 나타나는 데 비해, PED 방식으로 행성과 만나는 경우 완발의 순길성처럼 작용하는 경향이 있다는 점입니다. 명예, 직업적 성취, 재물의 이득, 탄탄한 인맥에 지인들의 도움, 유복한 집안에 가족 간의 유대 등 순길성 특유의 다방면에 걸친 길사와 이득이 나타납니다. 물론 그 와중에 고난과 위기가 없는 것은 아니지만, 다른 화성 속성의 일등성처럼 처절한 과정을 거치며 아슬아슬하게 일인자가 되었다가 어느 순간 몰락하는 횡발 횡파의 패턴과는 거리가 있습니다. 빠르지만 안정적으로 우상향 곡선을 그리며 꽤나 오랫동안 세속적인 성취를 누리는 경우가 많습니다. 그럼에도 순길성의 대표이자 천칭자리 베타성인 주벤 에샤마리처럼 일인자가 되지 못하는 것은 또 아니라서, 진정한 의미의 성공을 바라는 이들에게는 가장 반가운 별이 아닐까 싶습니다.

　　다만, 시리우스에게 주어진 분복은 상기한 네 개의 로열스타처럼 타인의 생사여탈권을 가지고 수많은 사람의 운명을 좌지우지하는 막대한 권력과는 약간 성격이 다릅니다. 그저 그 분야의 최고 권위자로서 역사에 이름을 남기는 정도입니다. 물론 시리우스와 만난 태양이 앵글에 뜨는 경우 국가와 같은 거대 공동체의 최고 책임자^{국가원수}로서 생사여탈권을 비롯한 모든 권력을 다 쥐는 경우도 볼 수 있습니다. 예를 들어 21세기 초반에 집권했던 2대 부시^{George.} ^{W. Bush} 대통령의 천궁도와 같은 경우인데, 다만 이 천궁도의 시리우스 태양은 Asc 기준으로도 LoF 기준으로도 케이던트 상태라서 본인이 실권을 쥐기보다는 주변의 참모들에게 휘둘려 마치 얼굴마담 역할처럼 대통령 일을 수행했다는 평가를 받습니다. 이렇게 받아주는 행성이 힘이 없다 보니 시리우스 특유의 헌신과 책임감이 부각되기는 어려울 것입니다.

★

Alain Delon

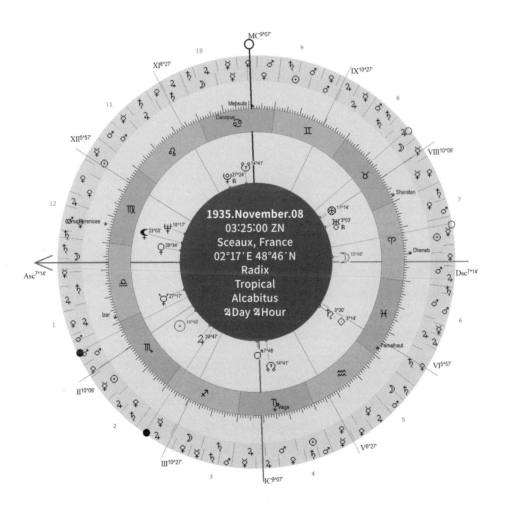

알랭 들롱

세계 최고의 미남으로 30년 이상 프랑스 영화계의 중심에 있던 배우.
급작스러운 신분 상승의 표본으로서 항성 횡발의 전형을 보여준다.

1950년대 후반부터 프랑스 영화계에서 30년 가까이 정상에 있던 배우입니다. 세계 최고의 미남으로 명성을 날린 적이 있으며, 나이가 들면서 프렌치 누아르와 범죄물에 주로 출연하며 배우로서도, 제작자로서도 많은 활동을 해왔습니다.

네 살 때 부모가 이혼하여 재혼한 어머니와 계부 밑에서 자랐습니다. 계부와 사사건건 부딪혔으며 유년기 때 여러 학교에서 연달아 퇴학을 당했습니다. 해군에 입대한 후 절도죄로 불명예 제대할 뻔했으나 복무를 연장해 당시 프랑스 식민지였던 베트남으로 파병을 보냈는데, 군용 차량을 훔쳐 영외 이탈을 감행하다가 잡혀 결국 불명예 제대한 이력이 있습니다. 기본적으로 반사회적 품성을 지닌 인물입니다. 이후 여러 잡일을 전전하다가 한 여배우와의 친분으로 따라간 칸 영화제에서 압도적인 외모로 발탁되어, 일발의 인생 역전으로 세계적인 미남 배우이자 프랑스를 대표하는 배우로 발돋움하게 됩니다.

외모는 후광이 비치는 수준으로 재론의 여지가 없으며 연기력도 썩 괜찮은 편이라는 평가를 받습니다. 그야말로 개천 용으로서 불우한 어린 시절을 보낸 후 험한 환경과 가난을 딛고 타고난 용모와 연기력으로 세계적인 배우가 된 인물입니다. 한 개인의 인생에서 항성의 횡발이 어떻게 이루어지는지 단적으로 보여주는 예입니다. 다만 커리어 이외의 부분에서 아주 많은 문제를 일으킨 사람입니다. 결혼 및 이성관계가 워낙 복잡한데, 헤어진 여인들이 그를 그다지 원망하지 않는다는 점이 유명합니다. 그 외에도 탈세와 살인 혐의로 재판까지 갔다가 무혐의로 풀려나는 등 전반적인 인성이나 범죄 관련성 부분에서 오명도 대단한 인물입니다. 목표를 위해서는 수단과 방법을 가리지 않는다는 평이 지배적입니다.

angle at birth 기법으로 시리우스가 2분 30초 오차로 남중하는 천궁도입니다. 이런 경우 아무것도 가지지 못한 상태에서 갑자기 횡발하여 세속적 성취를 이루고 자신의 이름을 오래도록 남기는 경우가 많습니다. 밤하늘에서 가장 밝은 항성으로 그 상승폭은 가히 대단하지만, PED 방식으로 행성에 들어오는 경우보다 워낙 불안정하여 삶의 기복이 커집니다.

Asc 로드인 금성이 Asc에 어버전 상태에서 명왕성과 파틸에 가까운 육각을 이루는 구조, IC에 파틸 회합하는 화성, Asc 로드이자 LoF 로드인 금성이 뮤추얼 리젝션mutual rejection 아래 목성과 파틸 육각을 이루는 구조, LoS에 토성과 천왕성이 동시에 파틸각을 보내는 등 천궁도에 불안정하고 위험한 구조들이 한두 가지가 아닙니다.

시리우스가 남중하면서 도머사일 로드인 달은 앵글에서 MC와도 유효각을, Asc와도 유효각을 맺고 있습니다. 다만 이 달은 두 길성과는 어버전 상태로 만나지 못하는데 정작 자신의 도머사일 로드인 화성에게 정방향 유효 사각을 받고 있습니다. MC와 시리우스의 관리자 역할을 맡은 달이 워낙 험한 환경에 놓여 있어 angle at birth로 행성을 거치지 않고 바로 들어오는 시리우스 특유의 횡발과 횡파를 피하기는 어렵습니다. 결국에는 영화계에서 은퇴한 후 스위스 국적을 취득하여 모국인 프랑스를 떠나 살고 있습니다.

★

Pablo Picasso

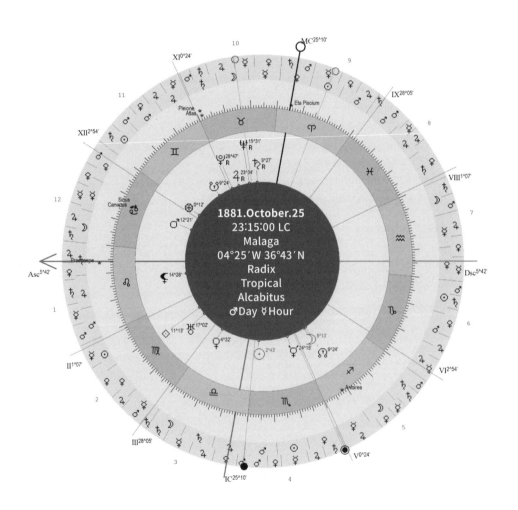

1881.October.25
23:15:00 LC
Malaga
04°25′W 36°43′N
Radix
Tropical
Alcabitus
♂Day ☿Hour

파블로 피카소 ———————

20세기를 대표한 입체파 화가이자 미술사의 한 획을 그은 인물.
세속적 부와 권력 대신 역사에 남을 이름과 영원한 명성을 획득했다.

구구절절 설명이 필요 없는 피카소의 천궁도입니다. 20세기 최고의 화가이자 미술가로서 다섯 손가락 안에 들어가는 인물임에는 분명합니다.

LoF와 동궁하는 화성이 시리우스와 5분 오차 범위로 매우 가까운 접근 회합을 맺고 있습니다. 숙련된 손기술을 사용하는 분야에서 거대한 위명을 떨칠 수 있는 구조이며, 천칭궁 금성의 유효 육각을 받는 LoF 로드 달이 6분 오차로 전갈자리 알파성인 안타레스와 분리 회합을 맺고 있습니다.

로열스타인 안타레스와 아주 가깝게 만나는 달은 안타레스의 색채로 완전히 변색되어 있으며, 그 횡발의 효과가 북교점과의 파틸 회합으로 더욱 극대화됩니다. 이런 천궁도 구조를 가진 사람은 어차피 자신의 사생활이 희생될 것이기 때문에 애초에 큰물에서 크게 노는 것이 현명합니다. 안분지족은 꿈도 못 꾸기 때문에, 애초에 공인이자 역사적 인물로서 자신의 삶에 만족하고 희생하는 사생활에 큰 미련을 가지지 말아야 합니다.

피카소는 자기 분야에서는 천재 중의 천재로서, 만 18세가 되기 전에 이미 고전주의의 모든 기법을 통달하여 웬만한 아카데믹 계열의 중견급 화가보다 기술적으로 뛰어난 그림을 그릴 수 있었다고 합니다. 대중은 그를 입체파Cubism의 대가로 기억하지만, 그가 입체파를 구상하고 집중했던 것은 청년이 되기 전에 이미 기존 회화의 기술적인 측면을 통달했기 때문에 자신이 더 나아갈 곳을 찾다 보니 그렇게 되었다는 것이 지배적인 해석입니다. 이러한 천재적인 재능에는 역시나 화성과 가깝게 만나는 시리우스의 비중이 큽니다. 물론 그가 전 세계적인 명성과 역사적인 이름을 얻은 것은 두 흉성과 어버전인 상태에서 금성, 북교점, 안타레스를 동시에 보는 LoF 로드 달의 기여도가 가장 클 것입니다. 하지만 LoF와 동궁하는 시리우스 화성이 아니었으면 세속적 성취가 그 정도 규모까지 이르지 못했을 것입니다.

카노푸스

Canopus

★ 관측정보

별 이름: 카노푸스

별자리 분류(constellation): 용골자리 알파(α)성

황경(longitude): 거해궁(Cancer) 13도 35분(1900년 기준) / 거해궁(Cancer) 14도 58분(2000년 기준)

적위(declination): 남위 52도 38분(1900년 기준) / 남위 52도 42분(2000년 기준)

적경(right ascension): 06h 23m

황위(latitude): 남위 75도 49분

광도(magnitude): -0.74

★ observation info.

Fixed star: **CANOPUS**

Constellation: Alpha(α) Carina in Argo Navis

Longitude 1900: 13CAN35	Longitude 2000: 14CAN58
Declination 1900: -52°38'	Declination 2000: -52°42'
ascension: 06h 23m	Latitude: -75°.49'
Spectral class: F0	Magnitude: -0.74

천문 예측을 위한 실질 상대 등급 : 1부 리그 1군 교체 멤버

프톨레마이오스 기준 행성 속성 : 토성 - 목성

천궁도 해석을 위한 실제 속성 : 목성의 빛을 받는 토성

148

남반구 별자리의 중심이라 할 수 있는 아르고자리Argo Navis 중 용골 부분을 맡고 있는 용골자리의 알파성인 카노푸스입니다. 밤하늘에서 시리우스 다음으로 밝은 별로, 중국에서는 전국시대부터 북의 시리우스天狼星와 남의 카노푸스南極老人星라고 남북을 대비하며 분류했던 기록이 있습니다. 북반구에서 관측이 어렵기 때문에, 북반구 출신이 항해 중 이 별을 보면 행운이 찾아온다는 이야기도 전승됩니다.

광도 -0.74로 매우 밝은 별이지만, 황위가 남위 75도로 사실상 적도 근처에서조차 관측하기 어렵습니다. 황도와 위도 상으로 떨어진 거리만 보면 북두칠성보다도 더 멀리 있는 셈입니다. 북반구에서는 사실상 PED 적용이 무의미하다고 간주해도 무방하며, 남반구에서도 PED 적용이 적합하지 않은 것은 마찬가지입니다.

동양 천문에서는 남방칠수의 첫 번째인 정수에 속하는 남극노인성南極老人星으로 분류됩니다. 고령의 임금과 노인들을 담당하며, 다섯 행성이나 혜성과 만나며 인동되었을 때 병란이 생겨 임금의 신변이 불안정해지거나 노인이 많이 죽는다고 전해집니다.

북쪽의 시리우스에 대비되는, 남반구를 대표하는 가장 밝은 별로 예전부터 행운과 권위의 상징이었습니다. 다만 실제로 검증해보면 토성 - 목성 속성의 별들 특유의 완고함과 가부장적 보수주의가 종종 발견되는 별이기도 합니다. 오만하고 권위적이며 훈계를 잘하는 특징이 있는 반면, 학식이 깊고 사물에 대한 이해도가 높아 연륜이 풍부한 현인으로서의 면모도 뚜렷합니다. 유능하고 박식하고 장수하되, 깐깐하기로 이름난 훈장 선생님 같은 캐릭터입니다. 극히 보수적이고 완고하며 자기 고집이 강하기 때문에, 좀처럼 타협하지 않으며 윗사람이 자신에게 왈가왈부하는 것을 대단히 싫어합니다. 상급자나 항렬 높은 친지들과 충돌이 일어날 수밖에 없는 스타일입니다. 따라서 자신이 좌장 자리에 앉지 않는 한 혈족이나 친지 관계에서 문제가 자주 발생합니다. 워낙 가부장적이라 배우자나 자식과의 관계도 그리 편치는 않습니다.

권위, 명성, 지위 측면에서는 유리하나 재물 관련으로는 잘 맞지 않아 보통 체면 차리다 실속을 못 챙기는 패턴이 나타납니다. 기본적으로 이윤을 목적으로 하는 일들, 즉 사업 분야와 잘 맞지 않습니다. 비교적 작은 업장에서 본인이 전권을 쥐는 우두머리 역할을 맡거나, 혹은 자기 이름과 권위에 기대서 하는 사업이 아니면 불리하다고 판단합니다. 이동과 모험을 키워드로 삼기 때문에 좋든 싫든 파견, 출장, 장거리 이사, 해외 이동 등을 자주 하게 되며 도중에 자기 거점을 옮기는 일도 이력에서 빈번하게 발견됩니다. 다만 카노푸스 본인이 그러한 변화와 이동을 선호하지는 않습니다.

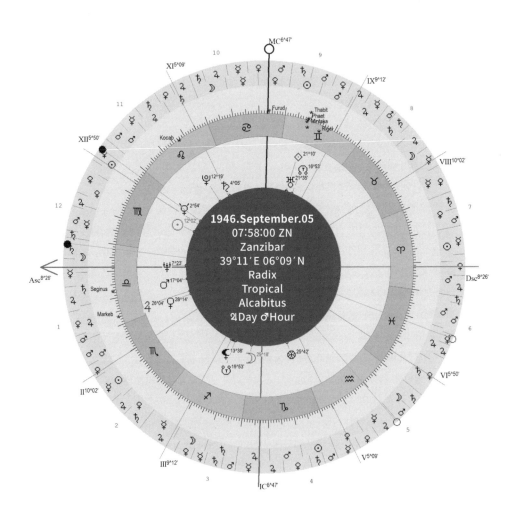

NATAL CHART

★

Freddie Mercury

1946.September.05
07:58:00 ZN
Zanzibar
39°11′ E 06°09′ N
Radix
Tropical
Alcabitus
♃ Day ♂ Hour

프레디 머큐리

people

20세기 최고의 보컬리스트로 평가받는 록밴드 Queen의 리드보컬.
급작스러운 해외 이주와 가부장적 집안 환경 등 뚜렷한 카노푸스의 색채를 보인다.

설명이 필요 없는 록 그룹 퀸의 보컬입니다. 20세기 최고의 보컬리스트 중 한 명으로 평가되는 데 큰 이견이 없습니다. 아프리카 탄자니아 동쪽 해안의 잔지바르섬 출생으로, 밀레니엄 이전에 출생한 역사적 인물 중 남반구에서 태어난 얼마 안 되는 예시 중 한 명입니다.

angle at birth 기법으로 카노푸스가 약 7분 오차로 남중합니다. 광도가 마이너스 대역에 속하는 밤하늘에서 가장 밝은 별 네 가지시리우스, 카노푸스, 폴리만, 아크투루스는 angle at birth 기법을 적용할 때 오차 범위를 전후 8분까지 허용합니다. 프레디 머큐리의 천궁도에는 카노푸스가 유효하게 들어옵니다. 생전에도 큰 영광을 얻었고 사후에도 전설적인 이름을 남기며 가장 밝은 두 별인 시리우스와 카노푸스만이 다룰 수 있는 영역을 구현했지만, 개인적인 삶은 그렇게 평탄하지도 행복하지도 않았다고 전해집니다.

아프리카에서 태어난 이란계 인도인Parsi으로 종족적·국가적 정체성이 태어날 때부터 다소 불투명했던 인물입니다. 고향에서 유년기를 잘 보내다가 사춘기에 인도로 유학 가서 고생을 많이 했고, 잔지바르 소요 사태로 인도인들이 약탈의 대상이 되는 상황에서 가족 전체가 피신하듯 영국으로 이민을 갔습니다. 원하든 원하지 않든 해외 이동과 이주가 잦은 카노푸스의 특징이 잘 구현된 이력이라고 할 수 있습니다. 카노푸스가 지평선이 아닌 자오선 축에 들어오기 때문에, 전통을 중시하는 가부장적인 아버지와 충돌이 잦았다는 점 역시 관련성을 찾을 수 있습니다.

카스토르

Castor

★ 관측정보

별 이름: 카스토르

별자리 분류(constellation): 쌍둥이자리 알파(α)성

황경(longitude): 거해궁(Cancer) 18도 51분(1900년 기준) / 거해궁(Cancer) 20도 14분(2000년 기준)

적위(declination): 북위 32도 6분(1900년 기준) / 북위 31도 53분(2000년 기준)

적경(right ascension): 07h 34m

황위(latitude): 북위 10도 5분

광도(magnitude): 1.58

★ observation info.

Fixed star: **CASTOR**

Constellation: Alpha(α) Gemini

Longitude 1900: 18CAN51	Longitude 2000: 20CAN14
Declination 1900: +32°06'	Declination 2000: +31°53'
ascension: 07h 34m	Latitude: +10°05'
Spectral class: AA	Magnitude: 1.58

천문 예측을 위한 실질 상대 등급 : 1부 리그 2군 주전 멤버

프톨레마이오스 기준 행성 속성 : 수성

천궁도 해석을 위한 실제 속성 : 토성과 화성의 각을 받는 수성

쌍둥이자리 알파성인 카스토르입니다. 베타성인 폴룩스보다 광도가 낮지만, 황위가 북위 10도에 광도 1.58 대역이니 PED 기법의 활용도가 매우 높습니다. 20세기 후반 기준으로 황경 도수가 거해궁 19도 후반에 위치합니다. 다만 적위가 너무 높아 PoD 기법을 적용하기는 어려운 별입니다.

동양 천문에서는 폴룩스와 마찬가지로 남방칠수의 정수를 구성하는 북하성의 일원이며, 북하의 두 번째 별北河二로 분류됩니다. 다섯 행성이나 혜성 등으로 인동되었을 때 병란이 발생하고, 도시와 고을을 잇는 각종 길이 막혀 왕래가 불가해지고, 물길까지 차단되어 어느 곳에서는 홍수가 나고 다른 곳에서는 가뭄이 생긴다고 전해집니다.

카스토르는 자기 영역과 캐릭터가 매우 뚜렷한 별입니다. 경도의 조현병이나 고기능 자폐아스퍼거 등으로 지능은 무척 높은데 망상과 정서적 불안정성을 동반하는 정신 상태에 특화되어 있습니다. 사회성이 떨어지고 성격이 기괴한 천재 캐릭터, 혹 증상이 더 심해지면 미친 예언자 느낌에 가깝습니다. 실제로 천궁도에서 카스토르와 연동되는 정신적 문제가 커지면 커질수록, 직관력이 강해져 무당과도 같은 육감이 발달하는 경우를 관찰할 수 있습니다. 수성 속성이 위주인 별들이 통상적으로 글쓰기나 말하기에 재능을 부여하는 경향이 있는데, 자세하게 따져보면 다들 스타일이 상이합니다.

천칭자리 베타성인 주벤 에샤마리가 논리적이고 바르며 적확한 글쓰기에, 백조자리 알파성인 데네브 아디게Deneb Adige가 간결하면서도 예술적인 글쓰기에 적합한 데 비해 카스토르는 아이디어는 번뜩이는데 논리의 비약이 심하고 주제가 분산되는 스타일입니다. 어떻게 보면 정신없고 표현 방식을 짐작할 수 없을 때가 많습니다. 창의성이 너무 과해 남들이 이해하기 힘든 자신만의 논리가 뚜렷해 오히려 문제가 되기도 합니다. 다만 광기에 휩싸여 폭력을 쓰고 공격성을 표출하는 스타일은 아니고, 오히려 사람 대하기 무서워하며 말 없고 은둔하기 좋아하는 캐릭터에 가깝습니다. 본인 역시 강한 자신감이나 확신 같은 것과는 거리가 멀고, 끊임없이 의심하고 불안해하면서 집중을 못 하는 성정을 가지고 있습니다. 그런 점에서 흉사나 범죄에 잘 연루되지만 가해자보다는 피해자 입장이 되는 경우가 많습니다.

실제로 상해에 대단히 쉽게 노출되는 경향이 있습니다. 카스토르가 부각되는 천궁도에서 정신적 문제 이외에 신체적 질환이 부각되는 경우는 많지 않은데, 쉽게 다치고 한 번 다치면 심하게 다치는 경향이 있습니다. 특히 팔, 손목, 손가락 등을 잘 다치고, 신경이 상해서 후

유증으로 감각 이상이나 근위축이 남는 경우가 많습니다. 얼굴에 흉터가 남을 정도로 다치는 빈도 또한 잦은데, 이는 플레이아데스 성단의 알키오네와 유사합니다. 또한 인생에 몇 번 사람들에게 몰매를 맞는 경우가 드물지 않게 발견됩니다. 말하자면 집단 따돌림 대상이 되기 쉽고, 그런 식으로 공동체에 받아들여지지 않고 배제되는 경향이 있습니다. 과거에는 이것이 추방이나 은둔의 형식이었는데, 요즘에는 히키코모리引き籠もり, 즉 방구석 폐인의 형식으로 발현되기 쉽습니다. 머리는 좋지만 사회성이 떨어지고, 아이디어는 많은데 그걸 실제 구현할 결단력이 없기 때문에 자기만의 세계에 빠져 타인을 만나지 않는 모든 경우가 카스토르의 캐릭터와 맥락을 같이합니다.

성적 취향 역시 다소 편향된 구석이 있고, 동성애나 소아성애 경향이 종종 발견됩니다. 위의 설명을 종합했을 때 여러모로 흉성이라고 분류되는 게 맞는 별입니다. 그나마 목성과 만날 때 그 흉함이 줄어드는데, 문제는 이 조합에서는 카스토르 특유의 장점도 줄어들면서 이런저런 손해까지 발생한다는 점입니다. 워낙 자기만의 영역이 확고한 별이다 보니 물상 대체도 쉽지 않습니다. 외골수에 괴짜 경향의 연구자나 지식인으로서의 삶을 받아주고 또 활용할 수 있는 환경에서 사는 것이 최선입니다.

예를 들어 존 내시John Nash 같은 천재 수학자도 30대 초반에 발병한 조현병 때문에 삶이 상당 부분 망가졌지만, 모교인 프린스턴대학에서 투병 중인 그가 자유롭게 연구하고 학생들과 소통할 수 있도록 기회를 주었고, 말년에는 증상이 호전되어 노벨상까지 받으면서 정식 강의와 연구가 가능해졌습니다. 카스토르가 부각되는 천궁도의 소유자에게 절실하게 필요한 것이 이러한 괴짜 천재들을 받아주는 환경입니다.

NATAL CHART

★

Judy Garland

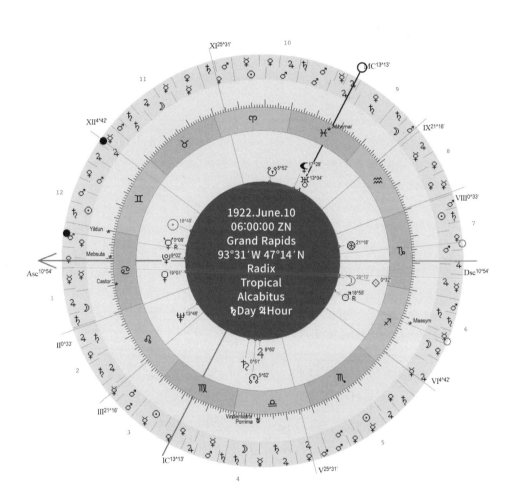

1922.June.10
06:00:00 ZN
Grand Rapids
93°31′W 47°14′N
Radix
Tropical
Alcabitus
♄Day ♃Hour

주디 갈런드 ——————————

**만 3세가 되기 전 아역 배우로 데뷔해 정상에 오른 배우이자 가수.
낮은 자존감을 채우기 위해 결혼에 집착하고 술과 마약에서 벗어나지 못했다.**

만 3세가 되기 전 아역 배우로 데뷔하여 죽을 때까지 과로하며 연기와 노래로 전 세계적인 명성을 얻었으나 사생활은 무척 불행했던, '아역 배우 때 대성공은 불행의 지름길'이라는 클리셰를 대중화한 인물입니다. 〈오즈의 마법사〉, 〈스타탄생〉의 주연 배우이며 그래미에서 올해의 앨범상을 수상한 첫 여성 가수이기도 합니다.

거해궁 상승에 금성이 상승성인데, 이 금성이 10분 이내로 카스토르와 접근 회합을 이루고 있습니다. 비비언 롭슨은 금성-카스토르 조합에 대해 '범상치 않고 특이한 삶의 이력, 빈번하게 찾아오는 길흉의 큰 기복, 결혼생활에 불리한 구조'를 논한 바 있습니다.

10세가 되기 전에 모든 미국인이 그녀를 알았고, 사춘기 전후에 세계적인 스타가 되었으나 그 이면은 무척 불행했습니다. 통통하던 체형의 그녀에게 체중 감량을 강요하며 영화사는 흡연을 비롯하여 심지어 필로폰 복용까지 강권했고, 그 결과로 평생 동안 알코올과 마약 중독에 시달렸습니다. 철저히 투자자와 제작자 의도로 돌아가며 배우와 실무자들을 착취하던 당시 할리우드 영화산업의 대표적인 희생자라 해도 과언이 아닌 인물입니다. 또한 그녀는 다섯 번 결혼하면서 세 명의 자녀를 두었는데, 동성애자임을 숨기고 결혼했던 남편이 그녀의 사위와 바람이 나서 어머니와 딸이 동시에 이혼하는 정말 드문 이력도 있습니다. 그녀가 살아온 삶의 에피소드 중 상당수가 '세상에 이런 일이'에 등장해도 이상하지 않을 일들입니다. 롭슨의 묘사와 같이 '범상치 않고 특이한 삶의 이력'에 완전히 상합하는 경우라 하겠습니다.

주디는 천재적인 연기력에 독특한 음색을 토대로 한 뛰어난 가창력을 소유했으나, 워낙 정신적으로 불안정하여 홀로서기를 할 수 없는 인물이었습니다. 자존감이 너무 낮고 의존적이어서 자신을 표면적으로나마 사랑해줄 사람을 찾아 끊임없이 이상한 남자들과 결혼하는 악순환을 그녀의 이력에서 확인할 수 있습니다.

* 칼데언 오더

칼데언 오더chaldean order는 천동설 기준의 공전 주기에 따라 나열한 행성의 순서입니다. 공전 주기가 길고 지구의 관측자 입장에서 가장 운행 속도가 느린 토성부터 시작하여, 점점 공전 주기가 짧은 행성으로 순차대로 배열됩니다. 토성 - 목성 - 화성 - 태양 - 금성 - 수성 - 달 순이며, 달 이후에 다시 토성으로 반복됩니다.

* 피르다르

피르다르firdar, 피르다리아firdaria, 알프리다리아alfridaria 등으로 불리는 점성술의 대표적인 운로 기법 중 하나입니다. 일곱 행성과 교점에서 정해진 연수를 부여한 후 낮과 밤 출생에 따라 칼데언 오더에 따라 그 연수만큼 특정 행성이 해당 연령대의 운로를 주관한다고 판단합니다.

예를 들어 태양이 지평선 위에 있어 낮에 출생한 인물인 경우 만 10세까지 태양이 10년, 만 18세까지 금성이 8년, 만 31세까지 수성이 13년, 만 40세까지 달이 9년, 만 51세까지 토성이 11년, 만 63세까지 목성이 12년, 만 70세까지 화성이 7년, 만 73세까지 북교점이 3년, 만 75세까지 남교점이 2년 동안 해당 연령대의 운로를 주관하게 됩니다. 밤 출생 천궁도의 소유자인 경우 태양이 아닌 달 시기부터 시작하며 순서는 동일하나 교점은 언제나 만 70세부터 5년을 담당합니다.

이상에서 언급한 연 단위의 구간을 메이저 피리어드major period라고 하며, 메이저 피리어드를 정확히 일곱 등분하여 세분화한 구간을 마이너 피리어드minor period라고 합니다. 예를 들어 토성 메이저 시기 11년을 정확히 7등분한 후 약 19개월씩 마이너 시기로 구분하는데, 이 순서는 칼데언 오더 그대로 진행되어 토성 / 토성, 토성 / 목성, 토성 / 화성, 토성 / 태양, 토성 / 금성, 토성 / 수성, 토성 / 달로 구성됩니다.

해당 시점의 메이저 피리어드를 주관하는 행성을 메이저 로드, 마이너 피리어드를 주관하는 행성을 마이너 로드라고 지칭합니다. 이 두 행성이 점성학적 운로 판단의 가장 기본적인 타임 로드 조합을 구성합니다.

아다라

Adara

★ 관측정보

별 이름: 아다라

별자리 분류(constellation): 큰개자리 엡실론(ε)성

황경(longitude): 거해궁(Cancer) 19도 22분(1900년 기준) / 거해궁(Cancer) 20도 46분(2000년 기준)

적위(declination): 남위 28도 50분(1900년 기준) / 남위 28도 58분(2000년 기준)

적경(right ascension): 06h 58m

황위(latitude): 남위 51도 21분

광도(magnitude): 1.50

★ observation info.

Fixed star: **ADARA**

Constellation: Epsilon(ε) Canis Major

Longitude 1900: 19CAN22	Longitude 2000: 20CAN46
Declination 1900: -28°50'	Declination 2000: -28°58'
ascension: 06h 58m	Latitude: -51°21'
Spectral class: B1	Magnitude: 1.50

천문 예측을 위한 실질 상대 등급 : 1부 리그 2군 교체 멤버

프톨레마이오스 기준 행성 속성 : 금성

천궁도 해석을 위한 실제 속성 : 토성의 궁에서 컴버스트 상태에 놓인 금성

큰개자리 엡실론성인 아다라입니다. 베타성인 무르짐보다 광도가 더 높으며, 광도 1.35인 레굴루스 다음으로 즉 밤하늘에서 스물두 번째로 밝은 별입니다. 천체물리학적 계산에 따르면 470만 년 전에는 광도가 -3.99로 지구에서 관측할 수 있는 가장 밝은 별이었을 것이라 추정됩니다. 다만 황위가 남위 51도에 위치하여 황도에서 아주 멀리 떨어져 있으며, PED 기법을 적용하기에는 적합하지 않은 별입니다. 20세기 후반 기준으로 황경 도수가 거해궁 20도 중반에 위치하나, 32분 오차로 쌍둥이자리 알파성인 카스토르와 도수가 겹칩니다. 카스토르가 아다라 다음으로 밝은 별이며 황도에 훨씬 근접하기 때문에, PED를 적용했을 때 대부분의 경우 카스토르의 색채가 우선하게 되어 아다라의 자체적인 유효성을 확인하기는 쉽지 않습니다.

동양 천문에서는 남방칠수의 필두인 정수에 속하는 호시弧矢의 일곱 번째 별인 호시칠弧矢七로 분류됩니다. 활과 화살을 의미하는 호시는 천랑성天狼星 시리우스를 견제하기 위해 언제나 시리우스를 겨누고 있는데, 만약 이 긴장된 구도를 다섯 행성이나 혜성이 건드리고 지나칠 때 병란이 발생하고 도적이 창궐한다고 전해집니다.

비비언 롭슨을 비롯하여 항성 관련 문헌을 저술한 서양 점성가들은 아다라에 대한 별개의 설명을 하지 않고 큰개자리의 일반적 의미 영역에 포함된다고 논했습니다. 아다라의 자체적인 유효성이나 색채를 확인하려면 앞에서 말한 바와 같이 PED 방식으로는 어려우며, 적위 기준인 PoD 방식으로 살피려 해도 아다라의 적위가 남위 29도에 달해 일곱 행성이랑 만나기가 거의 불가능합니다. 따라서 angle at birth 기법으로만 접근할 수 있는데, 1964년 기준으로 아다라가 남중하는 MC의 황경 도수가 거해궁 13도 0분으로 관측됩니다. 다만 이때 PED 기법상으로 이 도수는 큰개자리 알파성 시리우스의 황경 도수와 약 35분 정도 오차로 근접하기 때문에, 아다라의 자체적인 의미를 논하려면 게자리 13도 0분으로부터 30분 전후의 좁은 범위만을 적용해야 합니다.

이에 근접하는 예시가 장뤼크 고다르, 크리스티앙 루부탱, 보리스 존슨 등의 인물입니다. 좋게 말하면 자기 커리어에서 창의성을 발휘하고, 나쁘게 말하면 황소고집에 타협을 불허하는 노선을 고수한다는 공통점이 있습니다. 물론 angle at birth 기법으로 아다라가 상승 rising at birth하며 들어오는 샘플을 검색하기 어렵다는 기술적인 한계 때문에, 남중하는 경우만을 관찰 대상으로 삼은 결과입니다. 또한 이 중에서도 자기 이름을 널리 알리며 사회적으로 성공한 이들은 PED상 바로 옆 도수에 시리우스의 영향을 무시할 수가 없을 것입니다.

Christian Louboutin

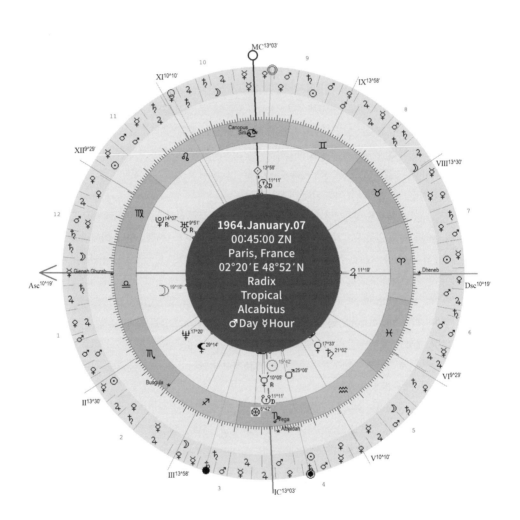

1964.January.07
00:45:00 ZN
Paris, France
02°20′E 48°52′N
Radix
Tropical
Alcabitus
♂Day ☿Hour

크리스티앙 루부탱 ───────────────

정식 교육 없이 프랑스 최고의 구두 디자이너 지위에 오른 인물.
고집스러운 취향을 특색 있는 디자인으로 살려 세계적인 명성을 얻었다.

프랑스의 유명한 여성 구두 디자이너입니다. 중학생 시절 학교를 그만두고 이집트, 인도 등을 유랑하며 독학으로 구두 디자인과 스케치 기법을 공부했습니다. 이후 샤넬과 이브생로랑 등 대기업의 구두 디자이너로 일하다가 1991년 몇몇 후원자의 도움을 받아 파리에 자기 이름을 건 살롱을 냈습니다. 얼마 후 모나코 왕국의 공주가 루부탱의 제품에 대해 언급했는데, 이 사건을 기점으로 세계적인 유명세를 타기 시작하여 지금은 고급 여성 킬힐 라인의 대표적인 럭셔리 브랜드로 자리 잡았습니다.

angle at birth 기법으로 아다라가 정확히 남중하는 천궁도입니다. 아다라를 프로미터로 관리하는 거해궁의 도머사일 로드 달이 앵글에서 직업의 지표성으로 기능하고 있습니다. 따라서 달이 타임 로드를 맡을 때마다 아다라에 관련된 일을 사건으로 겪을 가능성이 높습니다. 파리에 자기만의 살롱을 내고 1년 후, 운로상 피르다르 메이저 목성 / 마이너 달 시기에 루부탱의 특색이라 할 수 있는 빨간색 바닥의 스틸레토를 개발하고 이를 토대로 세계적인 명성을 쌓아가기 시작했습니다. LoF의 10하우스인 PoM이자 Asc 기준 1하우스에 위치한 천칭궁의 달이 자기 도머사일 로드인 보병궁 금성으로부터 분리되어 엑절테이션 로드인 토성에게 접근하며 삼각을 이루는 구조입니다.

천칭궁의 달이 직업의 지표성인 천궁도에서 금성–토성 인클로저 상태로서 두 디스포지터를 동시에 보게 되는 경우, 여성용 물품과 서비스를 업으로 삼는 경우가 많습니다. 또한 비록 아주 작은 차이라도 완성도를 높이며 경쟁하는 디자인이나 문화예술계 활동을 하는 경향이 있습니다.

폴룩스
Pollux

★ 관측정보

별 이름: 폴룩스

별자리 분류(constellation): 쌍둥이자리 베타(β)성

황경(longitude): 거해궁(Cancer) 21도 50분(1900년 기준) / 거해궁(Cancer) 23도 13분(2000년 기준)

적위(declination): 북위 28도 16분(1900년 기준) / 북위 28도 1분(2000년 기준)

적경(right ascension): 07h 45m

황위(latitude): 북위 6도 41분

광도(magnitude): 1.14

★ observation info.

Fixed star: **POLLUX**

Constellation: Beta(β) Gemini

Longitude 1900: 21CAN50	Longitude 2000: 23CAN13
Declination 1900: +28°16'	Declination 2000: +28°01'
ascension: 07h 45m	Latitude: +06°41'
Spectral class: K0	Magnitude: 1.14

천문 예측을 위한 실질 상대 등급 : 1부 리그 1군 주전 에이스

프톨레마이오스 기준 행성 속성 : 화성

천궁도 해석을 위한 실제 속성 : 지평선 근처에서 파시스Phasis 상태의 천갈궁 초반 화성

쌍둥이자리 베타성인 폴룩스입니다. 알파성인 카스토르보다 훨씬 밝은 별로, 광도 1.14에 황위가 북위 6도로 PED 기법을 적용했을 때의 활용도나 위력이 거의 4대 로열스타레굴루스, 스피카, 알데바란, 안타레스에 준합니다. 황경 도수를 기준으로 하는 PED의 영역에서는 사실상 서열 5위인 별이라 해도 과언이 아닙니다. 20세기 후반 기준으로 황경 도수는 거해궁 22도 후반에 위치합니다.

동양 천문에서는 남방칠수에 속하는 정수를 구성하는 북하의 세 번째 별, 즉 북하삼北河三으로 분류됩니다. 다섯 행성이나 혜성 등에 의해 인동되었을 때 병란이 발생하고, 도시와 마을을 잇는 각종 길이 막혀 왕래가 불가능해지며, 물길까지 막혀 어느 곳에서는 홍수가 나고 다른 곳에서는 가뭄이 생긴다고 전해집니다.

폴룩스는 사실상 로열스타로, 현재 순수한 무력으로는 폴룩스를 따라올 수 있는 별이 거의 없습니다. 레굴루스는 군림하고 지시 내리는 별이지 실제 전투가 장기가 아니며, 안타레스 역시 전시의 국가 지도자나 국방부 장관에는 어울리지만 실제 전술적 승리를 얻어내는 야전사령관으로 적합하지는 않습니다. 알데바란 역시 공수 모두 능하지만 순수한 전투력과 전술적 역량은 폴룩스만 못합니다. 스피카는 이론에는 강할 수 있어도 실제 학살을 반복적으로 저지를 수 있는 그릇이 못 됩니다. 시리우스는 전쟁사에 중요한 역할을 맡은 인물로서 역사에 한 획을 그을 수 있겠지만, 그게 꼭 승리의 결과라는 보장은 없습니다. 그런 점에서 전쟁과 승패라는 사안에서 폴룩스와 대적할 수 있는 유일한 항성은 페르세우스자리 베타성인 알골 정도입니다. 다만 알골의 강함은 폴룩스와는 결이 좀 다르며, 변광에 따른 기복이 큰 편입니다 Algol Minima. 반면에 폴룩스는 안정적입니다.

폴룩스는 강하면서도 허점을 찾아보기 힘든 종류의 캐릭터로서, 소위 이빨하나 안 들어가는 이미지에 가깝습니다. 폴룩스는 시끄럽게 나대지 않으며, 위협하지도 않습니다. 짖는 개는 물지 않는다는 말에 가장 잘 어울립니다. 조용히 지켜보다가 질러야 할 최적의 타이밍에 공격하고, 완승을 거둡니다. 악전고투에서 겨우 살아남아 만신창이로 이기는 피로스의 승리에 어울리는 별이 아닙니다. 아슬아슬하게 이기는 게 아니라, 자신은 정타 한 번도 맞지 않고 상대방을 냉정하게 뭉개버리는 스타일입니다.

그런 점에서 폴룩스는 백양궁 화성보다는 질적으로나 양적으로 최상의 상태에 있는 천갈궁 화성 쪽에 가깝습니다. 위협적이기보다는 은밀하고, 대놓고 달려들기보다는 계획과 모략에 능합니다. 최상의 타이밍이 올 때까지 자신의 공격성을 드러내지 않고 참을 줄 알고, 자신의 허점이나 취약함이 뚜렷한 상황에서는 다소 비굴하더라도 싸움을 피합니다. 승부에서 자기 역량이 최고점에 도달할 때까지 뒤에서 준비하며 기다리고, 가급적 지지 않을 싸움을 합니다.

그럼에도 불구하고 폴룩스는 전쟁, 전투, 승부에 너무 특화된 별이다 보니 애초에 평화롭게 살 수가 없습니다. 폴룩스의 재능은 싸우고 겨루고 견주는 분야에서만 빛을 발할 수 있는데, 그렇지 않은 분야에서 그저 그렇게 살아가는 것을 견디기가 어려운 것입니다. 따라서 격하고 위험한 분야에서 활동할 수밖에 없고, 그러한 외부 효과가 쌓이다 보면 결국 자신도 피해를 입고 다치게 됩니다. 아무리 강해도 인간의 군집 안에서 개인의 역량은 한계가 있기 때문입니다. 다른 로열스타와 마찬가지로 횡발 후 횡파로 이어지는 패턴이 뚜렷합니다. 흉험한 분야에서 두각을 드러내며 세속적 성취를 이루고, 그렇게 성공한 분야에서 좀처럼 발을 빼지 못하다가 결국 몰락하는 수순을 밟는 것입니다. 또한 폴룩스는 오만함도 문제가 됩니다. 이는 가벼운 자존심과는 다릅니다. 상대방에게 도발을 당했을 때 웃어넘길 여유는 있지만, 본인보다 압도적으로 강한 자가 있다는 사실을 인정하지 않는 것입니다. 마음먹고 싸우면 자신이 결국 이길 것이라 생각해서 현명하게 잘 풀어나가다가도 결정적인 순간에 일을 그르칠 수 있습니다. 이는 경쟁을 통해 승패가 갈리는 모든 사회적 현장에서 벌어질 수 있는 일입니다.

기본적으로 흉성이기 때문에 모든 행성과 만났을 때 흉한 징험이 나타나게 됩니다. 어차피 흉할 거 성취를 얻고 횡발이라도 해야 하는데, 보통 루미너리, 화성, 목성과 만났을 때 이러한 횡발의 확률이 증가합니다. 아무래도 루미너리가 가장 낫고, 체감상으로는 현재 폴룩스가 위치한 도수(거해궁 23도)에서 룰러십을 얻는 달 쪽이 태양보다 조금 더 낫습니다. Asc에 폴룩스가 바로 들어오는 것은 좋은 일이 별로 없어서 오히려 질병과 상해 확률이 증가합니다. MC에 직접 들어오는 것도 위험한 것은 매한가지지만, 본래 다치고 피를 보는 것이 당연한 위험한 직종에 근무하는 경우 Asc에 들어오는 것보다는 낫습니다.

Roman Polanski

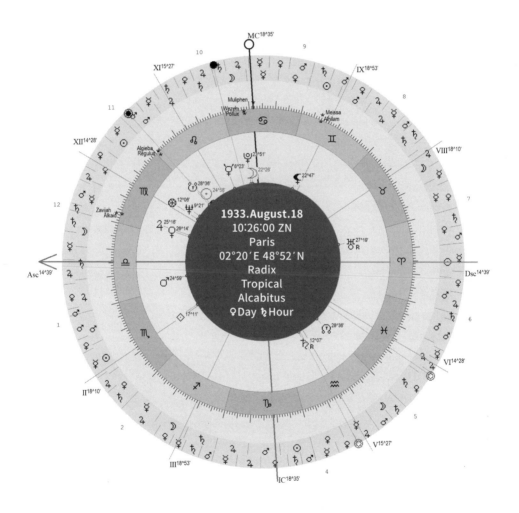

로만 폴란스키 ──────────────

세계적인 명성을 얻었지만 흉사가 반복되었던 폴란드 출신 영화감독.
평생 피해자로, 가해자로 범죄에 끊임없이 노출되는 삶이다.

　게자리의 프레세페Praesepe 성단 항목에서 예시로 든 영화감독 로만 폴란스키의 천궁도입
니다. 앵글에서 형성되어 있는 천칭궁 화성-거해궁 달-거해궁 명왕성의 유효 경각 구조가 이
사람의 험난한 삶과 가해자/피해자 양쪽으로 범죄에 연루되는 징험에 기여하는 핵심 요소입니
다. 다만 단순한 룰러십 거해궁 달이 아니라, 폴룩스와 분리 10분 이내로 가깝게 회합을 이루며
완전히 변색된 '붉은 달'이라는 점이 평생 동안 이어지는 이 가해와 피해의 구도를 폭발적으로
확장시킵니다.

　폴룩스는 사실상 로열스타로서 접근 15분/분리 10분 오차 범위 이내로 루미너리와 만났을
때 루미너리 자체를 변색시키며, 로만 폴란스키의 천궁도에서 달은 이 조건에 부합합니다. 이런
경우 통상적인 '달이 흉한 항성을 프로미터로 만나고 있다'는 수준을 넘어서 달 자체가 일종의
흉성처럼 바뀌어버립니다. 이는 전자의 명제와는 큰 차이가 있습니다. 즉 시그니피케이터인 달이
프로미터인 화성과 명왕성을 보는 경우에만 문제가 되는 게 아니라, 시그니피케이터인 화성이
프로미터인 달과 명왕성을 볼 때에도 본인이 범죄의 피해자가 될 수 있는 것입니다. 달 자체가 이
미 폴룩스에게 먹혀 흉성화되었기 때문입니다.

　실제로 찰스 맨슨 패거리에서 임신 막달의 부인이 참살당한 1969년 사건 역시 운로상 피르
다르 메이저 달/마이너 화성 시기이기 때문에 원칙적으로는 시그니피케이터 화성이 프로미터
로 달을 보면서 달에 관련된 사건을 겪는 구조입니다. 물론 화성이 프로펙션에 동궁하여 프로미
터로서의 자격을 얻고 명왕성 역시 보조 프로미터로 작용한 것이 사실이지만, 기본 구조에서 프
로미터인 달이 사건의 기본 정황을 대표한다는 사실은 달라지지 않습니다.

　만일 달이 폴룩스에 변색된 상태가 아니라면, 10하우스에서 룰러십을 얻고 있는 행성이기
때문에 그냥 '명성이 높아지고 대중에게 이름이 널리 알려진다'는 정도로 사건화될 것입니다. 하
지만 폴룩스에게 먹혀 이미 흉성처럼 변한 달이기 때문에, 화성 입장에서 달 사건을 겪을 때 명
백한 흉사로 다가온 것입니다. 7하우스를 담당하고 있는 화성이 흉성을 프로미터로 본 셈이니,
본인도 본인이지만 배우자에게 흉사가 벌어져 결혼생활이 흔들리게 될 가능성이 높습니다. 또
한 당사자가 남성이라면 천궁도의 달이 일반적인 여성의 모집단을 대표하기 때문에, 달이 폴룩
스와 만나고 있으니 더더욱 본인보다 배우자가 흉사를 겪는 식으로 사건화되기 쉽습니다.

끔찍한 사건을 겪는 와중에도 폴란스키는 세계적으로 가장 핫한 영화감독이었고, 이후 〈피아니스트〉로 아카데미상을 받은 명감독이라는 점은 달라지지 않습니다. 운로상으로 피르다르 메이저 화성 / 마이너 달 시기에 이 명작을 만들며 감독했다는 점이 오히려 반어적으로 느껴질 정도입니다. 폴룩스, 천칭궁에서 데트리먼트 상태에 빠진 화성, 명왕성 이 세 가지 요소의 의미 영역에 교집합이 있다면, 결국 사람이 타인의 피를 흘리게 만드는 구도가 대규모로 확장된 상황, 즉 전쟁입니다. 이렇게 흉흉한 프로미터들이 몰리는 시기에 전쟁의 참혹함을 고발하는 영화를 만들었는데, 흉한 징험을 예술 작품으로 승화시킨 셈입니다. 또한 그 작품으로 세계적인 명성과 영광까지 얻었다는 점에서 사실상 로열스타로서 폴룩스의 위력이 돋보이는 경우입니다.

★

Dwayne Johnson

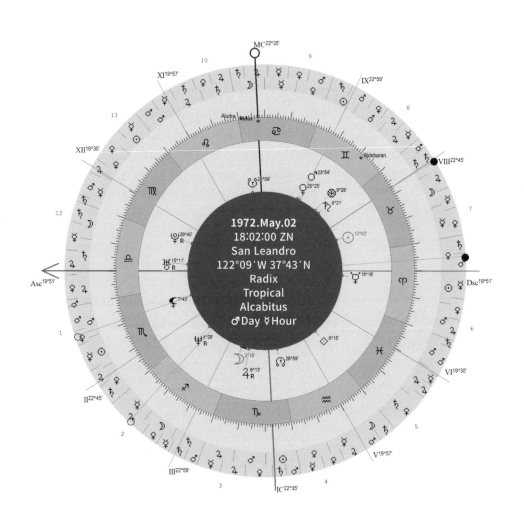

드웨인 존슨

**프로 레슬러로 대성한 후 액션 배우로 전업해 승승장구.
경쟁이 치열하고 신체적으로 상해를 입을 수 있는 위험한 직종에서 대성하다.**

작은개자리 알파성인 프로키온과 황소자리 알파성인 알데바란 항목에서도 예시로 소개한 프로 레슬러이자 영화배우인 드웨인 존슨의 천궁도입니다. 일등성들이 최소 3개 이상 아주 가깝게 들어오는 경우이기 때문에, 향후 유명 영화배우를 넘어서 중요한 지위를 맡게 될 가능성이 높은 인물입니다.

PED 기법을 적용했을 때 MC가 폴룩스와 15분 정도 오차로 회합을 이루고 있습니다. 이 자오선의 황경 도수는 angle at birth 기법을 적용했을 때 프로키온이 남중하는 도수이기도 합니다. MC가 폴룩스와 만나기 때문에 매우 거칠고 험한, 승패가 분명히 갈리며 경쟁이 심한 직종에서 일하게 될 것임을 알 수 있습니다. 조금만 실수해도 크게 다쳐서 불구가 될 수 있는 프로 레슬링업계에서 전 세계적인 인지도를 얻은 이후, 역시나 부상의 리스크를 동반하는 액션 영화 전문 배우로 성공 가도를 달리고 있습니다. 차를 타고 아슬아슬하게 속도 경쟁을 하는 장르, 혹은 아예 재난 영화에 출연하며 인기를 이어가고 있어 폴룩스가 극렬한 화성 속성의 항성이라는 점을 분명히 증명하는 인물이기도 합니다.

현재 운로상 메이저 피르다르 로드인 토성이 MC와 리젝션 아래 앤티션을 맺고 있는 점이 커리어에 상당히 불리한 구조임에도, 아직까지 할리우드 배우 중 아주 높은 개런티를 받고 있다는 점에서 출생 천궁도 자체의 건실함이 증명되는 경우이기도 합니다. 다만 2022년 메이저 토성/마이너 달 시기에 프라이머리 앵글 디렉션상 MC가 역방향으로 토성을 만나는 디렉션이 들어오는데, 이 시기 전후에 커리어에 무시할 수 없는 문제가 생길 가능성이 높습니다. 다만 거꾸로, 이 이벤트를 겪고도 크게 무너지지 않고 현재 커리어를 유지할 수 있다면, 그 이후에는 정말로 단순한 영화배우를 넘어서는 더 큰 횡발을 기대할 수 있을 것입니다. 2023년 생일부터 메이저 목성 시기가 시작되는데, 이 천궁도의 목성이 루미너리 인클로저 상태이기 때문입니다.

프로키온

Procyon

★ 관측정보

별 이름: 프로키온

별자리 분류(constellation): 작은개자리 알파(α)성

황경(longitude): 거해궁(Cancer) 24도 24분(1900년 기준) / 거해궁(Cancer) 25도 47분(2000년 기준)

적위(declination): 북위 5도 29분(1900년 기준) / 북위 5도 13분(2000년 기준)

적경(right ascension): 07h 39m

황위(latitude): 남위 16도 1분

광도(magnitude): 0.34

★ observation info.

Fixed star: **PROCYON** Elgomaisa

Constellation: Alpha(α) Canis Minor

Longitude 1900: 24CAN24	Longitude 2000: 25CAN47
Declination 1900: +05°29'	Declination 2000: +05°13'
ascension: 07h 39m	Latitude: -16°01'
Spectral class: F5	Magnitude: 0.34

천문 예측을 위한 실질 상대 등급 : 1부 리그 1군 주전 멤버

프톨레마이오스 기준 행성 속성 : 수성 - 화성

천궁도 해석을 위한 실제 속성 : 리셉션 아래 화성의 각을 받는 수성

작은개자리 알파성인 프로키온입니다. 밤하늘에서 가장 밝은 별인 시리우스보다 먼저 뜨는 별이라는 의미이며, 그리스어로는 프로쿠온Procuon 라틴어로는 안테카니스Antecanis라고 불렸습니다. 밤하늘에서 여덟 번째로 밝은 별로 광도가 매우 높고, 황위 기준 남위 16도로 황도와도 그다지 멀리 떨어진 것은 아닙니다. 따라서 PED 방식으로 충분히 활용할 수 있으며, 어떻게 보면 황도와 꽤나 떨어져 있는 시리우스보다도 활용도가 더 높다 해도 과언이 아닙니다. 적위가 북위 5도 정도라서 PoD 방식을 언제나 적용할 수 있습니다.

동양 천문에서는 남방칠수의 정수에 속하는 남하南河 중 세 번째 별인 남하삼南河三으로 분류됩니다. 다섯 행성과 일월이 이곳을 지나치며 남북으로 너무 치우치는 경우 군주와 신하 사이가 멀어지고 나라에 변란이 발생하며 군사 동원이 어려워진다고 전해집니다.

프로키온의 키워드는 알기 쉽습니다. 부산스럽고, 생각과 언행이 매우 빠르되 신중하지 못하여 생각 없이 행동하는 경우도 많습니다. 자신은 강하지 않고 취약한 존재라고 여기며, 그렇기 때문에 더더욱 타인에게 공격적이고 필요하면 잔인해질 수도 있습니다. 치와와같이 예민하고 공격적인 소형 말썽 견종과 어떻게 보면 유사합니다. 평소에는 사교성이 좋고 사람들과 금세 친해져서 친구들이나 윗사람에게 지원을 잘 얻어내는 편입니다. 자기보다 강한 사람이라 생각하면 아첨에 입 발린 소리도 천연덕스럽게 할 수 있는데, 이것이 프로키온이 가진 수성의 특징 중 하나입니다. 다만 단순한 친교관계를 벗어나 돈과 이해관계가 얽히면 다툼과 분쟁을 일으키기 쉽습니다. 거래 상대나 고용인 - 피고용인 관계 등입니다.

급성 상해를 입을 가능성이 높지만, 사고나 상해가 아닌 한 사람을 쇠약하게 만들지 않고 오히려 활력을 부여하는 경향이 있습니다. 부산스럽게 뛰어나며 한곳에 오래 머무르지 않는 것은 체력이 강하고 의욕이 있기 때문입니다. 타인을 공격하고 착취하는 입장에 섰을 때 특히 유리하며, 프로키온 특유의 흉한 물상을 대체하기도 용이해집니다. 특히 군인, 검찰, 경찰과 같이 합법적이고 정당한 명분으로 상대방을 죽이거나 제압할 수 있는 위치가 최선입니다. 이는 화성 속성의 다른 항성들과 마찬가지입니다.

프로키온은 굳이 따지자면 흉성이지만 이득이 되는 대표적인 별입니다. 이재理財가 있어 돈 냄새를 맡고 사업 성과를 내는 데에도 도움이 됩니다. 단 프로키온을 받아주는 행성이나 감응점이 이미 다른 뚜렷한 손상affliction을 입고 있는 경우 프로키온의 장점보다 단점이 더 부각되어 오히려 재물이 흩어지는 경향이 있습니다. 이런 측면에서 프로키온은 험하고 거칠긴 해도 완전한 흉성이라고 규정하기는 어렵습니다. 그 위력만으로도 로열스타 바로 아래 등급이라 해도 무방하며, 수성이 주체가 되어 화성을 객으로 받아들이며 생기는 유리함을 대표하는 별이라 할 수 있습니다. 다만 프로키온의 화성 속성은 공교롭게도 실제 화성이 프로키온과 만났을 때 흉함이 극대화되며, 오히려 토성과 만났을 때 장점이 부각되는 경향이 있습니다. 즉 프로키온의 화성 속성이라는 것이 애초에 무겁고 신중한 행성으로 눌러줘야 그 표현형이 더 바람직해지는 쪽에 가깝습니다. 반면에 같은 화성 속성의 별이지만 베텔게우스의 화성 속성은 누르기보다는 부추겨줘야 더 힘을 얻는 경향이 있습니다.

이와 같이 고전 문헌에 언급한 동일한 행성 속성이라 해도 사실은 각각의 항성마다 그 구체적인 분류나 표현형에서 차이가 큽니다. 지구 입장에서 육안상 보이는 행성이 다섯 개밖에 없어 이들을 재료로 서술어를 조합할 수밖에 없었던 것이지, 실제로는 모든 별은 자신만의 고유한 특성을 가지고 있습니다.

NATAL CHART

★

Richard Branson

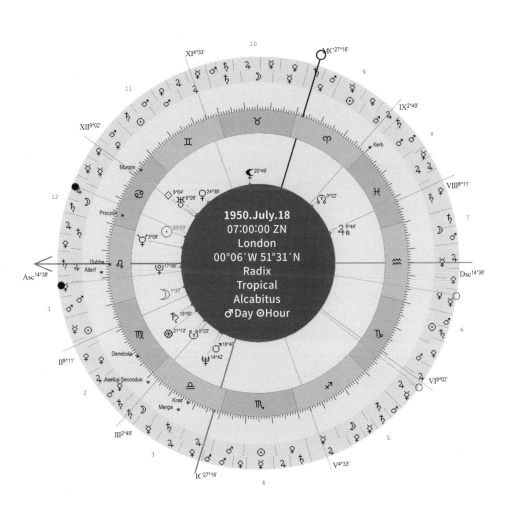

리처드 브랜슨

경영학계의 이단아로 불리는 영국 버진 그룹의 창업자이자 총수.
민간 우주여행 분야의 선구자로 충동적이고 호기심에 가득 찬 캐릭터다.

영국 버진 그룹의 창업주이자 총수입니다. 경영학계의 이단아로 불리는 인물입니다. 12하우스 태양이 프로키온과 3분 오차로 매우 긴밀한 회합을 이루고 있어, 루미너리의 변색이 가능한 범위입니다. 태양이 Asc 로드이자 시주hour lord로서 리처드 브랜슨 본인의 캐릭터에 가장 가까운 행성으로 기능합니다. 이 태양이 PoA에 위치하여 세속적으로 활용하기에 유리한데, 강력한 항성과 10분 이내로 만나는 루미너리는 자기만의 색깔을 가지게 되므로 독자적인 직업의 지표성이 될 수 있습니다.

보통 점성술에서 항공우주산업은 화성이나 물병자리에 위치한 행성으로 나타나는 경우가 많습니다. 그런데 이 천궁도의 화성은 Asc 기준으로도 LoF 기준으로도 어버전 상태이며, 물병자리에 위치한 행성도 없기 때문에 사실 이 사람이 벌일 수 있는 사업 범위에 항공우주산업이 포함될 것이라 추정하기는 어렵습니다. 한편으로 9하우스를 다스리는 PoA의 태양이 12하우스에 위치하여, 9-12하우스 조합에서 파생된 '외국 이동'에 관련된 아이템을 돈벌이로 활용할 수 있는 구조입니다. 실제로 이 사람은 밀레니엄 이후 '민간 우주여행'이라는 전례 없는 아이템에 투자하여 2009년 민간 우주여행선을 공개했고, 시행착오를 겪다가 2018년 상공 80km까지 유인 우주선을 운행하는 데 성공했습니다. 이는 일곱 행성만으로는 설명하기 힘든, 광도 높은 별인 프로키온 특유의 그릇과 속도감이 없었다면 구현되기 어려운 이력이라 할 수 있습니다.

이력과 성과를 빼고서라도, 일단 리처드 브랜슨이라는 자연인 자체가 프로키온처럼 충동적이고 호기심 많고 다소 분별없이 생각보다 행동이 앞서는 스타일입니다. 소위 말하는 기인입니다.

NATAL CHART

★

Dwayne Johnson

1972.May.02
18:02:00 ZN
San Leandro
122°09′W 37°43′N
Radix
Tropical
Alcabitus
♂ Day ☿ Hour

드웨인 존슨

**일찍이 스타성이 발견되어 WWE의 최연소 세계 챔피언에 등극.
스탠딩 코미디가 포함된 남성용 아침 드라마인 프로 레슬링에 최적인 캐릭터.**

프로 레슬링 명문가 출신으로서 미식축구를 하다가 부상을 입은 후 프로 레슬러로 빠르게 전향하여 더 록The Rock이라는 기믹으로 세계적인 명성을 얻은 인물입니다. 이후 할리우드에 진출하여 배우로서도 승승장구하고 있으며, 2013년 가장 높은 흥행 수입을 올린 배우로 기록되며 지금까지도 많은 개런티를 받는 배우 중 한 명입니다.

미국은 순혈의 직업 정치인이 아닌 배우나 운동선수 등의 유명인이 선출직 정치인이 되는 경우가 많습니다. 1980년대의 레이건 전 대통령이나 아널드 슈워제네거 전 캘리포니아 주지사도 배우 출신이며, 전 미네소타 주지사인 제시 벤추라와 2020년 현재 테네시주 녹스카운티 시장인 글렌 제이콥스는 프로 레슬러 출신입니다. 무엇보다 미국 45대 대통령인 도널드 트럼프도 2000년대 초반 가장 유명한 프로 레슬링 단체인 WWE에 고정 출연하면서 대중에게 인지도를 높인 이력이 있습니다. 프로 레슬링 자체가 일종의 퍼포먼스 엔터테인먼트로서 대중에 대한 파급력이 강하기 때문에 인지도를 얻기에는 제격인 분야라 할 수 있습니다. 드웨인 존슨 역시 심각한 스캔들이 나거나 사고를 치지 않고 모범적인 이미지로 계속 승승장구하다 보면, 대통령이나 주지사 등 선출직 정치인으로 빠질 가능성이 매우 높은 인물입니다.

천궁도에서 프로키온이 20초 오차로 남중하고 있습니다. 프로 레슬링이라는 분야 자체가 일종의 남성용 아침 드라마와 비슷하며, 본인이 크게 다쳐 불구가 될 위험을 감수하면서 각본에 의한 스토리를 긴박감 있게 보여주는 장르입니다. 통쾌함과 처절함만 있는 게 아니라 중간중간 계획된 개그와 코미디 요소도 많으며, 그런 점에서 더욱 수성-화성 속성의 프로키온과 속성이 상합하는 것이 사실입니다. 다만 angle at birth 기준으로 프로키온이 남중하게 되면 PED 기법 기준으로 MC가 30분 이내로 일등성 폴룩스와도 동시에 만나게 되어 있으며 이는 지역과 위도에 따라 달라지지 않고 일정합니다. 따라서 1970년대 전후 출생한 사람이 MC의 황경 도수가 거해궁 22도 30분 전후 몇 분 사이에 위치하게 태어나는 경우, 아주 강력한 항성 두 개가 자오선에 바로 들어오는 셈입니다. 이 경우 수성-화성 조합이 의미하는 분야에서 크게 성공할 수 있는 유전자를 어느 정도 타고난다고 해도 과언이 아닙니다.

★ 행성과 감응점의 연계 방식

고전 점성술에서 행성과 행성, 혹은 행성과 감응점이 연계될 수 있는 방식은 몇 가지로 규정되어 있습니다. 첫 번째는 황경상 실제로 만나는 것입니다. 이를 회합conjunction이라고 부릅니다. 두 번째가 황경 도수상 정수의 기하학적인 각도를 이루는 것입니다. 이를 각aspect이라고 부릅니다. 180도로 마주 보는 경우를 대립각opposition, 90도를 이루는 경우를 사각square, 120도를 이루는 경우를 삼각trine, 60도를 이루는 경우를 육각sextile이라고 합니다. 회합은 엄밀히 말하자면 각에 포함되지 않지만, 이상의 다섯 가지 연계 방식을 편의상 주요각major aspect으로 분류합니다.

세 번째로 하지점과 동지점, 즉 거해궁 0도와 마갈궁 0도를 잇는 축을 기준으로 거울상으로 배치되는 경우를 앤티션antiscion이라 부르며, 춘분점과 추분점인 백양궁 0도와 천칭궁 0도를 잇는 축을 기준으로 거울상으로 배치되는 경우를 컨트랜티션contrantiscion이라고 부릅니다.

마지막으로 황경 기준이 아닌 적위declination상 근접하는 경우를 패러렐parallel, 적위 도수는 근접하나 남위와 북위가 반대되는 경우를 컨트라패러렐contraparallel이라고 규정합니다.

이와 같이 규정된 연계 방식은 각각의 유효 범위와 허용되는 오차 범위가 다릅니다. 회합을 포함한 주요각의 경우 보통 오차 범위 4도 이내로 형성된 경우를 유효각이라 하며, 특히 1도 이내의 오차로 정확하게 형성된 경우를 파틸각partile aspect이라고 합니다. 앤티션과 컨트랜티션의 경우 유효 범위를 2도 이내 오차로 두며, 패러렐과 컨트라패러렐의 경우 유효 범위를 1도 30분 이내 오차로 둡니다.

황경 기준의 각은 유효각 범위에 들어가지 못해도 7~8도 범위 이내에서 형성되면 부분적인 유효성은 있다고 간주합니다. 이를 오브orb 범위의 각이라고 부릅니다. 오브 범위의 각을 넘어서 WS 기준으로 각을 맺는 사인에 위치하는 경우에도 연계성은 형성되지만, 몇 가지 조건을 충족시키지 않는 한 이 WS 기준의 연계성만으로 담보할 수 있는 유효성은 아주 미약합니다.

Praesepe

★ 관측정보

별 이름: 프레세페

별자리 분류(constellation): 게자리 엡실론(ε)성

황경(longitude): 사자궁(Leo) 5도 57분(1900년 기준) / 사자궁(Leo) 7도 20분(2000년 기준)

적위(declination): 북위 20도 3분(1900년 기준) / 북위 19도 41분(2000년 기준)

적경(right ascension): 08h 40m

황위(latitude): 북위 1도 17분

광도(magnitude): 3.7

★ observation info.

Fixed star: **PRAESEPE**

Constellation: Epsilon(ε) or M44 Cancer

Longitude 1900: 05LEO57	Longitude 2000: 07LEO20
Declination 1900: +20°03'	Declination 2000: +19°41'
ascension: 08h 40m	Latitude: +01°17'
Spectral class: C	Magnitude: 3.7

천문 예측을 위한 실질 상대 등급 : 2부 리그 1군 주전 멤버

프톨레마이오스 기준 행성 속성 : 화성 - 달

천궁도 해석을 위한 실제 속성 : 리젝션 아래 달과 토성의 각을 받는 화성

178

게자리에 위치한 산개성단인 프레세페입니다. 과거로부터 여물통 혹은 구유라고 불려 왔고, 벌집이라거나 게자리의 흐릿한 별무덤 등 별칭이 많은 성단입니다. 광도가 3.7이지만 성단이나 성운의 특징상 점성학적인 유효성 측면에서 약 1.0~1.5 정도 높은 광도로 취급합니다. 황위가 북위 1도로서 황도에 매우 근접하기 때문에 PED 기법을 적용했을 때 효용성이 무척 높습니다.

동양 천문에서는 남방칠수인 귀수鬼宿에 속하며, 적시기積屍氣라는 이름으로 악명이 자자한 극흉성으로 분류됩니다.

프레세페는 서양 고전 점성술의 3대 극흉성 중 하나입니다. 천칭자리 알파성인 주벤 엘게누비처럼 물상 대체를 불허합니다. 시력 이상과 눈의 질병을 비롯한 모든 형태의 상해와 질병이 프레세페의 키워드가 될 수 있으며, 특히 사람들이 서로 다투는 과정에서 발생하는 온갖 참사, 즉 날붙이로 찌르고 베고 둔기로 때리며 총을 쏘고 중독시키는 각종 폭력을 전통적으로 담당해 왔습니다. 야만적인 시대를 지나 현대에 들어왔어도, 프레세페가 유효하게 부각된 천궁도에서 가장 순화된 형태로 사건화되는 것이 빈번하게 수술을 받는 수준입니다. 또 한 가지 키워드는 범죄의 가해자나 피해자가 되기 쉽다는 것인데, 특히 가해자 입장이 되어 투옥, 수감, 추방, 입국 불허 등의 상황에 연루되는 경우가 많습니다. 반드시 교도소에 있지 않더라도 각종 소송과 재판으로 많은 시간을 보내며 세간 사람들의 입에 오르내리는 경향이 있습니다.

단일 항성이 아닌 성단이라서 간단한 하나의 캐릭터로 의미를 집약하는 것이 쉽지 않습니다. 성단이나 성운이 원래 개체가 아닌 집합적인 성격이 있기 때문입니다. 다만 '무더기로 쌓인 시체들 사이에서 흘러나오는 악취'라는 동양 천문에서의 별칭만으로도 그 이상의 별다른 이미지나 형용사를 더 논할 필요는 없을 것 같습니다. 실제로 세계의 역사 점성술 연구에 따르면, 명왕성과 프레세페 유효 회합 전후에 제2차 세계대전 중 가장 대규모 희생자를 낸 전투들, 을병 대기근, 중국 명나라의 연속된 자연재해와 민란 등이 뚜렷한 연관성을 지닌 사건으로 구현되었던 바 있습니다.

흉하기 이를 데 없는 중심 키워드와 달리 프레세페 성단에 유용한 부분이 한 가지 있다면, 사업적 재능입니다. 프레세페가 유효하게 부각된 천궁도의 소유자들 중 사업을 크게 키우며 많은 돈을 버는 경우가 꽤 있습니다. 다만 이 과정에서 동업자와의 불화, 사기, 권리, 관계, 다툼으로 인한 소송에 휘말리는 경우를 피할 수가 없습니다.

Arnold Schwarzenegger

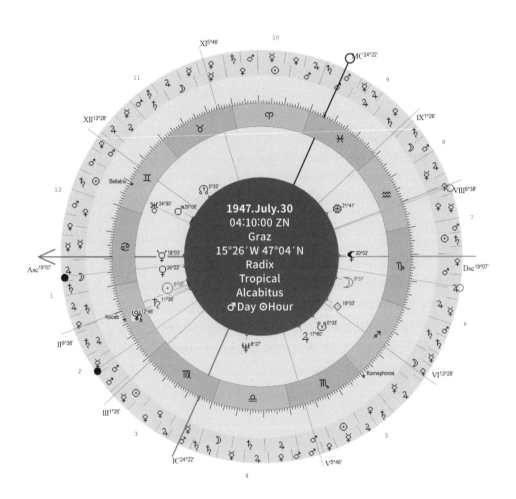

1947.July.30
04:10:00 ZN
Graz
15°26′W 47°04′N
Radix
Tropical
Alcabitus
♂Day ☉Hour

아널드 슈워제네거 ————————

일생을 온갖 상해에 시달려온 세계적 보디빌더이자 액션 배우.
신체 능력 유지를 위해 선천적 심장기형을 일부러 치료하지 않은 이력을 지녔다.

의료 점성술 총론에서 중한 상해를 입는 천궁도의 대표 예시로 살펴본, 또한 오리온자리 감마성인 벨라트릭스 항목에서도 예시로 든 아널드 슈워제네거입니다. 오토바이 사고로 늑골 여섯 대 골절에, 스키를 타다 대퇴골 골절, 운동 능력 유지를 위해 선천적 심장 질환 수술을 받지 않고 방치하다 결국 2018년에 응급 개흉 수술을 받은 인물입니다. 그 밖의 자잘한 사고와 상해는 세기조차 어렵습니다.

토성과 6도 이내 오차로 회합을 맺고 있는 사자궁 태양이 프레세페 성단과 30분 정도 오차로 접근 회합을 맺고 있습니다. 일종의 이중 손상으로 태양이 담당하는 사안과 신체 부위에서 거듭되는 중한 상해와 질병을 겪는 구조입니다. 물론 12하우스 로드인 수성이 Asc와 파틸 회합이라든가, 벨라트릭스와 만나는 화성이 LoF와 파틸에 가까운 삼각을 맺고 있다든가 하는, 질병과 상해 이환 비율을 높이는 다른 구조들도 많은 천궁도인 것은 사실입니다. 하지만 사전에 교체할 수 있었던 심장 첨판을 운동 능력 유지를 위해 미루고 있다가 결국 죽을 수도 있었던 응급 개흉 수술까지 받게 된 이력은 프레세페 같은 극흉성의 색채가 아니면 좀처럼 벌어지기 힘든 일입니다.

Roman Polanski

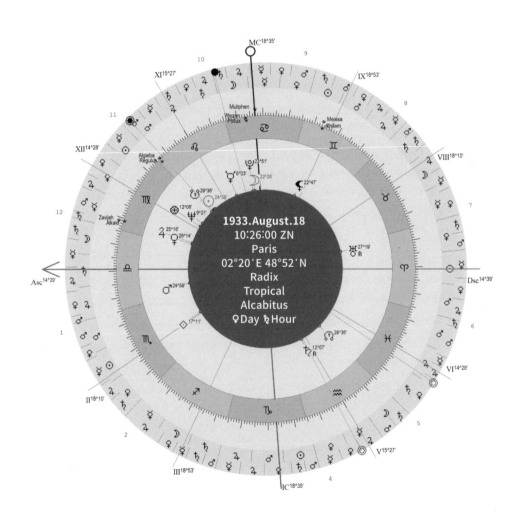

1933.August.18
10:26:00 ZN
Paris
02°20′ E 48°52′ N
Radix
Tropical
Alcabitus
☿Day ♄Hour

로만 폴란스키

people

평생 범죄 가해자, 피해자의 입장이 반복되어온 유명 영화감독.
LoF 로드 수성과 프레세페의 회합으로 범죄에 끊임없이 노출되는 구조다.

프라이머리 앵글 디렉션 목록과 실제 이력을 대조해봤을 때, 정확한 출생시는 10시 26분으로 추정되는 천궁도입니다. 아카데미 감독상과 칸 영화제 황금종려상을 동시에 수상한 세계적인 명성의 영화감독이 얼마 되지 않지만, 그중에서도 가장 참혹한 인생 이력을 지닌 인물이라 할 수 있습니다. 프랑스 파리에서 태어난 폴란드 국적의 유태인인데, 나치 치하에 어머니는 강제수용소에 끌려가 죽었고 아버지와 겨우 탈출해서 구사일생으로 살아남게 됩니다. 이후 미국뿐만 아니라 전 세계적으로 촉망받는 영화감독으로 승승장구하며 여배우 샤론 테이트와 결혼까지 했습니다. 이렇게 어두운 유년기를 뒤로하고 잘 살고 있다가, 찰스 맨슨과 그 패거리들의 테러로 임신 8개월이었던 부인이 참혹하게 살해당하는 사건을 겪었습니다. 이 참사 이후에 그렇지 않아도 어두운 성격이 더 붕괴되어 병적인 상태에 가까워졌다고 합니다.

1977년에 만 13세 소녀에게 술을 먹이고 강제로 성폭행한 사건을 저질러 미국에서 재판을 받다가 보석으로 풀려난 상태에서 프랑스로 급거 도피했습니다. 그 후 32년간 미국에 못 들어가고 유럽에서 도피하던 중 2009년 스위스에서 가택연금 처분을 받았고 10개월 동안 갇혀 지내기도 했습니다. 이 사람의 삶을 돌아보면 온통 가해와 피해로 가득 차 있습니다. 나치에게 어머니가 살해당했고, 또 임신한 부인 역시 살해범들에게 목숨을 잃었습니다. 본인은 계획적 강간범으로서 최소 4건 이상의 아동성범죄를 저질렀습니다. 주객을 가리지 않고 중범죄가 지속적으로 주제로 등장하는 인생인 것입니다.

해석이 용이한 천궁도로서, 상승성인 천칭궁 화성이 10하우스의 거해궁 달에게 첫 접근을 받고 있습니다. 거해궁의 룰러십 달 – 천칭궁의 데트리먼트 화성 조합은 범죄 가해자와 피해자의 천궁도에서 단골로 나타나는 구조입니다. 그런데 한술 더 떠서 거해궁의 명왕성이 달과 화성 사이 1도 30분 이내로 절묘하게 끼어들어가 있습니다. 달이 10분 이내로 쌍둥이자리 베타성인 흉성 폴룩스와 만나 변색되어 있는 것은 화룡점정이라 하겠습니다. LoF 로드인 수성이 사자궁에서 LoF와 어버전 상태이며, 수성이 3분 이내의 오차로 아주 정확하게 프레세페 성단과 만나고 있습니다. 동시에 수성이 가장 가깝게 이루는 주요 각이 6도 이내로 형성된 토성과의 대립각인데, 수성과 토성은 30분 이내로 정확한 컨트라패러렐 상태이기 때문에 사실상 유효각 범위 이내의 연계성으로 이어져 있습니다. LoF가 주관하는 사회적 역할 자체에서 프레세페의 영향으로 범죄에 연루될 확률이 증가하는 것입니다. 프레세페 성단과 만난 주요 행성, 즉 루미너리나 하일렉 포인트의 로드가 동시에 토성과도 유효각으로 이어져 있는 구조가 아널드 슈워제네거와 공통점이라 할 수 있습니다.

Alphard

★ 관측정보

별 이름: 알파드

별자리 분류(constellation): 바다뱀자리 알파(α)성

황경(longitude): 사자궁(Leo) 25도 53분(1900년 기준) / 사자궁(Leo) 27도 17분(2000년 기준)

적위(declination): 남위 8도 13분(1900년 기준) / 남위 8도 40분(2000년 기준)

적경(right ascension): 09h 27m

황위(latitude): 남위 22도 22분

광도(magnitude): 2.0

★ observation info.

Fixed star: **ALPHARD**

Constellation: Alpha(α) Hydra

Longitude 1900: 25LEO53	Longitude 2000: 27LEO17
Declination 1900: - 08°13'	Declination 2000: - 08°40'
ascension: 09h 27m	Latitude: -22°22'
Spectral class: K3	Magnitude: 2.0

천문 예측을 위한 실질 상대 등급 : 2부 리그 1군 교체 멤버

프톨레마이오스 기준 행성 속성 : 토성 - 금성

천궁도 해석을 위한 실제 속성 : 리젝션 아래 토성의 각을 받는 금성

Alphard 혹은 Alfard라고 표기하는 알파드는 바다뱀자리Hydra의 알파성입니다. 사실상 바다뱀자리에 속한 유일한 유효 항성으로, 별자리 자체의 속성처럼 토성 - 금성 속성을 가지는 별입니다. 광도 2.0에서 황위는 남위 22도로 다소 아쉽긴 하지만 PED 방식으로 충분히 적용할 수 있는 별입니다.

동양 천문에서는 남방칠수인 성수星宿의 첫 번째 별星宿一로 분류되며, 전통적으로 황후, 왕비, 등용된 선비 등을 의미합니다. 이는 서양 고전 점성술에서 월식의 보편적 영향권에 포함되는 인물 그룹인 참모, 측근, 총리, 영부인 등과 거의 일치합니다. 따라서 이 알파드라는 별 자체가 고전 점성술에서 분류하는 달의 의미 영역과 상당 부분 교집합을 가진다는 점을 알 수 있습니다.

알파드는 어떻게 보면 포스트모더니즘 시대의 드라마나 영화에 나올 법한 캐릭터를 가지고 있습니다. 억제하기 힘들 정도로 강한 충동과 욕정이 있는데, 많은 경우 사회적으로 인정받지 못하는 방향으로 욕정이 향하기가 쉬운 경향이 있습니다. 보통은 평생 동안 그 충동과 싸워야 하는 고통을 감내하는데, 간혹 참지 못하고 사건을 일으키게 되면 곧바로 사회적인 비난을 받게 되어 인간관계가 끊어지는 일이 벌어지는, 다소 서글픈 패턴이 알파드의 보편적인 이야기 줄기입니다.

사회적으로 인정받기 힘든 욕정이라는 것은 일반적인 수준의 불륜이나 양다리 같은 행동으로 이어지지만, 꽤나 많은 경우 이미 짝이 있는 사람을 갈망하다가 짝사랑을 결국 참지 못하고 그 마음을 현실로 옮기기 쉽습니다. 그래서 알파드 캐릭터에게는 유부녀 / 유부남, 과부, 홀아비, 돌싱들이 갈망의 대상이 되는 경우가 많습니다. 그 외에도 가족과 친지들이 반대할 만한 이성관계라면 모두 알파드가 관여할 법한 사안입니다. 천륜을 어기는 근친상간까지는 가지 않더라도 아주 가까운 사촌, 결혼으로 얽히면 집안 입장에서 골치 아파지는 이웃, 격차가 너무 크게 나는 결혼 상대 등이 보통 소재가 됩니다.

일반적으로 '사회적으로 부적절한 관계'에 대한 갈망은 이런저런 반대에 부딪혀 좌절되기 쉽고, 이후 알파드 캐릭터는 비뚤어져 허랑방탕한 생활에 빠지는 면모를 보여줍니다. 본래 성품이 나태하고 방탕한 생활을 즐긴다기보다는 자신이 정말 원하는 욕정의 방향이 현실에서 이루어지지 않아 좌절한 상태가 오래가다 보니 세상에 삐지는 것입니다. 이렇게 자포자기한 심정으로 술, 담배, 색주를 하며 시간을 낭비하는 경향이 뚜렷합니다. 이런저런 창작물에 자주 등장하는 전형적인 캐릭터라고도 할 수 있습니다. 감수성은 예민한데 갈망의 방향이 범상치 않아 갈구하던 사람을 영영 잃어버리고 좌절하여 비뚤어진 방탕한 배역인 것입니다. 그런 점에서 알파드 캐릭터는 대부분의 정상적인 애정관계, 특히 담담하고 평화롭게 결혼생활을 유지하는 것이 무척이나 힘듭니다. 잘나가다가도 중간에 몇 번은 사고를 치면서 평지풍파를 겪는 경우가 많습니다.

재물에 이롭다는 특성도 있지만 중심 키워드인 애정관계와 욕정에 비하면 부수적입니다. 길성인 금성이나 목성이 알파드와 만나는 경우 금전적인 풍요로움이나 이득이 발생하는 경향이 있는데, 그렇다 해도 애정관계 문제는 피할 수 없습니다. 반면에 흉성인 화성이나 토성이 알파드와 만나면 흉사가 많아지며 손익이 손해 쪽으로 기울어지게 됩니다. 수성과 달 역시 굳이 따지자면 손해에 가까우며, Asc와 바로 만나는 경우 역시 자제력 부족이라는 꼬리표가 붙습니다. 그나마 알파드가 태양과 만나는 구조에서 항성의 횡발 효과로 높은 지위와 권세를 얻는 경우를 확인할 수 있습니다. 다만 지위를 얻은 후 본인이 어리석은 짓을 저지르거나 강력한 경쟁자에 의해 망신을 당한 후 그 자리에서 끌려내려오는 경향이 있습니다. 즉 태양 - 알파드 조합은 횡발 후 몰락으로 이어지는 전형적인 수순을 밟기 쉽습니다.

또 한 가지 알파드의 특징이 있다면, '중독'에 대한 친화도가 크다는 것입니다. 여기에서 중독이라는 것은 응급 상황으로 이어지는 위급한 중독 사건을 포함하지만, 아무래도 좀 더 넓은 의미로 사용됩니다. 술·담배·향정신성의약품·마약 등의 기호품 중독도 있고, 아예 도박으로 빠지거나 섹스에 중독되는 경우도 있습니다. 욕정이나 갈망의 대상은 넘치는데 자제력은 부족한 캐릭터이기 때문에 워낙 중독으로 잘 빠지는 것입니다.

건강 측면으로는 중독으로 인한 응급 상황과 함께 익사의 위험이 부각되는 경우가 많습니다. 익사에 대한 징험이 뚜렷한 것은 알파드뿐 아니라 쌍둥이자리 베타성인 폴룩스 역시 그러합니다.

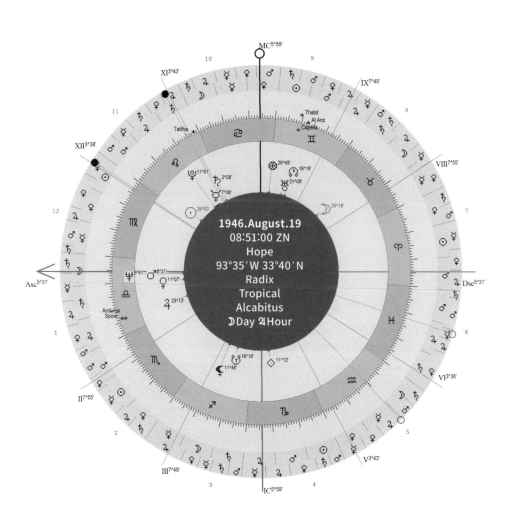

빌 클린턴

높은 인기에도 섹스 스캔들 위증으로 탄핵 직전까지 몰린 미국 대통령.
본인 잘못에 기인한 불명예로 사회적 지위가 위협받는 지경에 이르다.

태양이 알파드와 PED 기준 접근 32분 오차로 회합을 이루는 천궁도입니다. 비비언 롭슨은 태양-알파드 조합에 대해서 '권력과 권위를 손에 넣을 수 있지만, 본인 잘못으로 사고를 치거나 경쟁자의 견제로 말미암아 그 명예와 지위를 잃어버린 후 결국 적에게 압도당하게 된다'라고 서술했습니다.

이는 클린턴이 대통령에 재선된 직후 르윈스키 스캔들이 불거지며 겪게 된 일련의 흐름과 상합하는 묘사라 할 수 있습니다. 부하 직원과의 부적절한 관계에 대해 위증을 했다가 결국 탄핵 위기까지 몰리며 상원 표결에서 겨우 대통령직을 유지할 수 있었습니다. 이 일 때문에 지지율이 심각하게 떨어지는 것은 아니었지만, 아무래도 탄핵 사건 이후 1기 시절만큼의 정치적 드라이브를 걸지 못한 채 다음 정권을 경쟁자인 공화당에게 내주었습니다.

물론 11하우스에서 알파드와 만나는 태양만으로 이렇게 노골적인 방식으로 과오와 실패가 사건화될 것이라 판단할 수는 없습니다. LoF가 위치한 궁이 1~2분 차이로 바뀌는 구간에 있어 좀 더 정밀한 생시 보정이 필요한 천궁도지만, Asc에 바로 붙어서 상승성으로 기능하는 천칭궁 화성은 이 생시 아래에서 섹트 구성이 완전히 빗나가 있고 데트리먼트 상태이기까지 한데 하필이면 앵글에서 힘을 얻고 있습니다. 질적으로 최악의 화성인데 쓸데없이 힘만 센 상태이며, 충동적이고 격정적인데 자제력은 부족한 것이 알파드의 캐릭터와 매우 유사합니다.

이 화성은 Asc와 파틸 회합에 MC와는 파틸 사각을 맺고 있기 때문에, 이 화성으로 인한 피해가 인생 전체에 광범위하게 파급되는 것을 막기 어렵습니다. 세차운동상 우리 시대에 태양이 알파드와 회합을 이룬다는 것은 결국 태양이 사자궁에서 룰러십을 얻는다는 뜻인데, 이 태양을 천궁도의 목성이 유효 육각으로 보호하고 있음에도 대통령 자리를 잃을 뻔한 사건이 발생한 것입니다. 거꾸로 말해서, 목성이 태양을 이 정도까지 긴밀하게 보호해주는 구조가 없었다면 르윈스키 사건에 이어진 탄핵 표결이 가결되어 대통령직에서 정말로 쫓겨났을 수도 있었을 것이라 생각됩니다.

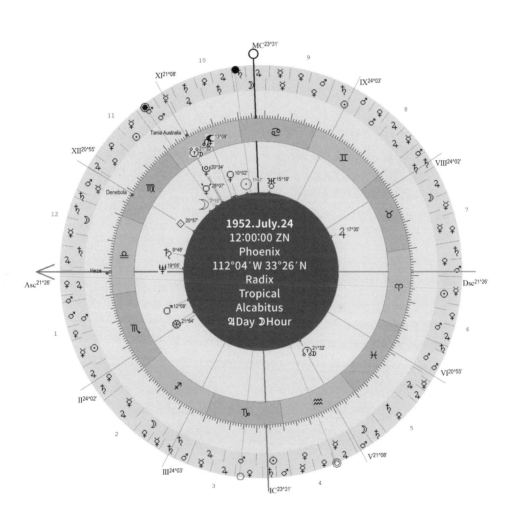

NATAL CHART

★

Lynda Carter

1952.July.24
12:00:00 ZN
Phoenix
112°04′ W 33°26′ N
Radix
Tropical
Alcabitus
♃Day ☽Hour

린다 카터

미국에서 원더 우먼의 대명사로 통하는 인기 여배우
젊었을 때 발생한 심각한 알코올중독에서 20년 이상 벗어나지 못했다.

1975년부터 4년 동안 방영된 미국의 TV 시리즈 〈원더 우먼Wonder Woman〉에서 선풍적인 인기를 얻은 배우입니다. 린다 카터 이전에도 원더 우먼을 연기한 배우들이 있었지만, 린다 카터의 원더 우먼이 너무나 인기가 있었기 때문에 사실상 미국에서는 원더 우먼의 대명사로 통하는 인물입니다.

LoS 로드로 LoF 기준 10하우스PoM에 위치하여 직업의 지표성으로 사용했을 법한 수성이 30분 이내 오차로 알파드와 접근 회합을 이루고 있습니다. 문제는 처녀궁에 해당하는 12하우스입니다. 처녀궁의 도머사일 로드인 수성이 사자궁에서 어버전 상태인데, 이런 경우 JDMJoint Domicile Master인 금성과 토성이 도머사일 로드를 대리할 수 있는지 확인하게 됩니다. 안타깝게도 두 행성 모두 처녀궁에 대해 어버전 상태이기 때문에 린다 카터의 12하우스 사안은 주인도 대리인도 없이 관리되기 힘든 상태에 빠지게 됩니다. 이런 경우 12하우스 사안이 조절되지 않는 데에서 비롯된 여러 가지 결함이 사건화되기 쉽다고 판단합니다. 보편적인 12하우스의 결함은 우울증, 은둔, 입원, 사회생활 중단, 정신 질환, 물질중독 등이 있습니다. 그런데 수성과 만나는 알파드의 대표적인 키워드 중 하나가 광의의 '중독'입니다. 이런 식으로 행성-하우스 조합의 의미와 행성-항성 조합의 의미가 동일 키워드로 중첩되는 경우, 힘 있는 길성과 디스포지터의 개입이 없으면 사실상 관련된 흉사를 피해갈 수가 없습니다.

린다 카터는 젊었을 때부터 심각한 알코올중독이 있었고, 1990년대 후반까지 18년 가까이 재활 치료를 받아왔음을 2008년이 되어서야 고백했습니다. 수성이 메이저 피르다르 로드를 맡아 대운을 주관하던 20대에 발병한 알코올중독으로 30대를 거쳐 40대 후반까지 고생했던 셈입니다. 알파드의 중독 성향을 보여주는 대표적인 예라 할 수 있습니다.

* 횡발, 횡파, 리바운드

로열스타 혹은 화성 속성의 일등성에 힘입어 네이티브가 대규모의 세속적 성취를 급작스럽게 이루는 것을 횡발橫發이라고 합니다. 보통은 본인이 들인 시간과 노력에 비해 과분한 성공을 거두며, 신분 상승에 준하는 결과로 이어집니다. 횡발을 통해 네이티브는 이전과 판이하게 달라진 환경에서 재물, 권력, 명예 등의 자원을 누리게 됩니다.

하지만 네이티브의 천궁도에 형성된 행성 및 감응점 구조가 이러한 급작스러운 대성공을 감당할 만한 그릇이 못 되는 경우가 대부분이며, 항성의 횡발로 얻어진 지위는 그만큼 불안정합니다. 네이티브의 거듭된 판단 착오와 몇 번의 결정적인 실수를 통해 이 지위는 순식간에 사라질 수 있는데, 이와 같은 세속적 몰락을 횡파橫破 혹은 항성의 리바운드rebound라고 부릅니다.

* 인클로저

천궁도에서 특정 사안의 지표성이 동시에 두 개 이상의 다른 행성과 유효각을 맺는 경우, 그중에서도 황경 도수상 두 행성의 중간에 끼는 경우를 인클로저enclosure라고 합니다. 예를 들어 지표성인 수성이 금성 및 목성과 동시에 4도 이내의 유효각을 맺으면 실질적인 길성 인클로저 상태라고 판단합니다. 만일 거해궁 16도의 수성이 금우궁 13도의 금성과 천칭자리 20도의 목성 사이에서 도수상 중간 위치에 해당한다면, 격식을 갖춘 고전적인 의미의 길성 인클로저로 규정할 수 있습니다.

지표성이 흉성인 화성과 토성 사이에 끼어 흉성 인클로저에 해당하는 경우, 고전적인 별칭으로 비시지드besieged 상태라고 부르기도 합니다.

레굴루스
Regulus

★ 관측정보

별 이름: 레굴루스

별자리 분류(constellation): 사자자리 알파(α)성

황경(longitude): 사자궁(Leo) 28도 26분(1900년 기준) / 사자궁(Leo) 29도 50분(2000년 기준)

적위(declination): 북위 12도 27분(1900년 기준) / 북위 11도 58분(2000년 기준)

적경(right ascension): 10h 8m

황위(latitude): 북위 0도 27분

광도(magnitude): 1.35

★ observation info.

Fixed star: **REGULUS** Cor Leonis

Constellation: Alpha(α) Leo

Longitude 1900: 28LEO26	Longitude 2000: 29LEO50
Declination 1900: +12°27'	Declination 2000: +11°58'
ascension: 10h 08m	Latitude: +00°27'
Spectral class: B7	Magnitude: 1.35

천문 예측을 위한 실질 상대 등급 : 1부 리그 1군 주전 에이스

프톨레마이오스 기준 행성 속성 : 화성 - 목성

천궁도 해석을 위한 실제 속성 : 목성과 태양의 각을 받는 화성

사자자리 알파성인 레굴루스입니다. 점성술에서 사용되는 항성 중 스피카와 함께 가장 널리 알려진 별입니다. 광도 자체만으로는 1.35 정도로 그렇게까지 밝다고 할 수 없으나(밤하늘에서 21번째로 밝은 별), 황도와 채 1도도 떨어져 있지 않아 PED 방식을 적용했을 때 육안으로 보이는 모든 별 중 가장 위력적입니다.

기원전 3000년 전, 혹은 그 이전부터 고대인들이 하늘을 보는 측량학적 기준 중 하나였습니다. 고대 페르시아에서는 사자자리 알파성 레굴루스, 황소자리 알파성 알데바란, 전갈자리 알파성 안타레스, 남쪽 물고기자리 알파성 포말하우트Fomalhaut의 네 가지 별을 동서남북 방위의 기준으로 삼았고, 그 전통은 아직까지도 이어지고 있습니다. 레굴루스는 라틴어로 근접한 왕위 계승권을 지닌 왕자나 대공을 의미합니다. 이는 곧 지구의 왕인 태양 역할을 대행할 수 있는 유일한 항성이라는 의미로 해석되기도 합니다.

동양 천문에서는 남방칠수 중 중앙을 담당하는 성수星宿에 속하며 헌원의 열네 번째 별 軒轅十四, 혹은 헌원대성軒轅大星이라고 부릅니다. 헌원은 중국 고대 신화에서 황제黃帝를 의미하고, 헌원대성은 황룡黃龍의 상징을 통해 천자 본인과 그 주변의 혈족들을 담당한다고 전해집니다.

레굴루스의 캐릭터는 로열스타 서열 2위인 스피카만큼이나 특이한 부분이 있습니다. 고전 점성술에서 태양이 담당하는 전형적인 속성에 가장 가깝다고 할 수 있는데, 달리 말하자면 화상궁fiery sign에 위치한 태양이 주변을 컴버스트 상태로 다 태우고 묻어버리는 경향이 있습니다. 화려하지만 잔혹하고, 고귀하지만 그 지위는 불안정하여 레굴루스 자신도 그 사라지지 않는 불안정성을 끊임없이 느낍니다. 오리온자리 알파성인 베텔게우스처럼 귀한 혈통에 타고난 엘리트나 귀족의 캐릭터와도 차이가 있습니다. 레굴루스는 어떻게 보면 개천 용 캐릭터에 가깝습니다. 레굴루스의 핵심 키워드가 상상할 수 있는 범위 이상의 신분 상승을 이루어낸다는 것인데, 이는 왕자로 태어나 왕위에 올라 곱게 살다가 왕위를 물려주고 가는 그런 패턴과는 거리가 있습니다. 즉 아예 처음부터 모든 것이 주어져 있어 그 이상 출세하여 올라갈 자리가 없는 환경 자체가 레굴루스의 스토리와는 어울리지 않는다는 이야기입니다. 당사자가 정상에 있더라도 그 자리가 별다른 계기나 과정 없이 얻은 것이라면 레굴루스의 캐릭터와는 다른 영역입니다. 레굴루스는 어디까지나 밤하늘의 별들 중 가장 대규모의 횡발을 주관하는 로열스타입니다. 레굴루스가 천궁도에서 유효하게 부각된 인물이라면, 그 사람이 타고난 지위와 상관없이 인생이 결코 안정적일 수 없습니다. 인생에 반드시 한 번은 급작스럽게 올라갔다가 어느 순간 훅 떨어지게 됩니다.

레굴루스의 특징은 과대망상 아니냐는 뒷이야기를 들을 정도로 꿈이 크다는 것입니다. 동네 건달로 태어난 유방이 술이 들어가기만 하면 자신은 언젠가 황제가 될 거라고 말하고 다닌 일화, 젊었을 때 굶어 죽지 않기 위해 중이 되어 구걸을 다녔던 처지의 주원장이 남의 소를 훔쳐 잡아먹으면서도 천하를 꿈꾸었던 일화에서 레굴루스의 색채를 엿볼 수 있습니다. 남들이 보기에는 전혀 말도 안 되는 희망을 가지고 있고, 자신의 가치를 지나치게 고평가하기 때문에 일종의 과대망상으로 비쳐지는 경우가 많습니다. 정작 레굴루스 본인은 자신의 생각이 전혀 과하다고 생각하지 않으며, 꿈이 이루어지지 않으면 본인의 가치는 그대로인데 단지 천운이 따라주지 않았다고 여길 뿐입니다. 미쳤지만 미치지 않은 레굴루스 중 극소수가 엄청난 일을 해내는 것입니다.

친한 친구들도 많고 사람들이 많이 따르는데 이는 레굴루스가 싹싹하고 친절하며 인간적인 매력이 넘쳐서 그런 것은 아닙니다. 이 사람이 보통 사람이 아니라는 점을, 그 가치를 알아보는 이들이 저절로 주위에 모여들고, 이는 윗사람은 물론 친구나 아랫사람 모두에게 해당되는 이야기입니다. 단 워낙 횡발과 횡파의 폭이 크기 때문에, 도중에 레굴루스 캐릭터가 시련을 겪으며 마치 모든 것을 잃는 것처럼 보일 때 이들 중 상당수는 당사자를 버리고 떠나게 됩니다. 레굴루스는 기본적으로 권력과 지위에 방점이 찍히는 별이며, 재물과의 친화도는 높지 않습니다. 레굴루스 캐릭터가 거듭된 성취를 거쳐 재물을 얻는 것도 남다른 이재와 돈을 불리는 능력이 있어서가 아니라, 거대한 권위와 직함에 동반되어 딸려오는 것일 따름입니다. 따라서 지위와 힘이 사라지면 재물도 같이 사라집니다.

인간 사회의 권력 중에서 가장 강력한 것은 타인의 생사여탈권을 쥐는 것이며, 따라서 군, 검, 경의 기반에서 비롯된 정치권력과 무력이 레굴루스의 전통적인 직역으로 기능합니다. 그 밖에도 치열한 경쟁을 통해 최고의 자리를 쟁취하는, 정상에 서지 않으면 큰 영광이 돌아오지 않는 모든 영역, 즉 스포츠와 예술계 역시 레굴루스의 영역이 될 수 있습니다. 중요한 것은 경쟁을 통해 1등이 되는 점이지 그 직업의 겉모습이 중요하지는 않습니다. 너무나 큰 압력에 극렬한 스토리 구조를 가지고 있는 별이라 천궁도에서 레굴루스가 중요하게 부각되는 많은 사람이 이 별의 무게를 몸이 버티지 못하는 경우를 겪게 됩니다. 급성 열병, 전신 감염 등 화성 속성의 질환에 노출이 잘 됩니다. 협심증이나 심근경색 등 심장에 관련되어 멀쩡하던 사람이 한 번에 목숨을 잃는 응급 상황도, 혹은 상해나 폭행으로 위중한 상태에 빠지는 것도 레굴루스에 관련되어 자주 관찰할 수 있는 종류의 사건들입니다.

루미너리와 회합하면 횡발 후 횡파의 패턴이 가장 강화되며, 신분 상승의 폭 역시 커지게 됩니다. 다섯 행성과 만나는 경우 여전히 위력적이기는 하나 그 효과가 루미너리와 회합하는 수준보다는 다소 떨어집니다. Asc, MC, LoF 등 주요 감응점과 회합을 이루는 경우에도 뚜렷한 횡발 효과를 관찰하기 쉬운데, 이는 일등성이면서 황도와 매우 근접한 로열스타들의 특징이라고 생각됩니다. 특이할 만한 사항이라면, 다섯 행성 중 두 흉성인 토성과 화성이 레굴루스와 만나는 경우 생각 외로 리바운드가 적고 유리한 징험이 나타난다는 점입니다. 전통적인 지성intellect의 행성인 목성과 수성과 만나는 경우 역시 긍정적입니다. 다만 금성과는 전혀 상성이 맞지 않습니다. 레굴루스는 밤의 행성이자 여성의 행성인 금성 하나만 꺼린다고 봐도 무방합니다.

일등성 중 황도에 무척 가까워 달의 엄폐 현상이 가능한 4개의 항성을 보통 로열스타 Royal Star라고 합니다. 사자자리의 알파성인 레굴루스, 처녀자리 알파성인 스피카, 황소자리 알파성인 알데바란, 전갈자리 알파성인 안타레스가 이 로열스타 그룹을 구성합니다. 이 넷 중에서도 화성이 중심 속성이 되는 별들이 레굴루스, 알데바란, 안타레스입니다. 외견상 비슷한 성격으로 보이지만, 이들 각각이 내포하고 있는 이야기 패턴에는 특징적인 차이가 있습니다. 예를 들어 레굴루스는 권력과 지위를 쟁취하고 유지하며 군림하는 것이 사명입니다. 하지만 레굴루스가 오르게 되는 그 자리를 만들어준 것은 안타레스와 알데바란입니다.

어떤 사회 공동체, 문화, 관습, 제도가 오래 지속되다 보면 별 수 없이 그 구조적인 문제가 드러나게 됩니다. 이러한 현실적인 한계가 너무 여실히 나타나다 보면 결국에는 비가역적인 부패가 발생합니다. 즉 그 시스템 자체가 뒤집혀 붕괴되지 않는 한 해결할 수 없는, 일종의 썩어 곪은 부분이 생기기 마련입니다. 자체적인 복구와 개선이 불가하여 외부적으로 도려낼 수밖에 없는 이 구조적인 문제를 문제시하고 파괴하는 것이 안타레스의 역할입니다. 안타레스는 동양 철학에서 논하는 서방 숙살지기肅殺之氣의 상징이며, 불필요하고 가망이 없는 잔여물을 분쇄하고 소멸시키는 것이 사명입니다. 다만 오래되어 소생 가망이 없는 것들을 파괴하여 치워버리는 일 그 이상을 해내기 위해서는 안타레스만으로는 안 됩니다. 알데바란이 창의성을 발휘하여 새로운 시스템과 문물을 만들어 기존의 것이 붕괴된 후 비어 있는 질서의 틀을 채웁니다. 그러한 새 질서 아래서 발생하는 새로운 형태의 권력을 레굴루스가 쟁취하는 것입니다. 즉 레굴루스의 역할은 혼란과 변혁이 이루어진 2단계에서 비로소 나타나게 됩니다. 구제도가 무너지며 기존의 모든 것이 부서지는 단계에서는 의외로 레굴루스가 자기 역할을 취하지 못합니다. 이 1단계의 혼돈을 유발하고 정리하는 것은 안타레스와 알데바란의 몫입니다.

안타레스가 파괴해 자리를 만들고 그 빈자리에 알데바란이 고안한 새로운 질서를 짜 맞춰 넣으면, 갓 효력을 발휘하게 된 규칙이 만들어놓은 옥좌에 레굴루스가 기어 올라가 앉는 셈입니다. 이후 레굴루스의 통치로 지배권이 안정된 상태에서 스피카가 천재적인 재능을 발휘해주기만 한다면 그 국가나 조직의 치세는 정점에 달할 수 있습니다. 다만, 레굴루스는 쟁취한 후 군림하는 것은 잘하지만 실무적이고 꼼꼼한 관리에 능한 별은 아닙니다. 따라서 레굴루스를 행성 속성으로 분류할 때 화성 - 목성 조합이 아닌 '순수한 화성' 속성으로 판단하는 점성가들도 있습니다. 이 관리 미비로 인해 발생하는 구조적인 병폐는 이후 다음 세대의 안타레스가 파괴해야 하는 대상이 될 것입니다.

과거 조선왕조의 실제 성립 과정에서 이 네 '로열스타'의 역할이 전형적으로 구현되었던 바 있습니다. 구제도의 모순에 발목이 잡혀 더 이상 존속이 힘들어진 말기의 고려왕조를 이성계안타레스가 멸망시키고 새로운 왕조를 열게 됩니다. 새로운 조선의 통치 원칙, 계통, 법규, 계급제도 등의 시스템을 고안하고 설계한 것은 정도전알데바란입니다. 본래는 왕위를 계승할 수 없는 입장이었지만, 지지 세력을 규합하여 왕자의 난을 일으켜 경쟁자인 형제들을 척살하는 무리수를 통해 기어이 왕좌에 오른 것이 태종 이방원레굴루스입니다. 아버지인 태종이 개국공신과 외척 등 위협이 될 만한 세력을 모두 제거한 후 공고해진 왕권을 그대로 받아 조선 전기 문화를 극점에 올려놓은 것이 세종대왕스피카입니다.

이 구도에서 각각의 로열스타가 맡은 역할의 특징을 읽을 수 있습니다. 난세에 구체제를 파괴하여 새로운 시대를 여는 것은 안타레스의 역할이지만, 안타레스는 본래 안정적인 통치와 군림에 적합한 별이 아닙니다. 안타레스가 비워놓은 공간을 선견지명과 기업가적인 실무 능력으로 새로 채워 넣는 것은 알데바란의 몫이지만, 알데바란 역시 정점에서 오래 군림할 수 있는 상징적인 존재와는 다소 거리가 있습니다.

레굴루스는 횡발과 신분 상승의 대표적인 별로서 별다른 노력 없이 주어지는 것을 그저 물려받는 입장과는 어울리지 않습니다. 치열한 경쟁과 희생을 거쳐야만 정점에 오를 수 있습니다. 반면에 스피카는 태생적으로 부여받은 천재적인 재능과 좋은 환경을 기대할 수 있고, 비록 부침이 있을지언정 양적, 질적으로 완성된 결과물을 내놓는 것이 본연의 역할입니다. 하지만 분쟁과 혼란이 한창인 상황에서는 스피카의 재능이 꽃을 피울 수 없기 때문에, 보통 다른 셋이 자기 역할을 어느 정도 수행한 이후에 등장하는 경우가 많습니다.

세차운동에 의해 기원전 156년에 황도 십이궁 중 하나인 사자궁에 진입한 레굴루스는 지난 2012년에 사자궁 마지막 도수를 벗어나 처녀궁 0도로 넘어가게 되었습니다. 그렇지 않아도 태양을 대리할 수 있는 유일한 항성인 레굴루스가 태양이 다스리는 사자궁에 위치하니, 레굴루스가 사자궁에 체류하는 지난 약 2150년 동안 인간의 역사에서 중앙집권적 권력 체제의 극한을 경험할 수 있었던 셈입니다. 몇백만 몇천만의 개인들로 이루어진 민족과 국가의 운명을 단 한 명의 지도자가 오직 자신의 판단과 변덕으로 좌지우지할 수 있는 시스템은, 점성학적으로 살펴봤을 때 생각보다 자주 나타날 수 있는 것이 아니라는 의미입니다. 하지만 2012년에 레굴루스가 처녀궁으로 넘어가면서 태양을 대리하는 이 위대하고 강력한 별의 작동 방식이 조금 바뀌었습니다. 이제는 처녀궁 특유의 분석, 데이터, 연산 방식을 통해 중앙 권력이 작동하게 되었습니다. 과거에는 혈통과 무력이 권력의 기반이었다면, 지금은 빅 데이터를 소유하고 양자 컴퓨터와 첨단 AI로 이를 활용하여 남들에게 없는 독점적 정보를 창출하는 자가 새로운 권력을 독차지할 것입니다. 이 새로운 권력 구도는 앞으로 2150년 동안, 즉 서기 42세기까지 유지될 예정입니다.

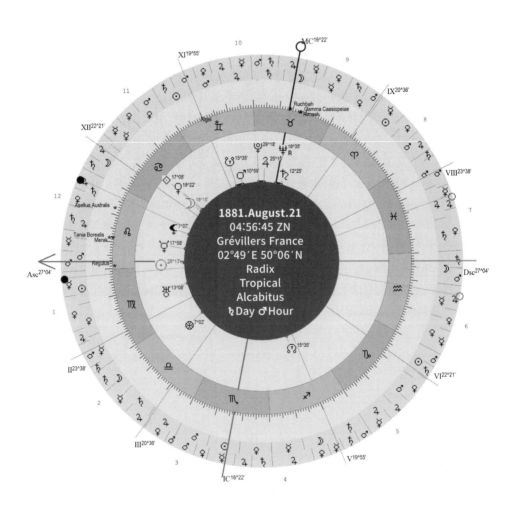

NATAL CHART

★

Aubert Frere

1881.August.21
04:56:45 ZN
Grévillers France
02°49′E 50°06′N
Radix
Tropical
Alcabitus
♄Day ♂Hour

198

오베르 프레르

제1차 세계대전의 전쟁 영웅이자 나치에 비밀리에 저항했던 프랑스의 장군. 가난한 농가 출신에서 군 장성까지 올라간 자수성가의 상징적 인물이다.

제1차 세계대전에서 대활약한 프랑스의 군인입니다. 가난한 농가의 열한 명의 형제자매 중 여섯째로 태어나 오직 본인의 힘과 재능으로 수위의 군사학교에 진학했고 하급 장교에서부터 시작하여 나중에 별까지 단 입지전적 인물입니다. 제1차 세계대전 승전 후 군사학교 교장도 맡았었고, 제2차 세계대전 중 나치 독일에 프랑스가 점령당한 후 괴뢰정부인 비시 정부의 장군 역할을 하며 온갖 욕을 먹으면서도 암묵적으로 레지스탕스를 지원하다가 발각되어 감옥에서 생을 마친 애국자이기도 합니다.

레굴루스가 하일렉 포인트에 들어오는 인물들 중에서는 덩샤오핑, 도널드 트럼프, 버나드 맥도프 등의 쟁쟁한 역사적 인물들이 많지만 굳이 오베르 프레르 장군을 예로 든 이유는, 레굴루스가 의미하는 막대한 신분 상승의 폭 및 군, 검, 경과의 친화도를 보여주기 위함입니다. 평민 하급 장교 출신으로 잘못 알려진 나폴레옹마저 정치적 라인을 잘못 타서 잠깐 쇠락했던 코르시카의 명문가 출신이었음을 감안하면, 보수적인 프랑스 사회에서 오베르 프레르가 이루어낸 신분 상승의 폭은 정말 어마어마한 수준이라 할 수 있습니다.

레굴루스와 5분 이내로 정확히 만나는 태양이 Asc와 파틸 회합으로 상승성 역할을 담당하는 천궁도입니다. 본래 무속성인 태양은 자체적인 직업의 지표성이 될 수 없지만, 강력한 일등성과 15분 이내로 만나면 그 색채를 받으며 가능해집니다. 룰러십을 얻은 사자궁 태양이 PoA에서 10하우스 황소 목성의 유효 사각을 받고 있고, Asc 로드까지 겸임하고 있습니다. 단순히 이 배치만이라면 정치가, 관료, 지방 부호에서 자주 볼 수 있는 구조라 할 수 있겠으나, 레굴루스가 태양을 변색시키며 군, 검, 경의 고위직으로 직역이 고정되었다고 판단해도 무방합니다. 다만 레굴루스 특유의 횡발 후 몰락으로 이어지는 스토리는 예외가 거의 없습니다. 별을 단 후 나치의 프랑스 점령으로 치욕적인 괴뢰정부의 요인으로 앉혀졌으나, 온갖 비난을 들으면서도 뒤쪽으로는 레지스탕스를 지원하다가 발각되어 감옥에서 죽음을 맞게 됩니다. 일국의 장군으로서 명예롭지만 쓸쓸한 결말이라는 점은 달라지지 않습니다.

밤의 천궁도이기 때문에 태양이 메이저 피르다르 로드가 되는 것이 40대입니다. 이때 제1차 세계대전 시기의 공로를 인정받아 40대 초반에 대령으로서 연대장으로 승진합니다. 제1차 세계대전 중 치명적인 중상을 3회 입었으나 모두 이겨내고 바로 전선에 복귀한 놀라운 이력이 있습니다.

★

Wilt Chamberlain

1936.August.21
23:27:00 ZN
Philadelphia
75°10′W 39°57′N
Radix
Tropical
Alcabitus
♀Day ☽Hour

윌트 체임벌린

신의 피지컬을 타고나 압도적 퍼포먼스를 보여준 전설적인 농구선수.
경쟁을 통해 최고를 가리는 분야에서 월등했으나 결국 심장이 버티지 못했다.

1960년대 세계 농구계를 지배했던 전설적인 농구선수입니다. 압도적인 피지컬과 운동 능력을 바탕으로 한 경기 100점 득점, 한 시즌에 50점이 넘는 평균 득점을 기록한, 비인간적인 퍼포먼스를 보여준 인물입니다. 굳이 비교하자면 체임벌린은 타고난 재능 자체가 남다른 축구계의 메시 같은 존재이며, 승부욕과 노력으로 최고의 업적을 쌓은 마이클 조던은 축구계의 호날두 같은 존재라고 비유할 수 있습니다.

윌트 체임벌린은 신장, 점프력, 근력, 반사신경 모든 부분에서 다른 어떤 선수들도 따라가기 힘든 수준에 올라 있었다고 전해집니다. 완력이 일반적인 거한 두 사람 이상의 몫을 하며, 몇 가지 외국어에 능통하면서 악기 연주에도 능했다고 전해지는, 소위 말하는 타이탄Titan에 가까운 인물입니다. 결혼하지 않고 평생 몇천 명의 여성과 잠자리를 가졌다고도 전해집니다. 소위 일컫는 선천적인 영역에서 주어질 수 있는 모든 것을 다 가진 경우라 할 수 있습니다.

태양이 접근 10분 오차 범위로 레굴루스와 만나며 완전히 변색된 경우이며, 이 태양은 달이 처음으로 접근하는 행성이기도 합니다. 천궁도의 Asc는 흉하지만 로열스타와 비슷한 유효성을 지닌 페르세우스자리 베타성인 알골과 50분 정도로 만나고 있는데, 레굴루스로 변색된 태양이 이 Asc와 동시에 3도 이내 유효 사각을 맺고 있습니다. 물론 이 인물의 인간 같지 않은 피지컬과 운동 능력에 대해서는 LoF 로드인 화성이 MF 파시스AE 0.28로부터 갓 이틀 지난 상태라는 점 역시 감안해야겠지만, 달과 Asc 양쪽에 긴밀하게 연계되어 있는 레굴루스 태양 쪽이 몸을 써서 경쟁하는 분야에서 월등한 기량을 보여줬던 그의 인생을 설명하는 핵심적인 요소라 할 수 있습니다.

고질적인 무릎 부상으로 농구계에서 은퇴한 이후에도 40대가 넘을 때까지 현역 배구선수로 뛰면서 활약했습니다. 평생 활력 있게 지내다가 만 63세에 심장마비로 사망했습니다. 모든 면에서 인간 이상이었던 인물이었지만 오직 한 가지 평범한 부분이 심장이었고, 평생 지속했던 엄청난 활동량을 심장이 버티지 못했다고 해도 과언이 아닙니다. 실제로 레굴루스 태양이 부각되는 천궁도를 가진 사람들은 심장 문제로 고생하거나 실제 사인이 심장 관련 질환인 경우가 많습니다.

데네볼라

Denebola

★ 관측정보

별 이름: 데네볼라

별자리 분류(constellation): 사자자리 베타(β)성

황경(longitude): 처녀궁(Virgo) 20도 14분(1900년 기준) / 처녀궁(Virgo) 21도 37분(2000년 기준)

적위(declination): 북위 15도 8분(1900년 기준) / 북위 14도 35분(2000년 기준)

적경(right ascension): 11h 48m

황위(latitude): 북위 12도 15분

광도(magnitude): 2.11

★ observation info.

Fixed star: **DENEBOLA**

Constellation: Beta(β) Leo
Longitude 1900: 20VIR14
Declination 1900: +15°08'
ascension: 11h 48m
Spectral class: A4

Longitude 2000: 21VIR37
Declination 2000: +14°35'
Latitude: +12°15'
Magnitude: 2.11

천문 예측을 위한 실질 상대 등급 : 2부 리그 1군 주전 멤버

프톨레마이오스 기준 행성 속성 : 토성 - 금성

천궁도 해석을 위한 실제 속성 : 리젝션 아래 토성의 각을 받는 금성

사자자리 베타성인 데네볼라입니다. 광도가 2.11로 일등성은 아니지만 잡성으로 분류하기도 어려운, 축구선수로 치자면 2부 리그에서 주전으로 뛰기에 충분한 별입니다. 황위가 북위 12도로 황도에 비교적 가까운 편이며 PED 기법을 적용하기에 적합합니다. 20세기 후반 기준으로 황경 도수가 처녀궁 21도 초반에 위치합니다.

다나브 알 아사드Dhanab al Asad, 즉 사자의 꼬리라는 아랍어를 음차한 명칭입니다. 이름에 데네브가 들어가는 모든 별이 해당 성좌의 말미나 변두리에 있기 때문에 '꼬리'의 뜻을 가지고 있습니다.

동양 천문으로 삼원 중 하나인 태미원太微垣에 속하는 오제좌五帝座 중 첫 번째 별인 황제성黃帝星, 즉 오제좌일五帝座一로 분류됩니다. 온 세상에 파급 효과를 가지는 중요한 별로 규정되었는데, 이는 어떻게 보면 사자자리 알파성인 레굴루스의 의미와도 비슷합니다. 다만 이 별에 살성이나 객성이 들어왔을 때 보통 천하에 변란이 일어난다 하여 좋은 의미보다는 흉사의 척도 역할을 맡고 있다고 전해집니다.

데네볼라의 캐릭터는 매우 전형적인데, 불만에 가득 차 있고 본인이 자초한 불행한 삶을 사는 귀족 여인에 가깝습니다. 오지랖이 넓어 해결해야 할 자기 일보다 남의 일에 더 신경을 쓰며, 자존심은 무척 강한데 담백하지 못해 감정을 오래 담아두는 스타일입니다. 한 번 남과 틀어지면 그 감정을 좀처럼 잊지 못하며 반감으로 타인을 불편해하고 심하면 복수심을 갖지만 좀처럼 직선적인 표현을 하지 못하는, 외견과 내면에 괴리가 있는 B사감과도 같은 인물형입니다. 소위 말하는 피곤한 스타일, 남들도 피곤하게 하고 본인도 피곤하게 사는 그런 캐릭터입니다.

데네볼라의 특징은 횡발과 횡파가 뚜렷하다는 점입니다. 일등성이 아니기 때문에 영향력이 약할 것 같지만, 데네볼라가 강조된 천궁도는 관련된 여러 사안에서 길흉의 기복이 분명하고 크게 나타납니다. 살아가면서 급작스럽게 높은 지위와 권한을 손에 넣는 횡발이 어떻게든 한두 번은 일어나는데, 언제나 리바운드가 발생하며 그 자리를 오래 유지하지 못합니다. 운 좋게 그 자리를 상당 기간 유지할 수 있다고 해도 당사자 입장에서 결코 만족스럽지 못한 쪽으로 환경이 변하게 됩니다. 또한 데네볼라가 어떤 행성이나 감응점과 만난다 해도 고전 점성술의 6하우스 및 수성 사안의 흉사를 겪게 되는 특징이 있습니다. 본인과 주변인들에게 질병이 발생하기 쉽고, 피고용인이나 부하 직원, 혹은 문서 계약 때문에 손해를 보는 일이 자주 발생합니다.

　토성 - 금성 속성의 별들이 보통 그러하듯 인간관계와 연애결혼 사안이 흉하게 진행되는 패턴도 마찬가지로 적용됩니다. 가족이나 배우자와 공간적으로 떨어져 지내거나 좋지 않게 결별하여 서로 절대 보고 싶지 않은 사이가 되는 경우가 많습니다. 간혹 육친이나 자녀가 지병과 장애가 생겨 지속적으로 고통을 겪는 경우도 있습니다.

　기본적으로 데네볼라는 흉성이며, 모든 행성과 상성이 좋지 않습니다. 다만 루미너리를 포함한 하일렉 포인트와 만나는 경우, 비록 이후의 리바운드를 겪는다 해도 횡발로 급작스러운 세속적 성취를 이룰 가능성이 높아집니다. 하지만 그만큼 본인이 사회적으로 망신을 당하거나 질병에 시달릴 확률도 증가합니다.

NATAL CHART

★

James Franco

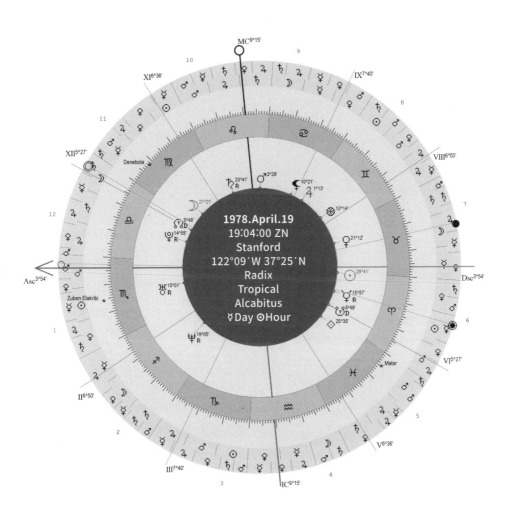

제임스 프랭코

할리우드의 지식인이자 르네상스맨으로 유명한 다재다능한 배우.
이성관계에 관련된 무절제와 스캔들이 오점으로 남았다.

샘 레이미의 <스파이더맨> 시리즈에서 주인공의 친구이자 적 배역을 맡으며 세계적인 인지도를 얻은 영화배우 제임스 프랭코입니다. 할리우드의 르네상스맨으로 불리며 UCLA 출신의 수재로 석박사 학위를 끝도 없이 수집하는 것으로 유명합니다. 배우, 감독, 영화제작자, 가수, 화가 등 커리어가 다양하고 뉴욕대학에서 영화제작과 교수를 역임하기도 했습니다.

처녀궁의 달이 금우궁 금성과 정확한 파틸 삼각을 맺고 있는데, 문제는 달이 데네볼라와 2분 오차로 아주 가깝게 회합을 이룬다는 것입니다. 황도에 비교적 가까운 데네볼라를 고려하면 달이 상당 부분 데네볼라의 색채로 변색되었다고 간주해도 무방합니다.

비비언 롭슨은 달-데네볼라 조합에 대해 '서민과 대중에게 인기를 끌어 유명해지나 결국에는 불명예스러운 일로 몰락, 내장의 급성 질환, 시력 문제와 두 눈의 상처, 잦은 상해 사고, 부하 직원과 집사 때문에 발생하는 재물의 피해, 가족과 육친 사이의 다툼, 배우자와 간헐적으로 떨어져 지내는 생활'을 논한 바 있습니다.

멀끔하니 잘생기고 많은 재능을 타고나 연기도 잘하고 머리도 좋은 사람인데, 이런저런 찌질한 스캔들이 많이 생겨 이력을 살피다 보면 좀 민망해지는 인물입니다. 2014년 4월 SNS로 미성년자를 유혹하다가 그 고교생이 동영상 녹화본을 공개하는 바람에 개망신을 당한 적이 있습니다. 이 시기는 운로에서 피르다르 메이저 화성/마이너 달 기간에 해당하며 타임 로드인 달이 데네볼라의 사건을 겪는 구도인데, 메이저 로드와 연주를 겸임하는 화성이 천궁도의 10하우스에 위치하여 그야말로 명예와 커리어에 관련해 흉사가 부각될 수 있습니다.

2018년 1월에는 예전에 연기자 지망생 5명에게 구강성교를 강요하는 등 성추행을 가했다는 폭로 기사가 나왔는데, 이 스캔들 때문에 90회 아카데미상 수상 후보에서 제외되는 일을 겪었습니다. 이후 본인은 혐의를 부인하며 결백을 주장했고, 당시 할리우드에서 미투운동이 촉발되어 폭발적으로 확산되는 분위기였음을 감안할 때 실제 정황은 다소 불투명합니다. 그래도 이러한 스캔들 때문에 명예가 실추되어 아카데미상 후보에서 배제되는 사건은 커리어에 관련된 흉사임이 분명합니다. 이 시점은 프라이머리 앵글 디렉션에서도 MC가 정방향으로 데네볼라 달과 만나는 시기이기도 합니다.

Hannah Arendt

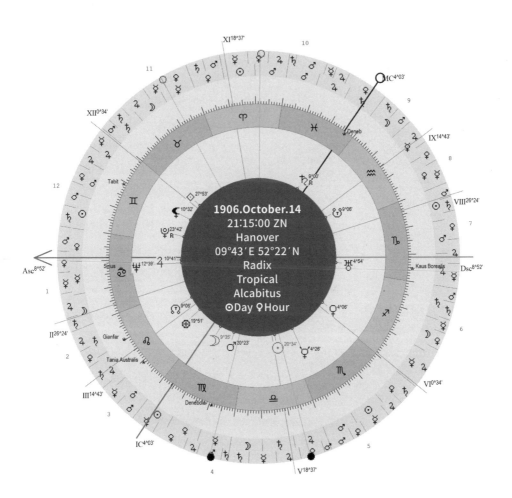

1906.October.14
21:15:00 ZN
Hanover
09°43′E 52°22′N
Radix
Tropical
Alcabitus
☉Day ♀Hour

한나 아렌트

**20세기를 대표하는 여성 철학자로 정치철학의 지평을 연 선구자.
나치 전범에 대한 학문적 접근이 오히려 동족 공동체의 비난으로 이어졌다.**

20세기 최고의 여성 철학자 중 한 명이며, 개인의 성찰이 아닌 집단의 심리와 가치 판단에 기반한 정치철학의 지평을 연 선구자적 존재입니다.

독일에서 태어난 유대인 출신이지만, 사춘기 이전까지 집 안에서 유대인이라는 말조차 들어본 적 없이 그냥 평범하게 살다가 이후 사회적으로 유대인이라는 낙인이 찍혀 이방인 취급을 받으며 충격적인 소외감을 겪었다고 합니다. 나치 치하에서 핍박이 시작되어 프랑스로 망명했으나 나치가 프랑스를 점령하면서 결국 감금까지 당하고, 이후 미국으로 다시 망명을 시도해 겨우 성공합니다. 당시 외견상으로는 완전히 상반되어 보이던 파시즘과 스탈린주의를 '전체주의'라는 새로운 개념으로 묶어 설명하며 학계에서 세계적인 주목을 받았고, 전후에는 유대인 학살을 주도했던 아이히만의 전범 재판에 참관인으로 참여했습니다.

본인 역시 나치에게 핍박과 수모를 당했고, 동족인 유태인들을 대량 학살한 아이히만이 실제로는 전혀 극단적인 신념도 정신적인 편향도 없는 평범한 중년 남성임을 확인하고 충격을 받아 '악의 평범성banality of evil'이라는 개념을 주장하게 됩니다. 개인이 아닌 집단의 윤리규범 영역에서는 극단적인 악행은 극단적인 인물에 의해서만 구현되는 것이 아니라, 대단히 평범하지만 생각을 포기하고 명령에 그저 순종하기만 하는 인물에게서도 나올 수 있다는 개념입니다. 다만 다소 냉정하고 담백한 학자적이자 관찰자적 시각은 제노사이드의 트라우마와 원한에 가득 찬 유대인들에게 엄청난 비난을 받았고, 결국 동족 커뮤니티에서 축출되는 결과를 낳았습니다. 민족이라는 집단 영역의 복수심과 반감에 동조하지 않은 대가라고 할 수 있습니다.

화성이 분리 4분 오차로 데네볼라와 아주 가깝게 만나고 있는 천궁도입니다. 화성은 이 천궁도에서 10하우스 로드로 3하우스에 위치하여 이 사람의 사회 활동 중 자신의 의견을 대외적으로 전달하는 방식이나 환경에 관여합니다. 비비언 롭슨은 화성-데네볼라 조합에 대해 '앙심을 품고 잔인하게 행동하는 경향, 환영받지 못하는 태도, 불명예스러운 일로 사회적 지위를 잃게 되는 측면이 있다'고 논한 바 있습니다.

결국 쓰라린 억울함과 복수심에 관련된 사건으로 명예를 실추당할 수 있다는 것입니다. 100만 명에 달하는 인명이 학살되는 제노사이드를 감정적 동조 없이 학문적으로만 접근하다 보니, 그 엄청난 복수심과 반감의 화살을 동족임에도 당사자가 맞는 일종의 리바운드가 발생한 셈입니다. 한편으로, 한나 아렌트 본인도 당연히 개인적인 원한과 복수심에서 자유로울 수는 없을 것입니다. 운로상 화성이 메이저 피르다르 로드를 담당했던 시기인 1938~1945년 사이는 본인이 나치의 핍박을 피해 독일에서 프랑스로, 프랑스에서 다시 미국으로 재차 망명하는 고난의 시기였고, 실제로 이때 나치에 대해 원한을 품을 수밖에 없는 일들을 겪었다는 점은 분명합니다. 이후 아이히만의 재판 과정을 참관하게 된 동기는 이때 겪은 자신의 비극과 동족 전체의 비극에 대한 쓰라림이 없었다면 형성되지 않았을 것입니다.

빈데미아트릭스

Vindemiatrix

★ 관측정보

별 이름: 빈데미아트릭스

별자리 분류(constellation): 처녀자리 엡실론(ε)성

황경(longitude): 천칭궁(Libra) 8도 33분(1900년 기준) / 천칭궁(Libra) 9도 56분(2000년 기준)

적위(declination): 북위 11도 30분(1900년 기준) / 북위 10도 58분(2000년 기준)

적경(right ascension): 13h 02m

황위(latitude): 북위 16도 12분

광도(magnitude): 2.82

★ observation info.

Fixed star: **VINDEMIATRIX Al Muredin**

Constellation: Epsilon(ε) Virgo

Longitude 1900: 08LIB33	Longitude 2000: 09LIB56
Declination 1900: +11.30'	Declination 2000: +10.58'
ascension: 13h 02m	Latitude: +16.12'
Spectral class: G6	Magnitude: 2.82

천문 예측을 위한 실질 상대 등급 : 2부 리그 2군 주전 멤버

프톨레마이오스 기준 행성 속성 : 토성 - 수성

천궁도 해석을 위한 실제 속성 : 리젝션 아래 토성의 각을 받는 금성

빈데미아트릭스는 처녀자리 엡실론, 즉 다섯 번째 별입니다. 이 이름은 아랍어가 아닌 라틴어에서 기원했는데, 로마시대 농부들이 포도 수확하기 전날 아침에 태양보다 먼저 떠오르는 별이라서morning rising star 붙인 명칭입니다. 이 별은 기원전 2000년 전후 바빌로니아 시절부터 일종의 24절기처럼 나누어진 계절의 구획 역할을 맡고 있었는데, 이러한 역사적 활용도를 고려했을 때 고대 이전 시대에는 광도가 좀 더 높아 점성학적인 유효성도 뚜렷했을 것이라 추정하는 점성가들도 있습니다. 이러한 추정이 가능한 것은 몇천 년 사이에 광도에 상당한 변화가 있는 별들이 꽤 많기 때문인데, 예를 들어 기원전 500년경의 천칭자리 베타성인 주벤에샤마리는 전갈자리 알파성인 안타레스보다 광도가 더 높았다고 합니다. 그러나 현재 시점에서는 안타레스가 에샤마리보다 광도가 훨씬 높은 상태입니다.

빈데미아트릭스는 광도 2.82에 황위가 북위로 16도 정도라서 그렇게 위력적인 항성은 아닙니다. 또한 불과 12분 옆쪽에 처녀자리 감마성인 포리마Porrima가 위치하기 때문에, PED 기법을 적용했을 때에만 이 두 별의 특성이 동시에 나타나게 됩니다. 따라서 순수한 빈데미아트릭스만의 속성을 확인하기 위해서는 PED가 아닌 angle at birth나 PoD 방식으로 이 별이 들어오는 경우를 찾아야 합니다.

동양 천문에서 이 별은 삼원 이십팔수에서 삼원 중 한 영역을 구성하는 태미원에 속하며, 태미원의 좌측에 해당하는 태지좌원太微左垣의 네 번째 별太微左垣四로 동쪽의 두 번째 부장군東次將이라는 별칭으로 불립니다. 공직 혹은 벼슬에 오른 관리를 의미한다고 전해집니다.

빈데미아트릭스는 기본적으로 흉성으로 분류됩니다. 뱀자리 알파성인 우누칼하이Unukalhai나 게자리 엡실론 성단인 프레세페처럼 순흉성 계열은 아니지만, 길한 부분은 거의 없다 해도 과언이 아닙니다. 속성으로 토성 - 수성 계열이며, 토성 - 금성 조합 특유의 악덕도 자주 나타납니다. 빈데미아트릭스의 전형적인 캐릭터는 긴장을 잘 하고 소심하며 걱정이 많은 인물형입니다. 우울함과 자괴감에 빠져 아무것도 하지 않으려고 침잠하는 스타일은 아니고, 소심하고 마음에 쌓인 말을 못 하고 혼자 전전긍긍하며 밤에 잠 못 자는 스타일에 가깝습니다. 결단력이 부족하여 급작스러운 사건이 발생하면 어쩔 줄을 몰라 하면서 호들갑을 떨다가 결국 성급하고 어설픈 결정을 내려 실수하고 나중에 후회하는 유형입니다.

원칙에 민감하고 고지식하고 깐깐한 특징이 있습니다. 동시에 세상 물정 모르고 융통성이 부족해서 예상치 못한 상황이 발생하면 머릿속이 백지가 되는 경우입니다. 평소에는 아주 꼼꼼해 보이는데, 정작 결단력과 빠른 판단이 필요한 상황에서는 실수 연발에 치밀하지 못하여 허점을 내보이는 쪽에 가깝습니다. 결정적인 순간에서 실수를 범하기 쉽고, 스트레스가 심한 상황에서 당황하여 정상적인 사리 판단이 잘 안 되는 캐릭터입니다. 그런 연유로 빈데미아트릭스는 상대방이 공격적으로 영업하거나 사기성 짙은 제안을 했을 때 피해자가 되기 쉽습니다. 사기, 절도까지는 안 가더라도 매매 계약을 잘못하여 손해를 보는 경우가 많습니다. 싼 물건을 아주 비싸게 산다든가, 문제 있는 부동산을 성급히 계약한다든가, 계약서의 중요한 조항을 확인하지 않았다가 나중에 손해를 보고 후회하는 식입니다. 그래서 사업과 투자에는 상당히 어울리지 않는 별이라고 판단합니다. 천궁도 당사자를 지표하는 행성이나 주요 감응점, 재물이나 직업의 지표성이 빈데미아트릭스와 만나고 있는 경우 자영업이나 원금 손실 가능성이 큰 투자는 가급적 삼가도록 권고하게 됩니다. 심지어 그러한 실수가 쌓여 빚쟁이에게 독촉당하는 일도 드물지 않게 발견할 수 있습니다. 따라서 비록 큰돈이 아니더라도 안정적으로 급여를 받을 수 있는 직장이 어울립니다. 이 별 자체가 평상시 워낙 꼼꼼하여 최악의 상황을 상정하고 대비하는 성향이 있어 순발력으로 경쟁하기보다는 다소 느리고 보수적인 영역에 잘 맞습니다.

성정이 워낙 고지식하고 소심하기 때문에 인간관계에서도 약점을 잡히기 쉬운 캐릭터이며, 특히 애정관계에서 환영받지 못하는 별입니다. 걱정이 많고 매사 부정적이기 때문에 자신감을 내보이지 못하고 이성에게 매력을 어필하기 좀 어렵습니다. 게다가 일이 터지면 안달복달하기 때문에 진중한 파트너를 원하는 상대방에게는 신뢰를 주기가 힘든 스타일입니다. 이런 성격적인 측면 이외에도 별 자체의 특징 중 '배우자를 빼앗기는' 패턴이 있어 이혼과 사별이 잦습니다. 제3자가 바람을 피우거나 양다리를 걸쳐 자기 파트너랑 눈이 맞아 파트너를 빼앗기는 패턴이 비교적 재현성 있게 나타납니다. 즉 빈데미아트릭스 캐릭터 본인이 사고를 치는 것이 아니라, 이성관계에서 자신이 피해자가 되는 쪽으로 스캔들이 잘 나는 것입니다. 안타까운 이야기지만 호구나 먹이 이미지에 가깝습니다. 가수 김건모 씨의 노래 '잘못된 만남' 가사의 화자 입장에 가깝습니다.

거의 모든 행성과 상성이 좋지 않으며 특히 루미너리와 만났을 때 흉함이 두드러지는 편입니다. 그나마 손해가 가장 적고 이점이 많은 것이 토성과 만나는 경우입니다. 토성과 만나면 빈데미아트릭스가 원래부터 부족한 진중함과 현실 감각이 다소 보충되기 때문에, 오히려 사업을 해도 성실하게 유지하며 양호한 수준으로 돈을 벌 수 있게 됩니다. 다만 그래도 공격적인 투자 쪽과는 애초부터 맞지 않으며, 애정관계와 결혼생활에 불리하다는 점 역시 달라지지 않습니다. 또한 앞에서 말한 것처럼 황경 도수상 처녀궁 감마성인 포리마와 매우 가깝기 때문에, PED 기법으로 적용할 때에는 언제나 두 별의 속성이 함께 나타나며 섞이기 마련입니다.

포리마는 수성 - 금성 속성의 별이며 금성의 악덕이 주로 나타나는 일종의 흉성입니다. 애정관계의 스캔들, 불륜, 이혼, 육친과의 불화, 거래처와의 충돌과 소송, 사업 중 손재수 등 인간관계가 틀어져 발생하는 각종 흉사를 주관하며, 신체적으로 허약하고 소심한 측면 역시 부각됩니다. 포리마와 빈데미아트릭스의 의미 영역 교집합이 이루어지는 부분이 이혼, 인간관계에서의 갈등, 잘못된 계약, 사업 중 손재수 등이므로 PED 기법으로 빈데미아트릭스가 부각될 때 이러한 사건들이 좀 더 집중적으로 나타나는 경향이 있습니다.

★

Karen Carpenter

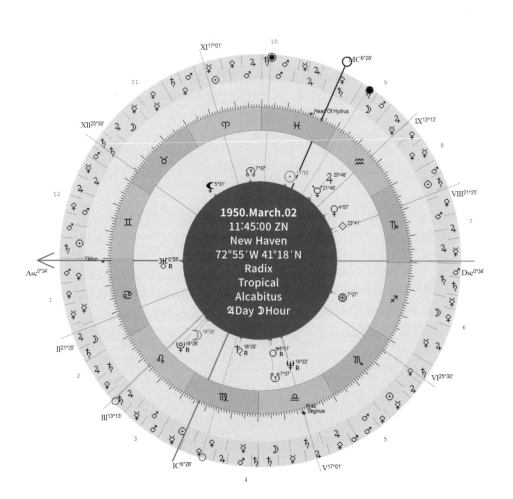

카렌 카펜터 people

청아한 콘트랄토로서 역대 최고의 음색을 지닌 카펜터스의 보컬.
충동적이고 무분별한 다이어트가 섭식장애로 이어져 결국 요절하다.

남매로 구성된 팝 그룹 카펜터스의 보컬이자 드러머입니다. 동시대의 뮤지션들은 그녀를 여성 보컬 중 역대 최고의 목소리를 가지고 있다고 평한 바 있습니다. 지금까지도 그녀보다 맑은 음색의 콘트랄토를 찾기는 대단히 어렵다고 평가됩니다.

천궁도의 화성이 25분 정도 오차로 빈데미아트릭스와 회합을 이루고 있습니다. 5하우스에 위치한 수성 텀의 천칭궁 화성은 이 천궁도 직업의 지표성으로 금성과 유효 삼각을 맺고 있습니다. 이런 경우 수성-금성 색채로 인해 당사자는 문화예술계로 빠지기 쉬운데, 실제로 금성이 유효각을 맺고 있어 더욱 그러한 경향이 강해집니다. 직업의 지표성 자체가 화성인 부분도 있어서 그는 당시 거의 없던 전문 여성 드러머인 동시에 야구광으로서 실제 경기에도 출전하는 등 상당히 남성적인 영역에서 활동한 이력을 가지고 있습니다. 고교 시절부터 무리한 다이어트로 살을 빼고 다시 찌는 걸 반복하다가 1975년부터 키 163cm에 몸무게 41kg로 살이 너무 많이 빠져 앙상한 외모를 가지게 되었는데, 이때가 운로상 메이저 수성/마이너 화성 시기입니다. 이후 거의 먹지 못하고 토하는 일이 반복되었다고 합니다. 문제는 뭔가 잘못되었다는 인식이 1980년대 초반에야 시작되었고 이후 치료를 거쳐 몸무게를 회복하는 듯했으나 1982년 2월 4일 결국 합병증인 심장마비로 사망했습니다. 거식증이나 섭식장애라는 개념이 별로 없던 시절인 만큼 유명 가수인 그녀의 투병과 죽음은 동계열 질환에 대한 인식이 많이 일반화되는 결과로 이어졌습니다.

화성이 빈데미아트릭스와 만나면 성급하고 충동적이고 분별없는 행위를 하다가 손해를 보는 경우가 많은데, 문제는 이 뻘짓에 가까운 일을 너무 열심히 한다는 것입니다. 즉 살이 찌면서 받는 스트레스가 임계점을 넘으면 안절부절못하며 건강에 괜찮은지 아닌지의 여부는 둘째치고 일단 어떻게든 살을 빼려고 혹독한 다이어트 방식을 따라 하는 식입니다. 결국 분별없는 성급함 때문에 자신의 커리어와 목숨까지 위협받는 결과로 돌아온 셈입니다. 물론 젊은 나이에 요절한 것 자체는 천궁도에 형성되어 있는 태양-토성 대립각의 비중이 더 크겠지만, 목숨이 위협받을 정도로 건강이 상하게 되는 계기는 화성-빈데미아트릭스 회합 구조가 상당히 기여했다고 볼 수 있습니다. 화성은 처녀자리 감마성인 포리마와도 35분 오차 범위 이내에서 회합을 이룹니다. 건강이 안 좋아지는 징험과 함께 화성-포리마 조합은 배우자의 불화로 헤어지는 경향도 함께 나타나게 됩니다. 실제로 임신과 육아에 대한 의견 차이로 결혼한 지 14개월 만에 이혼하기도 했습니다.

스피카
Spica

★ 관측정보

별 이름: 스피카

별자리 분류(constellation): 처녀자리 알파(α)성

황경(longitude): 천칭궁(Libra) 22도 27분(1900년 기준) / 천칭궁(Libra) 23도 50분(2000년 기준)

적위(declination): 남위 10도 38분(1900년 기준) / 남위 11도 8분(2000년 기준)

적경(right ascension): 13h 25m

황위(latitude): 남위 2도 3분

광도(magnitude): 0.97

★ observation info.

Fixed star: **SPICA**

Constellation: Alpha(α) Virgo

Longitude 1900: 22LIB27	Longitude 2000: 23LIB50
Declination 1900: -10°38'	Declination 2000: -11°08'
ascension: 13h 25m	Latitude: - 02°03'
Spectral class: B2	Magnitude: 0.97 Varible

천문 예측을 위한 실질 상대 등급 : 1부 리그 1군 주전 에이스

프톨레마이오스 기준 행성 속성 : 금성 - 화성

천궁도 해석을 위한 실제 속성 : 리셉션 아래 화성의 각을 받는 금성

처녀자리 알파성인 스피카입니다. 쌍성이자 변광성이고, 워낙 유명한 별이다 보니 아랍어 변용을 거치지 않고 라틴어인 Spica Virginis를 그대로 음차했습니다. 처녀의 밀이삭spike 이라는 의미입니다.

황위가 남위 2도 정도로 황도 바로 근처에 위치하며, 겉보기 광도 역시 0점 대역으로 매우 높은 별이다 보니 관측이 쉽고 고대부터 천문학의 역사와 함께한 별이기도 합니다. 그리스의 히파르코스가 스피카를 통해 세차운동을 발견했고, 고대 이집트에서 스피카 기준의 방위로 신전을 짓기도 했습니다. 바빌로니아, 아랍, 인도, 중국 등 모든 문화권에서 이 별에 대한 중요한 의미나 상징을 부여하고 있습니다.

고전 점성술의 PED 방식에서 가장 유효한 네 가지 로열스타로 분류되는 별입니다. 일등성 중 황도에 매우 가까워 달이 엄폐 현상을 일으킬 수 있는지 여부가 그 기준입니다.

동양 천문에서는 동방칠수 중 첫 번째인 각수角宿에 속하며, 그 첫 번째 별인 각수일角宿一 혹은 각성角星이라 불립니다. 세계天下와 천자가 다스리는 국가 전체를 대표하는 별로, 동양 천문의 28수 중 첫 별자리의 첫 번째 별로서 상징성을 가집니다. 점성술에 등장하는 항성 중 가장 유명하고 널리 알려진 별이기도 하고, 실제로 고전 점성술에서 PED 기준으로 가장 유효한 네 가지 로열스타로 분류됩니다. 그래서인지 스피카에 대한 부정확한 정보들이 일종의 흔한 클리셰처럼 남겨지는 경향이 있습니다.

스피카는 엄청 위력적인 별인 동시에 점성술에서 등장하는 모든 항성 중 길성의 대표라 해도 과언이 아닙니다. 그렇다고 해서 스피카를 '보편적인 길성'이라고 분류하기는 어렵습니다. 스피카는 모든 길성의 대표가 되기에는 자기만의 색깔이 분명한 별입니다. 스피카 특유의 사안 중에는 '길한 사건이지만 결과적으로는 손해'로 드러나는 경향도 있을뿐더러, 강력한 로열스타로서 예기치 못한 횡발을 일으키지만 그만큼의 리바운드도 뒤따르기 마련입니다.

스피카는 아주 복잡한 캐릭터로 구성되어 있으며, 짧은 시간의 관찰을 통해 그 면모를 한눈에 파악하기 힘든 측면이 있습니다. 본의 아니게 이중적인 특징이 상당히 강한 별이며, 특히 시간이 흘러 관련 사건이 진행되며 나타나는 기승전결에서 상당한 반전을 보여줍니다. 기본 속성은 금성 위주에 화성이 보조하는 구도입니다. 즉 스피카의 핵심적인 특징은 밤의 행성 조합이라는 부분에 있습니다. 달리 말하자면, 스피카는 보편적인 길성을 대표한다기보다 밤의 행성 영역에 속하는 길성을 대표한다는 편이 좀 더 맞는 표현일 듯합니다. 낮의 행성의 영역과는 분명한 거리가 있습니다.

이러한 스피카의 캐릭터를 이해하는 데 가장 큰 걸림돌이 있다면, 스피카는 외견상으로는 목성+금성+수성 속성의 별처럼 보인다는 점입니다. 언뜻 보면 보조 속성인 화성의 면모가 드러나지 않고, 마치 안정적으로 자리를 잡은 금성이 목성과 수성을 동시에 유효각으로 보고 있는 것과 같은 외양을 가집니다. 지적이면서 예술적이고, 신실하고 선량하며 주변의 모든 사람이 친분을 맺기 원할 정도로 인간관계까지 훌륭한 캐릭터로 비쳐집니다. 그러면서 특정 분야에서는 가히 천재라는 평가를 들을 정도로 막대한 재능도 갖추고 있습니다. 태어나는 순간부터 이미 승리자인 천칭자리 베타성인 주벤 에샤마리나 오리온자리 베타성인 리겔과 같은 순수한 길성 캐릭터처럼 보이는 것입니다. 명성, 권력, 재물, 재능, 매력 모두 A+급입니다. 뭐 하나 빠지는 게 없어 보입니다. 하지만 외양과 달리 내부적으로 스피카는 어디까지나 금성 - 화성 조합의 밤의 행성 캐릭터로, 자신이 소속된 공동체의 규칙을 지키기보다는 자신의 욕구와 갈망을 우선시하는 경향이 있습니다. 따라서 이 두 가지 가치가 부딪힐 때, 특히 밤의 길성인 금성의 노선과 낮의 길성인 목성의 노선이 상충하는 상황에서만 비로소 스피카의 본모습이 드러납니다.

모든 공동체에는 구성원들이 지켜야 하는 규칙과 익숙하게 여기는 관습이 있습니다. 이러한 규칙과 관습을 깨고 그 빈틈 사이로 치고 나가는 구성원이 있다면, 그의 행보는 크게 성공하거나 크게 처벌받거나 둘 중 하나로 귀결될 것입니다.

스피카가 활성화된 천궁도의 소유자는 언뜻 보면 평화와 안정을 우선시하는 인물이기 때문에, 그런 공동체의 빈틈이 보이는 상황에서 가만히 있을 것 같은 이미지에 가깝습니다. 하지만 실제로 스피카는 자신의 욕구와 갈망이 그 빈틈 안에 있다고 느끼는 경우, 아무런 거리낌 없이 바로 치고 올라가서 성취를 이루며 상황을 바꾸어버립니다. 이때 스피카의 제2 속성인 화성의 특질이 발휘됩니다. 이 화성 속성이 스피카를 횡발과 횡파가 가능한, 화성 속성을 기본으로 삼는 여느 로열스타처럼 만드는 것입니다. 주변의 범재들이 주저할 만한 상황에 스피카 캐릭터는 한순간이나마 놀라울 정도의 과단성을 보여줍니다. 평소 전혀 안 그럴 것 같은 이미지인데도 결정적인 타이밍에 순식간에 치고 올라갑니다. 그러한 상황에서 스피카 캐릭터는 완전 제멋대로에 몰염치하며, 체면을 차리지 않는 동시에 패배자들에 대한 연민조차 품지 않습니다.

이와 같이 급작스럽고 강력한 횡발이 가능하다는 점에서 스피카는 천칭자리 베타성인 주벤 에샤마리와 대조되는 측면이 있습니다. 에샤마리는 순길성의 대표라고 할 수 있으며 횡발도 횡파도 거의 없는, 사실상 보편적인 완발의 별이라 할 수 있습니다. 다만 그 대가로 에샤마리는 최고의 자리에 오르지는 못합니다. 2등으로 롱런하는 참모와 원로 별이라 할 수 있습니다. 반면에 스피카는 때가 되었을 때 최고의 자리에 오를 수 있는 역량이 충분합니다. 그것도 다른 로열스타들에 비해 별로 어렵지 않게 목표를 달성하는 경향이 있습니다. 물론 그 리바운드를 피할 수 없다는 점은 마찬가지입니다. 다만 스피카의 리바운드는 화성 속성을 제1속성으로 두는 다른 로열스타들과 좀 다른 방식으로 찾아옵니다. 급작스러운 상승만큼 급전직하하며 몰락하기보다는 한 번 얻은 성공을 유지하되 그 성취를 대가로 본인에게 아주 중요한 다른 무언가를 내줘야 하는 식에 가깝습니다.

예를 들자면 상상하기 힘든 수준의 신분 상승을 이룬 후 아무런 지병이 없는 상태에서 뜬금없이 요절하는 경우입니다. 명성과 권위를 얻고 그 대가로 수명을 내준 셈입니다. 혹은 자기 커리어에서는 대성공이지만 투자에 실패해 모은 돈을 모두 날린다든가, 프로젝트를 성공시켜 임원으로 승진했지만 거기에 집중하느라 결혼을 약속한 연인과 헤어져 사실상 적령기를 놓친다든가, 큰돈을 벌어 엄청난 부자가 되었지만 부모 형제 다 죽고 배우자와 자식들은 모두 자기 곁을 떠나갔다든가. 그런 점에서 스피카의 횡발은 픽션에서 등장하는 신이나 악마와의 계약과도 비슷합니다. 원했던 것을 얻지만 예상치 못했던 중요한 무언가를 잃는 식입니다. 물론 스피카가 기본적으로 길성이기 때문에 등가교환이라기보다는 얻는 게 잃는 쪽보다는 더 많은 경우가 보통입니다.

이와 같이 스피카는 매우 복잡하고 입체적인 캐릭터를 가지고 있습니다. 평소 점잖고 선량하지만 횡발로 치고 올라가는 인생의 몇몇 순간에서는 대단히 위선적이고 무자비한 면모를 보여주는 것도 사실입니다. 다만 스피카 캐릭터 본인은 그것을 위선이라고 생각하지 않습니다. 자신의 타고난 분복이 적당한 시기가 되어 현실화된 것일 뿐이며, 재능이 부족한 이들이 결과의 평등을 주장하는 모습에 오히려 안타까움을 느낍니다. 또 한 가지 좀처럼 드러나지 않는 스피카의 단점이 있다면, 공정하지 않다는 것입니다. 스피카는 손익에 담백하지도 않고 원칙 앞에 공평무사하지도 않습니다. 결정적인 순간에 자신과 자기편을 지키기 위해 공익과 원칙을 배제할 수 있는 캐릭터입니다. 또한 오히려 이런 점이 스피카의 세속적인 경쟁력을 보장하는 중요한 요소로 작용합니다. 따라서 스피카는 정치인이 될 수는 있지만 엄격한 공정함을 요하는 판사나 군, 검, 경에는 잘 어울리지 않습니다. 이런 부분에서 주벤 에샤마리와 대조되곤 합니다. 에샤마리는 지적이면서도 공정함을 기해야 하는 역할에 어울리는데, 스피카는 그렇지 않습니다.

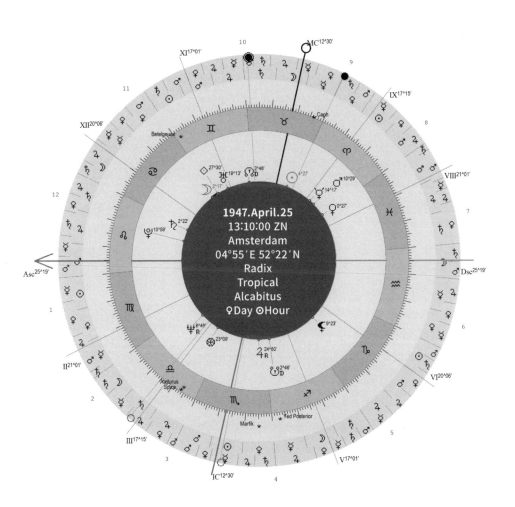

요한 크루이프

축구라는 종목의 틀을 바꿔버린 희대의 천재 축구인.
길흉이 끊임없이 전환되는 스피카 특유의 새옹지마와 같은 삶을 살다.

리오넬 메시와 크리스티아누 호날두가 출현하기 전 축구사에 남을 다섯 명의 선수를 꼽아보자면 별다른 이견 없이 디 스테파노, 펠레, 요한 크루이프, 마라도나 이 넷이 들어갑니다. 나머지 하나의 자리를 베켄바우어, 지단, 호나우두 중 누가 차지할지 논쟁이 붙을 뿐입니다.

요한 크루이프가 이 다섯 손가락 중에서도 가장 대단하다고 평가될 만한 부분이라면, 이 사람이 출현하기 전과 후의 축구라는 스포츠의 얼개나 형태가 크게 바뀌었다는 점입니다. 즉 크루이프가 활동하기 전의 축구는 그 이후의 축구와 같은 운동이라고 단정 짓기가 좀 어렵습니다. 크루이프 시대 이전에는 수비수는 수비만 하고 공격수는 골만 넣으면 되는 것이 축구였는데, 크루이프 이후 시대에 수비수는 최후방 공격을 담당하고 공격수는 최전방 수비를 담당하게 되었습니다. 물론 리누스 미헬 감독이 고안한 토털 사커라는 원형적 개념이 요한 크루이프를 통해 구현되고, 그 결과물이 아리고 사키 감독의 압박축구로 재설계된 최종 산물이 우리가 아는 현대 축구입니다. 오직 요한 크루이프 한 명이 온전히 이런 변화를 일으킨 것은 아니지만, 경기장 전체에서 공수를 가릴 것 없이 공간 압박이 끊임없이 이루어지는 완전 처절한 스포츠로 축구를 재탄생시킨 주역 중 한 명이라는 사실은 달라지지 않습니다.

LoF 도수가 스피카가 5분 이내로 정확한 회합을 이루는 천궁도입니다. 연령대를 감안하여 약간의 생시 오차가 있다 해도 유효 범위 이내일 가능성이 높습니다. 비비언 롭슨은 LoF-스피카 조합에 대해 '아주 큰 부를 이루는 인물로, 관능적인 취향이 있을 것이다'라고 서술한 바 있습니다. 비비언 롭슨이 LoF에 대한 내용을 논한 것은 아주 위력적인 1군 항성들 정도입니다. 로열스타들이 화성 속성 위주의 흉험한 별들이 많아서 그런지 LoF와의 조합에 대한 내용은 흉한 징험이 대부분인데, 유독 스피카에 대해서는 엄청난 규모의 돈을 번다는 이로운 징험을 언급하고 있습니다. 크루이프의 경우 중하층 노동자 계층 출신이었고 12세 때 아버지가 심장마비로 사망하여 생계가 매우 힘들어졌던 경우임을 감안하면 그의 성공이 더 돋보일 수밖에 없습니다. 다만 스피카가 횡발 이후 횡파가 찾아오는 로열스타라는 점은 이 부분에서도 잘 드러납니다. 궁핍하게 자란 어린 시절과 달리 발롱도르 3회에 빛나는 당시 세계 최고의 축구선수로서 아주 많은 돈을 벌었지만, 아내에게 접근한 사기꾼 때문에 돼지농장에 큰돈을 투자했다가 모두 날리는 재정적인 파탄을 겪었습니다. 축구선수로서 최고의 자리에 오른 후 다소 일찍 은퇴했다가 당장 돈이 없어 결국 은퇴를 번복하고 당시 알아주지도 않던 미국 리그로 이적해 뛰게 된 것도 모두 이런 투자 실패와 파재 사건 때문입니다.

이 시기가 1979년이고 9하우스 프로펙션에 해당됩니다. LoF 로드인 금성이 위치한 하우스이고 피르다르 메이저 로드이자 마이너 로드를 겸임하는 달과 금성이 천궁도에서 이미 유효 사각으로 이어져 있어, 금성이 더욱 해당 시기에 사건의 지표성으로 부각됩니다.

스피카와 회합을 이룬 LoF는 길성이나 디스포지터의 유효각을 받고 있지 못하므로 횡발 이후 찾아오는 리바운드를 방어하기 힘든 상태에 놓여 있습니다. 즉 자신의 출신 기준으로 상상하기 힘들 정도의 큰돈을 벌 수 있는 토대가 되는 동시에, 이후 찾아오는 횡파로 인해 한 번에 큰돈이 물거품처럼 사라지는 징험으로 작용하기도 합니다. 다만 여기에서도 스피카 특유의 '시간이 흘러 길흉이 뒤바뀌며 등가교환이 이루어지는' 특징이 나타나는데, 허탈한 마음에 돈이나 벌려고 간 미국 리그에서 크루이프는 지도자로서의 자기 재능을 깨닫고, 이후 인생의 노선이 바뀌며 스포츠 구단 후원 체계에 대한 사업 구상까지 다듬을 수 있게 되었습니다. 대단한 명예와 큰돈을 벌었는데⇒사기로 모두 날리고⇒어쩔 수 없이 연고 없는 곳에서 원치 않는 선수생활을 다시 시작했는데⇒또 생각지도 못한 기회와 계기를 얻은 셈입니다. 이러한 길흉 전환과 새옹지마의 연속이 스피카의 특징 중 하나입니다.

★

Diana, Princess of Wales

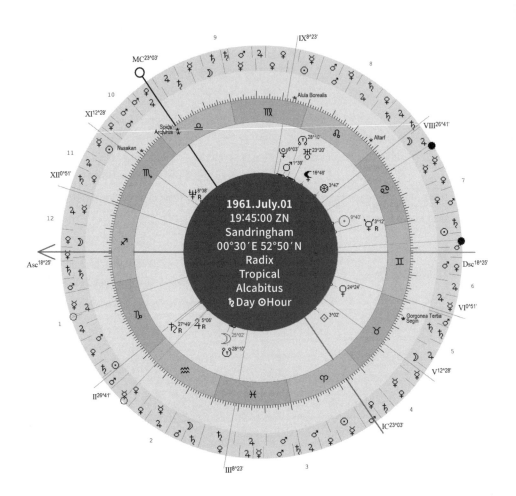

1961.July.01
19:45:00 ZN
Sandringham
00°30′E 52°50′N
Radix
Tropical
Alcabitus
♄ Day ☉ Hour

다이애나 왕세자비

**이혼에 뒤이은 의문의 교통사고로 요절한 비운의 영국 왕세자비.
그릇에 넘치는 과분한 영광을 감당하지 못한 삶이 비극을 부르다.**

워낙 유명한 인물이기 때문에 이 사람의 이력과 불행한 죽음에 대해 세세하게 언급할 필요는 없을 것 같습니다. 이 천궁도에서 스피카는 MC와 PED 기준으로 15분 이내 회합인 동시에 angle at birth 기법으로도 2분 30초 이내의 오차 범위로 남중합니다. 스피카가 워낙 황도 근처에 가깝게 위치한 행성이기 때문에 PED와 angle at birth 도수에서 차이가 별로 없는 것입니다.

비비언 롭슨은 스피카가 Asc나 MC와 조합되는 경우에 대해 '무한한 행운과 행복, 종교계에서의 성공, 예상치 못한 영예, 당사자가 미처 꿈꿔오지 못한 수준의 성취와 신분 상승, 자기 분수 이상의 성공'이라고 서술한 바 있습니다. 여기에서 핵심적인 부분은 맨 마지막 구절에 있습니다. 자신의 타고난 그릇 이상의 영예나 성취가 현실화되기 때문에 감당하기 힘들고 안정적으로 유지하기 어렵다는 점을 명시한 셈입니다. 다이애나 왕세자비가 바로 이 경우에 해당합니다. 귀족 가문에서 태어났지만, 정치·경제적 영향력이 대단한 집안 출신도 아니고 7세 때 부모님이 이혼하여 결손가정에서 자랐으며, 공부 머리가 별로 없어 명문대도 가지도 못했습니다. 그러다 갑자기 진행된 혼사로 왕세자비가 되었고 전 세계적으로 유명해졌지만, 너무나 급작스러운 횡발에 준하는 사건이었기에 당사자 입장에서 상황에 자연스럽게 녹아들어가 눈부신 결과물을 온전히 자기 것으로 만들기는 어려웠던 것입니다. 남편은 이미 오랜 연인이 있어 본인을 사랑하지 않았으며, 시모는 공연히 구설수를 만들지 말고 참는 게 어떻겠느냐고 압박하는 어이없는 상황들도 이면에 가득했습니다. 다이애나비는 결국 몇 년 후 이혼하여 영국 왕실의 거대한 스캔들을 만든 후 자연인으로서 자기 삶을 찾아가는 듯하다가 의문의 교통사고로 요절하게 되었습니다.

항성의 리바운드를 제어할 수 있는 구조인지는 역시 디스포지터와 길성의 보호 여부를 살펴야 합니다. 스피카가 직접 들어오는 MC는 자신의 도머사일 로드인 금성과 어버전 상태이며, 다른 하나의 길성인 목성과는 각 오차 범위가 너무 넓습니다. 반면에 MC의 엑절테이션 로드로서 공간 섹트를 잃은 토성이 유효 사각을 맺고 있고, 동시에 천왕성까지 파틸 육각을 보내고 있습니다. 강력한 항성과 만나 불안정해진 감응점이나 행성 입장에서 섹트 구성이 온전치 못한 흉성이 디스포지터인 경우, 특히 도머사일 로드나 텀 로드도 아닌 엑절테이션 로드로 들어오는 구조는 횡발의 규모를 키워주지만 그 대가로 찾아오는 리바운드를 막아줄 만한 안정성을 기대하기는 어렵습니다. 천왕성과 MC의 파틸각 역시 횡발과 횡파의 규모를 동시에 증가시킵니다.

아크투루스
Arcturus

★ 관측정보

별 이름: 아크투루스

별자리 분류(constellation): 목동자리 알파(α)성

황경(longitude): 천칭궁(Libra) 22도 50분(1900년 기준) / 천칭궁(Libra) 24도 14분(2000년 기준)

적위(declination): 북위 19도 42분(1900년 기준) / 북위 19도 11분(2000년 기준)

적경(right ascension): 14h 15m

황위(latitude): 북위 30도 44분

광도(magnitude): -0.05

★ observation info.

Fixed star: **ARCTURUS**

Constellation: Alpha(α) Bootes

Longitude 1900: 22LIB50	Longitude 2000: 24LIB14
Declination 1900: +19°42'	Declination 2000: +19°11'
ascension: 14h 15m	Latitude: +30°44'
Spectral class: K2	Magnitude: -0.05

천문 예측을 위한 실질 상대 등급 : 1부 리그 1군 교체 멤버

프톨레마이오스 기준 행성 속성 : 화성 - 목성

천궁도 해석을 위한 실제 속성 : 화성의 각을 받는 목성

밤하늘에서 네 번째로 밝은 별인 아크투루스입니다. 목동자리의 알파성으로 하늘의 파수꾼이자 하늘의 곰을 지키는 경호원 같은 존재로 알려져 있습니다. 큰곰자리, 즉 북두칠성의 꼬리인 알카이드Alkaid / 파군성 / 요광성와 적경 대역이 비슷해 붙여진 이름입니다. 광도가 높아 무척 밝은 별이지만, 황위가 북위 30도로 황도와 많이 떨어져 있습니다. 그런데 PED 기준 황경 도수가 로열스타인 처녀자리 알파성 스피카와 24분 정도밖에 차이가 나지 않기 때문에, 어떤 행성이나 감응점이 PED상으로 아크투루스와 회합하는 경우 스피카와의 회합에 묻혀버리는 경우가 많습니다. 아크투루스만큼 밝지는 않아도 황도에 근접한 일등성인 스피카 쪽이 PED 기법에서의 유효성이 훨씬 크기 때문입니다. 따라서 angle at birth 기법이나 PoD 기법을 적용하는 쪽이 좀 더 적합한 별이라 할 수 있습니다.

동양 천문에서는 대각성大角星으로 불리는데, 처음에는 동방칠수 중 첫 번째 별자리인 각수角宿에 속했다가 이후 위치 때문에 두 번째 별자리인 항수亢宿에 소속된 것으로 분류가 변경되었기 때문입니다. 대각성은 하늘의 왕이 기거하는 자리로 군대의 통수권과 기강에 관여한다고 전해집니다.

오리온자리 베타성인 리겔 부분에서도 언급했지만, 리겔과 아크투루스는 일종의 영웅이나 준신demigod을 의인화한 캐릭터라는 점에서 공통점을 지닙니다. 둘 다 속성상 목성 - 화성 계열에 속하는 것도 그렇고, 범상치 않은 체력과 정신력을 가지고 있다는 점도 비슷합니다. 다만 리겔이 아크투루스보다 좀 더 군, 검, 경의 공직에 가깝고, 전쟁과 살육에 관련된 일종의 위기 상황에 연루될 확률이 높습니다. 반면에 아크투루스는 권력의 중심에 위치한 공직보다는 변두리에서 자기 사업을 하거나 지방에서 자리 잡은 호족 비슷하게 풀리는 경우가 많습니다. 그런 점에서 리겔은 중앙집권과 공적 영역을 지향하고, 아크투루스는 재야에서 민간 영역을 지향하는 상이한 경향성을 지닌다고 할 수 있습니다. 또한 아크투루스의 화성 속성은 실제로 피를 흘리는 전쟁과 같은 상황에서 좀처럼 쓰이지 않으며, 사업적 경쟁과 모험이라는 방식으로 나타나기 쉽습니다.

이와 같이 리겔이 명예와 권력 쪽으로 살짝 기울어져 있다면 아크투루스는 재물과 사업 쪽에 살짝 기울어지는 것이 사실이지만, 아크투루스 역시 공직에 몸담는 경우도 꽤 있습니다. 다만 이런 경우에도 군부나 사법 쪽보다는 예산과 재정에 관여하는, 재물에 관련된 부문에 종사할 확률이 높습니다. 아크투루스 역시 리겔과 비슷하게 순길성에 근접하는 별이나, 에너지가 넘치다 보니 안 해도 될 일을 굳이 하거나 너무 성급해 실수를 저지르고 그로 인한 과오를 정정하느라 쓸데없는 시간과 자원을 소비하는 경향은 비슷합니다. 뭘 해도 과하기 때문에 과유불급이라는 평가를 받기 쉬운 별입니다. 일반인들에 비해 체력과 정신력이 월등하고, 그러다 보니 행동의 속도나 정도에 대해 평균 기준이 아예 다릅니다. 주변을 살피지 않고 본인 혼자 앞서서 튀어나가다 보면 다른 이들이 모두 뒤처지기 때문에, 이런 부분에서 보통 인간관계 문제가 발생합니다.

아크투루스 캐릭터의 가장 큰 특징은 일 잘하고 돈을 잘 번다는 것입니다. 화성 속성의 다른 항성들처럼 승패를 가르고 경쟁자를 밀어내고 나서 남은 하나의 자리에 오른다기보다는, 모든 영역에서 업무 처리 능력이 월등합니다. 자기 사업을 하든, 혹은 기업에 고용되어 일하든 간에 이문을 남기고 인적 관리를 하는 모든 형태의 업무에 능합니다. 다만 이는 수성 속성의 전문성과 완벽함을 갖춘 명민하고 요령 좋은 캐릭터보다는 목성 특유의 지도력과 인간적인 매력을 통해 주변에 사람들을 많이 모아 투자를 잘 받아오고 아랫사람들이 충성하게 만드는 쪽에 가깝습니다. 그래서 아크투루스는 참모나 보조자 역할을 맡는 부하 직원보다는 사장님이나 중간 관리자 직급부터 두각을 나타내기 시작합니다. 좀 더 직역을 좁혀보면, 무역, 해외 이동, 운송, 개척 등과 같이 아직 판로나 운송로가 자리 잡히지 않은 영역에 제일 먼저 진출하여 시스템을 만들고 독점하는 과정에서 가장 유리하다고 할 수 있습니다. 그런 점에서 과거 대항해시대의 상징과도 같은 별이라 할 수 있습니다. 아크투루스는 '익숙하지 않고 잘 모르는 곳', 즉 해외 관련 사업과 본질적인 연관성을 가집니다.

황소자리 알파성인 알데바란 역시 기업 활동에 특별한 재능을 부여하는데, 알데바란의 경우 독창적인 발상이나 혁신 위주의 기업가 정신이 부각된다면 아크투루스는 지치지 않는 활동력과 폭넓은 통솔력이 핵심입니다. 키워드로 표현하자면 알데바란은 창의성, 아크투루스는 운영 능력과 모험심에 방점이 찍히는 것입니다. 또한 알데바란이 공수 양면에 모두 능하고 화려함과 신중함 양쪽을 다 갖춘 능수능란한 캐릭터라면, 아크투루스는 다소 성급하여 신중하지는 못하지만 좀처럼 포기하지 않고 성실하게 맞부딪히는 쪽에 가깝습니다. 알데바란이 허점이 없고 좀처럼 실패하지 않는 영재 스타일이라면, 아크투루스는 시행착오를 몇 번 거치더라도 재빨리 재도전하면서 얼마 지나지 않아 굳건하게 자리를 잡는 스타일입니다. 남들이 넘어지지 않게 조심하면서 한 번 완주할 때, 아크투루스는 세 번 넘어지고 다시 일어나 뛰면서도 남들보다 빨리 결승선에 도착하는 유형입니다.

인덕 좋고 인기 많고 가정에도 소홀하지 않아 많은 자녀와 친척들과 관계가 좋은 경우가 많습니다. 결혼과 부부 문제에서도 길하고 이롭습니다. 굳이 아크투루스의 악덕을 짚어보자면, 목성의 악덕 그대로 사치스럽고 돈을 잘 퍼준다는 점입니다. 애초에 성정이 성급하여 꼼꼼하고 신중하지 못한 부분과도 같은 맥락입니다. 따라서 채무에 관련된 위험성이 뚜렷하거나 LoB 등 종잣돈에 관여하는 요소에 심각한 손상이 있는 천궁도에서 아크투루스가 너무 부각되면 그것 자체만으로 문제가 될 수 있습니다.

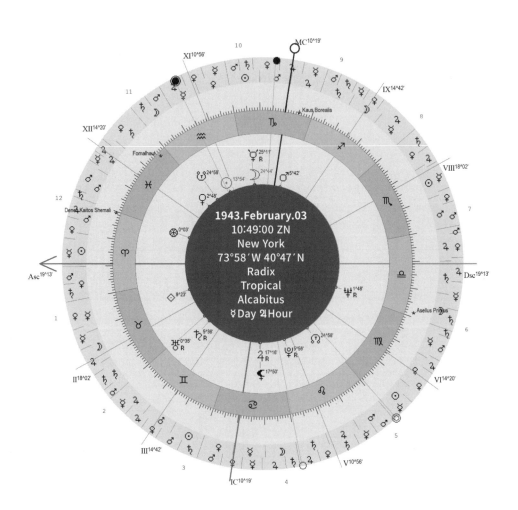

닐 보가트

**1970년대 전 세계적인 디스코 붐을 일으킨 미국 대중음악계의 거물.
아크투루스 특유의 모험적 사업 감각이 커리어에서 구현되다.**

1967년 붓다 레코드를 인수하고 1974년 카사블랑카 레코드를 설립하여 전 세계적인 디스코 붐을 일으킨 미국 대중음악계의 거물입니다. 음반사와 소속사 사장을 겸하는 기업가라 할 수 있습니다. LoF 도수가 쌍어궁과 백양궁의 경계에 있는데, 삶의 이력이나 프라이머리 디렉션 목록 등을 고려했을 때 생시가 뒤로 늦춰지면 늦춰졌지 앞으로 당겨질 확률은 별로 없다고 판단됩니다.

본인도 소싯적에 밴드 활동을 했지만, 이 인물의 진짜 능력은 '히트 칠 만한 밴드나 가수'를 바로 알아본다는 데에 있습니다. 그런 식으로 젊은 날에 순식간에 백만장자가 되었고, 중간에 관리 미비로 우여곡절 끝에 파산 직전까지 몰렸지만 또 어느 순간 거짓말처럼 부활하여 전 세계의 디스코 붐을 이끌어내는 데 성공했습니다.

토성이 PoD상으로 아크투루스와 4분 이내의 가까운 패러렐 상태입니다. PED든 PoD든 공전주기가 긴 목성이나 토성이 항성을 보는 경우 몇 주 이상의 긴 시간대에서 그 유효성이 지속되기 때문에, 이런 경우 해당 행성이 천궁도의 주요 구성 요소와 긴밀하게 연계되어 있는지를 확인할 필요가 있습니다. 이 천궁도에서 토성은 MC의 로드로서, Asc 기준으로도 LoF 기준으로도 모두 10하우스에 위치하여 서로 파틸 회합을 이루고 있는 달-수성 조합 양쪽과 파틸 컨트랜티션을 맺고 있습니다. 즉 직업과 커리어에 관련된 사안에서 중첩된 프로미터로서 부각되는 토성임을 확인 가능합니다.

비비언 롭슨은 토성-아크투루스 조합에 대해 '진솔하면서도 이기적이고 수단과 방법을 가리지 않으며, 사업 감각이 있고 물질을 중시하며 이재가 있고 투자 성과도 좋은 편이며, 집안일도 대체로 잘 풀리는데 결혼생활 초반에 문제가 생기는 경향이 있고, 자녀복도 있지만 그중 한 명과는 불협화음이 있을 것이다'라고 매우 자세한 부분까지 논한 바 있습니다.

사업 관련으로 이 사람의 재능과 성과는 이력에서 쉽게 확인 가능한 부분입니다. 결혼은 두 번 했는데, 첫 결혼에서 세 아이를 낳고 이혼한 후 두 번째 결혼에서도 아이를 한 명 얻었습니다. 다만 당사자가 만 39세에 암으로 요절했으며 자녀들과의 관계에 대해 확인할 만한 자료가 없었습니다.

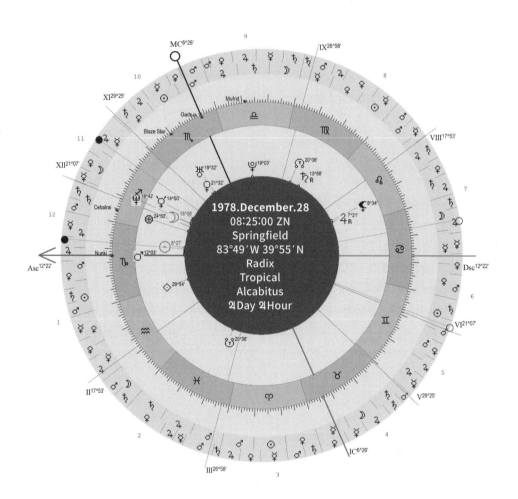

존 레전드

아이비리그 출신 미국 대중음악계의 대표적인 엄친아.
허점이 별로 없는 균형 잡힌 천궁도에서 표현되는 아크투루스.

미국 대중음악계에서 소위 엄친아라 불리는 인물입니다. 아이비리그를 우수한 성적으로 졸업하고 번듯한 직장에서 컨설턴트로 일하다 카녜이 웨스트와 협업하면서 본격적인 음악인의 길을 걷기 시작했습니다.

내부적인 균형이 매우 잘 이루어진 천궁도입니다. Asc 기준으로는 염소 화성과 처녀 토성의 삼각이 정확히 Asc에서 이루어지며 흉성 리셉션 특유의 절제, 금욕, 철저함을 갖추면서 LoF 로드인 목성은 금성과 파틸 컨트랜티션을 이루는 동시에 MC와는 파틸 사각을 맺고 있습니다. 즉 Asc 라인은 건실하고 탄탄한 흉성 조합으로, LoF 라인은 길성 조합으로 분업이 확실하게 되어 있는 천궁도입니다. 이런 경우 자기 자신에게 엄격하며 자기 관리가 철저한데 사회생활에서 운이 따르며 세속적 성취를 얻기에 유리한, 인생에 허점을 찾아보기 힘든 전형적인 구성을 가지게 됩니다. 화성은 Asc의 엑절테이션 로드로서 상승성인데 MC와 LoE 로드를 겸하고 있으며, 토성은 LoS와 LoB 로드를 겸하고 있습니다. 심지어 화성은 달과도 파틸 앤티션을 맺고 있어, 천궁도 내에서 자신을 구성하는 행성들이 정당성과 연계성 양쪽을 다 갖추고 있음을 확인할 수 있습니다. 물론 화성 입장에서는 12하우스에서 섹트 구성이 완전히 어긋난 상태의 달을 데트리먼트 로드로 보고 있으며, 달은 해왕성과 파틸 회합을 이루고 있기 때문에 차후에 중독과 약물 이슈가 불거질 가능성을 배제할 수는 없습니다. 다만 Asc와 화성-토성 리셉션에서 부각되는 철저한 자기 관리 성향, 그리고 달이 7하우스를 담당한다는 점을 감안했을 때 약물 이슈는 본인이 아닌 배우자 문제로 나타날 수도 있습니다.

아크투루스가 angle at birth로 2분 이내 오차로 남중하고 있습니다. 비비언 롭슨은 남중하는 아크투루스에 대해 '고위 공직에 오를 수 있고, 명성과 함께 많은 재물을 얻게 된다. 태양, 달, 목성이 함께하는 경우 비할 바 없는 재물과 영광이 따를 것이다'라고 논한 바 있습니다. 많은 재물과 대단한 명예를 얻은 인물이라는 점에서는 재론의 여지가 없으며, 비록 MC 근처에 목성이 동궁하지는 않지만 목성이 MC와 파틸 경각을 맺고 있으므로 제한적이나마 조건을 성립한 것으로 판단할 수 있습니다.

운로상에서 아크투루스를 프로미터로 보고 있는 MC의 로드인 화성이 타임 로드가 될 때 아크투루스가 어떤 식으로 사건화되는지를 간접적으로 관찰할 수 있을 것입니다. 실제로 피르다르 메이저 수성 / 마이너 화성 시기인 2004년 12월에 낸 첫 앨범부터 빌보드 7위에 랭크되는 등 대박을 쳤고, 다음 해인 2005년 활동으로 그래미 신인상과 R&B 앨범상을 받았습니다. 늦깎이 신인치고는 최고의 데뷔라 해도 과언이 아닙니다. 메이저 달 / 마이너 화성 시기인 2014년에도 네 번째 앨범으로 좋은 평가를 받고 상도 받았으나, 천궁도에 형성된 달과 화성의 리젝션 때문인지 아무래도 데뷔하던 수성 / 화성 시기만은 못했습니다.

이 사람은 EGOT라고 하여 에미상, 그래미상, 오스카상, 토니상을 모두 석권한 두 명의 흑인 중 한 명인데, 나머지 한 명이 뱀자리 알파성인 우누칼하이의 예시로 소개한 우피 골드버그입니다.

* 본질적 위계 - 룰러십, 엑절테이션, 데트리먼트, 펄

일곱 행성은 황도 12궁에서 자신이 담당하는 사인을 배정받습니다. 그중 대표적인 것이 룰러십rulership 혹은 도머사일domicile입니다. 토성은 마갈궁과 보병궁을, 목성은 인마궁과 쌍어궁을, 화성은 백양궁과 천갈궁을, 태양은 사자궁을, 금성은 금우궁과 천칭궁을, 수성은 쌍자궁과 처녀궁을, 달은 거해궁을 자기 소관에 두고 다스리는 것이 기본 원리입니다.

즉 화성은 백양궁과 천갈궁의 룰러ruler 혹은 도머사일 로드domicile lord로 부르며, 화성이 직접 백양궁이나 천갈궁에 위치하는 경우 룰러십을 얻었다고 표현합니다. 반면에 어떤 행성이 자신이 룰러십을 얻는 사인 반대편에 위치하는 경우 데트리먼트detriment 상태에 빠졌다고 규정합니다. 예를 들어 화성이 백양궁의 반대편인 천칭궁, 혹은 천갈궁의 반대편인 금우궁에 위치하는 경우 데트리먼트 상태가 되는 것입니다.

일곱 행성이 황도 12궁에 배정되는 방식은 룰러십만 있는 것은 아닙니다. 엑절테이션exaltation의 경우 백양궁은 태양, 금우궁은 달, 거해궁은 목성, 처녀궁은 수성, 천칭궁은 토성, 마갈궁은 화성, 쌍어궁은 금성으로 그 관리자가 지정됩니다. 각 행성이 직접 해당 사인에 위치하는 경우를 엑절테이션을 얻었다고 표현하며, 반대로 해당 사인 반대편에 들어가는 경우 펄fall 상태에 빠졌다고 규정합니다.

룰러십과 엑절테이션 이외에도 텀term / bound, 트리플리시티triplicity, 데칸decan / face 등의 배정 경로가 있습니다. 보통 이 다섯 가지 항목을 묶어서 본질적 위계essential dignity라고 부릅니다.

아크룩스

Acrux

★ 관측정보

별 이름: 아크룩스

별자리 분류(constellation): 남십자자리 알파(α)성

황경(longitude): 천갈궁(Scorpio) 10도 29분(1900년 기준) / 천갈궁(Scorpio) 11도 52분(2000년 기준)

적위(declination): 남위 62도 33분(1900년 기준) / 남위 63도 6분(2000년 기준)

적경(right ascension): 12h 26m

황위(latitude): 남위 52도 52분

광도(magnitude): 0.76

★ observation info.

Fixed star: **ACRUX**

Constellation: Alpha(α) Crux

Longitude 1900: 10SCO29	Longitude 2000: 11SCO52
Declination 1900: -62°33'	Declination 2000: -63°06'
ascension: 12h 26m	Latitude: -52°52'
Spectral class: B1	Magnitude: 0.76

천문 예측을 위한 실질 상대 등급 : 1부 리그 1군 교체 멤버

프톨레마이오스 기준 행성 속성 : 기재되어 있지 않음

천궁도 해석을 위한 실제 속성 : 토성의 각을 받는 목성

236

남십자자리의 알파성인 아크룩스입니다. 광도 0.76으로 무척 밝은 별이며, 일등성 중에서 적위상 가장 남단에 위치한 별이기도 합니다. 따라서 적도나 남반구 기준에서 작성된 천궁도에서 angle at birth 기법이 아니면 광도에 걸맞은 유효성을 확인하기가 어렵습니다. 베타성인 미모사 Mimosa, 감마성인 가크룩스Gacrux 모두 광도가 높고 아크룩스 근처에 포진하고 있기 때문에, 아 크룩스는 이들을 대표하여 남십자자리 자체의 속성을 내포한다고 판단합니다.

적위상 워낙 남쪽에 있기 때문에 남십자자리는 북반구의 중위도에서는 관측하기가 어렵습 니다. 동양권에서는 지평선에 걸린 모습을 겨우 관찰할 수 있는 한계가 홍콩이나 오키나와 남부 이기 때문에, 북위 25도보다 아래쪽인 북회귀선 근처에서 실측이 가능한 별입니다. 다만 기원전 1000년 정도까지만 해도 세차운동의 영향으로 현재 북반구 중위도 지역에서도 이 남십자자리를 밤하늘에서 관측할 수 있었다고 합니다.

동양 천문에서는 삼원 이십팔수에 속하지 않은 남반구의 기타 성계近南極星區로 분류되며, 이는 명나라 시절 아랍에서 전해진 서양 천문 자료의 별자리를 그대로 차용한 것으로 생각됩니 다. 십자가의 두 번째 별十字架二로 불립니다.

남십자자리와 아크룩스의 대표적 키워드는 '혼란과 고난을 겪은 후 체득하는 삶의 지혜', '정신적 안정과 종교적 신비에 대한 갈구'입니다. 아크룩스가 부각되는 차트에서 공통적으로 나 타나는 이야기 패턴이 그렇습니다. 이런저런 고난, 좌절, 역경, 남다른 고통을 겪고 나서 어떤 계 기를 통해 나름 깨달음을 얻게 됩니다. 고통과 좌절을 받아들이고 승화하는 일종의 정신적 기술 을 체득하고, 그러한 경험을 토대로 남은 인생을 좀 더 지혜롭게 살아가면서 남들에게도 그 지혜 를 공유하고자 애쓰는 경향이 있습니다. 한편으로는 일종의 종교적, 신비학적 체험을 통해 정신 적 안정과 만족을 갈구하는 경향이 있습니다. 명상, 기공, 기도 등을 통해 일상에서는 얻을 수 없 는 극도로 평온한 삶을 추구하기도 하고 요가를 평생 수행한다든가, 1년에 몇 번은 산속에 들어 가 칩거한다든가, 철학 공부 모임을 만들어 커뮤니티 활동을 꾸준히 하는 식입니다. 하다못해 채 식 위주의 웰빙 식단을 실천하고 심신이 건강해지는 운동법을 열심히 따라 한 후 그 효과에 대해 다른 사람들에게 열성적으로 전달하기도 합니다.

과거 중세시대에 이러한 아크룩스의 성향은 다른 생각을 허용하지 않는 단일 유일신 종교라 는 틀 안에서만 구현되었지만, 종교의 자유가 허용된 현대사회에서는 아주 넓은 영역에서 표현되 고 있습니다. 꼭 영화 〈다빈치 코드〉에 나오는 고대의 마법 의식을 재현하는 등의 극적인 외양을 띠지 않더라도, 돈과 명예 등 세속적 성취가 아닌 종교적이고 신비적인 지혜를 체득하고 실천하는 것이 아크룩스가 유효하게 부각된 사람의 인생에서 중요한 비중을 차지하게 됩니다.

★

Nia Peeples

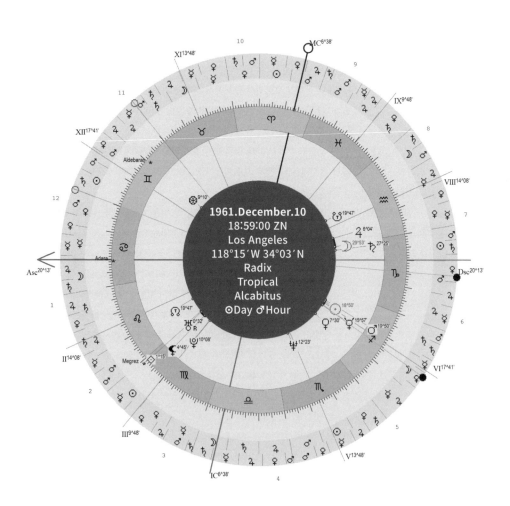

니아 피플스 ──────────────────

〈페임〉과 〈제너럴 호스피털〉에 출연했던 미국의 배우 겸 무용가.
본인이 조직한 종교 단체에서 영성, 피트니스, 건강법 등을 교습한다.

미국 TV 시리즈 〈페임Fame〉의 주인공으로 큰 인기를 얻어 〈제너럴 호스피털General Hospital〉 등의 장수 드라마에 오랫동안 출연했던 배우이자 무용가입니다. 환갑을 바라보는 나이인 지금까지도 많은 영화와 드라마에 주·조연으로 출연하고 있는 현역 배우입니다.

종교와 철학에 깊이 투신한 인물로, 본인이 만들어 운영하는 인터넷 기반의 'Elements of Life'라는 조직에서 피트니스, 영성, 건강해지는 습관, 정신적 안정 등을 추구하며 사람들을 가르치고 있습니다. angle at birth로 1분도 안 되는 오차 범위에서 아크룩스가 북중하여 자오선에 직입하는 천궁도입니다.

미국의 배우라는 점을 감안해도 네 번 결혼하고 네 번 이혼한 이력이 특이한 편입니다. 출생 천궁도에서 7하우스 로드인 토성이 섹트 구성이 완전히 어긋난 채로 데트리먼트 로드이자 Asc 로드인 달과 유효 회합을 이루고 있으며, 결혼의 랏 로드인 수성 역시 화성과 유효 회합을 이루고 있습니다. 동시에 보편적인 결혼의 지표성인 금성은 목성과 유효 육각을 맺고 있어 주변에서 인연이 풍부하게 들어오고 새로운 사람을 만날 기회도 많지만, 정작 결혼생활 자체가 어려워 유지가 힘든 전형적인 구조를 나타냅니다. 이런 경우 독신이나 한 번 이혼한 후 혼자 살기보다는 여러 번 결혼하고 또 그만큼 이혼하는 이력으로 이어지기 쉽습니다.

알페카
Alphecca

★ 관측정보

별 이름: 알페카

별자리 분류(constellation): 왕관자리 알파(α)성

황경(longitude): 천갈궁(Scorpio) 10도 53분(1900년 기준) / 천갈궁(Scorpio) 12도 18분(2000년 기준)

적위(declination): 북위 27도 3분(1900년 기준) / 북위 26도 43분(2000년 기준)

적경(right ascension): 15h 34m

황위(latitude): 북위 44도 19분

광도(magnitude): 2.23

★ observation info.

Fixed star: **ALPHECCA Gemma**

Constellation: Alpha(α) Corona Borealis

Longitude 1900: 10SCO53	Longitude 2000: 12SCO18
Declination 1900: +27°03'	Declination 2000: +26°43'
ascension: 15h 34m	Latitude: +44°19'
Spectral class: A0	Magnitude: 2.23

천문 예측을 위한 실질 상대 등급 : 2부 리그 1군 교체 멤버

프톨레마이오스 기준 행성 속성 : 금성 - 수성

천궁도 해석을 위한 실제 속성 : 리셉션 아래 수성의 각을 받는 금성

북쪽 왕관자리의 알파별인 알페카입니다. 광도가 2.23으로 꽤나 밝은 별이긴 한데, 황위가 북위로 44도라서 황도와 아주 멀리 떨어져 있고 PED 기법을 적용하기에는 적합하지 않습니다.

동양 천문에서는 삼원三垣 중 하나인 천시원天市垣에 속하는 관삭貫索의 네 번째 별貫索四로 분류됩니다. 관삭은 서민들의 감옥을 의미하며, 죄수들을 얼마나 풀어주는지 결정하는 사면령과 기근에 관여한다고 전해집니다.

고전 문헌에서 금성 - 수성 속성으로 분류된 별로, 전반적으로 길성에 가깝습니다. 알페카의 키워드는 예술적 재능과 그로 인한 명성입니다. 특히 문예적 재능이 뛰어나 작문에 능하다는 평을 받습니다. 육체적으로 강하지 않으나 똑똑하고 책을 좋아하며 예술을 즐기는 캐릭터라고 할 수 있습니다.

인기는 좋으나 인덕이 풍부하다고 할 수는 없는데, 이런 점에서 천칭자리 베타성인 주벤 에샤마리 같은 순길성과는 약간 차이를 보입니다. 알페카는 순길성처럼 보이는 와중에 다소 결함이 있는데, 책만 좋아하고 일하기 싫어하는 일종의 나태함이 있으며, 혐오하는 사람을 포용하지 못하여 적을 만들기 일쑤입니다. 이런 점 때문에 간혹 적의 공격을 받아 위태로운 상황에 빠지는데, 그렇다고 해서 인생에서 그다지 심각한 피해를 볼 정도는 아닙니다. 즉 자기 행실에 기인한 횡파와 몰락을 논할 만한 별은 아닙니다. 사소한 구설수도 자주 발생하는 편으로, 신중하고 말조심하는 스타일은 아닙니다. 뛰어난 문장력으로 유명하지만 성정이 유약한 부잣집 도련님이나 말솜씨에 얼굴값 하는 기생오라비 캐릭터라 할 수 있습니다.

Alicia Silverstone

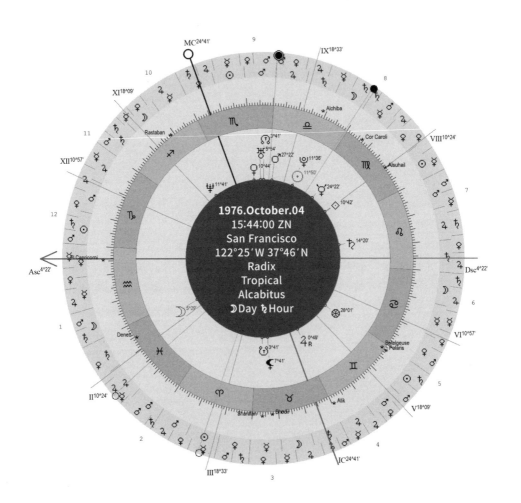

얼리셔 실버스톤 ────────────────

어린 나이에 대성공을 거둔 배우이자 영화제작자.
큰 기복 없이 유명 연예인 생활을 안정적으로 유지해왔다.

1990년대 중반부터 2000년대 초반까지 각종 영화와 드라마로 큰 인기를 얻은 배우이자, 영화제작자입니다. 아주 이른 나이에 성공하여 이후 크게 무리하지 않고 자기 스타일의 영화에 지속적으로 출연하고 또 제작하면서 별다른 기복 없는 유명 연예인의 삶을 살고 있습니다. 할리우드에서 유명한 채식주의자 중 한 명이며, 채식주의에 관련된 서적도 내고 채식 관련 다이어트 방법으로도 유명합니다. 잊을 만하면 그럴듯한 작품에 출연하며 지속적으로 평타를 치는 스타일입니다. 횡발과 횡파 없이 안정적으로 커리어를 잘 유지하는, 순길성 유형의 이력입니다.

angle at birth 기법으로 알페카가 4분 오차로 남중하는 천궁도로, 자오선과 알페카의 연계를 통해 문화예술계에 종사하는 전형적인 구조입니다. 또한 쌍어궁 달이 자신의 도머사일 로드 목성으로부터 분리되어 엑절테이션 로드인 천갈궁 금성에게 접근하는, 두 길성이자 디스포지터 모두에게 인클로저 상태에 놓이는 황금 구조를 가지고 있습니다. 운 좋으면서도 순조롭게 흘러가는 삶의 대표적인 구조라고 하겠습니다.

주벤 엘게누비
Zuben Elgenubi

★ 관측정보

별 이름: 주벤 엘게누비

별자리 분류(constellation): 천칭자리 알파(α)성

황경(longitude): 천갈궁(Scorpio) 13도 41분(1900년 기준) / 천갈궁(Scorpio) 15도 5분(2000년 기준)

적위(declination): 남위 15도 38분(1900년 기준) / 남위 16도 1분(2000년 기준)

적경(right ascension): 14h 50m

황위(latitude): 북위 0도 19분

광도(magnitude): 2.74

★ observation info.

Fixed star: **ZUBEN ELGENUBI** South Scale

Constellation: Alpha(α) Libra
Longitude 1900: 13SCO41   Longitude 2000: 15SCO05
Declination 1900: -15°38'   Declination 2000: -16°01'
ascension: 14h 50m   Latitude: +00°19'
Spectral class: A3   Magnitude: 2.74

천문 예측을 위한 실질 상대 등급 : 2부 리그 1군 주전 멤버

프톨레마이오스 기준 행성 속성 : 토성 - 화성

천궁도 해석을 위한 실제 속성 : 리젝션 아래 화성의 각을 받는 토성

천칭자리 알파성인 주벤 엘게누비입니다. 천칭자리는 고대에 전갈자리에 포함되었던 별자리로 알파성인 엘게누비를 사우스 스케일South Scale, 베타성인 에샤마리를 노스 스케일 North Scale이라고 칭하기도 합니다.

황도와 8도가량 떨어져 있는 에샤마리와 달리, 엘게누비는 황위로 북위 0도 19분에 위치하여 로열스타인 사자자리 알파성 레굴루스보다 황도에 더욱 근접한 별입니다. 따라서 달의 엄폐 현상은 물론 다섯 행성에 의한 엄폐도 벌어질 수 있는 별입니다. 1947년 10월 25일 금성이 엘게누비를 완전히 가리는 엄폐 현상이 있었고, 2052년 11월 10일에는 수성의 엄폐 현상이 예정되어 있습니다. 이렇게까지 황도에 가까우니 PED 기법을 적용했을 때 angle at birth나 PoD 등 다른 기법에 비해 상대적으로 유효할 수밖에 없습니다. 20세기 후반 황경으로 천갈궁 14도 전후에 위치합니다.

동양 천문에서는 에샤마리와 함께 동방칠수의 저수氐宿에 속하며 저수의 첫 번째 별氐宿一로 분류됩니다. 관료와 황후 등 점성학적으로 달의 영역에 포함되는 물상을 주관합니다.

천칭자리에서 알파성과 베타성을 나누어 맡는, 마치 형제와도 같은 에샤마리가 순길성이라면 엘게누비는 안타깝게도 순흉성이라 해도 과언이 아닙니다. 이 주벤 엘게누비라는 별에서 긍정적인 측면을 찾아보기는 대단히 어렵습니다. 비슷하게 순흉성으로 분류되는 페르세우스자리 베타성인 알골만 해도 마치 로열스타처럼 횡발하여 큰 권력을 얻는 경로가 있는데, 엘게누비는 그러한 세속적 성취마저 기대하기 어렵습니다. 순흉성인 동시에 최종적인 손익에서도 이득보다는 거의 손해로 귀결되는데, 이는 불행한 사건이 발생했을 때 심지어 가해자 입장에서 피해자를 겁박하는 역할을 맡기조차 어렵다는 것입니다. 엘게누비가 부각된 천궁도의 소유자들은 일이 벌어졌을 때 본인이 그저 피해자 입장인 경우가 많기 때문입니다. 길흉을 떠나 손익과 물상 대체를 따질 때에도 불리한 별 중 하나로 분류됩니다. 그럼에도 엘게누비가 부각되는 천궁도를 가진 유명인들 중 가해자 역할이 더 많아 보이는 것은, 그 뒤에 숨어 있는 99%의 피해자 관련 정보가 우리에게 잘 알려지지 않기 때문입니다.

엘게누비는 질병과 상해 사고 모두를 자신의 의미 영역으로 두고 있으며, 기본적으로 건강에 좋지 않은 별입니다. 이는 본인뿐만 아니라 친족들에게도 적용됩니다. 또한 재물 관련 일에 특히 불리하여 결정적인 손재수로 인해 패가망신하는 과정에서 자주 부각되는 별입니다. 절도, 사기, 부하 직원의 배신 등으로 재물을 잃기도 하지만, 많은 경우 무모한 투자, 창업, 도박 등으로 애써 벌어둔 돈을 자기 손으로 다 날리는 방향으로 흘러갑니다. 물론 소송이나 화재 등의 외부 효과로 피해를 보는 일도 자주 관찰할 수 있습니다. 육친이나 인간관계에서도 역시 긍정적이지 못한데, 특히 엘게누비가 금성이나 화성과 만나는 경우 주변 사람들과 사이가 틀어지는 수준이 아니라 보복을 당해 신체적으로나 사회적으로 큰 후유증이 남는 경우까지 이를 수 있습니다. 폭행을 당하거나, 독극물을 섭취한다든가 고소와 폭로를 당해 사회적으로 매장되는 등입니다.

주벤 엘게누비의 가장 특징적인 키워드는 누명을 쓰고 공권력의 징벌을 받는다는 점입니다. 억울하게 투옥된다든가, 본인의 구역에서 쫓겨나는사실상 추방당하는 경우를 드물지 않게 볼 수 있습니다. 또한 당사자가 실제로 죄가 있다 해도 그 정도에 비해 좀 과도한 수준의 처벌을 받는 경향이 있습니다.

엘게누비의 품성에 대해 논하자면, 집요하고 복수심이 강한데 생각 외로 물정이나 눈치는 별로 없고, 돈은 많이 벌고 싶지만 능력이 안 되거나 운이 안 따라줘 일확천금을 꿈꾸며 모험을 하다가 있는 돈도 다 잃어버리는, 어떻게 보면 좀 불쌍한 캐릭터에 가깝습니다. 영화나 드라마에서 주인공 친구나 악역 2인자 정도로 자주 나올 법한 캐릭터이기도 합니다.

NATAL CHART

★

Katie Holmes

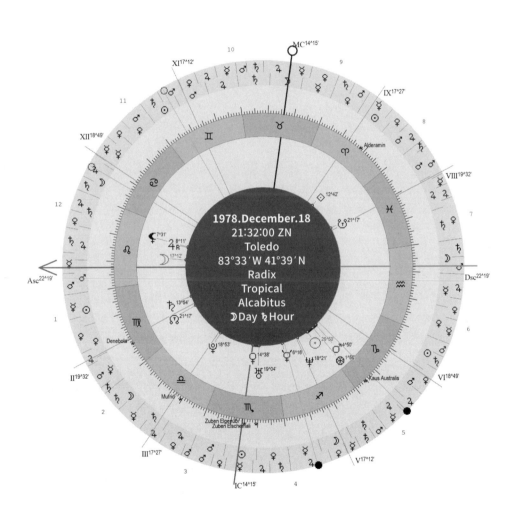

1978.December.18
21:32:00 ZN
Toledo
83°33′W 41°39′N
Radix
Tropical
Alcabitus
☽Day ♄Hour

케이티 홈스 ──────────────────

**결혼하기 전까지 승승장구하던 하이틴 스타이자 화려한 이력의 배우.
톰 크루즈와의 편치 않은 결혼생활을 거치며 커리어도 하락하다.**

영화배우 톰 크루즈의 전처로 유명하지만, 톰 크루즈와 결혼하기 전까지만 해도 승승장구하던 하이틴 스타이자 화려한 이력을 자랑하던 배우였습니다.

IC에 파틸 회합을 이루는 금성이 엘게누비와 8분 오차 범위로 접근 회합을 이루고 있으며, 7하우스의 로드인 토성과 파틸 육각을 맺습니다. 즉 금성이 케이티 홈스에게는 결혼의 영역에서 가장 부각되는 행성이라 판단할 수 있습니다. 실제로 이 금성이 운로상 마이너 피르다르 로드와 연주를 겸임하는 만 26세 3하우스 천칭 프로펙션 시기에 톰 크루즈와 결혼했습니다. 그리고 만 33세인 10하우스 황소 프로펙션 시기, 연주가 역시 금성일 때 톰 크루즈와 이혼했습니다. 톰 크루즈가 독실하다 못해 다분히 광신적인 사이언톨로지 신자이고 딸인 수리 크루즈에게 강압적으로 입교를 시키려다 부인인 케이티 홈스와 심각한 의견 충돌이 발생하여 이혼한 것으로 알려져 있습니다.

비비언 롭슨은 금성-엘게누비 조합에 대해 '동성의 질투를 사기 쉽고 결혼에 불리하며 요절까지 가능하다'고 언급한 바 있습니다. 실제로 케이티 홈스는 톰 크루즈와의 결혼 전후로 잘나가고 있던 커리어가 사실상 끊긴 상황이고, 이혼 이후의 출연 이력도 과히 긍정적이지는 않습니다. 톰 크루즈가 세기의 미남인 동시에 할리우드 영화계의 거물이긴 하지만 종교적인 특이성이 너무 지나치다는 점은 유명한 이야기인데, 그런 부분 때문에 첫 결혼을 이혼으로 끝내고 아이를 혼자 키우게 되었으니 결혼운이 좋지 않은 것은 부정하기 힘든 사실입니다.

2019년 5월 24일부터 마이너 피르다르 로드가 금성이 되었는데, 지난 6년 동안 사귄 제이미 폭스와 공개 연애를 하기 시작했습니다. 주벤 엘게누비와 토성을 동시에 보는 금성이다 보니 지난 이력처럼 아무래도 흉사를 예상할 수 있는데, 실제로 몇 개월 후 결별이 알려졌습니다.

Marc Dutroux

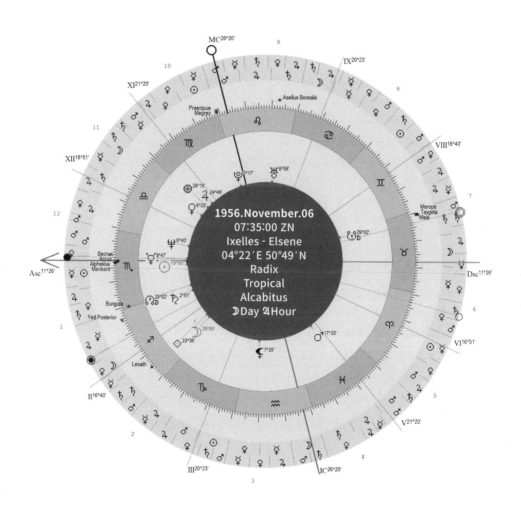

마르크 뒤트루

**벨기에 출신 20세기 대표적인 아동납치범이자 연쇄살인범.
왜곡된 신념과 종교의 관념이 망상으로 이어져 극단적인 범행을 저지르다.**

벨기에의 악명 높은 아동납치범이자 연쇄살인범입니다. 품성과 이력 등 모든 측면에서 전형적인 사이코패스의 특징을 가지고 있으며, 연쇄살인을 저지르기 전에도 차량절도, 마약거래, 상해폭행, 성폭력 등의 전과를 이미 가지고 있었습니다. 1989년 5명의 미성년 여아를 납치하여 성폭행했고, 1996년 6명을 납치하여 성폭행하고 4명을 죽인 인물입니다.

이 천궁도는 각국의 수많은 점성술 커뮤니티 및 포럼에서 빈번한 분석 대상으로서 열띤 토론의 대상이 되어왔습니다. 천궁도의 구조가 전형적인 연쇄살인범들과 상당한 차이를 보이기 때문입니다. 결론적으로 말하자면, 이 천궁도는 질적으로 완전히 망가진 목성이 현실에서 어떤 식으로 드러나는지 여실히 보여주는 예라고 할 수 있습니다. 출생 천궁도의 달이 인마궁에서 처녀궁 목성에게 리셉션 아래 거의 파틸 사각을 받고 있습니다. Asc 로드인 화성은 쌍어궁에서 맺는 가장 가까운 각이 오브 범위로 만나는 목성과의 대립각입니다. 달과 Asc 로드가 동시에 각을 맺는, 즉 중복되는 품성의 프로미터가 목성인데 Asc 로드인 화성과 달 모두에게 목성은 도머사일 디스포지터입니다. 게다가 목성은 시주와 LoS 로드까지 겸임하고 있으며 LoS 도수와 직접 파틸 사각을 맺고 있습니다. 즉 이 사람의 품성, 인격, 가치관, 세계관을 주관하는 모든 권한이 목성에게 몰려 있는 셈입니다.

딱 여기까지만 고려한다면 이 천궁도의 주인은 자기 믿음과 신념이 매우 투철한 사회인 혹은 신앙심이 있는 종교적 인물로 생각할 수 있습니다. 물론 틀린 이야기는 아닙니다. 문제는 그 목성의 내용물입니다. 목성은 공간과 시간 양쪽에서 섹트 구성이 완전히 어긋나 있으며, 본질적 위계 측면에서도 데트리먼트이면서 동시에 페러그린 상태에 빠져 있습니다. 한 행성이 빠질 수 있는 질적으로 최악의 상태라고 해도 무방하며, 처녀궁 LoF와 4도 좀 넘는 회합으로 만나고 있어 이 품성과 신념이라는 것이 당사자의 세속적 삶에 손해와 좌절로 다가감을 알 수 있습니다.

정리하자면, 이 사람은 본인의 신념이나 믿음이 의사 결정에서 비중이 매우 높은 스타일인데, 내용물을 채우는 그 신념이나 믿음이 상식적·사회적으로 매우 왜곡되어 있고, 그 신념을 실제 행동으로 옮기면 본인의 세속적 삶에 큰 피해를 입힐 수 있습니다. 실제로 마르크 뒤트루는 어린 여아와 미성년 여성들을 납치하여 지하에 감금하고 자신만의 지하 왕국을 세우는 것이 자신의 사명이라고 굳게 믿었다고 합니다. 그러한 명백한 망상이나 반사회적인 믿음 아래 한 치의 죄책감도 없이 범행을 저지른 것입니다. 이 사람이 자신의 왜곡된 신념을 행동으로 옮기는 데 성공했다는 것은 곧 연쇄살인마가 되었다는 뜻이고, 당연히 자신의 사회적 삶은 매장됩니다.

이 위험하고 끔찍한 광신자의 천궁도에서 정점을 찍는 것이 태양입니다. 태양은 Asc와 2도 오차 회합으로 상승성 역할을 담당하고 있으며, 순흉성 주벤 엘게누비와 접근 38분의 유효 범위에서 회합을 이루고 있습니다. 어떻게 보면 반사회적 망상을 신념으로 지니고 살고 있지만 그 믿음을 행동으로 제대로 옮기지 못해 그저 그런 잡범으로 끝났을 수도 있는 삶을, 이 엘게누비-태양 상승성이 방아쇠를 당겨 전 세계적으로 이목을 끈 광신자 연쇄살인마의 행각으로 확장시킨 셈입니다.

루미너리와 엘게누비가 만났을 때 특징적으로 드러나는 키워드가 억울하게 누명을 쓴다는 것인데, 이 구조가 실제 범죄자에게 나타나는 경우 자기 죄목보다 좀 더 무거운 처벌을 받는 경향이 있습니다. 실제로 이 인물은 벨기에 경찰청에 영향력을 행사할 수 있을 정도의 정치·경제계 거물이 공범으로 연루된 미성년 성매매 사건인데 이 사람만 미디어의 집중적인 표적이 되었다는 주장이 여러 번 제기된 바 있습니다. 마르크 뒤트루가 실제로는 주범이 아닌 종범이며, 이 사람이 납치한 미성년자와 여아들의 '구매자'가 따로 있다는 것입니다. 이 사건은 실상이 완전히 밝혀지지 않아 아직까지도 미제 사건으로 남아 있습니다.

주벤 에샤마리

Zuben Eschamali

별 이름: 주벤 에샤마리

별자리 분류(constellation): 천칭자리 베타(β)성

황경(longitude): 천갈궁(Scorpio) 17도 59분(1900년 기준) / 천갈궁(Scorpio) 19도 22분(2000년 기준)

적위(declination): 남위 9도 1분(1900년 기준) / 남위 9도 22분(2000년 기준)

적경(right ascension): 15h 16m

황위(latitude): 북위 8도 29분

광도(magnitude): 2.61

★ observation info.

Fixed star: **ZUBENELSCHEMALI North Scale**

Constellation: Beta(β) Libra

Longitude 1900: 17SCO59	Longitude 2000: 19SCO22
Declination 1900: - 09°01'	Declination 2000: - 09°22'
ascension: 15h 16m	Latitude: +08°29'
Spectral class: B8	Magnitude: 2.61

천문 예측을 위한 실질 상대 등급 : 1부 리그 1.5군 주전 멤버

프톨레마이오스 기준 행성 속성 : 목성 - 수성

천궁도 해석을 위한 실제 속성 : 가장 호의적인 환경에서 수성과 회합을 이룬 목성

천칭자리의 베타성인 주벤 에샤마리입니다. 과거 천칭자리가 따로 분류되지 않았을 때 전갈자리에 포함되어 있던 별로, 명칭의 기원은 '전갈의 북쪽 손톱'입니다. 이 뜻을 가진 아랍어인 'Al Zuban al Shamaliyyah'를 라틴어로 비슷하게 음차하다 보니 철자나 발음이 완전히 통일되어 있지는 않습니다. 에샤마리, 엘스케말리 등으로 혼용되고 있습니다.

광도 2.61에 비해 고전 점성술에서 유효성이 상대적으로 가장 높은 항성 목록에 포함됩니다. 웬만한 1점대 광도의 별들에 비해 위력적인 경우를 자주 볼 수 있습니다. 황위도 북위 8도로, 달의 엄폐 현상이 가능한 범위로 황도에 가까운 별이 아닌데도 그렇습니다.

천문학적으로도 아주 재미있는 별입니다. 광도가 조금씩 변하는 변광성 특질이 있는데, 지구에서는 관측이 어려운 각도의 작은 동반성companion star이 있을 것이라 추정되나 아직까지는 명목상 단성single star으로 분류되고 있습니다.

그리스의 에라토스테네스 시대에는 이 주벤 에샤마리가 전갈자리 알파성인 안타레스보다 밝은 별이라고 명시되어 있고, 350년 후 프톨레마이오스 시절에는 안타레스와 비슷한 광도라고 언급되어 있습니다. 그런데 이후 안타레스는 겉보기 광도가 조금씩 밝아졌고, 에샤마리의 광도는 급격히 떨어진 것으로 생각됩니다. 지금은 안타레스의 겉보기 광도가 에샤마리보다 훨씬 높지만, 3000년 전에는 그 반대였을 수도 있다고 추정됩니다. 여러모로 재미있는 별입니다.

동양 천문에서는 동방칠수 중 세 번째인 저수에 속하며, 저수의 네 번째 별氐宿四로 분류됩니다. 황후와 대신 등 왕의 측근들과 관련된 별로 묘사되어 있고, 이런 측면에서 고전 점성술의 달이 가진 의미 영역과 교집합이 있으며 이는 바다뱀자리 알파성인 알파드와 유사합니다.

생각보다 수가 많지 않은 목성 - 수성 속성의 항성으로, 에샤마리는 소위 말하는 순길성이라 할 수 있습니다. 오리온자리 베타성인 리겔과 비교해도 에샤마리 쪽이 좀 더 순수한 길성에 가깝습니다. 이런 별을 찾기가 쉽지 않습니다. 루미너리와 다섯 행성 모두와 상성이 맞으며, 흉사보다 길사가 우세한 경우는 거의 없습니다.

에샤마리의 캐릭터는 똑똑하고 명석하며 아는 것 많고 공부하기 좋아하며, 성격도 좋아서 인맥도 풍부하고 이성에게 인기도 많은 인물입니다. 직업으로는 학자, 교수, 판사, 변호사, 문필가, 작가 등이 어울립니다. 단 화성 속성이 그다지 없어서 검사, 장교, 의료인과는 다소 거리가 있습니다. 즉 로열스타 등급은 아니지만 그 바로 아래 등급 중에서는 가장 길하고 유리한 별이라고 평가해도 무방합니다. 오리온자리 알파성인 베텔게우스처럼 오만하여 엘리트주의나 계급의식을 가진 것도 아니고, 매사 합리적이고 공평하게 상황에 대응하기 때문에 객관적 사실 관계를 연구하는 학자나 시비를 가려주는 판사 역할이 가장 잘 어울립니다. 기본적으로 명석하며 배우기를 좋아하고 말과 글에 모두 능하며, 타인에게 선의를 가지고 대하는 와중에 정치적인 균형의식과 눈썰미도 좋은 편입니다. 악의 없이 선량한데 유능하기까지 한 캐릭터로서, 윗사람도 아랫사람도 이 사람과 친해지려고 애쓰며 결과적으로 이후 쓸 만하고 풍부한 인맥으로 이어지게 됩니다.

물론 에샤마리에 대한 모든 것이 완벽한 것은 아닙니다. 이 별은 관련된 문제가 시작되고 나서 이런저런 난관이 발생한다는 특징적인 패턴이 있습니다. 그럼에도 최종 결과는 대개 잘 풀리는 편이며, 그 좋은 결과가 상당히 오래 지속되는 것 역시 에샤마리의 특징 중 하나입니다. 한순간 급격하게 사회적 성취를 이루었지만 이후 다가올 횡파와 몰락을 걱정해야 다른 로열스타 등급 항성들과 비교했을 때 에샤마리의 최대 강점이 나타납니다. 전화위복轉禍爲福, 봉흉화길逢凶化吉의 이점입니다. 한편으로 최종 결과는 좋다 해도 초반과 중간 과정의 난관이 비교적 뚜렷하게 나타나는 것이, 에샤마리가 태양이나 토성과 만나는 경우입니다. 물론 이 두 조합에서도 전체적으로 순길성의 이로움은 어디 가지 않습니다.

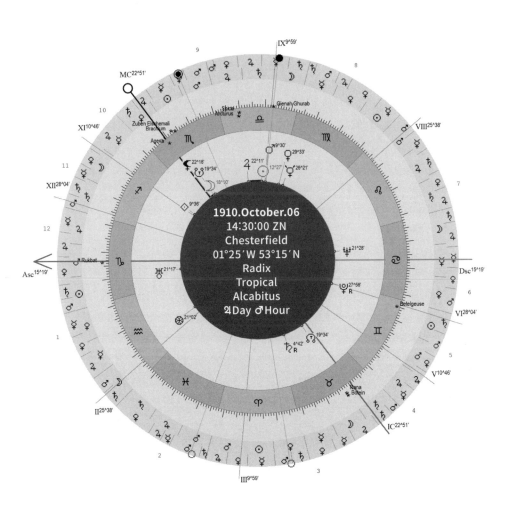

NATAL CHART

★

Barbara Castle

1910.October.06
14:30:00 ZN
Chesterfield
01°25′ W 53°15′ N
Radix
Tropical
Alcabitus
♃ Day ♂ Hour

바버라 캐슬

노동당의 마거릿 대처로 불리는 대표적인 영국 여성 정치인.
정상에 오른 후의 영락을 피해 2인자로서 장기간 커리어를 유지했다.

20세기를 대표하는 영국의 유명 정치인으로, 노동당의 마거릿 대처Magaret Thatcher라고 불리는 인물입니다. 젠틀맨 집안에 태어나 어린 시절부터 우수한 성적에 뛰어난 리더십은 물론 각종 상을 휩쓸고 웅변대회에서 주목받으며 옥스퍼드대학에 진학하여, 역시나 당시 여학생으로 오를 수 있는 한 최고의 직책에까지 올랐습니다. 이후 영국 수상이 되는 해럴드 윌슨Harold Wilson의 측근으로 1945년 블랙번 지역구에서 하원의원으로 출마해 당선, 1979년까지 34년간 그 직을 유지했고 노동당이 집권했던 시기에는 여러 부서의 장관으로 활동하기도 했습니다. 20세기 이전에 활동한 영국의 여성 의원으로서 하원의원을 최장기 역임한 기록을 남겼습니다. 남작 가문의 귀족 남성과 결혼하여 남편 사후에 본인이 남작이 되기도 했습니다.

이 천궁도를 주벤 에샤마리의 샘플로 선정한 이유는, 에샤마리 특유의 '최고는 아니나 안정적이고 꾸준하게' 유지되는 권력과 명예를 증명하는 대표적인 사례이기 때문이다.

타고난 귀족은 아니지만 부르주아 계층인 젠틀맨 가정에서 태어나 리더십 강한 수재로서 승승장구하며 1920년대에 여성으로는 드물게 옥스퍼드대학에 진학한 인물입니다. 여성으로서 거의 최연소 하원의원이 되었고 비록 총리 자리에까지 오르지는 못했지만, 34년 동안 하원의원 최장기 역임 기록을 세웠습니다. 중간에 소속되어 있던 노동당이 집권당에서 밀려났던 기간이 아닌 한, 자신의 실수나 스캔들로 낙마하거나 하야한 경우는 한 번도 없습니다. 결혼조차도 무리한 상향혼이나 불리한 하향혼이 아닌 자신보다 출신 계급이 한 등급 높은 귀족 남자와 결혼하여 사별 후에는 본인이 그 작위를 이어받았습니다. 화성 속성의 로열스타들처럼 순식간에 강하게 치고 올라가 최고의 자리에 오른 후 언제 그랬냐는 듯이 급전직하하는 게 아니라, 시작점에서부터 우수하고 명석하며 뛰어난 성취를 보여주지만 최고의 자리보다 조금 밑에서 안정적으로 오래 자리를 유지하는 것이, 어떻게 보면 에샤마리가 지닌 최고의 미덕이자 강점이라 할 수 있습니다. 1등은 못 되지만 욕심을 내지 않는 한 몰락할 일도 없는 것입니다. 영원한 2등으로 수많은 1등의 영락을 지켜보며 꿋꿋이 자기 자리를 지키는 것이 주벤 에샤마리의 특징입니다.

이 천궁도의 달은 에샤마리와 3분 오차로 사실상 달이 이 별의 색채로 변색된 상태입니다. 달은 LoE 로드로서 QS상 앵글이며 PoM에 위치하여 LoF와 유효 사각을 맺는, 직업과 커리어 관련 일이 완전히 달-에샤마리 조합으로 집중되는 구조입니다. 따라서 사회적 외양이라는 측면에서 달-에샤마리 조합의 전형을 보여줄 수 있는 천궁도임을 알 수 있습니다.

비비언 롭슨은 달-에샤마리 조합에 대해 '적극적이고 활발하며, 조직을 만들어 사람들을 잘 이끌고, 사회적인 영향력을 지닌 인물들과 교류하며 그 덕을 볼 수 있고, 지인의 명의로 물질적 이득을 얻으나 그 부분이 크게 문제가 되지 않으며, 높은 지위에 오를 수 있고 지체 높은 여성의 호의를 얻는다'라고 서술했습니다. 실제로 바버라 캐슬은 초임 하원의원 시절부터 당시 노동당의 실세였던 해럴드 윌슨의 측근으로서, 연고가 없는 블랙번 지역구에 일종의 낙하산으로 꽂힌 상황이었습니다. 이러한 낙하산 공천에 대한 내외의 비판을 피하기 위해 그녀는 블랙번의 서민 거주지로 이사하여 주민들과 교류하며 방직 기술을 배우는 등 상당한 노력을 기울였습니다. 머리 좋고 리더십 있는 것도 그렇지만, 영향력 있는 인맥의 도움을 받는다는 비비언 롭슨의 서술이 그대로 들어맞는 경우입니다.

★

Leonardo DiCaprio

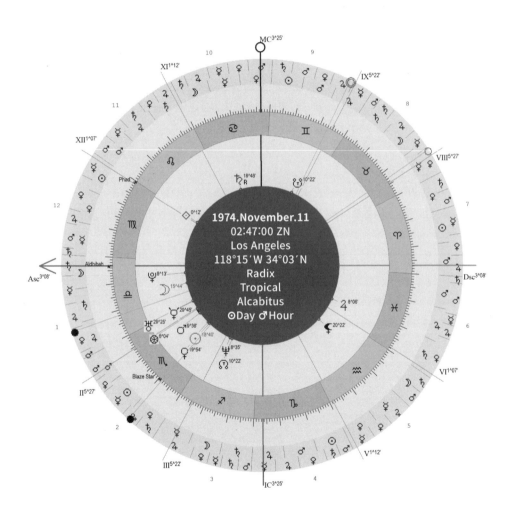

리어나도 디캐프리오

**아역 시절부터 세계적 주목을 받으며 꾸준히 롱런하는 정상급 배우.
별다른 스캔들도 없었지만 연기력·티켓 파워를 따라오지 못하는 상복을 지녔다.**

아역에서부터 시작해 성인이 되고 나서도 세계적인 수준의 성공을 이어가는 배우 중 한 명입니다. 몇 번의 자잘한 문제나 스캔들이 있긴 했지만 커리어 자체가 들쭉날쭉할 만한 정도는 아니었습니다. 연기력과 티켓 파워에 비해 아주 늦어지고 있던 오스카 남우주연상 수상도 결국 마흔이 넘어 이루었습니다. 10대 시절에는 전 세계 10대들의 우상이었고, 나이가 들어서는 또 그 연령대 특유의 좋은 배역을 맡아 많은 영화를 꾸준히 성공시키고 있습니다. 배우의 기본인 연기력도 이미 어릴 때부터 정평이 나 있는 인물이기도 합니다.

Asc 로드인 금성이 천갈궁에서 데트리먼트 상태에 빠져 있는데, 태양과 황경상 1도 좀 넘는 오차로 만나고 있습니다. 태양은 약 20분 오차로 에샤마리와 회합을 이룬 상태입니다. 금성은 적위상으로는 15분 오차의 정확한 패러렐로 태양과 이어져 있으며, 황위상으로도 1도 이내의 위치입니다. 황경상의 거리로는 1도가 넘어가지만 사실상 금성은 카지미 상태라고 해도 무방합니다. 에샤마리 가까이에 붙어 있는 이 두 행성의 가장 큰 문제는 섹트 구성이 완전히 어긋난 상황에서 역행에 데트리먼트 상태까지 겹친 토성에게 정방향 삼각을 받고 있다는 점입니다. 질적으로 최악의 흉성이 앵글에서 힘만 센 아주 위태로운 구조입니다. 안 그래도 토성이 역행까지 하고 있기 때문에, 이 각을 받는 행성들이 주관하는 일은 상당히 지연되거나 아예 도중에 엎어지는 일이 많을 것입니다. 즉 천궁도의 금성-태양-에샤마리 조합은 그 자체만으로는 매우 길하고 유리하나, 토성 때문에 그 길한 이벤트가 매우 늦게 나타날 수 있다고 판단합니다. 비비언 롭슨이 논한 태양-에샤마리 조합의 의미에도 도중에 일시적인 어려움이 있으나 결국에는 전화위복으로 잘 풀리게 됩니다. 최종 결과물은 결국 높은 명예와 많은 재물로 남게 되는 것입니다.

실제로 리어나도 디캐프리오는 아역으로 분했던 〈길버트 그레이프What's eating Gilbert Grape〉 시절부터 오스카상 후보가 된 인물입니다. 그러나 이후 네 번 수상에 실패하고 다섯 번만에야 겨우 〈레버넌트The Revenant〉로 오스카 남우주연상을 받았는데, 상기한 바와 같이 이 사람의 연기력이나 인기에 비하면 정말 상복이 따르지 않고 늦어진 경우입니다. 이때가 2016년 초인데, 운로상 태양이 메이저 피르다르 로드, 금성이 마이너 피르다르 로드를 담당하는 시기입니다. 출생 천궁도에 내정된 금성-태양 조합, 그리고 태양이 가깝게 보는 에샤마리의 사건이 직접 나타날 수 있는 구간입니다. 피르다르 기법이 이렇게나 유효합니다.

우누칼하이
Unukalhai

★ 관측정보

별 이름: 우누칼하이

별자리 분류(constellation): 뱀자리 알파(α)성

황경(longitude): 천갈궁(Scorpio) 20도 40분(1900년 기준) / 천갈궁(Scorpio) 22도 5분(2000년 기준)

적위(declination): 북위 6도 44분(1900년 기준) / 북위 6도 26분(2000년 기준)

적경(right ascension): 15h 44m

황위(latitude): 북위 25도 30분

광도(magnitude): 2.63

★ observation info.

Fixed star: **UNUKALHAI**

Constellation: Alpha(α) Serpens

Longitude 1900: 20SCO40	Longitude 2000: 22SCO05
Declination 1900: +06°44'	Declination 2000: +06°26'
ascension: 15h 44m	Latitude: +25°30'
Spectral class: K2	Magnitude: 2.63

천문 예측을 위한 실질 상대 등급 : 2부 리그 1군 교체 멤버

프톨레마이오스 기준 행성 속성 : 토성 - 화성

천궁도 해석을 위한 실제 속성 : 화성의 각을 받는 토성

뱀자리의 알파성인 우누칼하이 / 우눅알하이Unukalhai입니다. 다만 뱀자리 자체가 뱀주인자리Ophiuchus와 얽혀 있기 때문에, 일종의 보조 별자리로서 서로의 연관성을 따지며 함께 살펴보는 것이 좋습니다. 발음하기 어려운 이 별의 이름은 아랍어인 Unuk al Hayyah, 즉 뱀의 목neck of the snake이라는 뜻을 라틴어로 음차한 결과물입니다. 광도가 2.6 전후이고 황위도 북위 25도 정도로 PED 기법으로 활용하기에 그다지 위력적이라고 할 만한 별은 아니지만, 고전 점성술에 등장하는 항성 중 얼마 안 되는 극흉성極凶星으로 분류되며 그 뚜렷한 색채 때문에 절대로 무시하거나 잊어버릴 수 없는 별이기도 합니다.

동양 천문에서는 천시원天市垣의 일곱 번째 별로 분류됩니다. 천시원은 백성들이 쓸 물자, 상업, 도량형에 관여하는 동시에 물건을 훔치는 도둑 등 범죄자들에게 가해지는 형벌을 의미하기도 합니다.

우누칼하이는 고전 점성술에 등장하는, 소위 말하는 3대 극흉성에 속하는 별입니다. 알골과 프레세페가 나머지 둘입니다. 다만 횡발한다는 점에서 로열스타에 가까운 알골과 달리, 우누칼하이는 그 의미 영역이 순흉성에 가깝기 때문에 그 속성이 긍정적으로 표출될 수 있는 경로가 제한적인 것이 사실입니다.

우누칼하이의 캐릭터는 전형적인 사이코패스에 가깝습니다. 불우한 환경에서 자라 부모, 친척, 친구의 사망 등 감당하기 힘든 고통을 겪으며 결국 부도덕함과 위법에 대한 거부감이 옅어져 목적을 위해서라면 수단과 방법을 가리지 않는 인물형이라 할 수 있습니다. 우누칼하이의 특징적인 키워드가 몇 가지 있습니다. 일단은 감금, 처벌, 추방입니다. 인과관계를 논해보자면, 일반적인 공동체에서 잡아 가두고 벌을 내리고 그것도 안 되면 처형하거나 추방할 수밖에 없는, 공동체의 규율을 심각하게 어기는 것이 이 별의 역할입니다. 폭력, 절도, 위조, 사기, 뇌물수수, 살인 등이 모두 포함됩니다. 아쉽게도 이 별은 범죄자라는 군집과 교집합이 매우 큽니다. 따라서 공권력이나 사법기관을 매우 기피하게 됩니다. 위법적이고 흉험한 환경에서 살아가다 보니 본인도 그 과정에서 다치고 죽을 확률이 높아집니다. 또한 좀처럼 낫지 않는 만성적인 질환과 상해, 즉 너무 크게 다쳐서 후유증이 남을 수밖에 없는 '지속되는 고통' 역시 우누칼하이의 대표적인 의미 영역에 속합니다.

뱀자리의 보편적인 의미와 이어져 영리하고 지혜로운 속성도 있습니다. 양자리의 알파성 하말처럼 욱하면 생각 없이 들이받는 스타일도 아니고, 작은개자리 알파성인 프로키온처럼 생각보다 행동이 먼저 나가며 치게 된 사고를 잔머리로 수습하는 스타일도 아닙니다. 주도면밀하고 상황 판단이 기민한, 일종의 지능형 범죄자에 가깝습니다. 이런 측면에서 쌍둥이자리 베타성인 폴룩스와 공통점을 가집니다.

이 별이 내포하는 또 하나의 키워드는 역시 독poison입니다. 고전 점성술에 등장하는 항성 중 독에 관련된 많은 별이 있으나, 가장 대표적인 것은 뱀자리 알파성인 우누칼하이와 전갈자리 꼬리에 해당하는 레사스Lesath / 샤울라Shaula를 들 수 있습니다. 바다뱀자리 알파성인 알파드처럼 단순한 중독과 의존 성향을 나타내는 게 아니라, 우누칼하이의 독은 실제 생물을 상하게 하는 독극물을 의미합니다. 혹은 강산, 강염기, 납, 수은처럼 본질적인 독성을 지닌 물질 역시 이 별의 의미 영역에 포함됩니다. 타인의 독살도 담당하지만, 본인조차 독에 의해 죽거나 장애가 남는 징험이 강한 별입니다. 이 우누칼하이의 순수한 극흉성을 물상 대체하는 방법은 오직 독과 약물을 다루는 직군뿐입니다. 애초에 공권력이나 사법계를 거부하기 때문에 다른 화성 속성의 별들처럼 군, 검, 경 영역에서 성공하기는 어렵습니다. 따라서 타인의 생사여탈권을 쥐고 흔드는 횡발 가능성은 별로 없습니다. 의약학에 관련된 전문직이나 화학 관련으로 유독 물질을 다루는 직업을 가져야 합니다.

모든 행성 및 감응점과의 조합이 흉합니다. 그나마 금성이나 토성과 만나는 경우가 긍정적으로 나타날 여지가 있습니다. 뱀독을 제어하는 뱀주인자리의 속성이 토성 - 금성 조합이기 때문입니다. 실제로 천궁도에서 직업의 지표성이 금성 - 토성 조합일 경우 주로 약을 써서 화학적인 방법으로 치료하는 내과 의사나 직접 약품을 다루는 약사와 관련성이 높습니다.

Whoopi Goldberg

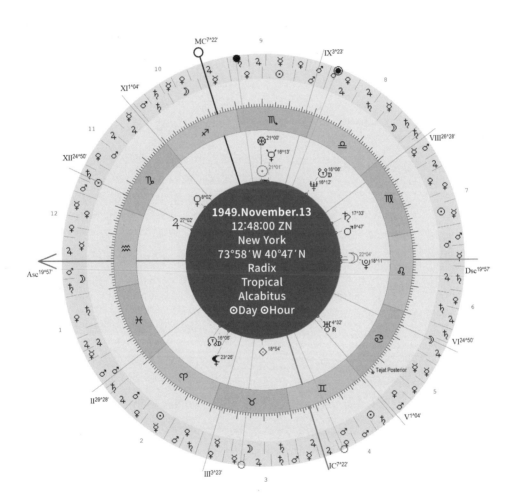

1949.November.13
12:48:00 ZN
New York
73°58′W 40°47′N
Radix
Tropical
Alcabitus
⊙Day ⊙Hour

우피 골드버그 ———————————————————

**불행한 과거를 투영한 배역으로 명배우 반열에 오른 인물.
불우한 유년기를 이겨냈지만 마약중독은 끝내 극복하지 못했다.**

태양이 PED 기법으로 20분 정도 오차로 우누칼하이와 접근 회합을 이루는 천궁도입니다. 태양은 7하우스 로드로서 10하우스에 위치하며, LoF와 1분 오차로 정확히 회합을 이루고 있습니다. 즉 LoF도 우누칼하이와 20분 정도로 회합을 이룬다는 것입니다. 또한 태양은 달이 가장 가깝게 각을 맺는 행성이며, 이 천궁도의 일주이자 시주이기도 합니다. 즉 보편적인 태양의 영역을 수행하기에 적합한 시간에 태어난 인물인데 그 태양이 중천인 10하우스에서 작용하는, 태양이 인생을 대표하는 주인공 격인 천궁도라고 할 수 있습니다. 만일 태양이 Asc 로드까지 겸임한다면 더더욱 그랬겠지만, 오히려 그런 경우 우누칼하이 때문에 더 큰 문제가 생겼을 수 있다고 추정됩니다.

우피 골드버그는 싱글맘 가정에서 자라 마약인 헤로인 사용과 성행위가 발각되어 만 14세 때 고등학교에서 퇴학당했습니다. 재활 시설에서 만난 상담가와 결혼하여 만 19세에 딸을 낳았습니다. 이 딸도 만 15세에 아이를 낳아 우피 골드버그는 만 34세에 할머니가 되었습니다. 영화배우로 승승장구하던 시절에도 마리화나는 끊지 못했다고 이후에 고백한 바 있습니다.

불우한 가정에서 자라며 마약이나 이른 임신으로 정규교육을 제대로 못 받고 10대에 엄마가 되어 힘들게 살다가 이혼하여 아이를 혼자 키워야 하는, 당시 미국 빈민층 흑인 여성들의 전형적인 경로를 밟은 것은 사실입니다. 여기까지는 태양-우누칼하이 조합이 의미하는 '수많은 우환과 좌절 및 불운한 삶'에 해당됩니다. 다만 이 여장부는 천궁도에 LoE 로드인 달이 사자자리에 위치하여 자신의 디스포지터이자 10하우스의 태양과 파틸 사각을 맺는 황금 구조를 가지고 있습니다. 실제로 골든 글로브 여우주연상을 타며 아카데미상 후보까지 오른 첫 히트작인 〈컬러 퍼플The Color Purple〉로 명배우 반열에 오른 것이 1985년인데, 이때 피르다르로 메이저 달/마이너 태양 시기입니다. 출생 천궁도에서 이미 내정된, 성공할 만한 시기에 실제로 성공한 셈입니다. 그리고 이 영화의 배역 자체가 우피 골드버그의 10대를 유사하게 투영하고 있습니다. 자신의 불행을 소재로 삼고 극적으로 표현하여 세속적 성취를 거둔 것입니다. 명배우 중 자기 삶의 불행한 부분을 배역으로 승화하여 크게 성공하는 사람들을 가끔씩 볼 수 있는데, 어떻게 보면 문화예술계에서 시도할 수 있는 가장 훌륭한 형태의 물상 대체가 아닌가 싶습니다. 아버지가 없었던 환경, 고교 초년에 퇴학, 10대에 출산하여 싱글맘이 된 것 모두 태양-우누칼하이 조합이 보여줄 수 있는 광경이며, 특히 마약의 끝판왕이라 할 수 있는 헤로인에 중독되었던 이력과 성공한 이후에도 마약을 끊지 못한 것은 우누칼하이의 강력한 중독 성향을 반영하고 있습니다.

NATAL CHART

★

Jim Morrison

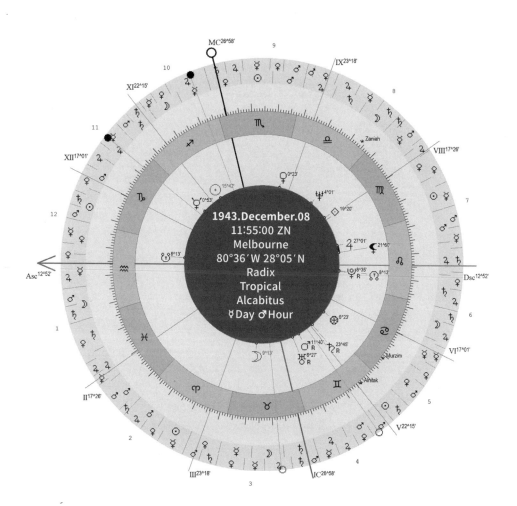

짐 모리슨

27세에 요절한 전설적인 록밴드 '도어스' 리드싱어이자 작사가.
반골 음악인의 상징이나 마약에서 헤어나오지 못해 결국 목숨을 잃었다.

전설적인 밴드인 도어스Doors의 리드 싱어이자 작사가, 시인인 짐 모리슨의 천궁도입니다. 반 정부 시위와 반전운동에 철학적인 레벨의 반항까지 포괄하는 반골의 상징인 인물입니다. 하지 만 그와 동시에 약에 찌든, 소위 약쟁이의 상징이기도 합니다. 실제로 만 27세에 헤로인 과용으 로 심장마비가 와서 사망했습니다.

2분 30초 오차로 우누칼하이가 남중합니다. 이런 경우 대외적인 평판이나 커리어가 해당 항성의 색채를 입게 되는데, 우누칼하이 자체가 반정부적인 건 사실이지만 범죄와 중독의 별에 가깝지 딱히 반골의 별은 아닙니다. 반골 성향은 AR 상태의 화성이 Asc와 파틸 삼각을 이루고 있으며 Asc 로드인 토성이 15분 이내의 오차 범위에서 황소자리의 남쪽 뿔인 알 헤카와 만나는 구조와 관련이 있습니다.

실제로 마약중독뿐만이 아니라, 공연 중 풍기문란과 성기노출죄로 6개월 징역을 선고받고 보석으로 겨우 풀려나기도 했습니다. 사실은 더 망가지기 전에 마약중독으로 만 27세에 요절하 여 전설의 반열에 남게 된 측면도 없다고는 못 합니다. 교점과 명왕성이 달에게 파틸 사각으로 들어온다든가, 알 헤카와 만나는 토성이 게자리 LoF와 파틸 앤티션을 맺는다든가, 태양과 화성 이 유효 대립각을 맺는다든가 하는 흉흉한 구조가 가득한 천궁도입니다.

이 유효 범위에서 남중하는 우누칼하이의 흉한 성질은 관리될 수 있을 만한 수준인지 가 늠하는 작업이 필요합니다. MC의 도머사일 로드인 화성과 텀 로드인 토성 자체가 모조리 MC에 대해 어버전 상태이기 때문에 그 부분은 전망이 그리 밝지 않습니다. 반면에 MC에 목성이 파틸 사각을 보내는 구조에서 상당한 보호 효과를 기대할 수 있는 건 사실입니다. 하지만 빼먹고 넘어 가기 쉬운 변수가 있습니다. 목성은 바다뱀자리 알파성인 알파드와 31분 정도의 오차로 회합을 이루고 있습니다. 즉 남중하는 우누칼하이의 중독 성향을 무마해야 하는 목성 자체가 역시나 중독이 주요 키워드인 별과 이미 만나고 있었던 셈입니다. 이런 경우 MC에 대한 목성의 보호 효 과 자체는 유효하나, 오직 중독이라는 중첩된 사안에 관해서만은 보호 효과가 없다고 판단합니 다. 보험의 부담보 조건 같은 것입니다. 실제로 1집의 대성공 이후 짐 모리슨은 약물중독 탓에 지 속적으로 망가져갔고, 그 귀결이 요절이라는 형태로 드러났다고 볼 수 있습니다.

아게나

Agena

★ 관측정보

별 이름: 아게나

별자리 분류(constellation): 켄타우루스자리 베타(β)성

황경(longitude): 천갈궁(Scorpio) 22도 24분(1900년 기준) / 천갈궁(Scorpio) 23도 48분(2000년 기준)

적위(declination): 남위 59도 53분(1900년 기준) / 남위 60도 22분(2000년 기준)

적경(right ascension): 14h 03m

황위(latitude): 남위 44도 8분

광도(magnitude): 0.61

★ observation info.

Fixed star: **AGENA Hadar**

Constellation: Beta(β) Centaurus

Longitude 1900: 22SCO24	Longitude 2000: 23SCO48
Declination 1900: -59°.53'	Declination 2000: -60°22'
ascension: 14h 03m	Latitude: - 44°08'
Spectral class: B3	Magnitude: 0.61 Variable

천문예측을 위한 실질 상대 등급 : 1부 리그 1군 교체 멤버

프톨레마이오스 기준 행성 속성 : 금성 - 목성

천궁도 해석을 위한 실제 속성 : 목성의 각을 받는 금성

남반구 켄타우루스자리의 베타성인 아게나입니다. 광도 0.61로서 아주 밝은 별이지만 황위가 남위 44도에 위치하여 북반구에서 관측이 쉽지 않고, PED 기법을 적용하기에도 적합하지 않습니다. 적위도 매우 높아 사실상 angle at birth 기법 아니면 점성학적 활용이 어려운 별 중 하나입니다. 하다르Hadar라는 별칭이 있습니다.

동양 천문에서는 삼원 이십팔수에 속하지 않은 남반구의 기타 성계近南極星區 소속으로 분류되며, 이는 명나라 시절 서양 천문의 별자리를 그대로 차용한 것으로 생각됩니다. 켄타우루스의 배馬腹 아래쪽 세 개의 별 중 첫 번째馬腹一가 아게나에 해당됩니다.

아게나는 금성 - 목성 속성의 별로 기본적으로 길성입니다. 다만 천칭자리 베타성인 주벤 에샤마리나 오리온자리 베타성인 리겔 같은 순길성은 아니며, 결함이나 부작용이 어느 정도 수반되는 별입니다. 아게나는 육체적으로나 정신적으로 에너지가 넘쳐나기 때문에 일을 벌이지 않고서는 못 견디는 캐릭터입니다. 의욕이 넘쳐 가끔 안절부절못하거나 성급한 면모까지 보이는 인물입니다. 성격이 급하다기보다는 넘치는 체력을 감당하지 못하는 쪽에 가깝습니다. 재능도 많은데 체력까지 넘치니, 두 사람 몫의 일을 모두 해내는 행동력을 보여주는 경우가 많습니다. 외골수처럼 한 분야에 집중하기보다는 자신이 좋아하는 영역을 이것저것 다 건드려보며 의욕적인 활동을 지속하는 경향이 있습니다. 사회학 쪽에서는 법·경제·경영 모두 공부한다든가, 예술계에서는 음악·미술·디자인을 모두 업으로 삼는다든가 하는 식입니다.

이러다 보니 간혹 에너지가 분산되어 하는 일은 많아도 성과가 불분명하거나, 앞뒤를 재지 않고 좌충우돌 일을 벌이다 보니 모든 면에서 너무 과해서 문제가 됩니다. 이와 같이 과유불급이라는 점에서 목동자리 알파성인 아크투루스와 유사한 점이 있습니다. 타인에 대한 호의가 있고 사람들에게 잘 베풀기 때문에 전반적으로 인간관계가 좋고 인기가 있는 편이나, 연애나 결혼에서는 워낙 에너지가 뻗치는 스타일이다 보니 한 사람에게 우직하게 충성하기가 힘들어서 간혹 문제를 일으키곤 합니다.

Prince William

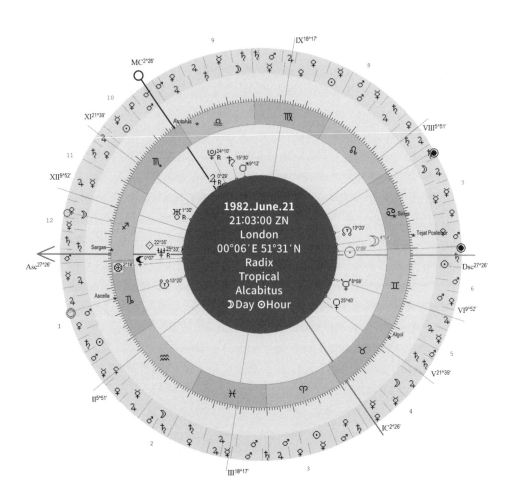

윌리엄 왕자

요절한 다이애나 왕세자비의 첫째 아들, 영국의 왕세손.
왕실 일원으로서의 역할에 구조헬기 조종사 업무까지 두 사람 몫의 활동을 펼치다.

영국의 왕세자손으로, 다이애나 왕세자비의 첫째 아들입니다. angle at birth 기법으로 아게나가 1분 30초 정도의 오차로 남중합니다. 최남단의 수도 런던만 해도 북위 50도가 넘는 영국 출신답게 지평선과 자오선의 기울기가 심하여 MC가 WS상 12하우스 초입에 위치하는 천궁도입니다.

직접 계승권을 지닌 왕족답게 천궁도가 화려합니다. 거해궁에서 이루어진 신월, 황소자리 알파성인 알데바란과 만나는 수성, 페르세우스자리 베타성인 알골과 만나는 금성, 큰개자리 알파성인 시리우스는 북교점 유효 회합을 이루고 있습니다. 목성과 토성은 둘 다 정지 범위이고, 개기월식 전후 2주일 사이에 태어난 인물입니다. Asc 로드 목성은 태양과 파틸 삼각을, 룰러십을 얻은 거해궁 달과는 4도 30분 정도의 삼각을 이루며 루미너리 인클로저 상태입니다. 점성술의 초심자가 봐도 특별하다는 것을 쉽게 알 수 있는 천궁도입니다.

남중하는 아게나는 사회 활동과 커리어에서 매우 의욕적이고 많은 활동에 참여한다는 것을 의미합니다. 공군에서 구조헬기 조종사로 실제 현장에 투입하여 1000시간 이상 작전을 수행했고, 제대한 이후에도 민간 회사에서 구조헬기 조종사로 일하고 있습니다. 왕족 신분으로 문화재 보전복구 업무와 자선 사업까지 병행하며 전업에 가까운 직업을 하나 더 뛰고 있는 셈이라 활동량 자체가 매우 많습니다. 하는 일도 많고 자녀도 많이 낳아 기르는, 하여간 열심히 사는 사람이라 그런지 대국민 이미지도 좋은 편입니다. 불륜과 다이애나 왕세자비 사망 문제로 어지간히도 인기가 없는 아버지인 찰스 왕세자를 건너뛰고 윌리엄 왕세손이 바로 왕위를 계승하는 것이 바람직하다는 의견까지 나올 정도입니다.

톨리만

Toliman

★ 관측정보

별 이름: 톨리만

별자리 분류(constellation): 켄타우루스자리 알파(α)성

황경(longitude): 천갈궁(Scorpio) 28도 13분(1900년 기준) / 천갈궁(Scorpio) 29도 29분(2000년 기준)

적위(declination): 남위 60도 25분(1900년 기준) / 남위 60도 49분(2000년 기준)

적경(right ascension): 14h 39m

황위(latitude): 남위 42도 35분

광도(magnitude): -0.27

★ observation info.

Fixed star: **TOLIMAN** Bungula, Rigil Kentaurus

Constellation: Alpha(α) Centaurus

Longitude 1900: 28SCO13	Longitude 2000: 29SCO29
Declination 1900: -60°25'	Declination 2000: -60°49'
ascension: 14h 39m	Latitude: - 42°35'
Spectral class: GK	Magnitude: -0.27

천문 예측을 위한 실질 상대 등급 : 1부 리그 1군 교체 멤버

프톨레마이오스 기준 행성 속성 : 금성 - 목성

천궁도 해석을 위한 실제 속성 : 리젝션 아래 금성의 각을 받는 목성

272

천문학과 점성술에 관심이 없는 분들이라도 한 번쯤은 들어봤을법한 이름인 알파 센타우리Alpha Centauri, 즉 켄타우루스자리 알파성입니다. 태양계에서 가장 가까운 항성계의 항성으로, 태양과 불과 4.37광년 떨어져 있습니다. 쌍성으로서 A별을 리길 켄타우루스Rigil Kentaurus, B별을 톨리만Toliman이라 부릅니다. 전자는 켄타우루스의 다리를 의미하고, 후자는 아랍어 어원으로 타조 두 마리를 의미합니다. 지금은 잘 쓰이지 않지만 옛 이름으로 분굴라Bungula라는 명칭이 따로 있는데, 말발굽을 뜻하는 것으로 추정됩니다. 겉보기 광도가 −0.27로 시리우스와 카노푸스 다음이며, 밤하늘에서 세 번째로 밝은 별입니다. 황위가 남위 42도라서 북반구에서는 잘 보이지 않고 PED 방식으로 활용하기에도 적합하다고는 할 수 없습니다. 역시나 톨리만의 진가는 angle at birth 기법에서만 확인할 수 있습니다.

동양 천문에서는 동방칠수의 첫 번째인 각수에 속하는 남문南門의 두 번째 별南門二로 분류됩니다. 일종의 국경 관문과 같은 역할로, 인동되었을 때 길사로 드러나면 외국이 조공하러 방문하고, 흉사로 드러나면 변방의 오랑캐에게 공격당해 변란이 일어난다고 전해집니다.

톨리만은 한 방향으로 규정하기 힘든, 다소 난해한 캐릭터를 가지고 있는 별입니다. 문헌적으로는 목성 - 금성의 길성 조합에 속하는 별인데, 그렇다고 천칭자리 베타성인 주벤 에샤마리나 오리온자리 베타성인 리겔처럼 순길성으로 분류되기는 어렵습니다. 어떻게 보면 반길반흉半吉半凶 조합으로, 길사가 있으면 반드시 그 이면에 흉사가 따르는 성질을 가지고 있습니다. 구체적으로 분석하자면, 길성으로서의 목성과 아주 흉화되어 사실상 흉성이나 다를 바 없게 변질된 금성이 조합된 속성에 가깝습니다.

예를 들어 유능하고 성실하여 자기 분야에서는 차근차근 성과를 쌓아 올리며 성공의 행로를 따라가는데, 그 과정에서 자기 잘되는 데에만 집착하여 주변을 배려하지 않고 적을 만든다든가, 친절하고 사근사근하여 인맥도 넓고 사람을 잘 사귀지만 그 과정에서 술자리를 너무 많이 가지면서 중독 비슷한 수준이 된다든가, 예술적 재능도 있고 이성에게 인기도 많지만 인연을 끊지 못하여 불륜에 빠진다든가 하는 식입니다. 즉 톨리만이 부각된 천궁도의 소유자들은 인생에 몇 번 상당한 명예와 부를 얻긴 하는데, 그 과정에서 금성 영역의 부작용이 한 가지는 꼭 수반되는 패턴을 보입니다. 아예 주변을 돌아보지 않고 이기적으로 굴다가 적이 생긴다든가금성 기능이 아예 부족해 작동하지 않음, 사람을 사귀고 인맥을 만드는 데 집중하다 보니 기호품에 중독되거나 결혼생활의 신의를 저버린다든가금성 기능이 너무 과한 경우 하는 식입니다.

질적으로 불안정한 행성은 중도에서 벗어나 너무 과하거나 너무 부족해서 문제가 되는데, 이는 길성인 목성이나 금성 역시 마찬가지입니다. 톨리만의 경우 목성 속성은 질적으로 안정된 편이나, 금성 속성이 너무나 변질되어 이러한 과유불급過猶不及이 금성 영역에서 악덕으로 발현되는 것이 특징입니다. 사회적으로 성공하고 돈은 많이 버는데, 대인관계 문제가 끊이지 않는 캐릭터입니다.

NATAL CHART

★

Bobby Brown

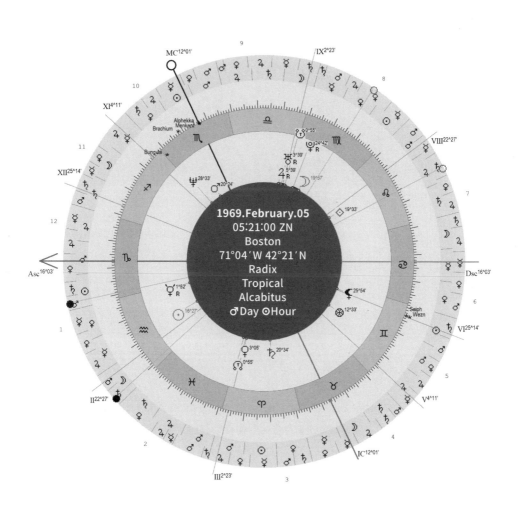

1969.February.05
05:21:00 ZN
Boston
71°04′W 42°21′N
Radix
Tropical
Alcabitus
♂Day ☉Hour

바비 브라운 ———————————————————

10대 후반 가수로의 대성공 후 계속 내리막길을 타는 가십 제조기.
부인인 휘트니 휴스턴까지 망가뜨렸다고 비판받는 악동 남편의 대명사다.

험한 동네에서 태어나 불우한 어린 시절을 보내며 오직 재능만으로 10대 중후반에 크게 성공한 음악인이나, 품성이 너무 거칠어 평생 사고를 치며 가십과 스캔들 제조기로 살아온 인물입니다. 부인인 휘트니 휴스턴의 인생까지 말아먹었다고 욕을 먹는, 연예계에서 악명 높은 남편의 대명사이기도 합니다. 만 10세가 되기 전부터 재능이 뛰어나 항상 무대에서 주목을 받았으나, 워낙 험한 환경에서 살다 보니 친한 친구가 만 11세 때 칼부림에 휘말려 사망하는 사건까지 겪었습니다. 만 17세에 여자친구를 임신시켜 자식을 얻었고, 만 23세에 휘트니 휴스턴과 결혼했으나 이후 본인의 커리어는 내리막길을 걷기 시작했습니다. 결혼 2년 후 소속사와 소송을 벌이며 탈세로 거액의 벌과금을 징수당하기도 했습니다. 이후 음주운전과 폭행 혐의로 끊임없이 뉴스를 장식하며 경찰서에 구금되는 일이 잦았고, 부인과 아이들도 수시로 폭행했다고 알려져 있습니다.

angle at birth 기법으로 불과 1분도 안 되는 오차 범위에서 톨리만이 남중하는 천궁도입니다. MF 파시스를 앞둔 LoF 로드 수성이 사실상 길성 인클로저 상태에서 독수리자리 알파성 알타이르Altair와 30분 이내로 회합하고 있는 구조까지 더해져, 초년에 세계적인 성공을 거두는 횡발 구조가 마련되어 있습니다. 다만 성공의 이면에 금성 사안의 부작용을 언제나 달고 다니는 톨리만의 악덕이 있어 미성년자 시절에 이미 혼외 자식을 둔다든가, 소속사와 적이 되어 소송을 건다든가, 술과 약물에 찌들어 재활 시설과 구치소에 구금된다든가, 부인과 아이들을 폭력으로 괴롭히는 등의 일들이 끊이지 않았습니다.

달이 화성과 파틸 접근 육각을 맺는 상태에서 토성과 파틸 패러렐 상태라 사실상 두 흉성과 모두 파틸 범위로 보는 강력한 흉성 인클로저 상태입니다. 마갈궁 상승에서 도머사일 로드인 토성과 알무텐인 화성 모두 Asc와 유효각 범위로 이어져 있는데, 이들이 파틸 오엽각이라는 좋지 않은 방식으로 이어져 있기 때문에 결국 품성의 프로미터가 두 흉성이 되어버립니다. 고전 점성술의 오엽각은 사주명리에서 원진살元嗔煞이나 귀문관살鬼門關煞로 불리는 흉살 구조의 시초에 해당하는 개념입니다. 인생의 외부 효과가 아닌 본인의 인성 측면에서 흉하고 험한 경향성이 언제나 우선하기 때문에, 주변 상황이 좋지 않게 흘러가면 타인을 해하는 폭력성이 쉽게 부각되는 것입니다. 톨리만 특유의 '금성의 악덕' 속성이 바비 브라운의 인생에서 좀 더 과격하고 폭력적인 형태로 구현된 이유는, 항성에 앞서 험한 기본 품성의 문제가 천궁도의 토대에 이미 깔려 있기 때문입니다.

* 디스포지터, 리셉션, 리젝션

특정 행성이 위치하는 도수를 다스리며 관리하는 행성을 디스포지터dispositor라고 부릅니다. 예를 들어 백양궁이 수성에 위치할 때, 수성의 도머사일 디스포지터domicile dispositor는 화성이며, 엑절테이션 디스포지터exaltation dispositor는 태양으로 배정됩니다. 디스포지터는 로드lord라고 약칭하기도 합니다.

임의의 행성이 자신의 디스포지터와 유효각을 맺는 경우를 리셉션reception이라고 부릅니다. 예를 들어 백양궁의 수성이 자신의 도머사일 디스포지터인 화성과 삼각을 맺는 경우 리셉션이 형성되어, 손님인 수성이 집주인인 화성에게 보호를 받을 수 있게 된다고 간주합니다. 다만 수성은 보호받는 대가로 자신의 처분권 일부를 화성에게 넘겨야 하며, 수성과 화성 각각의 상태에 따라 길흉과 손익을 판단하게 됩니다.

반면에 임의의 행성이 자신의 데트리먼트 혹은 펄 로드와 유효각을 맺는 경우를 리젝션rejection이라고 약칭합니다. 이는 해당 행성을 불리하게 만들며 보통 손해로 돌아옵니다. 데트리먼트 로드와 펄 로드를 보통 리젝션 로드rejection lord로 약칭합니다.

두 행성 간 서로 동시에 리셉션이 성립하는 경우, 예를 들어 백양궁의 수성과 쌍자궁의 화성이 육각을 맺는 것과 같은 구조를 뮤추얼 리셉션mutual reception이라 부릅니다. 반면에 두 행성 간 서로 동시에 리젝션이 성립하는 경우, 예를 들어 금우궁 수성과 쌍어궁 화성이 육각을 맺는 것과 같은 구조를 뮤추얼 리젝션mutual rejection이라고 약칭합니다.

드슈바

Dschubba

★ 관측정보

별 이름: 드슈바

별자리 분류(constellation): 전갈자리 델타(δ)성

황경(longitude): 인마궁(Sagittarius) 1도 10분(1900년 기준) / 인마궁(Sagittarius) 2도 34분(2000년 기준)

적위(declination): 남위 22도 20분(1900년 기준) / 남위 22도 36분(2000년 기준)

적경(right ascension): 16h 00m

황위(latitude): 남위 1도 59분

광도(magnitude): 2.307

★ observation info.

Fixed star: **DSCHUBBA**

Constellation: Delta(δ) Scorpius

Longitude 1900: 01SAG10   Longitude 2000: 02SAG34

Declination 1900: -22°20'   Declination 2000: -22°36'

ascension: 16h 00m   Latitude: - 01°59'

Spectral class: B0   Magnitude: 2.307

천문 예측을 위한 실질 상대 등급 : 2부 리그 1군 주전 멤버

프톨레마이오스 기준 행성 속성 : 화성 - 토성

천궁도 해석을 위한 실제 속성 : 리젝션 아래 토성의 각을 받는 화성

278

드슈바는 전갈자리 델타성으로, 스펙에 비해 전갈자리의 다른 별들보다 이상할 정도로 지명도가 낮은 편입니다. 광도가 2.3 정도로 꽤 밝고, 황위가 남위 2도 이내로 거의 황도에 붙어 있어 PED 방식으로 적용하기에 매우 적합한 별입니다. 20세기 후반 기준으로 황경 도수는 인마궁 2도 초반에 위치합니다. 프톨레마이오스는 이 별을 화성 - 토성 속성으로 규정했는데, 실제로 그렇습니다. 이 별은 극흉성은 아니지만 순흉성의 일종으로, 반사회적 인격장애와의 연관성이 높습니다. 사이코패스거나 지능이 높지 않은 소시오패스의 인물형에 가깝습니다.

드슈바의 특징은 부끄러움을 모른다는 점입니다. 나쁜 일을 하면서도 전혀 수치심이 없는데, 죄책감이 있을 리가 없습니다. 몰염치한 인물형의 대표입니다. 자신의 이익을 위해 남에게 피해를 주면서도 무엇이 문제가 되는지 거의 인지하지 못합니다. 지능이 높은 소시오패스의 경우 그런 행동을 하면서도 외견상으로는 그렇지 않은 척하며 자신의 속마음을 들키지 않는 데 상당한 공을 들이는데, 드슈바의 캐릭터는 그러한 노력조차 하지 않기 때문에 타인의 반감을 쉽게 사고 신용도도 바닥으로 떨어지는 경우가 많습니다. 아무래도 정상적인 사회생활을 성실하게 유지하는 일이 다소 버거울 수 있는 캐릭터입니다. 사회의 밑바닥에서 성장기부터 범죄에 노출되는 경우가 많고, 가해자와 피해자가 되는 비율은 비슷합니다. 절도, 폭력, 사기 모두 빈번한 편이나 가장 쉽게 발견할 수 있는 행태는 속임수, 즉 사기입니다. 처음에는 번드르르한 말로 믿게 해놓고 조금만 불리해지면 약속을 지키지 않는 경우가 많습니다.

일곱 행성 모두와 상성이 흉하게 돌아가는데, 그나마 금성과 만났을 때 본인의 피해가 좀 덜한 편입니다. 보통 부끄러움을 모르기 때문에 나쁜 짓이나 천한 일도 거리끼지 않는데, 금성과 드슈바가 만났을 때에는 유독 사람이 조용해지고 부정적인 생각이나 나쁜 언행을 밖으로 잘 내보이지 않습니다. 그렇게 흉함이 숨겨지기 때문에 다소 사기성이 있고 위법성이 내포된 직종에 종사할 때 이문을 잘 남기는 편입니다.

아크라브

Acrab

★ 관측정보

별 이름: 아크라브

별자리 분류(constellation): 전갈자리 베타(β)성

황경(longitude): 인마궁(Sagittarius) 1도 48분(1900년 기준) / 인마궁(Sagittarius) 3도 11분(2000년 기준)

적위(declination): 남위 19도 32분(1900년 기준) / 남위 19도 48분(2000년 기준)

적경(right ascension): 16h 05m

황위(latitude): 북위 1도 0분

광도(magnitude): 2.62

★ observation info.

Fixed star: **ACRAB GRAFFIAS**

Constellation: Beta(β) Scorpius

Longitude 1900: 01SAG48	Longitude 2000: 03SAG11
Declination 1900: -19°32'	Declination 2000: -19°48'
ascension: 16h 05m	Latitude: +01°00
Spectral class: B1	Magnitude: 2.62

천문예측을 위한 실질 상대 등급 : 2부 리그 1군 주전 멤버

프톨레마이오스 기준 행성 속성 : 화성 - 토성

천궁도 해석을 위한 실제 속성 : 목성과 토성의 각을 받는 화성

아크라브는 전갈자리 베타성으로 광도는 2.62이고 황위가 북위 1도로 거의 황도에 근접하며 PED 방식으로 활용하기에 적합한 별입니다. 20세기 후반 기준으로 황경 도수가 인마궁 2도 후반으로 전갈자리 델타성인 드슈바와 37분 정도로 인접한 상태입니다. 둘 다 광도 2점대에 황도에 거의 근접하고 적위도 가까운 편으로, 같이 거론되는 경우가 많습니다.

아크라브는 속성이 참 묘한 별인 것이, 전갈자리 베타성으로서 알파성인 안타레스와 닮은 부분도 있으며 또 한편으로는 인접한 델타성인 드슈바와 닮은 부분도 있습니다. 타인을 밟고 넘어가야 하는 거친 환경에서 경쟁한다는 부분에서는 드슈바와 비슷한 점이 있습니다. 하지만 사회의 어두운 부분에서 오늘만 사는 것 같은 다소 막장 인생을 영위하는 드슈바와 달리, 아크라브는 외견상 비교적 정상적입니다. 오히려 초년에 고생하다가 노력으로 부유해지는 인생에 가깝습니다. 자신의 이익을 위해 타인을 얼마든지 갈취할 수 있다는 흉악함은 비슷하지만, 아크라브는 나름대로 계획을 세우고 절제력도 갖췄습니다. 어려움 끝에 자수성가한다는 부분에서 아크라브는 '흉하지만 유리한' 여러 화성 - 수성 속성의 별들과 유사한 패턴을 가지는데, 작은개자리 알파성인 프로키온이나 페가수스자리 감마성인 알게니브와 비슷하게 돈을 잘 버는 재주가 있어 상업 분야에 종사하는 것이 유리합니다. 또한 안타레스와 비슷하게 인생에 한두 번 횡발하여 신분 상승이라 할 수 있을 정도로 크게 성공하고 이름을 얻는 기회가 오기도 하는데, 물론 이 경우 몰락의 확률도 그만큼 커집니다.

요약하자면 아크라브는 자신의 욕구를 성취하기 위해 목표를 설정하고 악의를 겉으로 드러내지 않으며 절제하는, 지능이 높은 소시오패스 경향을 가지고 있습니다. 힘든 환경에서 고달프게 살다가 상업으로 돈을 벌어 상당한 사회적 성취를 이룰 수 있으나, 욕심이 과하여 자신의 역량 너머에 있는 너무 높은 곳을 바라보다가는 결국 횡파로 무너질 가능성이 높습니다. 한국의 1960~1980년대처럼 고도성장기 환경에서 드라마나 영화의 주인공으로 나올 법한 캐릭터이기도 합니다.

안타레스

Antares

★ 관측정보

별 이름: 안타레스

별자리 분류(constellation): 전갈자리 알파(α)성

황경(longitude): 인마궁(Sagittarius) 8도 22분(1900년 기준) / 인마궁(Sagittarius) 9도 46분(2000년 기준)

적위(declination): 남위 26도 13분(1900년 기준) / 남위 26도 26분(2000년 기준)

적경(right ascension): 16h 29m

황위(latitude): 남위 4도 34분

광도(magnitude): 0.98

★ observation info.

Fixed star: **ANTARES**

Constellation: Alpha(α) Scorpius

Longitude 1900: 08SAG22	Longitude 2000: 09SAG46
Declination 1900: -26°13'	Declination 2000: -26°26'
ascension: 16h 29m	Latitude: - 04°34'
Spectral class: MB	Magnitude: 0.98 Variable

천문 예측을 위한 실질 상대 등급 : 1부 리그 1군 주전 에이스

프톨레마이오스 기준 행성 속성 : 화성 - 목성

천궁도 해석을 위한 실제 속성 : 목성의 각을 받는 화성

황도에 근접한 일등성으로 달의 엄폐가 가능한 네 개의 로열스타 중 마지막에 해당하는 전갈자리 알파성인 안타레스입니다. 광도가 0.6에서 1.6까지 오가는 비교적 넓은 폭의 변광성으로, 황위가 남위 4도 정도로 PED 방식으로 활용하기에 부족함이 없습니다. 20세기 후반 기준으로 황경 도수는 인마궁 9도 초반에 위치합니다.

천구에서 황소자리 알파성인 알데바란과 겨우 1분 오차의 거의 정확한 대립각을 맺고 있기 때문에, 상고시대로부터 모든 문화권에서 동서 방향을 규정하는 기준으로 사용되었던 별입니다. 안타레스는 전통적으로 서쪽을 담당했으며, 사대천사 중 우리엘Uriel이 이에 해당합니다. 동쪽은 자동으로 미카엘Michael에 해당하는 알데바란이 맡고 있습니다.

동양 천문에서는 동방칠수에 속하는 심수心宿의 두 번째 별心宿二로 분류되며, 천왕天王의 일종으로 명당明堂 혹은 심대성心大星이라 칭합니다. 천하의 상벌을 주관하는 별로 일종의 사법부에 해당하며 일월식, 목성, 토성과 만나면 길한 반면 화성이나 금성과 만나면 흉하다고 전해집니다. 즉 규칙을 중시하는 낮의 행성 계열과는 상합하는데, 무원칙하고 변덕스러운 밤의 행성 계열과는 상성이 좋지 않다고 해석할 수 있습니다.

안타레스는 네 가지 로열스타 중 하나로, 동양에서 서방백호西方白虎의 숙살지기를 상징합니다. 늙고 썩어가고 불필요해진 것을 파괴하는 역할을 담당합니다. 이제 용도가 다하여 쓸모없어진 이파리와 줄기를 다 없애버리고, 뿌리와 둥치만 남겨서 다음 봄을 준비하는 과정이 안타레스의 사명이자 목적에 가깝습니다.

인간 사회에서 애초의 순기능을 잃고 역기능만 남은 구제도의 모순을 포착한 안타레스가 그 부분을 파괴하고 제거하며, 그 빈자리에 알데바란이 새로운 체계를 창안하여 채워 넣고, 새로운 규칙이 돌아가기 시작하면 그 틀 안에서 사자자리 알파성인 레굴루스가 최고의 자리에 올라 군림하게 됩니다. 즉 변혁의 초기 과정에서 활동하는 것이 안타레스이고, 파괴와 개선이 이루어진 후 이미 새로운 원칙이 자리 잡은 상태에서는 안타레스가 할 만할 일이 별로 없습니다. 보통 특정한 공동체나 시스템이 오랫동안 유지되어 끝물에 달했을 때, 너무 낡아 정리가 필요할 때 안타레스의 역할이 생기는 것입니다. 그런 점에서 안타레스의 파급 효과가 긍정적으로 발현되기 위해서는 시대나 지역의 영향을 많이 받는 경향이 있습니다. 말기나 위기에 비로소 제 힘을 발휘합니다. 새롭고 희망에 가득 찬, 계절로 치면 봄에 해당하는 초창기, 평세, 확장기, 성수기에서 안타레스는 자칫 트러블 메이커나 청개구리로 낙인찍히기 쉽습니다.

자신이 인지하는 모든 사물과 인물에서 허점, 약점, 악덕, 교정할 부분, 개선할 여지 등을 우선 파악하는 것이 안타레스의 본능입니다. 다만 이것이 매사 부정적으로 세상을 바라본다든가 언제나 최악의 상황을 상정한다든가 하는 토성 속성의 입장과는 큰 차이가 있습니다. 오히려 안타레스는 사적인 측면에서는 겁이 없고 낙관적이며 긍정적인 캐릭터에 가깝습니다. 자신감이 과하여 오히려 오만해 보일 정도입니다.

토성은 미래에 대한 불안함과 결핍에 대한 두려움이 근저의 동기이기 때문에 자신에게 벌어질 수 있는 최악의 상황에 대비하는 과정에서 경쟁자가 될 수 있는 상대방의 약점을 찾습니다. 반면에 기본적으로 화성 - 목성 속성의 안타레스는 그러한 두려움은 별로 없으며, 단지 무엇을 먼저 파괴하고 개선해야 하는지 일종의 사냥감을 탐색하는 입장에 가깝습니다. 토성이 방어를 위한 공격을 준비하는 것이라면, 안타레스는 자신을 방어할 필요가 없는 상황에서 순수하게 제거할 대상을 찾는 것입니다. 이 과정에서 부각되는 안타레스의 가장 중요한 특성이 있다면 불신과 의심입니다. 모든 사물과 인물에는 약점과 악덕이 있기 마련이고, 안타레스 입장에서 그걸 포장하는 모든 형태의 미화는 다 벗겨내야 합니다. 정확한 판단에 방해되는 껍데기를 모두 제거하고 진짜 알맹이만 남겨야 하는데, 이 과정에서 반드시 요구되는 항목이 쉬지 않고 투철한 의문을 끊임없이 제기하는 것입니다. 자신이 납득할 수 있는 진짜가 나올 때까지 끊임없이 불신하고 의심하는 것이 안타레스의 캐릭터입니다.

그런 점에서 자신이 대하는 모든 사물과 시스템에서 환상과 성역을 제거하는 것이 안타레스의 본업이라 할 수 있습니다. 안타레스 입장에서 실상과 괴리되어 있는, 현실의 진짜 모습을 직시하는 것을 방해하는 환상은 모두 제거되어야 합니다. 비록 그 환상이 약간의 순기능이 있다 해도 장기적인 시야에서는 역기능이 훨씬 더 크다는 것을 알기 때문입니다. 또한 평가와 개선을 위한 어떤 의문도 불허하는 성역의 존재는 적시에 도려낼 수 있는 환부를 결국 썩도록 방치하기 때문에 포착되는 즉시 소거해야 합니다. 성역에는 환상만큼의 순기능도 없습니다. 이러한 안타레스의 세계관은 어떻게 보면 반증을 거듭하는 과학적 접근 방법과도 비슷합니다. 칼 포퍼는 반증 가능성이 있는지의 여부로 과학적 접근이 가능한 명제인지를 판단했는데, 안타레스 입장에서 반증 가능성이 없는 명제는 존재하지 않습니다. 그러다 보니 안타레스는 종교나 신앙의 기본 전제와 원초적으로 충돌할 수밖에 없습니다.

종교와 신앙은 특정한 당위 명제를 의심 없이 일단 믿고 시작해야 한다는 점을 대전제로 두는데, 이는 의심과 반박이 불가능한 당위 명제라는 것은 존재할 수 없다는 안타레스의 세계관과 정면으로 충돌합니다. 냉정하게 따져보면 신앙은 '유용하지만 근거 없는 믿음'인데, 안타레스 입장에서 근거 없는 믿음이 가지는 한시적인 유용함이 장기적인 해악보다 클 수 없기 때문입니다. 이와 같이 태생적으로 신앙이나 종교와 충돌하는 안타레스의 속성 때문인지 항성론의 대가 비비언 롭슨은 안타레스를 논할 때 '신앙을 가장한다', '종교 관련으로 위선적이다', '종교적 관점을 자주 바꾼다'고 언급했다. 이는 전근대 시절의 서양 문화권이 모든 구성원에게 단일 종교를 강요하는 일신론적 환경이었기에 관찰된 성향이라 할 수 있습니다. 안타레스가 자신의 가치관을 그대로 표현하면 바로 이단이나 무신론자로 탄압받는 환경이었고, 따라서 종교에 대해서는 외견상 모순적 행태가 나타나는 것입니다. 반면에 현대 자본주의 시대처럼 단일한 종교적 믿음이 필수가 아닌 환경에서는 이러한 모순과 가장이 굳이 필요하지 않습니다.

안타레스 캐릭터의 또 다른 중요한 특징은 배짱은 있는데 융통성이 없다는 점입니다. 안타레스는 중요한 원칙 몇 가지에 대해 평생 의견을 조금도 바꾸지 않으며, 그러한 부분에서는 다른 어떤 별과도 비할 수 없이 극단적으로 완고합니다. 이 흔들리지 않는 면모가 강력한 의지력이나 배짱으로 표현되기도 하겠지만, 가끔 굽히고 들어가는 것이 꼭 필요한 상황에서는 문제가 됩니다. 남들만큼의 융통성을 발휘하지 못하여 불필요한 손해가 계속 발생하는 것입니다. 또한 경쟁이 치열한 부분에서 세가 완전히 기울어지면 이 완고함은 안타레스 본인의 파멸로 이어질 수 있습니다. 휘지 못하면 부러지는 것입니다. 이러한 불필요한 고집 때문에 안타레스는 난세를 끝내기 위해 꼭 필요한 역할인 동시에 난세에서 생존하기 위한 정치적 처신에는 전혀 어울리지 않는다는 모순으로 이어집니다. 특히 사람은 용서하되 죄는 결코 용서하지 않는다는 특징도 있어, 아군의 과실을 편들어주고 보호해야 하는 상황에서는 극단적으로 취약합니다. 아군이든 적이든 누군가의 잘못을 잘못이 아니라고 선언하는 것은 안타레스에게는 불가능한 일이기 때문입니다. 타협을 불허하는 이러한 특징은 안타레스를 결국 몰락으로 이르게 합니다. 또한 잘잘못을 떠나 사람 대 사람으로는 후하고 마음이 넓은 편이라는 점 역시 약점으로 작용합니다.

일곱 행성 중 안타레스와 만났을 때 가장 유리한 행성은 달입니다. MC에 직접 붙거나 남중하는 것도 나쁘지 않습니다. 안타레스 특유의 부작용이 가장 적은 편에 속합니다. 태양도

달만큼은 아니어도 횡발과 횡파의 정도가 비슷하여 중립 정도는 됩니다. 목성도 괜찮은 편이고 화성과 만나면 상해, 질병, 횡파 등 몇 가지 뚜렷한 단점이 생기지만 그만큼 명성을 얻거나 사업적 성공에는 도움이 됩니다. 금성 역시 주변에서 많은 비난을 듣기는 해도 세속적 성취에는 유리한 편입니다. 반면에 수성과 토성은 안타레스와 상성이 맞지 않아 흉사와 손해로 빠지는 경우가 많습니다.

Winston Churchill

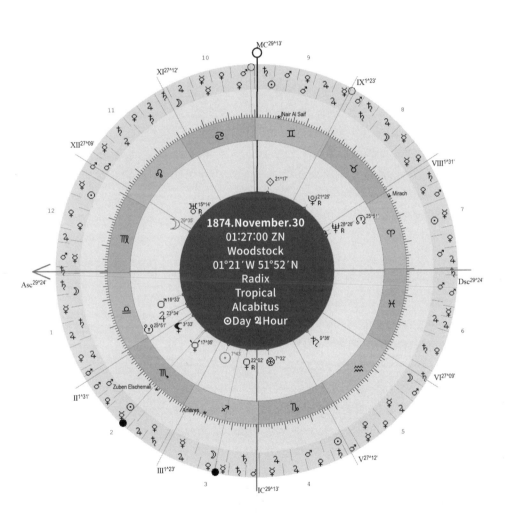

1874.November.30
01:27:00 ZN
Woodstock
01°21′W 51°52′N
Radix
Tropical
Alcabitus
☉Day ♃Hour

윈스턴 처칠

영국의 정치가로 제2차 세계대전을 연합국의 승리로 이끈 주역.
굽힐 줄 모르는 완고함과 호승심이 때로는 처참한 실패로 돌아온다.

생시의 정확성을 기하기 어려운 19세기 출생인 데다가, 상승점이 처녀궁과 천칭궁 사이에 딱 붙어 있어 수많은 점성가를 곤경에 처하게 했던 천궁도입니다. 프라이머리 앵글 디렉션을 이용한 생시 보정을 해보면, 1898년 수단 반란 진압에 장교로 참전했던 부분이 Asc가 정방향으로 화성과 만나는 디렉션으로, 1908년의 결혼이 Asc가 정방향으로 목성과 만나는 디렉션입니다. 정치계에서 은퇴하여 거의 10년 이상 재야에 머물다가 제2차 세계대전 발발 후 위기 상황에 다시 총리로 임명된 사건이 MC가 정방향으로 달과 만나는 디렉션으로 일치함을 알 수 있습니다. 이 기준으로 봤을 때 생시는 새벽 1시 27분, 즉 처녀궁 29도 20분 상승점에 준합니다.

경력상 공과에 대해서 논란이 많은 인물로, 명문 귀족 가문에서 태어났으나 이런저런 기행과 망나니 행각으로 집안에서 평판이 좋지 않았습니다. 작위를 계승하여 상원의원이 되면 실제 권력을 가지는 장관이나 총리가 될 수 없기 때문에, 본인도 그렇고 자기 아들에게도 일부러 작위를 계승하지 않았던 사람입니다. 제1차 세계대전 시 해군 장관으로서 희대의 뻘짓으로 100만 명이 넘는 병사를 헛된 전투에서 희생시켰고, 식민지에 대한 가혹한 탄압으로 엄청난 비난을 접한 후 본인조차 다시 그 일을 언급하지 않을 만큼 수치스러워했습니다.

반면에 제2차 세계대전 초기 처칠 이외 대부분의 영국 정치인이 나치와의 적당한 협상을 주장했는데, 처칠 본인만 결전과 저항을 강력하게 주장하여 결과적으로 유럽이 독일 제3제국에 넘어가지 않도록 방어하는 데 최고의 공을 세운 주인공 중 한 명이기도 합니다. 전쟁과 국제정치에 대한 이 사람의 가치관 자체가 매우 완고하고 흔들림이 없었는데, 상황에 따라 그 결과가 좋았던 적도 있고 나빴던 적도 있을 뿐입니다. 제1차 세계대전 당시와 식민지 내란 진압 상황에서는 이 완고함이 쓸데없는 희생과 가혹한 탄압으로 평가받은 것이고, 제2차 세계대전 시에는 끝까지 양보하지 않는 불굴의 저항 정신으로 전 유럽을 지켰다는 공로로 평가받은 것입니다. 정작 본인이 바뀌었던 적은 한 번도 없습니다.

이렇듯 완고하지만 흔들리지 않는 투쟁심이 안타레스의 전형적인 특징 중 중요한 한 가지입니다. 천궁도에서 안타레스와 태양이 접근 18분 오차로 회합을 이루고 있습니다. 다만 이 태양은 LoF 기준 케이던트인 12하우스에 갇혀 있고 QS 기준으로도 케이던트인 데다가, 토성과 리젝션 아래 유효 육각을 맺고 있어 매우 약하고 곤란한 상황입니다. 안타레스의 위력을 세속적 성취에 제대로 써먹기에는 너무 불안정하고, 오히려 그 흉험한 측면에 피해 입기 쉬운 배치입니다.

실제 운로에서도 피르다르 메이저 목성 / 마이너 태양 시기에 인도, 수단, 2차 보어전쟁에 장교이자 종군기자로 참전했다가 목숨을 잃을 뻔한 상황에서 겨우 살아난 전적이 있습니다. 메이저 태양 / 마이너 태양 시기에는 대영제국 해군 장관 직책을 수행 중이었는데 융통성 없이 회유책을 안 쓰다가 오스만제국을 적으로 돌려버렸고, 수많은 젊은이를 무의미하게 희생시킨 역대급 뻘짓인 갈리폴리 전투를 유도한 장본인으로 기록되었습니다. 반면에 메이저 수성 / 마이너 태양 시기에는 불리한 상황을 딛고 나치와 결전을 감행했고, 초기에 패색이 짙었지만 겨우 승기를 잡고 결국 제2차 세계대전을 연합국의 승리로 이끌게 됩니다.

태양이 마이너 로드를 담당한 시기마다 전쟁에 참여했고, 생존과 평화를 위해 타협하기보다는 완고하게 저항하며 투쟁을 지속하는 쪽으로 일관적인 노선을 고수했습니다. 여기에서 안타레스의 대표적인 키워드가 그대로 정리됩니다. 전쟁과 내란 등 피를 흘리는 폭력 상황에 관여하고, 적당한 양보로 협상하기보다는 일단 싸워 이기고 보자는 태도 등입니다. 사실 전략적인 승리를 위해 전술적인 패배를 택하기도 하고 외교적인 승리를 위해 전략적인 후퇴를 하는 것이 현명한 지도자인데, 안타레스는 그러한 융통성이 없습니다. 일단 싸우면 이기고 봐야 합니다.

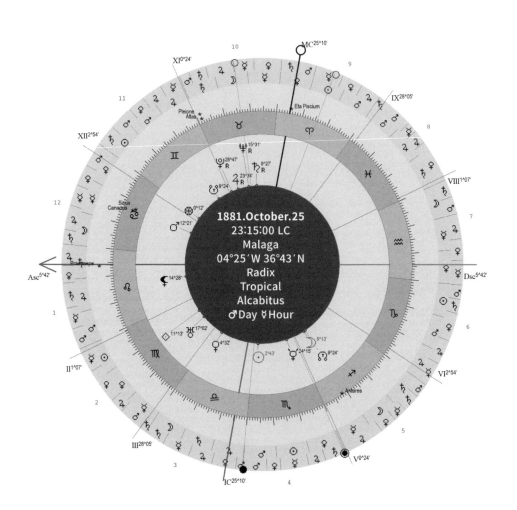

파블로 피카소 —————————————

미술사에 영원히 남을 입체파의 대표적 인물.
기존 사조를 붕괴시키고 새로운 패러다임을 제시한 건강한 안타레스다.

큰개자리 알파성인 시리우스 항목에서도 예시로 든 파블로 피카소의 천궁도입니다. 역사에 이름이 남은 천재 화가라는 측면에서 기술의 지표성인 화성이 시리우스와 가깝게 만나는 구조가 물론 중요합니다만, 이 사람이 세속적으로 큰 성취를 본 인물이라는 점에서는 안타레스와 달의 회합이 가지는 비중이 더 큽니다. 두 흉성과 어버전 상태에서 금성, 북교점, 안타레스를 동시에 보는 LoF 로드인 달이 5하우스에 위치한 천궁도입니다. 달은 로열스타인 안타레스와 6분 오차로 아주 가깝게 회합을 이루고 있어, 달이 완전히 안타레스의 색채로 변색된 상태입니다.

20대에 접어드는 피르다르 메이저 토성/마이너 달 시기에 파리에서 처음으로 자기 스튜디오를 냈으며, 메이저 목성/마이너 달 시기에 입체파 작가 활동을 시작했습니다. 메이저 화성/마이너 달 시기에는 파리에서 마티스와 함께 성공적인 전시회를 개최했습니다. 메이저 태양/마이너 달 시기에는 신고전주의와 초현실주의를 접목해 초현실주의 화가들과 파리에서 첫 전시회를 열었습니다. 메이저 수성/마이너 달 시기에는 나치가 점령한 파리에서 피신하지 않고 머물러 있다가 게슈타포에게 압박을 받아 전시회를 열지 못하는 상황이었습니다.

앞에서도 언급했듯이 안타레스의 영향력이 가장 긍정적으로 나타나기 위해서는 달과 만나는 것이 가장 유리합니다. 일단 광범위한 대중의 지지와 인지도를 얻을 수 있고, 전쟁이나 권력보다는 철학, 과학, 형이상학 등 가치관과 시대적 사조를 반영하는 분야에 관심을 갖는 경향이 있습니다. 안타레스의 파괴적인 측면이 인물을 대상으로 하면 결국 피를 흘리고 살육하는 사건으로 이어지게 되지만, 관념과 주의로 향하면 기존의 사조를 붕괴시키고 새로운 패러다임을 제시하는 좀 더 건강하고 희생이 적은 방향으로 표현되는 이점이 있습니다. 물론 그 과정에서 돈도 많이 벌고 세속적인 성취를 이룰 수 있으며, 심지어 결혼과 육친 관계도 풍요로워지는 경향이 있습니다. 실제로 안타레스 달이 5하우스에 위치하는 구성 때문인지 피카소에게는 수많은 연인과 아내가 있었으며, 풍요롭다 못해 난잡한 결혼생활로 다소간의 악명을 쌓기도 했습니다.

사빅

Sabik

★ 관측정보

별 이름: 사빅

별자리 분류(constellation): 뱀주인자리 에타(η)성

황경(longitude): 인마궁(Sagittarius) 16도 34분(1900년 기준) / 인마궁(Sagittarius) 17도 58분(2000년 기준)

적위(declination): 남위 15도 36분(1900년 기준) / 남위 15도 43분(2000년 기준)

적경(right ascension): 17h 10m

황위(latitude): 북위 7도 11분

광도(magnitude): 2.43

★ observation info.

Fixed star: **SABIK**

Constellation: Eta(η) Ophiuchus

Longitude 1900: 16SAG34	Longitude 2000: 17SAG58
Declination 1900: -15°36'	Declination 2000: -15°43'
ascension: 17h 10m	Latitude: +07°11'
Spectral class: A2	Magnitude: 2.43

천문 예측을 위한 실질 상대 등급 : 2부 리그 1군 주전 멤버

프톨레마이오스 기준 행성 속성 : 토성 - 금성

천궁도 해석을 위한 실제 속성 : 리셉션 아래 수성의 각을,
리젝션 아래 금성의 각을 받는 토성

사빅은 뱀주인자리 에타성으로 광도가 2.43으로 어둡지 않고 황위도 북위 7도 정도로 황도에 가까워 PED 방식을 적용하기에 적합한 별입니다. 특히 광도는 높지만 황도와 좀 떨어져 있는 알파성 라스 알하게에 비해 대표성은 떨어져도 활용도는 좀 더 높으나 지명도가 떨어져 자주 잊히는 별입니다. 20세기 후반 기준으로 황경 도수가 인마궁 17도 중반에 위치합니다.

사빅은 알파성 라스 알하게와 함께 뱀주인자리를 대표하는 별로, 작은 라스 알하게이자 라스 알하게의 좀 더 현실적인 버전이라 해도 무방합니다. 철학적이며 정신적인 가치를 추구하지만, 동시에 현실적인 직업생활도 포기하지 않고 양립하려는 경향이 있습니다. 다만 당시 주류 헤게모니를 쥐고 있는 기득권의 주장에 반하는 입장에 서는 경우가 대부분이라, 언제나 논란을 일으키며 욕을 먹는 경향이 있습니다. 자신이 관심 있는 분야에 대해 반복적으로 깊게 생각하고, 진지하고 성실한 캐릭터인 동시에 발상은 참신하고 아이디어가 남다른 편입니다. 다만 자신이 관심 없는 분야에 대해서는 어리숙하다는 느낌이 들 정도로 요령이 없으며, 특히 인간관계에 서툴고 자기편을 만드는 노력을 하지 않아 불필요한 오해와 불화가 자주 생깁니다. 적당히 사회화된 경증의 성인 아스퍼거증후군에서 관찰할 수 있는 전형적인 캐릭터와 겹치는 부분이 많습니다. 실제로 부부 사이나 육친 관계에서 오해와 불만이 쌓이며 틀어지는 경우를 자주 관찰할 수 있습니다.

태양, 금성, 목성과 만났을 때 예후가 좋은 편이나 수성, 화성, 토성과 만나면 흉함이 더 큽니다. 달의 경우 금전적으로는 도움이 안 되나 명예나 지위 등의 사회적 성취는 이룰 수 있습니다. 아무래도 사빅과 가장 잘 맞는 것은 태양인데, 이 경우 정신적으로 안정되어 있고 '영혼이 단단한' 인물을 관찰할 수 있습니다.

라스 알하게

Ras Alhague

★ 관측정보

별 이름: 라스 알하게

별자리 분류(constellation): 뱀주인자리 알파(α)성

황경(longitude): 인마궁(Sagittarius) 21도 03분(1900년 기준) / 인마궁(Sagittarius) 22도 27분(2000년 기준)

적위(declination): 북위 12도 38분(1900년 기준) / 북위 12도 33분(2000년 기준)

적경(right ascension): 17h 34m

황위(latitude): 북위 35도 50분

광도(magnitude): 2.07

★ observation info.

Fixed star: **RAS ALHAGUE**

Constellation: Alpha(α) Ophiuchus

Longitude 1900: 21SAG03	Longitude 2000: 22SAG27
Declination 1900: +12°38'	Declination 2000: +12°33'
ascension: 17h 34m	Latitude: +35°50'
Spectral class: A5	Magnitude: 2.07

천문 예측을 위한 실질 상대 등급 : 2부 리그 1군 교체 멤버

프톨레마이오스 기준 행성 속성 : 토성 - 금성

천궁도 해석을 위한 실제 속성 : 리셉션 아래 수성의 각을,
리젝션 아래 금성의 각을 받는 토성

294

뱀주인자리Ophiuchus / 오피우쿠스 알파성인 라스 알하게입니다. 광도는 2.07로 중요한 별 중 하나지만, 황위가 북위 35도로 황도와 꽤나 떨어져 있습니다. 따라서 PED 방식으로는 활용도나 유효성이 조금 떨어지는 편입니다. 20세기 후반 출생 기준으로 황경 도수가 인마궁 22도 초반에 위치합니다.

오피우쿠스는 그리스 신화의 아스클레피오스를 의미합니다. 아폴론의 아들로 죽은 사람도 살리는 신묘한 의술을 가지고 있었는데, 삶과 죽음에 직접 관여함으로써 신들의 권위에 도전한다는 이유로 제우스에게 죽임을 당했다가 이후 의술의 신으로 추앙받게 됩니다. 의학의 아버지라 일컬어지는 히포크라테스도 생전에 아스클레피오스 서클의 일원이었다고 합니다.

동양 천문에서 라스 알하게는 삼원 중 하나인 천시원에 속하는 후候성으로, 사음양伺陰陽하는 별이라 전해집니다. 여기에서 사伺는 사찰하고 탐색한다는 의미이고, 음양陰陽은 일월성신日月星辰과 풍수지리風水地理 등을 포괄하는 의미입니다. 즉 천문과 지리를 관측, 기록, 활용하는 모든 학문과 기술을 주관하는 별로서 이를 근대 이전 동아시아에서는 음양술陰陽術이라 불렀습니다. 천문 예측, 풍수, 상법, 점복 등의 모든 기예가 이에 포함됩니다. 즉 후성은 음양사, 점성가, 마법사의 별이기도 합니다. 후성은 이 밖에도 제후, 권신, 황제국 주변의 변방 국가들을 의미하며, 점성학적으로 토성의 영역과 유사합니다. 실제로 라스 알하게는 서양 점성술에서도 토성 - 금성 속성의 별로서 토성이 중심 속성입니다.

라스 알하게는 여러모로 독특한 별입니다. 로열스타는커녕 일등성도 아니고, 횡발이나 출세와도 큰 관련이 없습니다. 오히려 세속적인 성패와 애초부터 질적으로 거리가 있는 별입니다. 라스 알하게의 관심 대상은 철학, 과학, 종교 등 세계관을 형성하는 학문입니다. 어릴 때부터 이런 분야에 관심이 많고, 평생 매진하여 천착하는 경향이 있습니다. 이 세계관을 형성하는 학문 체계는 많은 경우 형이상학을 토대로 하며, 주류 철학과 종교 이외에도 명상, 기공, 술법, 비의학 등 실천적이고 기술적인 부분까지 모두 포함합니다.

점성술 역시 마찬가지입니다. 애초에 전근대의 동아시아에서 음양사로서 천문관 역할을 맡았던 별이니 점성술을 빼놓고 이야기하는 것도 우스운 일입니다. 음양사, 마법사, 점성가, 천문학자가 동일한 영역으로 분류되던 시절에 점성가를 대표하던 별이라 할 수 있습니다.

의약학 역시 라스 알하게의 영역으로, 철학과 종교가 관심 분야라면 의약학은 라스 알라그의 직역이라 해도 과언이 아닙니다. 사람을 치료하는 모든 업이 포함되며, 특히 약과 독을 사용한 내과적인 방식으로 접근하는 경향이 있습니다. 라스 알라그의 속성이기도 한 금성 - 토성 조합이 독한 약을 써서 병을 고치는 의약학의 영역을 포괄하는 것도 사실입니다. 라스 알하게에게 문제가 있다면, 자기 분야 이외의 것들에는 신경을 쓰지 않는다는 것입니다. 외골수 내지는 다소 자폐적인 경향이라 할 수 있습니다. 자기 관심 분야 이외의 모든 것에 소홀하기 때문에 이런저런 문제가 생기는데, 주로 인간관계에서 사건화되는 경향이 있습니다.

자신의 관심 분야인 철학, 종교, 학문에서도 찬사와 환영을 받는 경우는 별로 없고, 오히려 비난과 시기의 대상이 되는 경우가 많습니다. 라스 알하게의 캐릭터가 융통성 없이 자기 고집대로 입바른 소리를 한다는 것인데, 이는 주변 사람들의 입장이나 대중이 자신의 의견을 어떻게 받아들일지 전혀 눈치를 보지 않는 경향으로 확장되곤 합니다. 이런 점에서 정지stationary 상태의 토성과 비슷한 부분이 있습니다. 토성 특유의 가차 없고 엄격하고 냉소적인 특성까지 있어 기존의 권위 있는 이론의 허점을 찾아 지적하고 고쳐서 개량할 점을 거론하는 역할을 맡기 쉽습니다. 이런 스타일은 자신이 속한 공동체에서 다수를 차지하는 이들의 노선과 어긋나기 마련이고, 대중의 지지를 받기도 어렵습니다. 따라서 자기 분야에서도 지속적으로 비판과 비난의 대상이 되기 쉽습니다. 특히 당위 명제와 신앙을 기반으로 하며 탄력성이 극도로 적은 종교 분야에서는 이단 취급을 받으며 탄압의 대상이 되는 경우가 많습니다. 소위 욕 들어먹으면서도 꿋꿋이 입바른 소리를 내뱉는 미운 놈 역할인 것입니다. 인간관계에서도 원칙을 따지고 거짓말을 잘 못하기 때문에, 친밀함을 근거로 편들어주기를 바라는 지인들에게 원망을 사기 쉽습니다. 공감해주는 능력이 없는 스타일이라 할 수 있습니다. 따라서 애정관계나 결혼에서도 시작부터 불리함을 얻고 가게 됩니다.

정리해보자면, 라스 알하게는 형이상학, 대우주의 원리, 신의 섭리와 숙명 등에 꽂혀 있는 구도자나 수도승 캐릭터라 할 수 있습니다. 다만 세간의 눈이 닿지 않는 12하우스에 은둔하는 수사monk들과 다른 것이, 자신이 수련하면서 알게 된 지식과 기술을 사람들에게 사용하며 베푸는 것을 선호하는 특징도 함께 가지고 있기 때문입니다. 즉 종교인priest이라기보다는 마법사magician에 가깝고, 의약학으로 사람들의 병을 고치는 직역과의 높은 친화도 역시 이러한 실용성 추구, 즉 형이상과 형이하 사이에서 양쪽 모두에 발을 담그고 있고자 하는 라스 알하게 특유의 속성에 기인합니다. 싯다르타가 활동하던 시기의 원시불교에서는 이와 같이 세속적 직업과 가정을 가진 재가 구도자를 거사居士 / Kulapati라고 칭했고, 최소한 싯다르타는 전업

수도승과 거사 사이에 위계상의 구분을 두지 않았습니다.

문제는 이렇게 성聖과 속俗 양쪽에 한 발씩 담그고 있는 애매한 입장이 인간적인 친교나 애정관계, 결혼생활에는 적합하지 않다는 점입니다. 아예 수도원에 틀어박혀 금욕하는 종교인이라면 애초부터 애정관계나 결혼 영역에 발도 붙이지 않을 테니 상관없겠지만, 라스 알하게 캐릭터는 그렇지 않기 때문에 문제가 생깁니다. 무엇보다 배우자의 편을 들어주며 공감해 주지 않는 성향으로 인한 불리함은 결혼생활 내내 불화의 요인으로 작용할 수 있습니다. 어떻게 보면 두 마리 토끼를 다 잡으려는 욕심의 대가이자 박쥐의 한계라고도 할 수 있습니다.

세속적인 성패, 길흉과 손익 쪽으로 딱히 방향성이 없는 편이며, 특히 길흉과 손익이 뒤섞이기 쉬운 별입니다. 한쪽을 얻으면 다른 쪽을 잃는 정도입니다. 다만 수성이나 화성과 만나는 경우 외견상 손해와 흉사가 잘 드러나는 편입니다. 다른 세 행성과 루미너리와의 상성은 대체로 괜찮습니다.

Umberto Eco

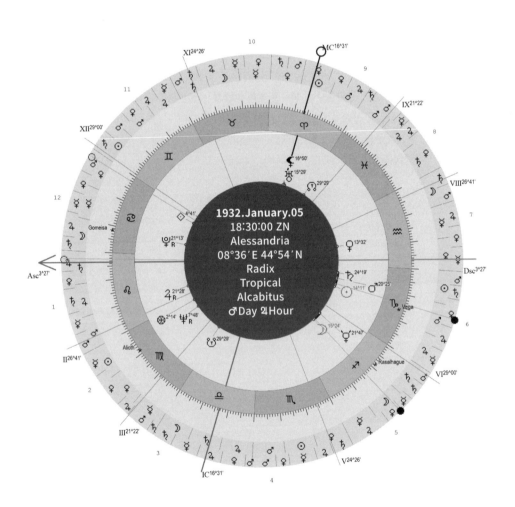

1932.January.05
18:30:00 ZN
Alessandria
08°36′ E 44°54′ N
Radix
Tropical
Alcabitus
♂ Day ♃ Hour

움베르토 에코

**미학 기반의 기호학을 확립한 20세기 인문학계의 먼치킨이자 언어 천재.
기존 학계의 권위에 비판을 받았지만 결국 자신의 체계를 주류화하는 데 성공했다.**

드라마틱한 삶을 산 사람은 아니지만, 실제 이력을 프라이머리 디렉션으로 대조해보면 정확한 생시를 대략 추정할 수 있습니다.

이탈리아 출신의 세계적으로 저명한 지식인으로서, 기호학자로서 아마도 가장 유명한 인물일 것입니다. 언어학적 혹은 구조론적 기호학보다 시각을 중심으로 하는 미학 기반의 기호학을 체계화한 학자로서 기호학과 관련된 철학, 문학, 미학, 건축학 모든 분야에서 최고 등급의 인지도와 존경을 받는 대학자입니다. 그가 쓴 〈장미의 이름〉, 〈푸코의 추〉 같은 소설도 세계적으로 널리 알려져 어떻게 보면 미학 기반의 기호학을 대중화한 주인공이라고도 할 수 있습니다.

천궁도에서 Asc 로드인 태양이 LoS 로드인 달과 파틸 앤티션 상태입니다. LoF 로드인 수성이 인마궁에서 데트리먼트 상태인데, 시주이자 LoE 로드인 목성과 파틸 삼각이며 달이 이 두 행성에게 동시에 첫 접근을 하고 있습니다. 수성·목성·달은 두 흉성과 모두 어버전 상태이고, 그런 상황에서 수성과 달은 두 길성과 WS상으로 이어져 있으며, 달은 유효각 범위에서 고전적인 길성 인클로저 상태입니다. 수성-목성 분야에서 최상의 구조들이 포진되어 있는 천궁도인 셈입니다.

수성-목성 조합의 지식노동과 정보 전달 분야에서 세계 최고 등급이자 역사적 인물이 된 것은 이러한 구조들이 중첩되어 있기 때문입니다. 아무나 될 수 있는 것이 아닙니다. 실제로 8개 국어를 유창하게 하며 각 언어로 논문을 쓸 수 있는 수준까지 통달한 '언어 천재'입니다. 전공인 기호학과 철학 부문 이외에도 건축학, 역사학, 인류학, 문학평론, 컴퓨터 이론, 디지털 미디어 전반에서 세계적인 권위자입니다. 20세기 인문학계의 먼치킨munchkin이라고 일컬어도 무방한 인물입니다.

수성이 라스 알하게와 12분 오차 범위에서 분리 회합을 맺고 있습니다. 비비언 롭슨은 수성-라스 알하게 조합에 대해 '종교, 철학, 과학계에서 비주류 성향으로 비판을 받으며, 이성과 불화가 잘 생기고 결혼생활에 문제가 있으며, 타인에게 해코지당하는 경향이 있고, 재물과 큰 인연이 없다'라고 논한 바 있습니다. 수성-라스 알하게 조합은 보통 기존의 권위를 얻은 이론을 뒤집는 새롭고 독특한 체계를 주장하기 때문에 욕을 먹고 비판을 듣는 경우가 많습니다. 당시의 주류나 정통파에 반하는 입장이라는 점에서 정지 토성stationary saturn과 유사합니다. 만일 이 시도가 실패하면 기득권에게 비판받고 놀림거리가 되겠지만, 성공하면 자신이 고안한 체계로 해당 분야의 패러다임을 바꿔놓을 수 있습니다. 움베르토 에코의 천궁도에서 수성은 자신의 디스포지터인 목성을 보고 인지도를 의미하는 달까지 보며 두 흉성과는 어버전 상태이기 때문에 자신의 독특한 체계를 주류 이론으로 만들고 대중화하는 데에도 성공했습니다. 이쪽 업계의 사람들로서는 부러우면서도 존경스러운 대상이라 할 수 있습니다. 또한 기호와 상징을 통해 현실의 인물과 사물을 재해석하고 표현하는 일이야말로 전통적인 비의학 분야이며, 라스 알하게의 전공이라 하겠습니다.

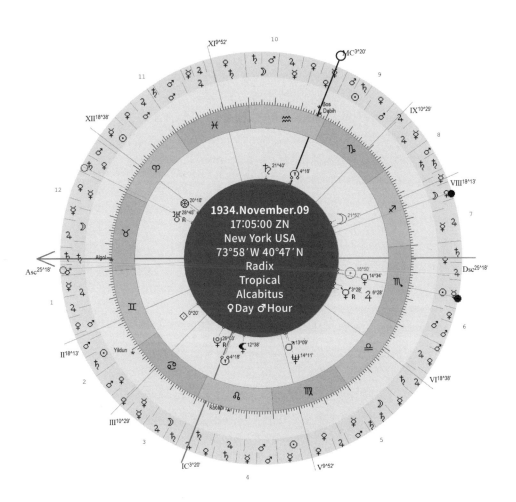

★

Carl Sagan

1934.November.09
17:05:00 ZN
New York USA
73°58′ W 40°47′ N
Radix
Tropical
Alcabitus
♀Day ♂Hour

칼 세이건 ———————————————

**20세기를 선도한 천체물리학자이자 〈코스모스〉 저자.
과학의 대중화에 앞장섰으나 지속적으로 대내외의 비판과 논란에 노출되었다.**

20세기에 활동했던 유명한 과학자 중 한 명입니다. 선도적인 천문학자이자 천체물리학자인 동시에, 과학을 좀 더 쉽게 대중에게 전달하기 위해 평생 동안 노력한 인물입니다. 칼 세이건이 출연한 〈코스모스〉라는 과학 다큐멘터리와 저서는 1980년대 최고의 베스트셀러이자 스테디셀러였으며, 아직까지도 많은 사람이 읽고 있습니다.

천문학자들이 아닌 일반인 사이에서 그는 과학자라기보다는 우주의 무한함과 경이로움을 알려주는 방송인이나 선생님 같은 이미지로 받아들여지는 경우가 많습니다. 하지만 실제로 그는 처음으로 달에 도착한 유인 우주선인 아폴로 11호, 파이오니어 10호와 11호 발사에 관여한 거물급 과학자입니다. 달이 약 20분 오차 범위에서 라스 알게와 회합을 이루고 있으며, 비비언 롭슨은 달-라스 알게 조합에 대해 '종교 분야에서 대중적인 명성을 얻으며, 많은 재물을 얻을 수 있다'고 논한 바 있습니다.

칼 세이건은 대중에게 어떤 사실을 나열해서 전달했다기보다는 갖가지 지식의 편린 사이에서 과학이 실로 무엇인지, 반증 가능성을 끝까지 포기하지 않는 과학적인 접근 방식이 어째서 종교적인 믿음보다 바람직한지를 설파하는 일종의 사상가 역할을 수행해왔습니다. 실제로 철저한 불가지론자로서 종교인들과 수많은 논쟁을 벌여왔고, 합리주의보다 유일신 종교관이 팽배한 미국에서 큰 반향을 불러일으킨 동시에 독실한 신앙인들에게 비난의 대상이 되기도 했습니다. 즉 과학적 방법론이라는 자신의 사상을 설파하며 종교적 기득권과 대립한 셈입니다. 물론 그 과정에서 큰 인지도와 수익까지 얻은 것은 사실입니다.

아무리 라스 알게가 달과 만났을 때 가장 유리한 조합으로 작용한다 해도 같은 직역의 동료들에게 비난을 듣는 것은 피할 수 없었습니다. 당시 상당수의 과학자는 칼 세이건을 인기에 영합하여 개인적 욕심을 취하려 하는 일종의 포퓰리즘 과학자로 치부하며 음으로 양으로 비판을 가했고, 자기 분야에서 선도적인 연구 성과를 내는 천체물리학계의 거두임에도 과학 팔아먹어 자기 욕심을 채우는 허접한 과학자라는, 사실과 부합하지 않는 오명까지 썼습니다. 20대 후반에 나사NASA의 기술 고문 자리에 오른 천재임에도 말입니다. 물론 이 사람이 무대에 나서기 좋아하는 성향인 건 맞지만, 여러 언행과 행적을 돌이켜봤을 때 세속적인 성공을 위해 본인의 사상과 과학자로서의 접근 방식을 굽히며 타협한 적은 한 번도 없습니다. 결국 업계 내부에서 욕을 먹는다는 점은 라스 알하게가 부각되는 천궁도에서 피할 수 없는 일이라 하겠습니다.

　　Lord of Time이자 LoS 로드인 라스 알하게 달이 LoF와 파틸 삼각을 맺고 있는 구조가 특징적입니다. 월등한 연구 성과를 내는 선도적인 과학자라는 점은 물론 MF 파시스 수성이 목성과 유효 회합을 맺는 구조가 핵심입니다. 학계의 저명한 인물들의 천궁도에서 수성-목성 유효각이 발견되는 것은 매우 흔한 일입니다. 저술 분야에서도 학술 논문, 에세이, 소설 모두 훌륭했으며 심지어 퓰리처상까지 탔습니다. 다만 Asc가 페르세우스자리 베타성인 대흉성 알골과 가깝게 회합하고, 7하우스에서 데트리먼트 상태에 빠지는 Asc 로드 금성이 순흉성인 천칭자리 알파성 주벤 엘게누비와 회합하는 것은 매우 흉한 구조입니다. 각자의 영역에서 모두 쟁쟁한 여성들과 세 번 결혼하고 두 번 이혼했습니다. 본인도 62세에 골수이형성증후군으로 사망하여 장수를 누리지는 못했습니다.

샤울라 & 레사스

Shaula & Lesath

★ 관측정보

별 이름: 샤울라

별자리 분류(constellation): 전갈자리 람다(λ)성

황경(longitude): 인마궁(Sagittarius) 23도 11분(1900년 기준) / 인마궁(Sagittarius) 24도 35분(2000년 기준)

적위(declination): 남위 37도 2분(1900년 기준) / 남위 37도 5분(2000년 기준)

적경(right ascension): 17h 33m

황위(latitude): 남위 13도 47분

광도(magnitude): 1.62

★ observation info.

Fixed star: **SHAULA**

Constellation: Lambda(λ) Scorpius

Longitude 1900: 23SAG11	Longitude 2000: 24SAG35
Declination 1900: -37°02'	Declination 2000: -37°05'
ascension: 17h 33m	Latitude: -13°47'
Spectral class: B2	Magnitude: 1.62 variable

★ 관측정보

별 이름: 레사스

별자리 분류(constellation): 전갈자리 엡실론(υ)성

황경(longitude): 인마궁(Sagittarius) 22도 37분(1900년 기준) / 인마궁(Sagittarius) 24도 1분(2000년 기준)

적위(declination): 남위 37도 13분(1900년 기준) / 남위 37도 17분(2000년 기준)

적경(right ascension): 17h 30m

황위(latitude): 남위 14도 0분

광도(magnitude): 2.70

★ observation info.

Fixed star: **LESATH**

Constellation: Upsilon(υ) Scorpius

Longitude 1900: 22SAG37	Longitude 2000: 24SAG01
Declination 1900: -37°13'	Declination 2000: -37°17'
ascension: 17h 30m	Latitude: -14°00'
Spectral class: B3	Magnitude: 2.70

천문 예측을 위한 실질 상대 등급 : 1부 리그 2군 주전 멤버

프톨레마이오스 기준 행성 속성 : 수성 - 화성

천궁도 해석을 위한 실제 속성 : 수성과 토성의 각을 받는 화성

전갈자리 람다성인 샤울라와 엡실론성인 레사스입니다. 이 둘은 황경상으로도 35분 거리로 가깝고, 적위상으로도 12분 오차로 매우 근접합니다. 사실상 서로 붙어 있는 별로 취급하는 경우가 많으며, 통상적으로 이 둘을 뭉뚱그려서 '전갈자리 꼬리의 독침'으로 칭합니다. 황위로는 남위 13~14도 사이라서 PED 기법의 활용도가 매우 높고, 샤울라의 경우 광도가 1.6 대역으로 아주 밝은 별입니다. 20세기 후반 기준으로 황경 도수가 인마궁 23도 후반에서 24도 초반까지 분포합니다.

동양 천문에서는 동방칠수에 속하는 미수尾宿가 이 두 별을 포함합니다. 샤울라는 여덟 번째 별尾宿八, 레사스는 아홉 번째 별尾宿九로 분류됩니다. 미수라는 이름에서 알 수 있듯이, 동양 천문에서도 서양 점성술 기반 전갈자리의 꼬리 부분을 동일한 물상으로 인지하고 있었음을 확인할 수 있습니다. 전통적으로 황후와 외척을 담당하며, 다섯 행성이나 혜성 등과 만나며 인동되었을 때 황후와 외척 때문에 내란이 벌어진다고 전해집니다.

서양 고전 점성술에 등장하는 3대 흉성 중 하나인 뱀자리 알파성 우누칼하이 역시 주요 키워드가 독에 관련된 것이지만, 우누칼하이가 지표하는 흉함의 범위는 단순한 독과 중독 사건으로 국한할 수 없을 정도로 무척 넓은 편입니다. 반면에 레사스 / 샤울라는 독과 그로 인한 위험이라는 키워드에 집중하는 별이라 할 수 있습니다. 여타 극흉성으로 분류되는 별들과 다른 점이라면, 레사스 / 샤울라의 흉함은 악의, 범죄, 처벌과 같은 사회나 공동체 차원의 가치 평가가 비교적 덜 들어간다는 것입니다. 레사스 / 샤울라는 즉물적 차원의 독과 그 피해를 의미하며, 어떻게 보면 선악이나 정의 - 범죄 축에서는 중립이라고 할 수 있습니다.

레사스 / 샤울라는 온갖 종류의 독을 비롯하여 극성이 강하여 생물과 무생물 모두를 위협할 수 있는 강산과 강염기, 부식성 가스까지 모두 포괄합니다. 이러한 물상을 바람직한 방향으로 사용하면 세균과 진균 등의 미생물을 제거하는 의약품으로 구현될 수 있습니다. 나아가 주의 깊게 사용했을 때 인간의 생활에 편의를 줄 수 있는 모든 종류의 위험한 화학물질을 대상으로 두며, 레사스 / 샤울라는 이러한 물질을 다루는 화학과 생물학 등의 이공학 계열과 높은 친화도를 보입니다. 레사스 / 샤울라를 당사자에게 피해가 가지 않게 물상 대체하는 대표적인 직역이 의사 · 약사 · 과학자 · 공학자 등이며, 레사스 / 샤울라가 부각되는 천궁도의 소유자들이 실제로 이러한 직역에 종사하는 경우를 자주 발견할 수 있습니다. 극흉성 계열인 우누칼하이, 천칭자리 알파성인 주벤 엘게누비, 페가수스자리 베타성인 셰아트에 비해 물상 대체가 그나마 용이하게 이루어지는 별입니다.

기본적으로 수성 - 화성 속성의 항성이기 때문에, 꼭 의약학과 이공학이 아니더라도 핵심을 꿰뚫는 촌철살인이 필요한 분야 즉 기자, 앵커, 논설가, 심지어 코미디언이나 문제작을 만드는 영화감독 등의 천궁도에서도 자주 발견되는 별입니다. 레사스 / 샤울라가 말과 글에 붙으면 독설 그 자체가 되는 것입니다.

★

Philip K. Dick

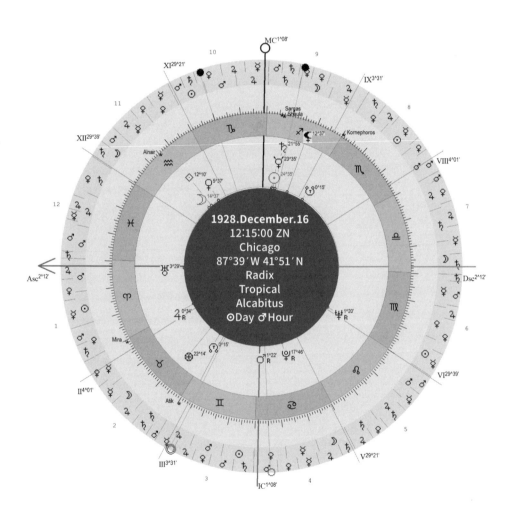

필립 K. 딕

휴고상을 수상한 20세기 최고 SF 작가 중 한 명.
평생 정신 질환에 시달리며 마약성 향정신성의약품에 의존했다.

아서 클라크, 아이작 아시모프 등과 함께 20세기 최고의 SF 작가 중 한 명으로 평가되는 인물입니다. 본인도 휴고상을 받았고, 또 자신의 이름을 딴 상이 따로 있는 사람입니다. SF 작가와 그 업계에서는 신화적인 인물에 가까운데, 안타깝게도 본인의 삶 자체는 불행했다고 해도 과언이 아닙니다. 미숙아 쌍둥이로 태어나 신부전증 때문에 어머니가 수유를 제대로 하지 못했고 생후 1개월 만에 쌍둥이 여동생이 죽었습니다. 어릴 때부터 공황장애와 불안장애에 시달리며 학교에 적응하지 못하고 학업을 제대로 이수하지도 못했습니다. 당시 유행하던 히피 문화에서 다른 작가들과 공동 거주 환경에서 생활하다 그다지 건전한 삶을 영위하지 않았던 여성들과 결혼과 이혼을 반복하며 배다른 자녀를 여러 번 보았습니다.

정신 질환을 해결하기 위해 당시만 해도 마약이 아닌 전문 의약품으로 분류되어 있던 암페타민필로폰을 복용하기 시작하여 결국 심한 중독에 빠졌고, 이후에 우울증·환각·망상 등에 시달리며 정신병원 입·퇴원을 반복했습니다. 본인의 정신 질환과 마약 투여가 뒤섞인 상황에서 간혹 절묘한 밸런스가 튀어나오기도 했는데, 실제로 한 번 글을 쓰기 시작하면 1년에 10편 이상 엄청난 다작을 하다가도, 1년 이상 단 한 줄도 쓰지 못하는 등 기복이 매우 컸다고 전해집니다. 유명한 작품 중 하나인 〈안드로이드는 전기양의 꿈을 꾸는가?〉, 즉 블레이드 러너Blade Runner로 알려진 작품을 영화화하기로 결정되어 개봉하기 얼마 전 뇌졸중으로 쓰러져 심장마비로 사망했습니다.

백양궁 초반 상승에 Asc가 천왕성과 유효 회합에, Asc 로드인 역행 화성은 거해궁에서 IC와 파틸 회합 상태입니다. 9하우스에서 태양, 수성, 토성이 유효 회합으로 이어져 있는데, 하일렉 포인트인 태양과 LoS 로드 토성 입장에서 수성은 데트리먼트 로드로서 피해를 입히는 존재입니다. 하일렉 포인트가 리젝션 로드와 만나고 있으며 IC가 흉성과 유효각을 맺는 정신 질환의 전형적인 구조가 형성된 천궁도입니다.

태양과 LoS 로드 토성에게 리젝션 로드로 다가가는 수성이 샤울라와 2분 이내로 아주 정확한 회합을 이루고 있습니다. 수성은 질병을 담당하는 6하우스의 로드이기도 하여, 결국 이 수성-샤울라 조합이 신경과 혹은 신경정신과적 문제로 발현되기 쉽다는 점을 유추할 수 있습니다. 또한 6-12축에 관여하는 행성이 레사스-샤울라와 만나는 경우 전통적으로 약물중독이 발생하는 경향이 있는데, 특히 그 행성이 수성인 경우 향정신성의약품이나 마약중독에 빠지는 경우를 자주 접할 수 있습니다. 이러한 명백한 심신의 결함에도 LoE 로드인 보병궁 달이 LoF 기준 10하우스인 PoM에 위치하여 자신의 디스포지터인 토성에게 육각으로 첫 접근하는, 세속적인 성취에 매우 유리한 구조 역시 갖춰진 천궁도입니다. 달이 직업의 지표성이 되며 토성은 이를 보조하게 되는데, 토성 자체가 LoS 로드이며 태양-수성 인클로저 상태에서 3-9 하우스 축에 위치하고 있습니다. 직업의 지표성이 달인데 달을 보조하는 행성이 3-9 하우스 축에 관여하는 것은 전형적인 작가의 구조입니다.

★ 오엽각

두 행성이나 행성 - 감응점 사이에 정확한 150도가 형성되는 경우를 오엽각quincunx이라고 부릅니다. 이때 오차 범위는 1도 40분까지 허용됩니다. 오엽각은 다섯 개의 주요각에 포함되지는 않지만, 허용 오차 범위 내에서 성립하는 경우 건강과 질병 사안에서 주요각에 준하는 유효성을 지닙니다.

★ 오리엔트 · 옥시덴트 위상

어떤 행성이 태양을 기준으로 앞쪽 도수에 위치하는 경우를 오리엔트 위상oriental, 뒤쪽 도수에 위치하는 경우를 옥시덴트 위상occidental이라고 규정합니다. 예를 들어 태양이 거해궁 15도에 위치할 때 금성이 사자궁 3도에 위치한다면 금성은 옥시덴트 위상이며, 혹 금성이 거해궁 5도에 위치한다면 오리엔트 위상입니다.

폴리스
Polis

★ 관측정보

별 이름: 폴리스

별자리 분류(constellation): 궁수자리 뮤(μ)성

황경(longitude): 마갈궁(Capricorn) 1도 49분(1900년 기준) / 마갈궁(Capricorn) 3도 13분(2000년 기준)

적위(declination): 남위 21도 5분(1900년 기준) / 남위 21도 3분(2000년 기준)

적경(right ascension): 18h 13m

황위(latitude): 북위 2도 2분

광도(magnitude): 3.85

★ observation info.

Fixed star: **POLIS**

Constellation: Mu(μ) Sagittarius

Longitude 1900: 01CAP49   Longitude 2000: 03CAP13
Declination 1900: -21°05'   Declination 2000: -21°03'
ascension: 18h 13m   Latitude: +02°20'
Spectral class: B8   Magnitude: 3.85

천문 예측을 위한 실질 상대 등급 : 2부 리그 2군 주전 멤버

프톨레마이오스 기준 행성 속성 : 목성 - 화성

천궁도 해석을 위한 실제 속성 : 리셉션 아래 목성의 각을 받는 화성

궁수자리 뮤μ성인 폴리스는 광도는 3점대 후반으로 밝지 않은 별이지만, 황도에 무척 가깝기 때문에 PED 방식으로 활용할 수 있습니다. 고전 점성술에서 유의미하게 적용할 수 있는 광도의 하한선이 이 폴리스입니다. 이 별은 서양 고전 점성술보다는 동양 천문에서 좀 더 유명한데, 자미두수의 십사정성 중 하나인 칠살성七殺星에 해당합니다. 자평명리, 즉 사주에서 십성十星 중 하나인 편관偏官의 별칭 역시 이 칠살성에서 따온 것입니다.

폴리스는 고전에서 작은 레굴루스로 불리는 별로 장군성 중 하나입니다. 남에게나 본인에게나 매우 엄격하고 철저하며, 조직생활에 능하고 규율을 확실히 지키며 규칙을 어기는 자에게는 가차 없는 형벌을 가하는 유능한 엘리트 장교와도 같은 캐릭터입니다. 지도자로서 목성의 속성과 군인으로서 화성의 속성이 절반씩 섞인 별인데, 굳이 따지자면 화성 쪽이 본질에 좀 더 가깝습니다. 길흉으로 따지면 길성 쪽에 약간 더 가까운데, 문제가 있다면 너무 고지식하게 규칙을 따지고 정상을 참작할 만한 상황에서도 전혀 사정을 봐주지 않는다는 점입니다. 선악과 공과가 명확할 때에는 이러한 예민한 원칙주의가 오히려 주변에 도움이 되지만, 선악과 옳고 그름의 기준이 불명확해지는 혼란 상황에서는 방향을 잃고 패닉에 빠져 무리수를 두며 한도 끝도 없이 잔인해지는 경우가 있습니다. 불확실과 혼란에 특별히 큰 스트레스를 받는 캐릭터이기 때문에, 그러한 상황에 장기적으로 노출되었을 때 매우 날카롭고 파괴적인 행동을 하게 되는 것입니다. 적에게 짓눌려 패배를 앞두고 있을 때보다는 이겨야 할 이유가 사라졌을 때 오히려 가장 위험해지는 별이라 할 수 있습니다.

카우스 오스트랄리스
Kaus Australis

★ 관측정보

별 이름: 카우스 오스트랄리스

별자리 분류(constellation): 궁수자리 엡실론(ε)성

황경(longitude): 마갈궁(Capricorn) 3도 41분(1900년 기준) / 마갈궁(Capricorn) 5도 5분(2000년 기준)

적위(declination): 남위 34도 26분(1900년 기준) / 남위 34도 23분(2000년 기준)

적경(right ascension): 18h 24m

황위(latitude): 남위 11도 3분

광도(magnitude): 1.85

★ observation info.

Fixed star: **KAUS AUSTRALIS**

Constellation: Epsilon(ε) Sagittarius
Longitude 1900: 03CAP41
Longitude 2000: 05CAP05
Declination 1900: -34°26'
Declination 2000: -34°23'
ascension: 18h 24m
Latitude: -11°03'
Spectral class: B9
Magnitude: 1.85

카우스 메디아
Kaus Media

★ 관측정보

별 이름: 카우스 메디아

별자리 분류(constellation): 궁수자리 델타(δ)성

황경(longitude): 마갈궁(Capricorn) 3도 11분(1900년 기준) / 마갈궁(Capricorn) 4도 35분(2000년 기준)

적위(declination): 남위 29도 52분(1900년 기준) / 남위 29도 49분(2000년 기준)

적경(right ascension): 18h 20m

황위(latitude): 남위 6도 28분

광도(magnitude): 2.72

★ observation info.

Fixed star: **KAUS MEDIA**

Constellation: Delta(δ) Sagittarius
Longitude 1900: 03CAP11
Longitude 2000: 04CAP35
Declination 1900: -29.52'
Declination 2000: -29.49'
ascension: 18h 20m
Latitude: - 06.28'
Spectral class: K2
Magnitude: 2.72

카우스 보레알리스
Kaus Borealis

★ 관측정보

별 이름: 카우스 보레알리스

별자리 분류(constellation): 궁수자리 람다(λ)성

황경(longitude): 마갈궁(Capricorn) 4도 55분(1900년 기준) / 마갈궁(Capricorn) 6도 19분(2000년 기준)

적위(declination): 남위 25도 29분(1900년 기준) / 남위 25도 25분(2000년 기준)

적경(right ascension): 18h 27m

황위(latitude): 남위 2도 8분

광도(magnitude): 2.82

★ observation info.

Fixed star: **KAUS BOREALIS**

Constellation: Lambda(λ) Sagittarius

Longitude 1900: 04CAP55

Longitude 2000: 06CAP19

Declination 1900: -25°29'

Declination 2000: -25°25'

ascension: 18h 27m

Latitude: - 02°08'

Spectral class: K1

Magnitude: 2.82

천문 예측을 위한 실질 상대 등급 : 1부 리그 2군 주전 멤버

프톨레마이오스 기준 행성 속성 : 목성 - 화성

천궁도 해석을 위한 실제 속성 : 리셉션 아래 토성과 화성의 각을 받는 목성

궁수자리 엡실론성인 카우스 오스트랄리스는 광도가 1.85로 궁수자리 전체에서 가장 밝은 별이며, 황위는 남위 11도로 PED 방식으로 반드시 확인해야 하는 별 중 하나입니다. 이 별은 궁수자리의 필두라고 해도 과언이 아닌데, 같이 궁수자리에 속한 시그마성 눈키나 제타성 아셀라Ascella처럼 동양 고전 천문에서 남두육성의 일원으로 분류되지는 않습니다. 20세기 후반 기준으로 마갈궁 4도 후반에 위치합니다.

오스트랄리스를 중심으로 앞쪽 30분에 궁수자리 델타성 카우스 메디아, 뒤쪽 74분에 궁수자리 람다성인 카우스 보레알리스가 있습니다. 이들은 광도가 2.72~2.82로 중간 정도 등급이나 황위가 남위 2~6도 사이로 오스트랄리스보다 황도에 좀 더 가까우며, 역시 PED 방식으로 적용하기에 적합합니다. 이 중 보레알리스는 동양 천문에서 남두육성의 일원으로 분류되며, 자미두수의 십사정성 중 하나인 천상성天相星에 해당합니다.

황경 도수도 매우 가까운 삼형제와도 같은 이 별들은 속성까지 비슷합니다. 눈키와 아셀라와 같이 목성 속성이 기본인데, 유능한 참모 캐릭터인 눈키와 인덕이 뛰어나 사람들을 이어주는 아셀라와 달리 이 삼형제는 충성심이 강한 왕의 수족과도 같은 캐릭터로서 명령을 받으면 궂은일도 마다하지 않는 비서실장 같은 역할을 합니다. 주벤 에샤마리처럼 자신만의 권한이 뚜렷한 법관이나 재상 이미지라기보다는 지도자의 뜻을 그대로 실행하는 충견 느낌에 가깝습니다. 평화로울 때에는 훌륭한 사회인이자 윗사람이 선호하는 중간 보스 역할이지만, 상황이 험하게 돌아가면 윗사람이 직접 나서 책임지기 싫은 일을 처리해야 하는 곤혹스러운 경우를 겪게 됩니다. 즉 흉사를 본인이 주도하며 '대大를 위해 소小가 희생한다'라는 식으로 합리화해야 하는 상황에 처하게 되는데, 이 패턴이 가장 좋지 않게 풀리면 과거 홀로코스트를 주도한 전범이지만 정작 본인은 유대인에 대해 별다른 악의가 없었던 아돌프 아이히만처럼 되어버립니다. 히틀러를 비롯한 나치 치하 독일 제3제국 지도부의 명령을 그저 충실하게 수행했을 뿐, 자신이 저지른 만행에 대한 강력한 동기도 없었고 그에 비례하여 딱히 개인적인 죄책감도 들지 않았던 셈입니다. 2015년에 개봉한 한국 영화 중 〈내부자들〉에 등장하는 조 상무, 혹은 최근 개봉한 〈남산의 부장들〉에 등장하는 박 전 부장과 김 부장 등이 이 카우스 삼형제의 가장 부정적인 측면을 투영하는 역할입니다.

프톨레마이오스는 이 삼형제 별들에 대해 목성 - 화성 속성이라 언급했지만, 실제로 임상례를 살피다 보면 토성과 화성을 동시에 보는 목성 속성에 좀 더 가깝습니다. 단 리셉션이 형성되어 있기 때문에 흉성 인클로저의 흉험한 환경에서 본인이 피해자가 되기보다는 가해자가 되는 경우가 많습니다. 물론 이는 극단적인 상황을 상정한 것이고, 대부분의 경우 이 카우스 삼형제 별들은 윗사람의 지시를 충실하게 수행하는 일종의 충신이자 유능한 부하에 가깝습니다. 정치인 비서관이나 재벌 측근으로서 다른 마음을 먹지 않는 충실한 인물이라는 점에서 아주 적역이라고 할 수 있습니다.

눈키

Nunki

★ 관측정보

별 이름: 눈키

별자리 분류(constellation): 궁수자리 시그마(σ)성

황경(longitude): 마갈궁(Capricorn) 10도 59분(1900년 기준) / 마갈궁(Capricorn) 12도 23분(2000년 기준)

적위(declination): 남위 26도 25분(1900년 기준) / 남위 26도 17분(2000년 기준)

적경(right ascension): 18h 55m

황위(latitude): 남위 3도 26분

광도(magnitude): 2.05

★ observation info.

Fixed star: **NUNKI** Pelagus

Constellation: Sigma(σ) Sagittarius

Longitude 1900: 10CAP59 | Longitude 2000: 12CAP23

Declination 1900: -26°25' | Declination 2000: -26°17'

ascension: 18h 55m | Latitude: - 03°26'

Spectral class: B3 | Magnitude: 2.05

천문 예측을 위한 실질 상대 등급 : 2부 리그 1군 주전 멤버

프톨레마이오스 기준 행성 속성 : 목성 - 수성

천궁도 해석을 위한 실제 속성 : 목성의 각을 받는 수성

궁수자리의 시그마성인 눈키입니다. 2.0 대역의 광도로 상당히 밝은 편이며 황위도 남위 3도 좀 넘는 수준이라 황도에 무척 가까워 PED 기법을 적용했을 때 뚜렷한 유효성을 기대할 수 있음에도, 서양 고전 점성술에서 활용도가 그렇게까지 높이 부각되지 않은 별들 중 하나입니다. 20세기 후반 기준으로 황경 도수가 마갈궁 11도 후반에서 12도 초반에 위치합니다.

동양 천문에서는 북방칠수에 속하는 두수의 네 번째 별斗宿四로 분류됩니다. 이 두수는 곧 북두칠성에 대비되는 남두육성을 뜻하며, 서양 별자리에서는 모두 궁수자리에 속합니다. 눈키는 이 여섯 별 중 천기天機로 분류되는데, 동양의 간명법인 자미두수의 열네 정성正星 중 하나인 천기성天機星이 바로 이 별입니다. 천기성은 황제가 자신의 대리인으로 지정한 승상이나 재상을 의미하며, 황제의 권위를 받아 인사, 입법, 사법, 병권, 종묘에 관련된 제반 사항을 좌지우지할 수 있는 일종의 국무총리나 수석비서관에 해당하는 별이라 전해집니다.

목성 - 수성 속성으로 분류된 얼마 안 되는 항성들이 보통 그렇듯, 눈키 역시 '길성이면서 이득'인 별들의 범주에 속합니다. 똑똑하고 유능한데 연설에 능하고 글까지 잘 쓰는, 그 재능이 보통 고위 공직이나 그에 준하는 상당한 권한을 지닌 직위에서 사용되는 특징이 있습니다. 고위 공무원의 별이라고 분류해도 무방합니다. 즉 단순한 문인이나 학자가 아니라, 자신의 풍부한 지식과 연륜을 토대로 정책을 짜고 결과를 만들어내는 책사에 가깝습니다. 권력의 중심 주변에 위치하는 재상, 참모, 측근 역할이 가장 적합합니다. 주류 종교와의 친화도 높은 편이며, 사회적인 영향력을 지닌 고위 성직자가 되는 경우가 꽤 자주 발견됩니다.

일곱 행성 중 대부분과 상성이 잘 맞고, 특히 흉성인 화성과 만나는 것을 꺼리지 않습니다. 오리온자리 알파성인 베텔게우스와 유사하게 눈키 역시 화성과 만났을 때 성급하거나 경솔한 대신 오히려 더 신중해지는 경향이 있으며, 다만 말과 글이 꿰뚫는 듯이 직설적으로 표현되는 일종의 강직한 선비이자 논객의 역할로 이어집니다. 반면에 토성과 만났을 때 흉한 면모가 잘 나타나는데, 중년이 지날 때까지 세속적 성취가 잘 이루어지지 않아 초년에 고생하는 유형의 상징과도 같은 징험이라 할 수 있습니다. 자미두수에서 봉신연의封神演義의 태공망을 천기성으로 분류하는데, 태공망이 그 놀라운 재능에도 노인이 될 때까지 별다른 직위를 맡지 못한 부분이 서양 고전 점성술 항성론의 눈키 항목에서 비비언 롭슨의 설명과 일맥상통하는 부분이 있습니다.

Pope Francis I

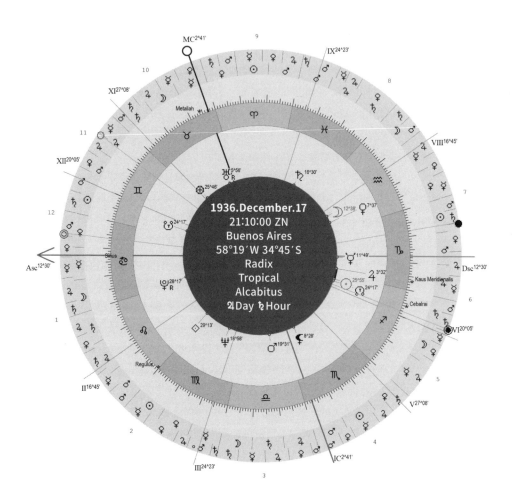

프란치스코 교황

서민적이고 진보적 성향의 아메리카 대륙 출신의 첫 교황.
3-9 축에 관여하는 수성이 눈키와 만나 고위 성직자의 구조로

교황 즉위 일주일 만에 한 아르헨티나 점성가가 이분의 출생기록을 입수하여 공개한 바 있습니다. 기록에는 밤 9시로 기재되어 있는데, 프라이머리 앵글 디렉션 목록과 실제 이력을 대조했을 때 9시 10~11분 정도가 좀 더 정확한 생시라고 추정됩니다. Dsc가 정방향으로 달과 만났을 때 성직에 입문했고, MC가 역방향으로 토성과 만났을 때 신학 교수로 임명되어 아일랜드로 연수를 떠났으며, IC가 정방향으로 태양과 만났을 때 부에노스아이레스 교구의 보좌 주교로 임명되었고, IC가 정방향으로 목성과 만났을 때 추기경에 즉위했습니다.

천궁도의 수성이 분리 20분 오차로 눈키와 회합을 이루고 있습니다. 수성은 이 천궁도의 일곱 행성 중에서 앵글에 가장 가까우며, 기술의 지표성으로도 우선순위가 가장 높습니다. 3하우스와 12하우스를 다스리며 7하우스에 위치하는데, LoF 기준으로도 9하우스에 위치하여 결국 3-9 하우스 축의 사안에 관여하는 행성임을 알 수 있습니다.

비비언 롭슨과 에버틴 등 서양 점성술의 항성 관련 문헌을 참조했을 때 눈키는 과학과 철학 등의 제반 학문뿐만 아니라 신학과의 연관성도 높다고 언급되어 있습니다. 실제로 고위 성직자나 신학을 가르치는 학자들 중 눈키가 부각되는 천궁도가 상당히 자주 발견되는 편입니다. 프란치스코 1세 역시 그렇습니다. 물론 성직자로서 이 천궁도의 핵심 구조는 LoS와 레굴루스와 만나고 있고, LoS 로드인 태양이 인마궁에서 9하우스 로드 목성과 파틸 앤티션 및 파틸 패러렐을 맺는 구조입니다. LoS나 LoS 로드가 목성과 유효각을 맺으면 인생에서 종교나 철학이 무척 중요해지는데, 목성이 3-9 하우스 축, 특히 9하우스를 담당하게 되면 종교가 인생의 중심축이 되는 경우를 자주 발견할 수 있습니다. 이 천궁도에서 목성은 9하우스를 다스리며 LoF 기준으로도 9하우스에 위치하여 이러한 경향성이 명백합니다.

눈키와 만나는 수성, LoS 로드와 만나는 목성 모두 차트에서 9하우스 사안에 깊게 관여하는데, 실제로 운로에서도 피르다르 메이저 수성/마이너 목성 시기에 추기경으로 임명되었습니다.

아셀라
Ascella

★ 관측정보

별 이름: 아셀라

별자리 분류(constellation): 궁수자리 제타(ζ)성

황경(longitude): 마갈궁(Capricorn) 12도 15분(1900년 기준) / 마갈궁(Capricorn) 13도 38분(2000년 기준)

적위(declination): 남위 30도 1분(1900년 기준) / 남위 29도 53분(2000년 기준)

적경(right ascension): 19h 02m

황위(latitude): 남위 7도 10분

광도(magnitude): 2.59

★ observation info.

Fixed star: **ASCELLA**

Constellation: Zeta(ζ) Sagittarius

Longitude 1900: 12CAP15	Longitude 2000: 13CAP38
Declination 1900: -30°01'	Declination 2000: -29°53'
ascension: 19h 02m	Latitude: - 07°10'
Spectral class: A4	Magnitude: 2.59

천문 예측을 위한 실질 상대 등급 : 2부 리그 2군 주전 멤버

프톨레마이오스 기준 행성 속성 : 목성 - 수성

천궁도 해석을 위한 실제 속성 : 수성의 각을 받는 목성

궁수자리 제타성인 아셀라는 바로 옆 도수에 위치한 궁수자리 시그마성인 눈키와 형제 같은 별입니다. 광도는 2.59에 황위는 남위 7도 정도로 PED 방식으로 활용하기에 적합한 별입니다. 다만 적위가 거의 남위 30도에 달하여, PoD 방식을 적용하기는 어렵습니다.

동양 천문에서는 북방칠수에 속하는 두수의 첫 번째 별斗宿一로, 남두육성의 필두인 천부성天府星으로 분류됩니다. 동양의 간명법인 자미두수에서도 십사정성 중 천부성계의 필두인 천부성 자체를 의미합니다.

비록 위력은 떨어지지만 아셀라는 순길성에 가깝습니다. 고전에는 목성 - 수성 속성으로 분류되어 있지만 사실상 목성 위주이고, 완고하지 않은 부드러운 리더십과 인덕을 의미합니다. 순식간에 큰 명성과 지위를 얻는 횡발의 위력은 없지만, 아주 안정적이고 지속적인 길사를 보장하는 별입니다. 이는 천칭자리 베타성인 주벤 에샤마리와 비슷한데, 아셀라는 커리어 상의 유능함을 담보하는 에샤마리보다 인간관계와 인덕 방면에 좀 더 그 의미가 집중되어 있습니다. 아셀라가 겪게 되는 대부분의 길사는 주변 사람들의 도움에서 나오며, 그 인덕과 광대한 인맥이 아셀라 캐릭터의 가치를 형성하는 핵심 자원입니다. 타인에게서 오는 지원이라고는 해도 금성 속성의 다른 별들처럼 다소 끈적이면서 스캔들이 벌어질 만한 성적인 매력이 아닌, 순수하고 부드러운 인품에서 나오는 목성의 매력이라 할 수 있습니다.

현재 시점에서 아셀라는 마갈궁 중반에 위치하는데, 20세기 후반 기준 황경 도수가 마갈궁 13도 초반 전후입니다. 목성 속성의 순길성이 마갈궁에 위치하고 있으니, 마갈궁에서 본질적 위계상의 손상을 입는 달과 목성이 안정을 찾을 수 있는 일종의 오아시스와 같은 구간으로 기능합니다. 따라서 마갈궁의 목성이나 달이 앵글에 떠 있는데 데트리먼트나 펄 상태의 폐해가 거의 나타나지 않는 천궁도가 있다면, 그 도수가 마갈궁 13도의 아셀라 근처가 아닌지 확인해볼 필요가 있습니다.

★

Johnny Depp

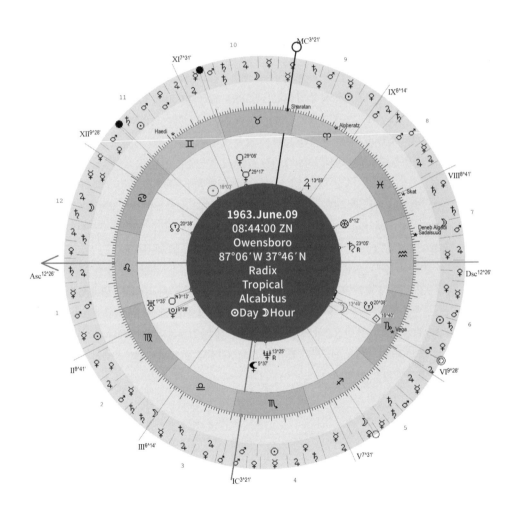

조니 뎁

연기력과 티켓 파워를 모두 지닌 독특한 오라의 배우.
많은 여성에게 사랑받고 당대 정상급 배우, 모델과 깊은 관계로 발전한다.

조니 뎁은 주요 행성과 감응점 중 절반 이상이 1.5~2군급 항성과 죄다 만나는 아주 특이한 천궁도를 가지고 있습니다. 토성은 염소자리 델타성인 데네브 알게디와, 목성은 안드로메다자리 알파성인 알페라츠와, 수성과 금성은 페르세우스자리 베타성인 알골과, 달은 궁수자리 제타성인 아셀라와, LoF는 물병자리 델타성인 스카트Skat과 유효 회합을 이루고 있습니다. 이런 천궁도를 찾아보기 정말 쉽지 않습니다. 그만큼 조니 뎁이 만나보기 드문 종류의 인물형이라는 점을 방증합니다.

달이나 목성이 아셀라와 만난다는 것은 마갈궁에서 본질적 위계를 잃는 이 두 행성이 일종의 안식처 도수에 머무는 효과가 있습니다. 특히 달-아셀라 조합은 인덕과 인기의 상징이라 할 수 있는데, 남성의 천궁도에서 거해궁 상승에 Asc 로드인 달이 7하우스에서 아셀라와 만나는 경우 스펙이 좋은 다수의 여성들에게 둘러싸이며 복에 겨운 인기를 누릴 수 있습니다. 실제로 조니 뎁은 위노나 라이더나 케이트 모스 같은 당대 정상급 배우나 모델과 연이어 연인관계를 유지한 바 있습니다. 물론 달의 데트리먼트 상태에 기원하는 본질적인 문제까지 다 해소되는 것은 아니지만, 순길성인 아셀라의 색채에 힘입어 그 최종적인 성패의 풍경이 상당 부분 달라지는 것은 사실입니다. 마갈궁 목성 역시 마찬가지입니다. 또한 쌍자궁에서 데트리먼트 상태에 빠지는 목성이 오리온자리 베타성이자 목성 속성의 길성인 리겔과 유효 회합을 이루는 도수에 위치해도 유사한 결과를 기대할 수 있습니다.

운로에서 피르다르 메이저 수성 / 마이너 달 시기에 영화배우로 데뷔했습니다. 전반적인 길사를 담당하는 아셀라인 만큼 타임 로드가 달인 구간에서 아셀라에 관련된 좋은 일을 겪을 확률이 높습니다. 비슷하게 30대 초반 달이 피르다르 메이저 로드를 담당하는 연령대에 진입하면서 당시 톱 모델이었던 케이트 모스와 사귀기 시작하여 4년 정도 관계를 지속한 바 있습니다.

베가
Vega

별 이름: 베가

별자리 분류(constellation): 거문고자리 알파(α)성

황경(longitude): 마갈궁(Capricorn) 13도 55분(1900년 기준) / 마갈궁(Capricorn) 15도 19분(2000년 기준)

적위(declination): 북위 38도 41분(1900년 기준) / 북위 38도 47분(2000년 기준)

적경(right ascension): 18h 36m

황위(latitude): 북위 61도 44분

광도(magnitude): 0.026

★ observation info.

Fixed star: **VEGA** Wega

Constellation: Alpha(α) Lyra

Longitude 1900: 13CAP55	Longitude 2000: 15CAP19
Declination 1900: +38°41'	Declination 2000: +38°47'
ascension: 18h 36m	Latitude: +61°44'
Spectral class: A1	Magnitude: 0.026

천문 예측을 위한 실질 상대 등급 : 1부 리그 1군 교체 멤버

프톨레마이오스 기준 행성 속성 : 금성 - 수성

천궁도 해석을 위한 실제 속성 : 토성과 수성의 각을 받는 금성

거문고자리 알파성이자 직녀성으로 유명한 베가입니다. 웨가Wega라고 불리기도 합니다. 광도상으로 밤하늘에서 다섯 번째로 밝은 별인데, 황도와 워낙 멀리 떨어져 있어북위 61도 PED 기법을 적용하기에 적합하지 않습니다. 북위 60도가 넘어가는 별과 황경상 회합이라는 것은, 굳이 비유하자면 8도 오차의 분리 육각 수준과 비슷하여 그 연계성이 상대적으로 매우 미약합니다. 반면에 2~3등성이라 해도 위도 5도 이내로 황도와 근접하는 경우 오히려 베가와의 회합보다 더 유효할 수도 있습니다. 베가는 적위가 높아 PoD 기법을 적용할 수도 없으며, 역시 angle at birth 기법이 아니면 점성학적으로 베가의 진면목을 확인하기는 어렵습니다.

동양 천문에서는 직녀성이 북방칠수에 해당하는 우수牛宿의 구성원으로 분류되어 있으나, 너무나 밝은 별이기도 하고 사실상 독립된 별개의 군집으로 취급하는 경향이 있습니다. 각종 식물의 과실, 길쌈, 옷감, 옥과 보석 등 전통적으로 여성에 관련된 물자를 담당한다고 보았으며 문제가 생겼을 때 이러한 산물의 결핍이 발생한다고 전해집니다.

항성 중 귀족 여인 캐릭터를 담당한다는 점에서 베가는 사자자리 베타성인 데네볼라와 공통점이 있습니다. 다만 데네볼라가 질투와 불만에 가득 찬 성격의 소유자라면, 베가는 정치적 대립에 노출되어 있는 노회한 귀족 부인 캐릭터에 가깝습니다. 자신의 속마음을 숨기고 신경 써서 대외용 이미지를 내보인다는 점은 두 별이 비슷하지만, 매우 감정적이고 감정 변화가 심한 데네볼라와 달리 베가는 철저하게 정치적이고 진중하며 냉정하면서도 세련된 구석이 있습니다. 데네볼라는 참다못해 감정을 폭발시키지만, 베가는 아주 오랫동안 인내하고 참으며 기회를 노리는 토성적인 유형입니다. 고전에서는 베가를 금성 - 수성 속성으로 정의하고 있지만, 실제로는 아주 명백한 토성 - 금성 속성의 별이라 할 수 있습니다. 꼭 귀족에다 여성의 입장만 해당하는 것은 물론 아닙니다. 베가는 눈에 보이지 않는 모략과 정치적 음해에 언제나 노출되어 있기 때문에, 자신의 사회적 처신에 신경 쓰면서 끝나지 않는 위협에 은밀하게 대응해야 하는 입장에 처한 모든 역할에 부합합니다. 한편으로는 상속이나 증여로 이미 가지고 있는 것이 많은, 즉 누군가에게 빼앗길 수 있는 무언가를 이미 소유하고 있다는 조건도 포함됩니다. 잃을 게 없기 때문에 막 나갈 수 있다면, 혹은 피 흘릴 각오로 칼을 들이대며 정면 승부할 수 있다면 베가의 캐릭터와는 거리가 멉니다.

금전적인 측면에서도 베가는 양면성이 있습니다. 기본적으로 가진 게 많고 돈 버는 재주도 있으며 재물운도 잘 따르는 편이지만, 타인으로부터 음해를 당하거나 압박을 받기 때문에 손재수가 자주 발생하는 경향이 있습니다. 교묘하게 사기를 쳐 베가 캐릭터에게서 재물을 빼앗거나, 아니면 소송을 걸어서 돈과 시간 등의 자원을 모두 소모시키는 방식입니다. 이러한 우회적인 위협에 언제나 노출되어 있기 때문에, 베가 캐릭터는 평생 마음 편할 일이 없으며 최소한의 근심과 불안을 마음에 품고 살아야 합니다. 체면이나 명예의 측면도 유사해서, 본인은 아무것도 하지 않았는데 주변의 음해와 공작 때문에 구설수나 스캔들에 휘말리는 경우가 종종 있습니다.

광도가 높기로는 다섯 손가락에 꼽힐 정도로 밝고 영향력이 강한 별이지만, 다른 로열스타처럼 횡발로 신분 상승하고 횡파로 몰락하는 패턴과는 다소 거리가 있습니다. 오히려 태어날 때 주어지거나 과거에 이미 획득한 지위, 즉 기득권을 빼앗기지 않고 지켜내기 위해 암중에 분투하는 역할에 가깝습니다. 우연한 계기로 순식간에 기회를 잡아 치고 올라가는 개천 용 스타일과는 다릅니다. 사회적 성취를 이룰 때에도 급작스럽게 두각을 보이기보다는 본인의 우수함을 반복적으로 증명하며 정상적인 절차를 통해 높은 지위를 거머쥐는 쪽이며, 정상에 가까워지면 치밀한 처신과 인내심 어린 계획으로 승부하는 스타일입니다. 물론 아예 처음부터 부잣집이나 명문가 자제로 시작하는 경우도 자주 관찰할 수 있습니다.

이러한 베가의 처세술은 서양에서 보통 비잔티움식 정치byzantine politics라고 부릅니다. 최대한 이목을 덜 끌고 남들 앞에 나서지 않으면서도 수면 아래에서는 치열하게 진행되는 정치적 대립과 이 상황을 이겨내기 위한 기술적인 방법론 등을 뜻합니다. 현대에서는 생존과 승진을 위해 정치적인 경쟁을 해야 하는 고위 관료 혹은 기업 임원, 혹은 부유한 가문의 상속인에서 베가 특유의 패턴이 자주 발견됩니다.

NATAL CHART

★

Lee Iacocca

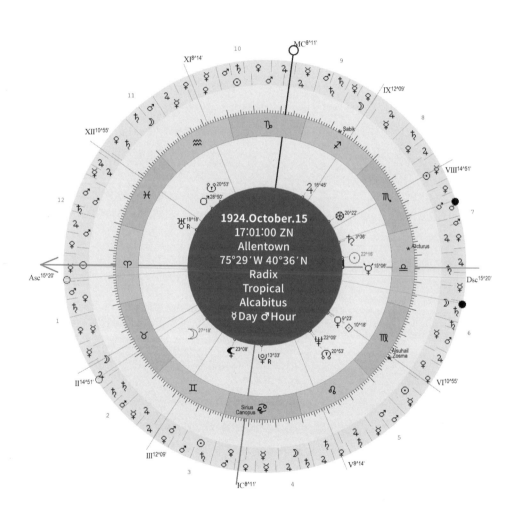

1924.October.15
17:01:00 ZN
Allentown
75°29′W 40°36′N
Radix
Tropical
Alcabitus
☿ Day ♂ Hour

리 아이아코카

미국 자동차업계의 전성기를 이끈, 20세기 후반을 대표하는 경영인.
놀라운 업적에도 불구하고 소유주의 견제로 정상에서 물러났던 이력을 지녔다.

미국 자동차업계의 전성기를 만들어낸 전설적인 경영인입니다. 20세기 후반 제조업계 전반에서 그의 경영 기법을 거의 교과서처럼 받아들인, 말단 영업사원에서 시작해 포드사 사장에 크라이슬러사 회장까지 오른 입지전적인 인물입니다. 놀라운 경영 성과로 포드사의 사장 자리에 오른 후 기업주인 포드 2세와 불화가 생겨 해고당했으나, 바로 경쟁사이자 사실상 파산 직전이었던 크라이슬러사에 입사한 이래 10년 만에 역대 최고 매출을 올리며 회사를 살려낸 신화적인 이야기의 주인공입니다.

병원 출생기록이 오후 5시 정각으로 기재되어 있으며, 프라이머리 앵글 디렉션 목록과 실제 이력을 대조한 결과 5시 1분 정도로 1분 이상의 오차는 없을 것으로 생각됩니다. 1978년 MC가 정방향으로 화성과 만나는 디렉션 시기에 포드사 사장 자리에서 해고당했으며, 1992년 MC가 역방향으로 토성과 만나는 디렉션 시기에 크라이슬러사에서 명예롭게 은퇴했습니다. 생시 보정이 무척 쉬운 케이스라 할 수 있습니다.

angle at birth 기법으로 베가가 1분 30초 이내의 아주 좁은 오차 범위에서 남중합니다. 말단에서 시작해 실적 바탕으로 고위직까지 올라간 전형적인 능력자인데, 그 놀라운 경영 능력에도 기업 소유주의 후계자와 정치 싸움에서 패해 해고되었다는 점이 베가의 특이성에 부합합니다. 사실 유능함과 회사의 전망만을 고려했다면, 포드 2세가 아이아코카를 해고하는 것은 정말 어리석은 판단이라고 평가할 수 있습니다. 실제로 자기 영향력과 발언권을 지키기 위해 세계 최고의 경영인을 해고한 덕에 죽어가던 경쟁사였던 크라이슬러가 부활하여 포드는 사실상 독점의 기회를 잃은 셈입니다. 최근 한국에서도 계속 이슈가 되고 있는 대기업 일가의 '후계자 리스크'라는 개념의 시초를 이 포드 2세와 아이아코카의 일화에서 찾을 수 있습니다.

PoA에 자리 잡은 LoE 로드인 금성이 직업의 지표성이자 명예의 지표성 역할을 수행하고 있는데, 1도 40분 이내로 유효 컨트랜티션을 맺고 있는 태양이 5분 오차의 정확한 컨트라패러렐로도 연결되어 있어 그 연계성이 매우 공고합니다. 태양은 로열스타 스피카와 40분 이내 접근 회합을 맺고 있고, 금성의 사인인 천칭궁에 위치하여 리셉션까지 형성되어 있습니다. 즉 PoA의 금성이 스피카 태양의 힘을 제대로 끌어 쓰고 있는 셈입니다. 이 금성은 MC와도 파틸에 가까운 삼각을 맺고 있어 정당성, 위치성, 연계성 모든 것을 확보하고 있습니다. 다만 처녀궁에서 펄 상태에

QS상 케이던트이기 때문에 이 금성 하나만으로는 경쟁력을 갖기 어렵습니다. QS 앵글에서 스피카와 만나는 태양이 금성과 긴밀하게 이어진 구조가 아니었다면 아이아코카의 놀라운 업적을 보기는 어려웠을 것입니다. 또한 항시 정치적 암투에 휘말리게 되는 베가의 영향도 있겠지만, 포드의 사장 자리까지 올라간 상태에서 정치 싸움에 밀려 해고당했던 것도 금성의 약하고 불안한 지위를 반영합니다.

기술의 지표성은 Dsc에 딱 붙어서 목성과 파틸 육각을 맺고 있는 수성으로 실무적인 거래, 계약, 관리, 기획 분야의 뛰어난 재능은 이 수성의 상태에서 확인할 수 있습니다.

Peacock

★ 관측정보

별 이름: 피콕

별자리 분류(constellation): 공작자리 알파(α)성

황경(longitude): 마갈궁(Capricorn) 22도 25분(1900년 기준) / 마갈궁(Capricorn) 23도 49분(2000년 기준)

적위(declination): 남위 57도 3분(1900년 기준) / 남위 56도 44분(2000년 기준)

적경(right ascension): 20h 25m

황위(latitude): 남위 36도 16분

광도(magnitude): 1.94

★ observation info.

Fixed star: **PEACOCK**

Constellation: Alpha(α) Pavo

Longitude 1900: 22CAP25   Longitude 2000: 23CAP49

Declination 1900: -57°03'   Declination 2000: -56°44'

ascension: 20h 25m   Latitude: -36°16'

Spectral class: B3   Magnitude: 1.94

천문 예측을 위한 실질 상대 등급 : 2부 리그 1군 교체 멤버

프톨레마이오스 기준 행성 속성 : 언급 없음

천궁도 해석을 위한 실제 속성 : 태양 사인의 금성

피콕은 공작자리의 알파성으로 공작자리에서 가장 밝은 별입니다. 서양 고전 점성술에서 전통적으로 고려하던 별은 아니며, 피콕이라는 이름이 붙은 것도 오래되지 않았습니다. 과거에는 남반구에서 가장 큰 아르고자리에 부속된 별로, 신화의 아르고호를 만든 아르고스를 상징하는 별이었습니다. 아르고자리가 용골자리, 돛자리, 고물자리, 나침반자리로 분류되면서 피콕 역시 공작자리로 새로 배속되었습니다. 광도는 1.94로서 밝은 편이나 황위는 남위 36도, 적위는 남위 56도라서 북반구에서 쉽사리 적용할 만한 별은 아닙니다. 단 PED 방식으로 유효성은 다소 남아 있습니다. 20세기 후반 기준으로 황경 도수가 마갈궁 23도 중반에 위치합니다.

피콕은 외견을 아름답게 만드는 모든 역할에 관여하는 별입니다. 키워드는 모델하우스입니다. 일상에서 볼 수 있는 현실의 외양과는 다소 거리가 있을 수 있겠지만, 아주 돋보이고 예쁜 외견으로 사람들의 시선을 사로잡도록 디스플레이하는 것이 피콕의 역할이자 목적입니다. 인테리어, 디자인, 조형, 의상, 조명, 소품 등 여러 영역이 이 별과 관련될 수 있으며, 진열과 전람회에 가장 잘 어울리는 별이기도 합니다. 다만 어떻게 하면 좀 더 돋보일 수 있는지에 천착하다 보니 그 과정에서 계획했던 것보다 지출이 늘어나면서 자칫 사치로 빠질 수 있는 것이 흠입니다.

알타이르

Altair

★ 관측정보

별 이름: 알타이르

별자리 분류(constellation): 독수리자리 알파(α)성

황경(longitude): 보병궁(Aquarius) 0도 22분(1900년 기준) / 보병궁(Aquarius) 1도 47분(2000년 기준)

적위(declination): 북위 8도 36분(1900년 기준) / 북위 8도 52분(2000년 기준)

적경(right ascension): 19h 50m

황위(latitude): 북위 29도 18분

광도(magnitude): 0.76

★ observation info.

Fixed star: **ALTAIR** "Al Nasr al Tair"

Constellation: Alpha(α) Aquila

Longitude 1900: 00AQU22	Longitude 2000: 01AQU47
Declination 1900: +08°36'	Declination 2000: +08°52'
ascension: 19h 50m	Latitude: +29°18'
Spectral class: A7	Magnitude: 0.76

천문예측을 위한 실질 상대 등급 : 1부 리그 1군 교체 멤버

프톨레마이오스 기준 행성 속성 : 화성 - 목성

천궁도 해석을 위한 실제 속성 : 리젝션 아래 목성의 각을 받는 화성

독수리자리의 알파성인 알타이르입니다. 독수리자리는 타인의 의지에 굴하지 않고 자신의 뜻을 펼치는 지배자의 별자리로, 과거 로마제국의 상징으로 사용되었고 현재 미국이 그 지위를 잇고 있습니다.

광도가 0.76으로 밤하늘에서 열두 번째로 밝은 별이나, 황위가 북위 29도에 위치하여 황도와 꽤나 거리가 있습니다. PED 방식으로 적용해도 무방하지만 아무래도 angle at birth 기법에 비해서는 별 자체의 영향력이 다소 약하게 표출될 수 있습니다.

동양 천문에서는 북방칠수인 우수에 속하며, 하고대성河鼓大星 혹은 하고이河鼓二라는 명칭으로 불립니다. 역시나 장군성 계열로 군사와 병란에 관여한다고 전해집니다. 동양에서 견우성牽牛星으로 불리는 염소자리 베타성인 다비Dabih와 혼동되어 알타이르를 견우성으로 오해하는 경우가 많으나, 직녀성織女星인 거문고자리 알파성 베가와 이어지는 것은 알타이르가 아닌 다비입니다.

알타이르는 고고한 창공의 독수리처럼 남에게 굴복하지 않는 멋지고 과감한 별이지만, 아쉽게도 길성보다는 흉성에 가깝습니다. 알타이르의 캐릭터는 뜻이 높고 의지력이 강한 동시에 자기 주관이 너무나 뚜렷하기 때문에, 그만큼 타인과의 보조를 맞추지 못하고 협조성이 떨어지는 별이기도 합니다. 이상과 현실의 괴리가 아주 확연하게 드러나는 별입니다.

알타이르는 본인이 정당한 자리에서 강한 권한을 행사할 수 있을 때에만 순기능이 드러나고, 그렇지 않은 경우 주변 사람들과 계속 부딪히는 캐릭터입니다. 오리온 벨트의 알닐람과 비슷하게 가족과 육친을 비롯한 인간관계에서 빚어지는 갈등이 빈번한데, 꼬장꼬장하고 가부장적인 목성 - 토성 속성의 알닐람과 달리 알타이르는 화성 - 목성 속성이기 때문에 길들일 수 없는 고고한 짐승과도 같습니다. 억지로 길들이려 하면 스트레스를 못 이기고 미치거나 죽어버리는 정도입니다. 토성과 알타이르가 만나는 조합은 이러한 극단적인 측면이 가장 뚜렷하게 표현됩니다. 알타이르의 이러한 캐릭터는 인간관계에서 동질감을 느끼고 공감하게 하기가 무척 힘들기 때문에, 친구나 동료 관계에서 그다지 도움이 안 되고 책임과 규율을 토대로 돌아가는 집단의 상하 관계가 차라리 더 잘 맞습니다. 친밀함과 애정을 기반으로 하는 육친이나 이성관계에도 그리 적합하지 않습니다. 또한 알타이르가 움직일 때 재물이 따르지 않는 경우가 많습니다. 목성 위주에 화성이 보조하는 속성이 아니라 화성 위주에 목성이 보조하는 속성이기 때문에 목성 위주인 오리온자리 베타성 리겔과는 다릅니다. 오히려 사회 물정도 모른

채 자기 뜻대로 결정하고 활동하다 예상치 못한 지출이 커지는 경우가 많습니다. 알타이르와 만나는 행성은 해당 천궁도에서 재물 관련 사안을 담당하지 않는 편이 좋습니다.

대부분의 행성과 상성이 안 좋은데 그나마 좀 나은 쪽이 화성과 태양입니다. 그중에서도 알타이르가 보유한 예민한 감각과 지성, 신속한 사고와 일 처리가 가장 부각되는 것이 화성과 만나는 조합이고, 세속적인 성취에 그나마 유리하여 세속적인 성취에서 최종 결과물이 가장 괜찮은 편입니다. 태양 - 알타이르 조합은 공직이나 군, 검, 경에 종사하는 경우 화성 속성의 일등성 특유의 횡발을 기대할 수 있으나, 그만큼 횡파와 리바운드가 돌아오게 됩니다. 이런 점을 생각하면 알타이르의 속성은 황도 십이궁 중 첫 번째인 백양궁과 가장 유사하다고 할 수 있습니다. 백양궁은 화성이 도머사일 로드를, 태양이 엑절테이션 로드를 담당하는 궁이기 때문입니다. 애초에 화성 - 태양의 남성적 속성이 잘 어울리는 별인데, 세차운동 영향으로 지금은 그 반대 속성이라 해도 과언이 아닌 보병궁 초반 도수에 들어가 있으니 알타이르의 세속적 표현형이 흉성에 가까운 부분이 어느 정도 납득이 됩니다.

Kurt Waldheim

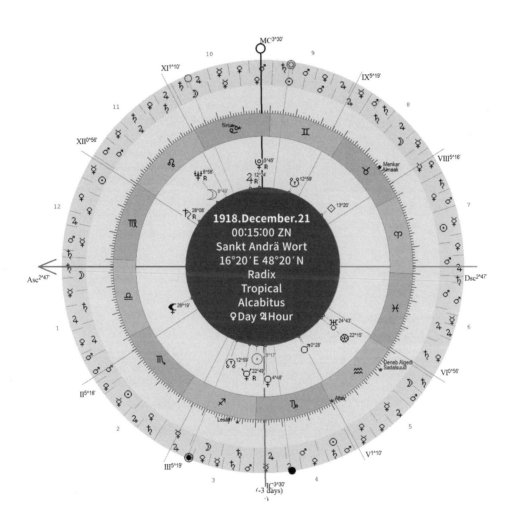

1918.December.21
00:15:00 ZN
Sankt Andrä Wort
16°20′E 48°20′N
Radix
Tropical
Alcabitus
♀Day ♃Hour

쿠르트 발트하임

people

**UN 사무총장, 오스트리아 대통령을 역임한 유명 정치인.
UN 위상 실추의 주범이자 나치 부역 의혹으로 지속적인 비판에 시달렸다.**

오스트리아의 유명 정치가로 외무부 장관, 총리, 대통령까지 역임했고 10년 동안 UN 사무총장을 맡았던 인물입니다. 출생 정보에 생시가 0시 25분으로 되어 있는데, 1976년 UN 사무총장 연임 재투표 건, 2007년의 죽음, 1948년의 파리 외교부 출장, UN에서 근무하다 1968년부터 2년 동안 국내 정치계로 복귀한 후 다시 UN으로 파견된 이력 등을 앵글 디렉션에서 대조했을 때 10분 앞당겨진 0시 15분으로 보정할 수 있습니다.

이 인물에 대한 국내외의 평가는 정말 좋지 않고 현대사 전체 틀에서 봤을 때 악명으로 가득 차 있습니다. UN 사무총장으로 재임한 10년 동안 전임 총장이 만들어놓은 UN의 영향력과 권위를 상당 부분 깎아먹은 장본인이라 평가받고 있습니다. 상임이사국을 구성하는 강대국들의 비위를 맞추며 가급적 아무 일도 하지 않으려는 처신으로 UN의 위상을 실추시켰고, 이후 UN이 과거의 영향력을 회복할 때까지 오랜 세월이 걸리게 만든 인물이기도 합니다. 또한 UN 사무총장 퇴임 후 본국 오스트리아의 대통령 선거에 출마했는데, 과거 제2차 세계대전 시기 추축국의 장교로 활동하며 유태인 학살에 가담했다는 여러 증거들이 나왔음에도 본인은 극구 부인하며 선거운동을 계속했고, 결국 투표를 통해 대통령으로 선출되었습니다.

오스트리아 대통령 자리에 오른 이후 제2차 세계대전 시기 나치에게 큰 고통을 겪은 여러 국가들이 이 사람에게 입국금지 조치를 내렸고, 이후 10년이 넘는 기간 동안 세계의 정치외교 영역에서 오스트리아라는 국가 전체가 따돌림당하며 웃음거리가 되었습니다. 이 인물의 퇴임 이후에도 오스트리아는 외교적인 발언권을 되찾지 못하고 고립된 중립국 취급을 받아왔고, 이러한 국가 차원의 흑역사 때문에 현재 오스트리아가 난민 유입을 반대하는 극우 경향으로 우경화되었다는 분석이 지배적일 정도입니다.

천궁도의 화성이 알타이르와 접근 10분 오차 범위에서 가까운 회합을 이루고 있습니다. 비비언 롭슨은 화성-알타이르 조합에 대해 '명민하고 우수하나 교우관계와 조직 내부에서 문제를 일으키는 경우가 많다. 그러나 최종적으로는 유리한 결과를 얻는다'라고 서술했습니다. 실제로 본인은 똑똑하고 유능한 인물이었지만 UN 사무총장 시절 수많은 비난과 비판에 시달렸고, 오스트리아 대통령 시절 자국이 주변국들에게 따돌림당하며 웃음거리가 되는 결과를 자초했습니다. 하지만 재미있는 점은, 상임이사국 눈치나 보고 UN의 영향력을 약화시키는 허수아비 사무총장이라는 비판을 들으며 재임 결정 시 재투표까지 갔었으나, 단 한 표 차이로 연임에 성공하는 천우신조의 면모를 보여주었습니다. 대통령 선거 때에도 지금보다 훨씬 치명적이라 할 수 있는 나치 가담 스캔들이 폭로되었음에도 결국 당선되었습니다. 중간에 이런저런 심각한 문제들이 벌어지는데도 최종적으로는 세속적 성취로 이어지는 패턴을 확인할 수 있습니다.

　화성-알타이르 조합의 유리함 이외에도 천궁도 자체에도 좀처럼 얻은 것을 잃지 않는 건실한 구조들이 있습니다. LoF 로드인 토성이 사자궁에서 데트리먼트 상태에 빠져 있지만, 자신의 도머사일 로드인 PoA의 인마궁 태양과 파틸 삼각을 맺고 있는 구조가 가장 핵심입니다. 이런 경우 주변에 적과 경쟁자들이 많이 포진해 있지만, 그 와중에도 어떻게든 꾸역꾸역 살아남아 성취하고 직위를 유지하는 징험이 있습니다. 태양 자체도 LoS 로드이자 QS 앵글의 금성과 파틸 앤티션을 통해 보호받는 구조입니다.

★

Christian Dior

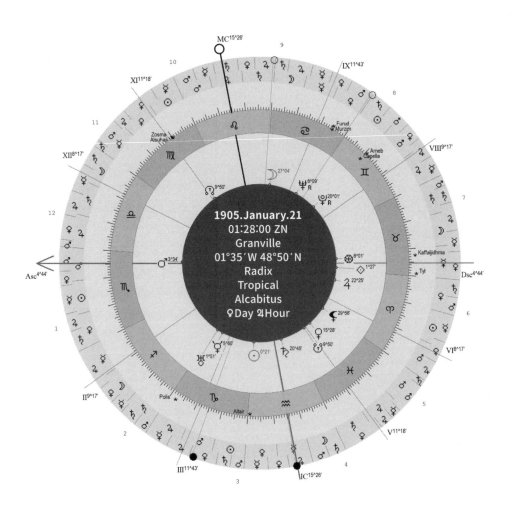

1905.January.21
01:28:00 ZN
Granville
01°35′W 48°50′N
Radix
Tropical
Alcabitus
♀Day ♃Hour

크리스티앙 디오르 ————————————

화려하고 풍성한 스타일로 전후 패션업계를 주도한 여성복 디자이너.
타협을 불허하는 고집으로 업계 경쟁자들의 비판과 기득권층의 견제를 극복했다.

출생기록은 1시 30분으로 기재되어 있으나 1시 28분이 좀 더 정확한 생시라고 사료됩니다. 다만 사망하기 전 앵글 디렉션의 총 목록 수가 많지 않기 때문에 이는 잠정적인 결론이며, 차후 확인 과정이 필요합니다. 그래도 2분 차이에 불과하기 때문에 천궁도 주요 감응점 도수의 뚜렷한 차이는 발견되지 않습니다.

크리스티앙 디오르는 제2차 세계대전 이후 프랑스를 대표하는 세계 최고의 선도적인 여성복 디자이너로서, 그 이름을 들어보지 못한 사람을 찾기가 더 힘듭니다. 코코 샤넬이 고전적인 여성 복식을 파괴하고 신세계를 열었다면, 디오르는 제2차 세계대전 이후 전쟁의 그늘에 잠겨 있던 투박한 여성복 환경을 타파하고 다시금 화려하고 여성적 곡선을 강조하는 스타일을 부각시켰습니다. 프랑스에서 이름을 얻은 후 뉴욕에 진출하여 미국 전체에서 대성공을 거두었습니다. 단순히 디자이너로서 뛰어난 것도 있지만, 사업가로서의 감각 역시 탁월하여 디자인업계에서 로열티 방식의 라이선싱을 처음으로 본격 도입한 인물이기도 합니다. 출판으로 비유하자면 매절 방식이 당시 디자인업계의 관행이었는데, 디오르는 권리를 완전히 넘기는 대신 마치 인세 정산하듯이 디자인 건당 반영구적인 수익 체계를 만들어낸 셈입니다.

LoE 로드인 태양이 PoM에서 알타이르와 5분 이내로 매우 가까운 회합을 이루며 거의 변색된 경우입니다. 일반적으로 태양은 무속성으로서 유리한 위치에서 달의 퍼스트 어플라잉을 받는다 해도 직업의 지표성 역할을 수행하지 못하는데, 이 천궁도의 태양은 알타이르의 색채를 빌려 단독적인 직업의 지표성으로 기능할 수 있는 상태입니다. 동시에 태양은 Asc 로드인 화성과도 유효각을 맺고 있고, LoS에 파틸각을 보내고 있어 이 천궁도에서 매우 중요한 지위를 차지합니다.

비비언 롭슨은 태양-알타이르 조합에 대해 '공적인 명예를 얻지만 악명 역시 높을 것이다. 윗사람과 많은 친구들에게 도움을 받지만 당사자를 시기하는 이들이 말과 글로 그를 음해하며 문제를 일으킬 것이다. 이 조합이 성립한 인물 중 일부는 건강이 좋지 않고 물적 손해를 겪기 쉽고, 중독 사고가 벌어질 수 있다'라고 서술한 바 있습니다.

제2차 세계대전을 겪고 나서 전 세계적으로 물자가 부족한 시절이었기 때문에 한 벌에 엄청난 양의 옷감을 사용하던 디오르의 '뉴 룩New Look'에 대한 반발은 적지 않았습니다. 이들은 샤넬 스타일의 플래퍼 드레스나 밀리터리 룩 특유의 짧은 치마를 수호하고자 했으나, 시간이 흘러 경기가 좋아지면서 점점 디오르의 화려한 스타일이 더 힘을 얻게 되었습니다. 하지만 이 과정에서 본인의 대성공을 질투하는 경쟁자들의 견제를 대놓고 받은 경우이며, 비평가들의 비판을 지속적으로 받은 것도 사실입니다. 라이선싱 관련해서도 투자자 등 업계의 기득권층과 오랜 기간 대립해왔지만 결국에는 자기 뜻대로 업계 관행을 바꾸는 데 성공했습니다. 알타이르의 횡발효과가 태양을 통해 현실화된 셈입니다. 또한 이러한 성공은 알타이르 특유의 타인의 의견에 굴하지 않는 뾰족하고 단단한 방식으로 구현된 것도 사실입니다. 다만 그 횡발의 리바운드가 이른 나이인 만 52세에 심장마비로 급사하는 방식으로 돌아왔습니다. 암이나 다른 지병이 없었기 때문에 그야말로 응급 상황에서 예상치 못하게 사망한 것입니다. 화성 속성 일등성의 리바운드라는 것이 이런 방식으로 나타나기 십상입니다.

* 행성의 위상 - 컴버스트, 카지미, 파시스, 역행, 정지

다섯 행성 각각은 겉보기 운동에서 태양과의 고유한 회합 주기에 따라 움직입니다. 회합 주기는 순행하던 행성이 태양과 황경 도수상으로 회합을 이룬 후 다음 번 회합까지 걸리는 시간을 뜻합니다. 내행성으로서 겉보기 운행 속도가 빠른 수성의 경우 회합 주기가 116일밖에 되지 않지만, 겉보기 운행 속도가 태양과 비슷한 화성은 회합 주기가 780일에 이릅니다.

내행성인 수성과 금성은 태양과의 회합 후 태양과 멀어졌다가 역행하여 태양을 빠르게 스쳐 지나간 후 다시 순행으로 돌아서 태양과 만나게 되는 것이 한 번의 주기입니다. 반면에 태양보다 운행 속도가 느린 외행성의 경우 회합 직후 태양이 이들을 앞질러 한 바퀴 일주하여 다시 만나게 되는 것이 한 번의 주기입니다.

회합 주기의 첫 단계는 순행하는 행성이 태양과 만나 황경 도수상으로 가까워진 전후의 구간입니다. 이 구간 동안 행성은 태양빛에 갇혀 보이지 않게 되는데, 이러한 상태를 컴버스트combust라고 합니다. 헬레니즘 시대에는 편의상 이 구간을 태양 전후 15도로 일괄 규정했는데, 실제로 측정해보면 행성마다 차이가 있으며 관측자의 지역 위도 등의 변수까지 고려해야 합니다. 한반도가 위치한 중위도 대역에서 수성은 13~21도 정도, 금성은 8~11도, 화성은 15~25도, 목성과 토성은 13~18도 정도로 특정 일자에서 행성의 정확한 컴버스트 구간은 웹사이트나 프로그램 등으로 확인이 필요합니다.

컴버스트 상태의 행성이 태양과 멀어지며 처음으로 관측 가능하게 되는 며칠간의 구간, 혹은 컴버스트 구간에 들어서기 직전 마지막으로 관측 가능한 며칠간의 구간을 파시스phasis라고 하며, 해당 행성의 재능이나 잠재력이 빛을 발하는 위상이라고 해석합니다. 파시스 구간은 해당 행성이 태양빛 안에 갇혀 있는지 태양빛으로부터 벗어나는지를 판단하는 경계이자 컴버스트 여부의 기준이 됩니다.

태양빛으로부터 벗어나는 파시스 이후 순행하던 행성은 점점 속도를 잃다가 결국 겉보기 운동상 역행을 시작하며, 일정 기간 역행하던 행성은 다시 겉보기 운동상 순행으로 접어듭니다. 이후 태양과 거리가 가까워지며 다시 회합하고, 이런 순차로 한 번의 회합

주기를 완성하는 것입니다.

순행하던 행성이 속도가 반전되어 역행으로 접어드는 구간을 역행 정지라 하며, 역행하던 행성이 속도가 반전되어 순행으로 접어드는 구간을 순행 정지라 합니다. 행성의 정지는 길흉을 떠나 행성의 자체적인 영향력이 극대화되는 위상이며, 실제로 운로상에서 해당 행성이 담당하는 사안을 사건화할 가능성이 가장 높습니다.

꼭 정지에 해당하는 구간이 아니더라도, 역행하는 전체 기간 동안 행성은 순행할 때와는 다른 환경에 다른 역할을 맡게 됩니다. 고전 점성술의 발굴이 시작된 초창기에는 역행이 아주 흉하거나 해당 행성을 약화하는 상태라고 간주되었는데, 실제로는 역행할 때의 행성은 행성의 전체 위상 중에서 가장 유능한 상태에 가깝습니다. 인간의 연령대로 비유하자면 30대 중반 정도로서 지식, 숙련도, 사회적 경험치가 충분하며 체력도 떨어지지 않은 상태입니다. 20대처럼 물정이 없어 젊음의 패기에 기댈 필요도 없고, 40대 중반이 지나 아는 건 많지만 체력과 의욕이 떨어진 상태도 아닙니다. 어떻게 보면 사회를 굴러가게 하는 주역이자 원동력이 되는 세대가 역행하는 행성의 입장에 가깝습니다.

이와 같이 행성의 역행은 '평소 하던 것과 다른 방식을 시도해보는' 의미를 가집니다. 비록 자원을 소모하며 고생스러운 상황을 겪기도 하지만, 이 역행이라는 시행착오를 거치지 않으면 새로운 성과는 나올 수 없습니다. 따라서 연구개발R&D, 저술 활동, 신규 판로 개척 등 시간이 비교적 오래 걸리고 실패 확률도 있지만 성공하는 경우 월등한 성과를 얻을 수 있는 활동이 행성의 역행 상태와 높은 연관성을 가집니다.

한편 컴버스트 구간의 행성이라고 해서 완전히 갇혀서 보이지 않는 것만은 아닌데, 태양과 아주 가까워졌을 때 카지미Cazimi라는 지위에 오를 수 있기 때문입니다. 태양과 황경상 15분 이내로 가까워지거나, 혹은 황경상 1도 이내로 가까워졌을 때 적위나 황위가 1도 이내로 근접하는 경우 카지미의 조건을 만족시킵니다. 카지미 상태의 행성은 일인지하 만인지상一人之下 萬人之上의 의미를 지니며, 권력자의 측근으로서 그 위세에 묻어가며 호가호위하는 이점을 누리곤 합니다.

다비
Dabih

★ 관측정보

별 이름: 다비

별자리 분류(constellation): 염소자리 베타(β)성

황경(longitude): 보병궁(Aquarius) 2도 39분(1900년 기준) / 보병궁(Aquarius) 4도 3분(2000년 기준)

적위(declination): 남위 15도 6분(1900년 기준) / 남위 14도 47분(2000년 기준)

적경(right ascension): 20h 20m

황위(latitude): 북위 4도 35분

광도(magnitude): 3.05

★ observation info.

Fixed star: **DABIH**

Constellation: Beta(β) Capricornus

Longitude 1900: 02AQU39	Longitude 2000: 04AQU03
Declination 1900: -15°06'	Declination 2000: -14°47'
ascension: 20h 20m	Latitude: +04°35'
Spectral class: FB	Magnitude: 3.05

천문 예측을 위한 실질 상대 등급 : 2부 리그 2군 주전 멤버

프톨레마이오스 기준 행성 속성 : 토성 - 금성

천궁도 해석을 위한 실제 속성 : 리셉션 아래 목성의 각을 받는 동시에
리젝션 아래 금성의 각을 받는 토성

다비는 염소자리의 베타성으로 황위가 북위 5도 이내에 위치하여 PED로 충분히 활용할 수 있는 별입니다. 광도는 3.05로 약하지만 황도와 워낙 가까워서 쓸 만한 수준입니다. 20세기 후반 출생의 천궁도에서 보통 황경 기준 물병자리 3도 후반에 위치합니다. 다비 혹은 다힙Dahib으로 불립니다.

동양의 견우성으로서 직녀성인 거문고자리 알파성 베가와 연결된 이야기로 등장합니다. 근처에 있는 독수리자리 알파성인 알타이르河鼓大星와 혼동하기 쉽지만, 다비는 북방칠수 중 두 번째인 우수의 첫 번째 별牛宿-로 분류되어 확실히 구분됩니다. 전통적으로 가축과 물자의 이동을 관장한다고 전해집니다.

프톨레마이오스에 따르면 이 별이 토성 - 금성 속성이라고 분류했는데, 실제로는 목성의 색채가 매우 뚜렷한 편입니다. 다비는 성실하고 꼼꼼하여 공직, 회사생활, 사업 모두에 잘 맞는 별입니다. 세상 물정도 밝고 서비스 정신이 있어 윗사람이나 거래처에 굽히고 비위를 맞출 줄도 알고, 수성 속성 항성들처럼 기민하고 똑똑하지는 않지만 사리 판단이 정확하고 좀처럼 실패하는 선택을 하지 않습니다. 사업적으로도 리스크 관리에 능하며 무리한 의사 결정을 하지 않습니다. 짧은 시간에 대박을 내는 스타일은 아니지만, 토성 특유의 신중함이 있고 일확천금의 도박 성향이 없기 때문에 점진적으로 성취를 쌓아가는 캐릭터이기도 합니다. 다만 가족들에게 무뚝뚝하고 연애와 결혼에 실패하기 쉬우며, 사생활과 육친 문제에서 흉한 측면이 자주 부각됩니다. 또한 금성보다 토성 속성이 강하여 전반적으로 집안을 자기 뜻대로 꽉 쥐며, 구두쇠 성향도 있어 좀처럼 가족들에게 베풀지 않습니다. 돈은 잘 벌어오지만, 정 붙이기 힘들어 말년에 소외받는 가장에 가깝습니다. 즉 다비는 조직생활, 공직, 사업 모두에 잘 맞는 중간 관리자 유형의 유능한 직업인인 반면에, 사생활과 가족에 소홀한 전형적인 토성 속성의 사회인이라 할 수 있습니다. 고도성장기 일본의 전형적인 직장인 가장 이미지에 부합합니다.

이러한 다비에게도 횡발의 가능성이 있는데, 목성이나 화성과 회합을 이루는 경우입니다. 다비의 기본 스타일인 완발이 아닌 횡발로 급작스럽게 성취를 이루는 경향이 있는데, 혹 너무 욕심을 내 분수 이상의 지위에 오르면 결국 몰락으로 이어집니다. 물론 강력한 로열스타 정도의 기복은 아닙니다. 비유하자면 중간 관리자나 성공한 소시민 역할이 아닌 대기업 이사까지 올랐다가 어이없이 재계약에 실패해 커리어가 중단되는 경우에 가깝습니다. 가늘고 길게 갈 수 있었는데 탐욕을 참지 못해 직업인으로서의 수명이 짧아지는 셈입니다.

John Lennon

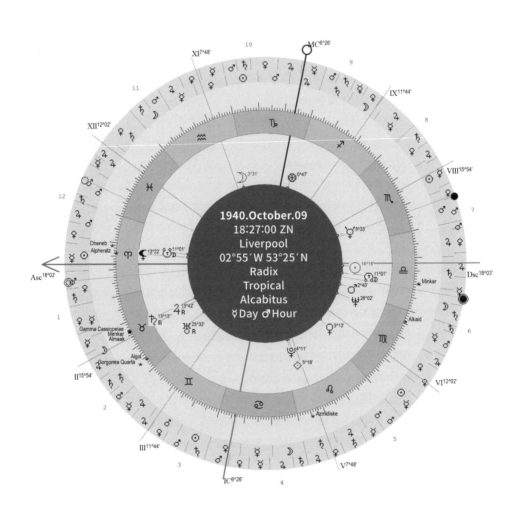

존 레넌

전설적인 록밴드 비틀스의 멤버.
대성공이 이어지는 커리어와 불안정한 이성관계가 공존하다.

구구하게 말해봐야 입 아픈 비틀스의 멤버인 존 레넌입니다. 오랫동안 병원기록이 발견되지 않아 점성가들 사이에서도 이 사람의 생시에 대해 이견이 많았는데, 2010년 출판된 관련 저서의 저자가 병원에 문의해 저녁 6시 30분 기록을 확인했습니다. 5세에 아버지가 가족을 떠나고 6세에 이모 집에서 살기 시작하는 등 실제 사건이 앵글 디렉션 목록과 거의 맞아떨어지기 때문에, 고위도 출생에 짧은 상승궁short ascension 구간임을 감안하면 6시 27~28분이 가장 정확한 생시에 가깝다고 추정됩니다.

이 천궁도에서 달은 다비와 20분 오차의 분리 회합을 이루고 있습니다. 비비언 롭슨은 달-다비 조합에 대해 '자기 분야에서 성공하지만 석연찮은 이유로 은퇴하며, 재물을 얻기에 적합하고 주변에 상당한 영향력을 가지게 되지만 큰 욕심은 없으며, 이성관계 문제가 잘 발생하고 비판과 질책 받을 만한 행동을 하는 경향이 있다'고 서술한 바 있습니다.

전 세계 음악계에 역사로 남을 정도로 크게 성공했다가 불분명한 이유로 갑자기 비틀스를 해체하고 전성기에서 내려온 부분, 아주 영향력 있는 지위까지 올랐지만 본인은 그 지위에서 나오는 권력에 큰 관심이 없었다는 부분, 이성관계가 복잡해 어린 시절 결혼을 했고 이후 오노 요코와 정분이 나서 본처와 바로 이혼한 부분 모두 비비언 롭슨이 논한 내용과 거의 일치하는 이력이라 할 수 있습니다.

운로상 피르다르 메이저 목성 / 마이너 달 시기인 1970년 비틀스의 해산이 이루어졌고, 이때 프로펙션이 6하우스 처녀궁에 연주는 수성입니다. 천갈궁 수성이 보병궁 달과 5도 오차의 사각으로 이어져 있어, 달이 타임 로드인 동시에 사건의 지표성으로도 작용하는 시기입니다. 달과 만나는 다비의 색채 역시 사건으로 이어지는 것이 이상하지 않습니다.

사달수드

Sadalsuud

★ 관측정보

별 이름: 사달수드

별자리 분류(constellation): 물병자리 베타(β)성

황경(longitude): 보병궁(Aquarius) 22도 0분(1900년 기준) / 보병궁(Aquarius) 23도 24분(2000년 기준)

적위(declination): 남위 6도 1분(1900년 기준) / 남위 5도 34분(2000년 기준)

적경(right ascension): 21h 31m

황위(latitude): 북위 8도 36분

광도(magnitude): 2.87

★ observation info.

Fixed star: **SADALSUUD**

Constellation: Beta(β) Aquarius

Longitude 1900: 22AQU00	Longitude 2000: 23AQU24
Declination 1900: - 06°01'	Declination 2000: - 05°34'
ascension: 21h 31m	Latitude: +08°36'
Spectral class: G0	Magnitude: 2.87

천문 예측을 위한 실질 상대 등급 : 2부 리그 2군 주전 멤버

프톨레마이오스 기준 행성 속성 : 토성 - 수성

천궁도 해석을 위한 실제 속성 : 토성과 금성의 빛을 받는 수성

사달수드는 물병자리 베타성으로 광도가 2점 후반대에 황위가 북위 8도로 황도에 근접하기 때문에 PED 적용이 적합한 별입니다. 20세기 후반 기준으로 황경 도수가 보병궁 23도 초반에 위치하는데, 이 도수가 염소자리 델타성인 데네브 알게디와 불과 9분밖에 차이가 나지 않기 때문에 이 두 항성의 순수한 속성이 각각 어떻게 표현되는지 확인하기 위해서는 angle at birth 기법이나 PoD 기법을 적용해야 하는 난점이 있습니다. 이러한 경우 PED 기법을 굳이 사용하려면, 회합을 이루는 행성의 황위와 적위를 고려하여 두 별 중 어느 쪽에 가까운지를 가늠해야 합니다. 이는 사달수드와 데네브 알게디뿐만 아니라, 황경상 아주 가까이 붙어 있어 PED 적용 시 난감해지는 처녀자리 엡실론성인 빈데미아트릭스와 감마성인 포리마에게도 해당되는 규칙입니다.

사달수드는 그렇게까지 밝지는 않지만 몇 가지 사안에 특징적인 의미 영역을 보여주는 별입니다. 일단 모든 종류의 신비학, 오컬트, 점술, 간명법 등에 대한 친화도가 무척 높으며, 점성술 역시 이 영역에 포함됩니다. 천궁도에서 사달수드가 부각되는 인물의 경우 점을 보고 상담받기를 좋아하거나, 본인이 해당 기술을 익혀 타인의 점을 봐주는 경우가 많습니다. 혹은 가족이나 배우자 등 인생에서 중요한 인물이 점술을 업으로 삼는 경우도 자주 발견됩니다. 또한 가지, 이성관계와 결혼에 대한 특이점이 있습니다. 제3자 입장에서 봤을 때 어울리지 않거나 사회적인 스펙을 고려하면 급이 맞지 않는 두 사람인데 이상하게 홀리듯 빠져서 결혼했다가 이후 정신 차린 후 실망하고 헤어지는 패턴이 자주 발견됩니다. 주로 사달수드가 부각된 천궁도의 주인공 쪽이 홀리는 역할을, 그 상대방이 나중에 실망하는 역할을 맡는 경우가 많습니다. 또한 결혼 후 한쪽을 탓할 수 없는 난감한 외부 효과 때문에 트러블이 생기거나 이혼하는 경우도 간혹 있습니다. 결혼해서 멀쩡히 잘 살다가 사회적으로 유대계 피가 섞인 사람을 탄압하고 추방하는 분위기가 생기다 보니 배우자와 같이 살기 힘들게 되었다든가, 외국 국적의 배우자와 결혼했는데 그 나라 세무 관련 법령이 바뀌어서 별 수 없이 몇 년 동안 떨어져 살게 된다든가 하는 식입니다.

상기한 두 가지 문제, 또한 이상할 정도로 소송이 잘 걸린다는 부분을 빼면 대체로 길성에 가까운 별입니다. 사회적으로나 경제적으로 성공하기 쉽고, 인간관계가 풍성하며 친구들을 쉽게 사귀고 유능한 지인도 많은 편입니다.

데네브 알게디

Deneb Algedi

★ 관측정보

별 이름: 데네브 알게디

별자리 분류(constellation): 염소자리 델타(δ)성

황경(longitude): 보병궁(Aquarius) 22도 8분(1900년 기준) / 보병궁(Aquarius) 23도 33분(2000년 기준)

적위(declination): 남위 16도 35분(1900년 기준) / 남위 16도 8분(2000년 기준)

적경(right ascension): 21h 46m

황위(latitude): 남위 2도 36분

광도(magnitude): 2.81

★ observation info.

Fixed star: **DENEB ALGEDI**

Constellation: Delta(δ) Capricornus

Longitude 1900: 22AQU08   **Longitude 2000:** 23AQU33

Declination 1900: -16°35'   **Declination 2000:** -16°08'

ascension: 21h 46m   **Latitude:** - 02°36'

Spectral class: A5   **Magnitude:** 2.81

천문 예측을 위한 실질 상대 등급 : 2부 리그 2군 주전 멤버

프톨레마이오스 기준 행성 속성 : 토성 - 목성

천궁도 해석을 위한 실제 속성 : 리젝션 아래 목성의 각을 받는 토성

데네브 알게디는 염소자리 델타성입니다. 광도는 2.81로 낮은 편인데 황위가 남위 2도 36분으로 황도에 거의 붙어 있는 별입니다. PED 기법을 적용했을 때 활용도가 매우 높으며, 20세기 후반 기준 황경 도수로 보병궁 23도 초반에 위치합니다.

동양 천문에서는 북방칠수인 실수室宿에 속하는 루벽진壘壁陣의 네 번째 별壘壁陣四로 분류됩니다. 루벽진은 하늘의 병영과 성곽으로 객성이 치고 들어와 문제가 될 때 병란, 내란, 혁명 등이 일어난다고 전해집니다.

데네브 알게디는 고전 문헌에서 토성 - 목성 속성이라고 분류되어 있는데, 실제 임상적으로는 거의 순수한 토성 속성에 가깝습니다. 외모나 체면에 별로 신경 안 쓰는 외골수 타입인데, 집념과 욕심은 있어서 사회적 지위와 권력욕이 강한 캐릭터입니다. 어차피 남들에게 잘 베푸는 선량한 이미지를 가지기 불가능하다는 것을 본인이 알기 때문에, 매사 손익의 논리로 상황에 접근하는 경향이 있습니다. 그래서 오랫동안 참고 기다리며 기회가 닿으면 세속적인 성공을 거머쥐기도 하지만, 풍요로움과 인덕이 없어 그 자리에 오래 남아 있지는 못합니다. 진심으로 도와주는 의리 있는 친구는 별로 없고, 주변 사람들은 이익을 위해 친구인 척하며 나중에 끈 떨어지면 연락도 하지 않을 가능성이 높습니다. 데네브 알게디 자체가 그런 캐릭터이기 때문에 유유상종이라 해도 크게 틀린 말은 아닙니다. 혹 수성이나 토성과 만났을 때에는 지위와 권력보다는 지식과 노하우에 천착하는 재야의 학자나 장인 같은 면모가 부각되는데, 특히 가축, 야생동물, 독이 있는 동물을 잘 다루는 땅꾼 같은 재능이 있습니다. 독초와 독물을 다루며 인체의 생리와 병리를 공부하는 수도원의 학승, 혹은 드루이드druid 계열에 가깝습니다.

데네브 알게디가 원래 속성인 음침하고 집요한 야심가 쪽으로 가든지, 혹은 수성이나 토성과 만나 '자연인' 캐릭터로 가든지 상관없이, 어찌 됐든 인간관계는 좋지 못하고 특히 결혼하여 자녀를 키우는 일에는 영 재능이 없는 편입니다. 결혼생활과 육아에 맞지 않는 캐릭터입니다. 또한 구두쇠 경향에 손이 작아서 큰돈을 만지기는 어려우며, 권력과 지위에 집중하다 보면 재물이 더 궁해지는 경향이 있습니다.

★

Robin Thicke

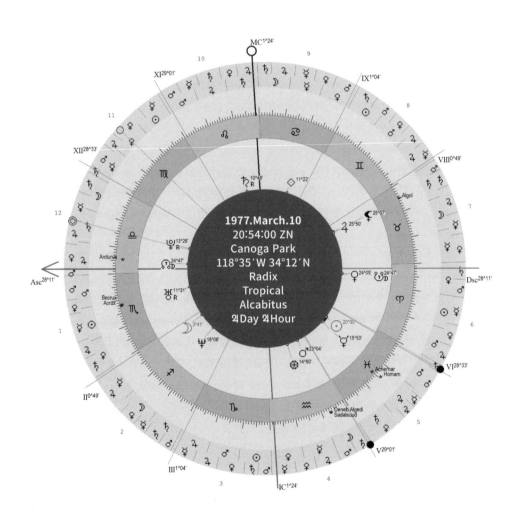

1977.March.10
20:54:00 ZN
Canoga Park
118°35′W 34°12′N
Radix
Tropical
Alcabitus
♃Day ♃Hour

로빈 시크

캐나다 출신의 정상급 음반제작자이자 싱어송라이터.
〈Blurred Line〉의 대성공 이후 표절 분쟁과 이혼으로 불명예를 얻다.

캐나다 출신의 미국 싱어송라이터이자 음반제작자입니다. 크리스티나 아길레라, 니키 미나즈, 어셔, 핑크, 퍼렐 윌리엄스 등과 협업한 경력이 있는 업계의 유명한 인력 중 한 명입니다. 본인도 가수로서 여러 곡을 히트시켰는데, 지난 2013년 퍼렐 윌리엄스와 같이 제작한 〈Blurred Lines〉가 빌보드 차트 1위를 12주 동안 수성하는 대박을 내기도 했습니다.

화성이 데네브 알게디와 10분 이내 오차 범위로 접근 회합을 이루고 있습니다. 화성은 QS 앵글에서 LoF와 동궁하며 직업의 지표성이자 명예의 지표성 역할을 맡게 되는데, Asc 로드인 금성과 리셉션 아래 파틸 육각을, LoE와 LoB 로드를 겸임하는 목성과 2도 정도의 사각을 맺고 있습니다. 직업과 명예의 핵심 지표성이 실질적인 길성 인클로저 상태인 것입니다. 문제는 화성-데네브 알게디 조합이 매우 흉하다는 것입니다. 비비언 롭슨은 이 조합에 대해 '경쟁자와 사고로 인한 일신의 위험, 영광과 명예를 얻지만 수많은 분쟁을 겪은 후 불명예스럽게 몰락하는 경향이 있다고 논한 바 있습니다.

실제로 대히트를 쳤던 〈Blurred Lines〉는 이후 표절 분쟁이 생겨 마빈 게이 쪽과 저작권 소송을 하다가 결국 표절이 인정되어 크게 망신을 당했습니다. 10대 중반부터 시작된 폴라 패튼에 대한 일편단심도 결혼으로 이어져 잉꼬부부 셀럽으로 유명해졌다가, 이후 약물중독 상태에서 부인에게 폭력을 가한 후 이혼을 당하는 결말을 맞았습니다. 즉 처음에는 이런저런 분야에서 잘나가면서 명성과 성취를 얻다가, 이후 본인의 과실이 부각돼 몰락하는 패턴입니다. 화성이 LoF에 동궁하는 직업과 명예의 지표성인 동시에, 재난을 주관하는 7하우스 로드이자 Lot of Accusation의 로드를 겸임한다는 점을 상기하게 만드는 천궁도입니다.

포말하우트

Fomalhaut

★ 관측정보

별 이름: 포말하우트

별자리 분류(constellation): 남쪽 물고기자리 알파(α)성

황경(longitude): 쌍어궁(Pisces) 2도 27분(1900년 기준) / 쌍어궁(Pisces) 3도 52분(2000년 기준)

적위(declination): 남위 30도 9분(1900년 기준) / 남위 29도 38분(2000년 기준)

적경(right ascension): 22h 57m

황위(latitude): 남위 21도 8분

광도(magnitude): 1.16

★ observation info.

Fixed star: **FOMALHAUT**

Constellation: Alpha(α) Piscis Austrinus

Longitude 1900: 02PIS27	Longitude 2000: 03PIS52
Declination 1900: -30°09'	Declination 2000: -29°38'
ascension: 22h 57m	Latitude: -21°08'
Spectral class: A2	Magnitude: 1.16

천문 예측을 위한 실질 상대 등급 : 1부 리그 1군 주전 멤버

프톨레마이오스 기준 행성 속성 : 금성 - 수성

천궁도 해석을 위한 실제 속성 : 수성과 해왕성의 각을 받는 금성

남쪽 물고기자리의 알파성인 포말하우트입니다. 고대에 동서남북 방위를 나타내는 네 개의 별 중 하나로 사용되었으며, 북방을 담당합니다. 다만 포말하우트의 황위는 남위 21도로 방위를 담당하는 나머지 세 로열스타인 레굴루스, 알데바란, 안타레스와 달리 황도에서 너무 많이 떨어져 있습니다. 광도가 1.16으로 밤하늘에서 열여덟 번째로 밝은 별이지만, 황도와의 거리 문제로 로열스타로 분류되기는 다소 어렵습니다. 적위 역시 남위 30도에 근접하여 PoD 기법을 적용하기가 어렵습니다. 따라서 포말하우트의 온전한 유효성과 색채를 확인하기 위해서는 angle at birth 기법으로 들어오는 경우를 1순위로 두게 됩니다. 물론 다소 부족하긴 해도 PED 기법으로 활용하기에 차고 넘치는 일등성인 것은 사실입니다. 20세기 후반 기준으로 황경 도수는 쌍어궁 3도 중반에 위치합니다.

동양 천문에서는 북락사문성北落師門星이라 하여 북방의 국경을 지키는 척후병 지휘관 역할에 해당됩니다. 다섯 행성이나 혜성과 만나는 등 이 별에 문제가 생기면 이민족이 쳐들어와 변란을 일으킨다고 전해집니다.

별 주변에 먼지 잔해가 널리 분포하는데, 이게 마치 토성의 띠처럼 중심 항성Fomalhaut을 둘러싸고 있습니다. 이 잔해의 띠는 좁은 타원형으로 마치 사람의 눈처럼 보이는데, 이러한 독특한 모습 때문에 한 과학 잡지에서는 포말하우트에 반지의 제왕에 등장하는 '사우론의 눈 Great eye of Sauron'이라는 별명을 붙이기도 했습니다.

프톨레마이오스와 비비언 롭슨은 포말하우트를 금성 - 수성 속성으로 분류했는데, 에버틴은 그에 더하여 해왕성의 속성이 섞여 있다고 언급했습니다. 포말하우트가 임상에서 실제 사건으로 구현되는 양상을 보면 에버틴 쪽에 한 표를 들어주게 됩니다. 세외 3행성 중 하나인 해왕성은 명백한 흉성이며 포말하우트 역시 흉성입니다. 포말하우트는 금성 - 수성 속성으로 분류되는 일반적인 별들에 비해 명백히 흉한 징험을 가지고 있습니다.

포말하우트의 캐릭터는 해왕성과 유사하면서도 가끔은 그 확장판 같은 면모를 보여줍니다. 은밀하고 중의적인 표현을 좋아하며 애매모호하게 소통합니다. 의도치 않게 남을 속이기 쉽고 동시에 남에게 속기도 쉽습니다. 유혹도 잘하지만, 본인이 유혹을 잘 당하기도 합니다. 사기나 치정에 연관된 사건들이 주변에서 잘 벌어지고 예기치 않은 아주 사소하고 상관없어 보이는 변수들로 인해 진행하고 있던 일들이 잘 꼬이고 엎어집니다. 잘되어도, 못 되어도 그 인과관계가 명명백백하게 드러나지 않습니다. 한편으로 강렬한 인상을 남기는 사건이나 인물을 갈구하며, 지루하고 반복적인 평범한 일상을 혐오하는 경향이 있습니다. 이는 자칫하면 나태함으로 이어져 일확천금을 꿈꾸는 몽상가처럼 변질될 수 있습니다. 평소 그리던 꿈에 그 목적지는 선명하게 그려져 있지만, 목적지로 가기 위한 과정에 대한 상세 실행 계획은 놀라울 정도로 불분명합니다.

사람을 혹하게 하는 놀라운 말솜씨나 오라를 지니고 있기 때문에, 이러한 재능이 충분한 경험과 숙련으로 원숙해지면 대단한 설득력을 지닌 인물이 될 수 있습니다. 유능한 선동가, 목회자, 정치인, 연예인, 방송인 등에서 포말하우트가 부각되는 천궁도를 자주 발견할 수 있습니다. 반면에 좋지 않게 빠지면 대중을 기망하는 사이비 교주 같은 인물이 되기도 합니다. 포말하우트의 이러한 성향이 바람직하게 승화되면 대중에게 강렬한 감동을 주며 시대의 문화와 정신에 영향력을 끼치는 공인이 될 수 있습니다. 이는 마치 큰개자리 알파성인 시리우스와 유사하게 역사의 기록으로 남곤 하는데, 비유하자면 각 세대에서 가장 유명했던 히트곡과 같습니다. 그 곡을 부른 가수는 업계에서 롱런할 수도 있고 못 할 수도 있겠지만, 그 히트곡만은 역사적인 생명을 부여받아 끊임없이 여러 매체에서 재생되는 것입니다.

거의 모든 행성과 상성이 좋지 않고 흉한 징험이 발생하나, 오직 목성과 만날 때에만 포말하우트 특유의 부작용이 덜해지는 경향이 있습니다. 해왕성이 본래 금성의 악덕이 광역으로 확장된 존재에 가깝고, 포말하우트는 해왕성과 유사합니다. 그런 점에서 밤의 길성인 금성은 포말하우트의 흉함을 제어하기는커녕 부추길 수 있는 반면, 낮의 길성인 목성은 포말하우트의 흉한 징험을 어느 정도 제어할 수 있는 것입니다.

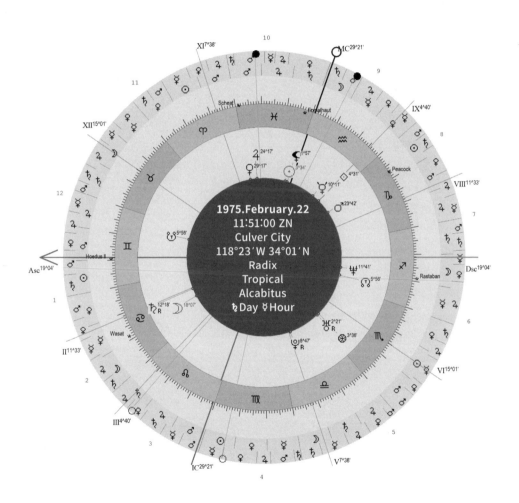

드루 베리모어

7세에 〈E.T.〉에 출연하여 세계적인 명성을 얻은 배우.
술, 마약, 자살 기도로 점철된 10대의 탈선에서 벗어나 재기에 성공하다.

10하우스의 태양이 포말하우트와 4분 이내로 매우 가깝게 회합하는, 사실상 루미너리의 변색을 논할 수 있는 천궁도입니다. 태양은 LoE의 로드로서 이 차트에서 QS 기준 앵글에 가장 가까운 행성이며, LoF와 파틸 삼각을 맺고 있습니다. 정당성, 위치성, 연계성 모든 것을 보유한 이 차트의 중심 행성이라 해도 과언이 아닙니다.

만 7세 때 영화 〈E.T.〉에 출연하며 얻은 세계적인 명성 역시 운로상 태양이 메이저 피르다르 로드를 담당했던 시기에 발현된 사건입니다. 다만 너무 어릴 때 얻은 명성으로 정상적인 유년기를 보낼 수 없었고, 남편과의 불화로 인한 스트레스를 자식의 혹독한 배우 조련으로 풀어내려 했던 불안정한 엄마를 둔 한 명의 아이이기도 했습니다. 지극히 왜곡된 양육으로 인한 피해를 고스란히 입으면서 열 살이 되기 전 이미 나쁜 친구들과 함께 흡연과 음주를 시작했고 사춘기에는 마약에까지 손을 대며 자살 시도에 정신병원 입원 등 아주 참혹한 10대를 보냈습니다.

비비언 롭슨은 태양-포말하우트 조합에 대해 '방탕한 성향에 나쁜 친구들과 어울리며 나쁜 행실에 쉽게 물들고, 유산을 상속하지만 생산적인 활동으로 이어지지 못하며 범죄의 피해자가 되기 쉽다'고 논한 바 있습니다. 실제로 10대에 불량한 친구들과 어울리며 바람직하지 못한 행실을 보여주었습니다. 상속을 받지만 생산적인 활동을 하지 못한다는 점도 이 사람의 삶과 일맥상통하는 부분이 있는데, 실제로 배리모어 가문은 할리우드의 명문 배우 집안이지만 당사자가 그 집안의 전통을 계승하여 A급 배우로 롱런하지 못한 것은 사실입니다. 물론 10대를 이렇게까지 처참하게 보낸 것은, 페가수스자리 베타성인 극흉성 셰아트와 15분 이내로 회합을 이루는 금성이 10대를 주관하는 메이저 피르다르 로드를 담당하고 있었던 점에 기인한 바가 큽니다. 금성은 섹트 구성이 모두 어긋난 상태에서 10하우스에 위치하는데, 이는 겉만 화려하고 실속이 없는, 소위 빛 좋은 개살구 처지를 시사하는 전형적인 구조입니다.

그렇게 질적으로 불안정한 상황에서 금성은 극흉성 셰아트와 너무 가깝게 만나고 있습니다. 셰아트는 자살이라는 키워드에 가장 가까운 흉성으로, 낮의 천궁도에서 섹트 잃은 앵글의 금성이 셰아트와 만나는 경우 자살에 관련된 사건을 빈번하게 관찰할 수 있습니다. 다만 금성은 도머사일 로드인 목성과도 5도 오차로 회합을 이루고 있는데, 목성은 섹트 구성이 온전하고 룰러십도 얻고 있기 때문에 금성 사안이 치명적인 상황까지 이르는 것은 충분히 막아줄 수 있습니다. 결국 자살 기도는 미수로 끝났고, 부모보다 정신적 지주가 되어주었던 대부 스티븐 스필버그와 대모 소피아 로렌의 도움으로 10대의 탈선에서 벗어나 재기할 수 있었습니다.

반면에 아버지의 랏과 어머니의 랏이 모두 천칭자리에 위치하여 영 상태가 좋지 않은 금성이 부모에 대한 사안을 주관하는 천궁도임을 알 수 있습니다. 비록 룰러십을 얻었다 해도 거해궁 달이 흉성 인클로저에 빠져 있는 구조 역시 유년기가 불우해질 수 있는 또 하나의 징험으로 작용합니다. 그럼에도 우리는 전설적인 영화인 〈E.T.〉의 작은 소녀를 기억하며, 〈미녀 삼총사〉의 여걸 캐릭터는 여성 집단 액션 영화의 클리셰로 여전히 남아 있습니다. 포말하우트가 상징하는 '변치 않는 명성'이라는 것이 이와 같습니다.

NATAL CHART

★

Kristen Stewart

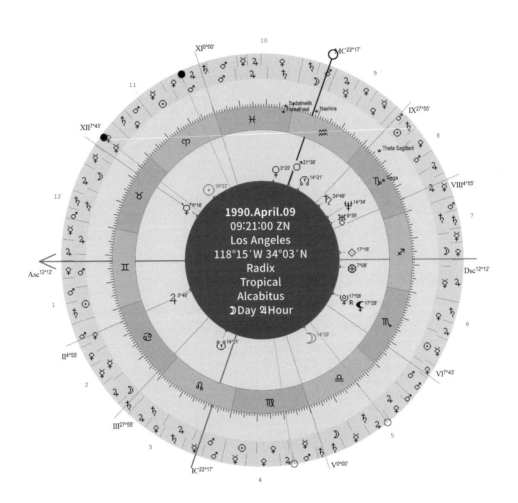

362

크리스틴 스튜어트 —————————————————

양다리 스캔들과 연기력 논란으로 악명 높은 여배우.
〈트와일라잇〉 시리즈의 성공으로 10대 후반 막대한 부와 명성을 얻다.

〈트와일라잇Twilight〉 시리즈의 여주인공으로 유명한 여배우입니다. 금성이 포말하우트와 20분 이내로 회합을 이루고 있으며, 쌍자궁 상승으로 금성이 10하우스에 위치한다는 부분에서 드루 배리모어의 천궁도와 공통점이 있습니다.

10하우스의 쌍어궁 금성이 2하우스의 거해궁 목성과 파틸 삼각을, 12하우스의 금우궁 수성과 5도 이내 육각을 맺고 있습니다. 운로상 만 17세에 해당하는 메이저 금성 / 마이너 태양 시기에 〈트와일라잇〉 시리즈의 여주인공으로 낙점되어, 만 18세 때 개봉하여 대박을 터뜨리며 전 세계에서 가장 인기 있는 10대 여배우로서 막대한 명성과 부를 누리게 됩니다. 이 시기가 운로에서는 메이저 수성 / 마이너 수성에 7하우스 인마궁 프로펙션에 해당하는 구간인데, 연주인 목성과 양쪽 피르다르 로드를 겸임하는 수성이 모두 10하우스 금성과 각을 맺고 있습니다. 즉 이 시기에 당사자는 금성에 관련된 사안을 가장 중요한 사건으로 겪게 될 확률이 높으며, 실제로 포말하우트 금성의 횡발을 경험했습니다.

문제는 낮의 천궁도에서 지평선 위에 떠 있는 금성이 불안정한 속성의 항성과 만나면 정말 끝 간 데 없이 불안정해진다는 것입니다. 금성-포말하우트 조합에 대해 비비언 롭슨은 '쉽게 탈선하는 성향이 있고, 격정적이지만 남들에게 숨겨야 하는 애정관계에 휘말리게 된다'고 논했습니다. 실제로 크리스틴 스튜어트는 〈트와일라잇〉 시리즈의 남자 주인공 로버트 패틴슨과 사귀다 다른 영화에 출연하다가 알게 된 아버지뻘 영화감독과 바람이 난 것이 들통나 헤어지게 됩니다. 이후에 연기력 문제와 함께 온갖 욕을 다 먹으며 미국에서 가장 악명 높은 여배우 목록에 등극하는 등 많은 문제를 겪었고, 연인과 사귀면서 자신이 바이라고 커밍아웃하는 등 불안정한 금성에 포말하우트 색채까지 덧씌워진 상황에서 나올 수 있는 면모를 거침없이 보여준 바 있습니다. 물론 섹트 구성이 완전히 어긋난 상태에서 MC에 붙어 있는 화성을 리젝션 로드로 둔 달이 첫 접근하고 있는 구조 역시 이 뚜렷한 초년 악명에서 한몫 크게 담당합니다.

데네브 아디게
Deneb Adige

★ 관측정보

별 이름: 데네브 아디게

별자리 분류(constellation): 백조자리 알파(α)성

황경(longitude): 쌍어궁(Pisces) 3도 57분(1900년 기준) / 쌍어궁(Pisces) 5도 20분(2000년 기준)

적위(declination): 북위 44도 55분(1900년 기준) / 북위 45도 16분(2000년 기준)

적경(right ascension): 20h 41m

황위(latitude): 북위 59도 54분

광도(magnitude): 1.25

★ observation info.

Fixed star: **DENEB ADIGE Arided**

Constellation: Alpha(α) Cygnus

Longitude 1900: 03PIS57	Longitude 2000: 05PIS20
Declination 1900: +44°55'	Declination 2000: +45°16'
ascension: 20h 41m	Latitude: +59°54'
Spectral class: A2	Magnitude: 1.25

천문 예측을 위한 실질 상대 등급 : 1부 리그 1군 교체 멤버

프톨레마이오스 기준 행성 속성 : 금성 - 수성

천궁도 해석을 위한 실제 속성 : 금성과 목성의 각을 받는 수성

백조자리 알파성인 데네브 아디게의 광도는 1.25로, 로열스타인 사자자리 알파성 레굴루스보다도 밝습니다. 다만 황위가 북위로 60도에 달하여 PED 기법으로 활용하기에는 적합하지 않은 별이기도 합니다. 적위도 무척 높아서 PoD 방식 또한 사용할 수 없고, 오직 angle at birth만 적용 가능합니다.

동양 천문에서는 북방칠수의 세 번째인 여수女宿에 속하는 천진天津의 네 번째 별天津四로 분류됩니다. 도랑과 나루터 등 육로와 수로를 담당하며, 작은 문제가 생겼을 때 운송이 막히고 큰 문제로 번지면 홍수와 폭우로 범람이 일어난다고 전해집니다.

전통적으로 데네브 아디게는 수성 - 금성 속성의 별로 알려져 있는데, 굳이 따지자면 수성 메인에 금성이 보조하는 쪽에 가깝습니다. 황도에서 워낙 멀리 떨어져 있어 무척 높은 광도에도 인간 사회에 끼치는 영향력의 폭이 좁은 편이지만, 이 별에 연계된 인물들에게서 가장 뚜렷하게 부각되는 특성이 있다면 아주 똑똑하다는 것입니다. 단순히 똘똘하고 재치가 있는 수준을 넘어서 실제로 학업 성취도가 월등해 수재나 영재로 불리는 경우가 많습니다. 따라서 여러 분야의 학계에서 특히 두각을 나타낼 수 있습니다. 문화예술계에서도 뛰어난 재능으로 썩 괜찮은 성과를 남기곤 하는데, 이는 최근 몇백 년간 데네브 아디게의 황경 도수가 회귀황도계 기준 쌍어궁에 위치해 있었다는 점과 어느 정도 상관관계를 지닌다고 생각됩니다. 예술의 행성 금성이 엑절테이션을 얻는 쌍어궁은 그 자체로 문화예술계와의 친화도가 무척 높은 궁이며, 미약하게나마 데네브 아디게가 PED 방식으로 행성이나 감응점에 들어오는 경우가 상대적으로 많기 때문입니다. 다만 angle at birth 기법으로 중위도 부근에서 데네브 아디게가 상승하거나 남중하는 경우, 회귀황도계 기준으로 쌍어궁이 아닌 보병궁에 들어오는 경우가 많습니다. 그런 점을 감안하고 실제로 검증해보면, 예술적 재능보다는 일반 지능 자체가 높아 월등히 빠른 속도로 새로운 개념을 익히는 학문적인 분야에서 우수함이 부각되는 경우가 많습니다.

이러한 우수한 두뇌를 활용하여 돈을 버는 능력도 뛰어나기 때문에, 단 한 가지 분야에만 집중하는 외골수로서 돈을 벌고 사람을 모으는 재능이 없는 토성 - 수성 조합의 캐릭터와는 차이가 뚜렷합니다. 데네브 아디게는 대부분의 분야에서 수행 능력이 우수한 영재이면서 자신의 특기 한두 가지를 더 가지고 있는 쪽에 가깝습니다. 다만 천칭자리 베타성인 주벤 에샤마리처럼 흠잡을 데가 없는 순길성은 아니고, 단점이나 위험성도 내포하고 있는 별인 것도 사실입니다. 천궁도에서 데네브 아디게가 부각되는 사람들의 대부분은 실패 경험 없이 승승장구하는 인생을 살기 때문에, 도중에 횡발하여 자기 그릇에 비해 과한 자리에 올랐을 때 주변을 배려하지 않고 자기 생각만 고집하다가 큰 실패와 불명예를 겪곤 합니다. 또한 에샤마리처럼 자신을 시기하는 이들까지 잘 다독여 내 편으로 만드는 능력은 없어서 구설수나 소송에 휘말리는 경우도 드물지 않게 벌어집니다.

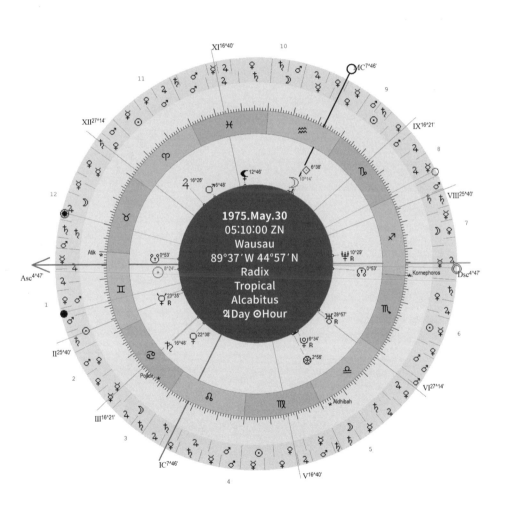

마리사 메이어

구글을 성장시킨 주역이자 야후 여성 CEO를 역임한 AI 과학자.
평생 천재로 각광받았으나 인덕, 인화의 부족으로 실패의 경험을 겪다.

　　미국 위스콘신 출신의 유명한 AI 과학자이자 경영인입니다. 구글의 초기 멤버로 구글을 세계 최고의 검색엔진이자 거대 IT 기업으로 성장시킨 핵심 중역 중 한 명이며, 그 빛나는 커리어를 토대로 2012년 야후의 첫 여성 CEO로 취임했습니다. 한때 〈타임〉지에서 '세계에서 가장 영향력 있는 100인'으로 선정되기도 했는데, 40대 미만의 여성으로서 이 목록에 오른 첫 인물로 기록되었습니다.

　　어릴 때부터 수학 천재로 이름을 날리며 스탠퍼드대학에 진학하여 의전원을 준비하다가 도중에 융합과학 쪽으로 전과하여 결국 AI를 전공하게 됩니다. 관련 분야에서 몇 가지 특허를 내면서 주목을 받던 중 졸업 후 막 창업한 구글에 스무 번째 직원으로 입사했습니다. 이후 구글의 거의 모든 핵심 영역에서 중대한 역할을 맡아 회사를 대폭 성장시켰고, 아주 빠른 시간 안에 임원으로 승진했습니다. 2012년 7월에는 점유율이 떨어지며 몰락하고 있던 야후의 첫 여성 CEO로 취임하여 이후 세계에서 가장 영향력 있는 여성 중 한 명으로 손꼽히는 인물이 되었습니다. 그러나 CEO로 재직하던 5년간 임직원 50%를 감축하는 대규모 구조조정을 단행했음에도 결국 야후를 살리지 못하고 버라이즌에 매각하며 2017년 CEO 자리에서 물러났습니다.

　　angle at birth 기법에서 단 5초 차이로 데네브 아디게가 정확히 남중하는 천궁도입니다. 적위와 황위 모두에서 워낙 북쪽으로 높이 떠 있는 별이다 보니, 20세기 후반 기준으로 이 별이 남중하는 자오선의 황경 도수가 보병궁 7도 중후반에 해당합니다. PED 기법에서 이 별의 황경 도수와는 무려 28도 차이가 나는 것입니다.

　　수학 천재가 전도유망한 AI 과학자가 되어 경영인으로서도 승승장구하는, 40대 이전에 이미 세계적인 영향력을 갖춘 부유한 인물이 되었다는 점에서 데네브 아디게의 전형적인 예시라 할 수 있습니다. 하지만 쓰러져가는 야후를 부활시켜야 하는 중책을 맡아 구조조정만 하다가 회사를 결국 매각해 욕만 먹고 물러난 실패한 CEO로 기록되었다는 점에서 데네브 아디게 특유의 횡파와 불명예 징험이 사건화된 것도 사실입니다. CEO 재직 시 임원들의 불만이 커져 이후 성차별에 대한 소송까지 당한 것을 고려하면, 지능은 무척 높지만 인덕이나 인화가 뛰어난 인물은 아니라는 생각이 듭니다.

Skat

★ 관측정보

별 이름: 스카트

별자리 분류(constellation): 물병자리 델타(δ)성

황경(longitude): 쌍어궁(Pisces) 7도 29분(1900년 기준) / 쌍어궁(Pisces) 8도 52분(2000년 기준)

적위(declination): 남위 16도 21분(1900년 기준) / 남위 15도 49분(2000년 기준)

적경(right ascension): 22h 54m

황위(latitude): 남위 8도 11분

광도(magnitude): 3.28

★ observation info.

Fixed star: **SKAT**

Constellation: Delta(δ) Aquarius

Longitude 1900: 07PIS29	Longitude 2000: 08PIS52
Declination 1900: -16°21'	Declination 2000: -15°49'
ascension: 22h 54m	Latitude: - 08°11'
Spectral class: A2	Magnitude: 3.28

천문 예측을 위한 실질 상대 등급 : 2부 리그 2군 주전 멤버

프톨레마이오스 기준 행성 속성 : 토성 - 목성

천궁도 해석을 위한 실제 속성 : 달과 목성의 각을 동시에 받는 금성

물병자리 델타성인 스카트입니다. 황위로 남위 8도 정도이기 때문에 PED 기법으로 활용 가능하되, 광도가 3.28 정도로 그렇게 밝은 별은 아닙니다. 점성학적인 유효성을 담보하는 최소 광도 근처라고 할 수 있습니다. 20세기 후반 기준으로 황경 도수는 쌍어궁 8도 중반 전후로 기억하시면 됩니다.

동양 천문에서는 북방칠수 중 실수室宿에 속하는 우림성羽林軍으로 분류됩니다. 스카트는 우림성 중 스물여섯 번째 별로 천자를 호위하는 친위군의 역할을 맡고 있다고 전해집니다.

비록 위력적이지는 않지만, 스카트는 순길성에 가까운 별입니다. 스카트의 키워드는 엄청난 육감과 직관력입니다. 천궁도의 다른 구조들까지 지원하는 경우 무당이나 예언자 평판을 들을 정도로 육감 수준을 넘어 신기가 발동하는 경우도 간혹 발견됩니다. 물론 그 정도까지는 안 가더라도 평소에 감이 좋은 편이며, 신비학이나 점성술 등에 관심을 갖는 경우가 많습니다. 또한 인맥이 풍부하고 주변에 유능한 사람들이 저절로 모이는, 사교성 있고 인기 있는 캐릭터이기도 합니다. 신비함과 독특함을 추구하는 예술인이나 용한 점쟁이가 자신의 고객인 기업인, 고위 관료, 검판 등에게 가끔 도움을 받는 식입니다. 애정관계에서도 인기가 좋아 이런저런 연애 관련 이벤트가 발생하는 편입니다.

살면서 이런저런 초상현상이나 이야깃거리가 될 만한 일을 자주 겪는 경향이 있습니다. 귀신을 봤다든가, 흉한 꿈을 꾼 후 실제로 꿈에 나왔던 사람이 죽거나 크게 다쳤거나 하는 일들입니다. 스카트의 캐릭터 자체도 논리적이고 냉철한 성격과는 거리가 멀고, 오히려 몽상적이고 감상적인 쪽에 가까워 계획성이나 인내력은 떨어지는 편입니다. 스카트는 금성, 목성, 화성과 만날 때 가장 유리합니다. 수성과의 상성도 나쁘지는 않습니다. 루미너리와 만나는 경우 전반적으로 괜찮은 편이지만 사회적 지위에 관련된 기복이 생기거나, 성적적으로 심한 변덕이 나타나는 등의 문제가 좀 있습니다. 스카트는 오직 토성과 만날 때 매우 흉해지는데 직업, 육친, 결혼, 건강 모두 불리하게 나타나는 경향이 있습니다.

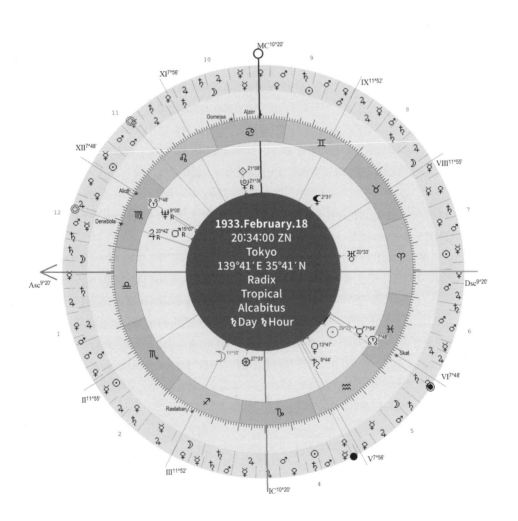

오노 요코 ───────────────────────────

일본 귀족 출신의 행위예술가이자 존 레넌의 세 번째 부인.
플럭서스 운동의 일원으로 광범위한 예술계 인맥을 보유했다.

존 레넌이 살해당할 당시 같이 살고 있던 세 번째 부인입니다. 일본의 부유한 금융가 인사의 딸로 사실상 귀족 출신입니다. 만 18세 전후에 가족이 모두 뉴욕으로 이주했고, 매우 유복한 환경에서 물질적인 걱정 없이 예술을 공부하고 자연스레 문화계에서 활동하게 되었습니다. 전위적인 행위예술가로 해당 업계에서 상당한 인지도가 있었는데, 존 레넌과 결혼하는 과정에서 각자의 배우자와 이혼한 후 결혼을 강행하면서 이래저래 더 유명해진 인물입니다.

수성이 스카트와 5분 이내의 매우 정확한 회합을 이루고 있으며, 비비언 롭슨은 수성-스카트 조합에 대해 '특별한 사건을 겪는 경향이 있고 신비학에 관심이 많으며, 영매처럼 신기가 있고 많은 친구와 교류할 것이다'라고 논한 바 있습니다.

실제로 그녀는 다다이즘 계열 플럭서스Fluxus 운동의 주요 멤버로서 예술계에 발이 상당히 넓은 편이었고, 백남준과도 친분이 있었다고 합니다. 콘셉추얼 아티스트로서 상당히 성공한 경우이며 이는 존 레넌과 만나기 전부터 이미 그랬습니다. 다만 이 인물의 음악은 매우 난해하고 관념적이고, 행위예술이나 설치예술 역시 매우 파격적이라는 평가를 받아왔습니다. 일상생활에서도 매우 사차원적인 언행을 일삼으며 몰상식한 행동으로 욕을 먹은 적도 꽤 많다고 합니다. 플럭서스 계열 예술가로서 이쪽 멤버들과 협업하며 본격적인 활동을 시작한 것이 1960년 목성 / 수성 시기입니다. 12하우스의 처녀궁 목성과 6하우스의 쌍어궁 수성이 비록 각 오차는 크지만 6-12 축에서 뮤추얼 리셉션 구도에 놓여 있어, 이 두 행성이 각자 타임 로드로 엮였을 때 당시로서도 낯설고 파격적인 내용데트리먼트의 예술 활동12하우스 소관을 본격적으로 시작했던 셈입니다.

아케르나르

Achernar

★ 관측정보

별 이름: 아케르나르

별자리 분류(constellation): 에리다누스자리 알파(α)성

황경(longitude): 쌍어궁(Pisces) 13도 53분(1900년 기준) / 쌍어궁(Pisces) 15도 19분(2000년 기준)

적위(declination): 남위 57도 45분(1900년 기준) / 남위 57도 14분(2000년 기준)

적경(right ascension): 01h 37m

황위(latitude): 남위 59도 22분

광도(magnitude): 0.43

★ observation info.

Fixed star: **ACHERNAR**

Constellation: Alpha(α) Eridanus

Longitude 1900: 13PIS53	Longitude 2000: 15PIS19
Declination 1900: -57°45'	Declination 2000: -57°14'
ascension: 01h 37m	Latitude: -59°22'
Spectral class: B9. Blue - white	Magnitude: 0.43

천문 예측을 위한 실질 상대 등급 : 1부 리그 1군 교체 멤버

프톨레마이오스 기준 행성 속성 : 기재되어 있지 않음

천궁도 해석을 위한 실제 속성 : 태양의 각을 받는 목성

374

아케르나르는 남북으로 길게 분포한 에리다누스자리의 알파성으로, 광도 0.43으로 밤 하늘에서 열 번째로 밝은 별입니다. 적위와 황위 모두 남위 50대 후반으로, 현재 북위 33도 이상의 지역에서는 관측이 불가능하며 PED와 PoD 방식 모두 활용하기 어렵습니다.

동양 천문에서 에리다누스자리의 북쪽 영역은 서방칠수에 속하지만, 남쪽 영역 중에서도 가장 남단에 있는 아케르나르는 관측이 불가했기 때문에 아예 언급이 없습니다. 특히 세차 운동상 과거에 적위값이 극에 더 가까웠기 때문에 남반구에서조차 관측이 어렵고, 항성 목록을 체계적으로 정리한 프톨레마이오스 역시 지중해 남단에서조차 이 별을 볼 수 없었을 것이라고 추정됩니다.

인구의 대부분이 사는 북반구에서는 자주 적용할 수 없지만, 아케르나르는 전형적인 목성 속성의 별로 고위 공무원과 고위 사제 등 공동체 내에서 높은 권위와 책임을 부여받는 직위와 뚜렷한 연관성을 가집니다. 남반구 출신 중 angle at birth 기법으로, 특히 자오선에 아케르나르가 유효 범위에서 남중하거나 북중하는 경우 그러한 징험을 자주 확인할 수 있습니다.

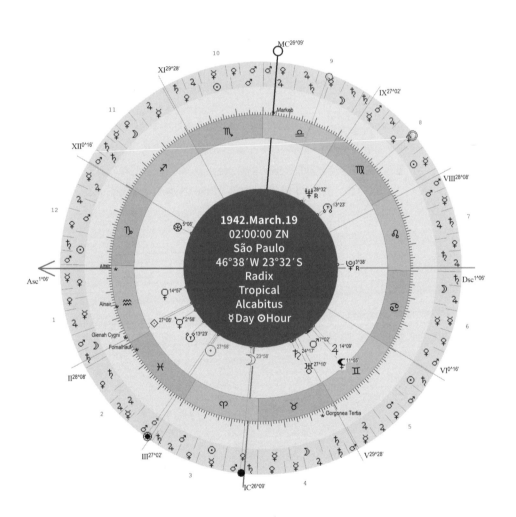

NATAL CHART

★

Jose Serra

1942.March.19
02:00:00 ZN
São Paulo
46°38′W 23°32′S
Radix
Tropical
Alcabitus
☿Day ☉Hour

호세 세라

상파울루 시장과 주지사를 역임한 브라질 유력 정치가.
중앙권력보다 지자체 기반에 어울리는 천궁도 구조로 대선에서 재차 낙마했다.

브라질의 유명 정치가로 재정부와 보건부 장관, 상파울루 상원의원, 시장, 주지사 등을 역임한 인물입니다. 대선에 2회 출마했으나 모두 낙마했습니다. 2002년 대선에서 이후 대통령으로 선출된 룰라 다시우바와 맞붙어 패배한 이력이 있습니다.

출생기록은 새벽 2시 정각이라고 되어 있으나, 프라이머리 앵글 디렉션 목록과 실제 이력을 대조했을 때 1분 전인 1시 59분이 좀 더 정확할 것이라 추정할 수 있습니다. 2002년 Dsc가 역방향으로 화성과 만나는 디렉션 당시 대선에서 룰라 다시우바에게 패배했고, 2016년 Dsc가 역방향으로 토성과 만나는 디렉션에서도 역시 낙마했던 이력이 상합합니다.

angle at birth 기법으로 1분 30초의 좁은 오차 범위 내에서 아케르나르가 북중하는 천궁도입니다. 본래 IC는 중앙이 아닌 지방에 한정된다는 의미가 있고, 실제로 정치가나 고위 관료 중에서도 루미너리나 목성이 MC보다 IC에 연계되어 있는 구조는 중앙에서 주도적인 권력을 쥐기보다는 한정된 영역의 지자체에서 지위를 가지는 쪽으로 잘 나타납니다. 이 천궁도는 아케르나르가 남중이 아닌 북중으로 자오선에 들어오고, 실제로 두 루미너리가 모두 지평선 아래에 위치하기 때문에 중앙 권력보다는 지자체 기반의 지위가 더 적합하다고 할 수 있습니다. 따라서 상파울루 시장과 주지사 지위에는 비교적 용이하게 올랐지만, 중앙 권력의 핵심인 대선에 두 번 도전했지만 모두 실패했습니다.

마르카브

Markab

별 이름: 마르카브

별자리 분류(constellation): 페가수스자리 알파(α)성

황경(longitude): 쌍어궁(Pisces) 22도 6분(1900년 기준) / 쌍어궁(Pisces) 23도 29분(2000년 기준)

적위(declination): 북위 14도 40분(1900년 기준) / 북위 15도 11분(2000년 기준)

적경(right ascension): 23h 04m

황위(latitude): 북위 19도 24분

광도(magnitude): 2.48

★ observation info.

Fixed star: **MARKAB**

Constellation: Alpha(α) Pegasus

Longitude 1900: 22PIS06	Longitude 2000: 23PIS29
Declination 1900: +14°40'	Declination 2000: +15°11'
ascension: 23h 04m	Latitude: +19°24'
Spectral class: B9	Magnitude: 2.48

천문 예측을 위한 실질 상대 등급 : 2부 리그 1군 교체 멤버

프톨레마이오스 기준 행성 속성 : 화성 - 수성

천궁도 해석을 위한 실제 속성 : 리젝션 아래 수성의 각을 받는 화성

페가수스자리 알파성인 마르카브입니다. 황경 도수로는 20세기 후반 기준 쌍어궁 22~23도 사이에 위치합니다. 황위로는 북위 19도로 황도에 가까운 것은 아니기 때문에 PED 기법을 적용할 수는 있지만 아무래도 angle at birth 기법에 비해서는 유효성이 다소 떨어질 것입니다. 백양궁 초반에 위치한 페가수스자리 감마성인 알게니브처럼 화성 - 수성 조합의 흉한 의미를 가지는데, 신화에서 페가수스 자체가 신성한 생물이 아닌 괴물에 가깝고 페가수스자리의 중요한 별들은 모두 이러한 흉함을 공유하고 있습니다.

동양 천문에서는 북방칠수에 속하는 실수의 첫 번째 별室宿一로 분류됩니다. 토목공사, 전쟁을 위해 비축하는 군량, 전염병에 관여하는 별이라 전해집니다.

마르카브는 화성 - 수성 속성을 가진 항성의 원형에 가까운 별입니다. 굳이 말하자면 작은개자리 알파성인 프로키온과 비슷한데, 안타깝게도 프로키온처럼 위력적이지도 재물 관련으로 이득을 남기지도 못합니다. 작은 프로키온이 이득보다 손해에 시달리는 것이 마르카브의 캐릭터라 할 수 있습니다. 같은 페가수스자리의 감마성인 알게니브가 재물이나 사업 관련으로는 흉해도 유리하다는 점을 고려하면 안타까운 부분이 있습니다. 천칭자리 알파성인 주벤 엘게누비처럼 흉사를 겪을 때 가해자보다 피해자 입장이 되기 쉽습니다.

마르카브의 캐릭터는 일단 체력이 강하고 의욕이 넘치는 인물형이라 할 수 있습니다. 다만 본인의 품성도 거칠고 험하며 주변의 지원도 별로 받지 못합니다. 성장기에 풍요롭지 못하고 금전적으로나 육친관계에서나 빈궁했던 경우가 많습니다. 자꾸 비교하게 되는 페가수스자리 감마성인 알게니브는 정신적으로 명민하고 지식 습득이 빠른 수성 중심 캐릭터인데, 알파성인 마르카브는 육체적으로 왕성하고 몸이 먼저 나가는 화성 중심 캐릭터에 가깝습니다. 그래서 흉사를 겪을 때에도 알게니브는 정신 질환에 노출이 잘되는 데 비해, 마르카브는 육체적 상해와 감염 질환에 노출이 잘되는 편입니다.

군, 검, 경처럼 타인을 해하고 압제하는 과정에서 사회적 지위와 권력을 얻는 직종에 종사하고자 하나, 기본적으로 흉사를 일으키기보다 당하는 입장에 가깝기 때문에 그 과정에서 장애가 많고, 간혹 운 좋게 높은 직함을 얻었다 해도 그 권위가 지속되지 못하고 불미스러운 사건 후 그 자리에서 내려오는 경우가 많습니다. 기본적으로 수성을 제외한 모든 행성과 상성이 좋지 않은 별입니다. 루미너리와 만났을 때 단기간의 명예와 지위를 얻을 수 있으나 향후 그 대가가 혹독하게 돌아오곤 합니다. 흉성인 화성 및 토성과 만나면 그저 흉할 뿐이며, 금성과 회합을 이룬다 해도 역시 방탕과 나태로 빠지기 쉽습니다. 오직 수성과 만났을 때에만 긍정적으로 발현되는데, 다소 성급하지만 명민하고 말과 글 모두에 능한 논객 스타일 지식인이 될 수 있습니다.

NATAL CHART

★

Dick Cheney

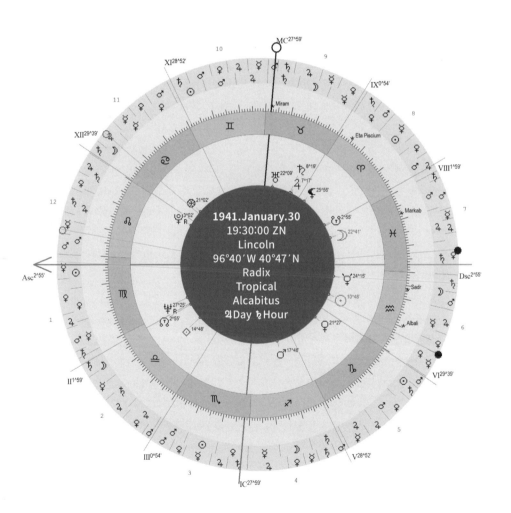

딕 체니

미국 네오콘의 수장이자 아들 부시 1기 행정부의 사실상 최고 막후권력자.
위선적인 전쟁으로 막대한 희생을 유발한 악인과 성실한 가장의 모습이 공존한다.

실제로는 있지도 않은 대량 살상무기Weapon of Mass Destruction라는 개념을 내세워 2003년 이라크 전쟁을 주도한 네오콘의 거두이자, 아들 조지 부시 첫 번째 행정부의 실질적인 최고 막후권력자였던 딕 체니입니다. 본명은 로버트 브루스 체니이며, 병원기록으로 저녁 7시 반 출생인데 이력과 프라이머리 디렉션 목록을 대조해보면 생시 오차가 3분을 넘지는 않을 것이라 판단할 수 있습니다.

LoF 로드인 쌍어궁 달이 LoF와 2도 이내로 매우 가깝게 삼각을 이루고 있는데, 이 달이 마르카브와 1~2분 이내로 매우 정확한 회합을 이루고 있습니다. 마르카브가 황도에 가까운 별이었다면 완전히 달을 변색시켰을 것이며, 비록 일등성은 아니지만 이 정도로 도수가 일치하면 루미너리 중에서도 특히 달은 마르카브의 색채를 상당 부분 뒤집어쓴다고 봐도 무방합니다. 강대국이 말도 안 되는 누명을 씌워 약소국을 공격하여 석유를 빼앗는 위선적인 전쟁을 일으킨 인물로서, 천궁도 주인의 사회적 역할을 의미하는 LoF 로드 달에서 마르카브 특유의 흉험한 색채를 확인할 수 있습니다.

사실상 4년간 세계 최강대국을 막후에서 자기 멋대로 움직였던 사람인 만큼 천궁도의 내부 연계성이 대단한 수준으로 형성되어 있습니다. LoF 로드인 달은 자신의 엑절테이션 로드인 금성에게 파틸 정방향 육각을 받고 있으며, 금성은 이 차트에서 MC, LoS, LoE를 모두 담당하는 행성입니다. 또한 달은 천왕성과도 파틸 육각을 이루고 있습니다.

Asc 로드인 수성은 목성과 1도 30분 정도의 컨트랜티션을 이루고 있는데, 이 목성은 LoF와 동궁한 채 직업의 지표성을 담당하고 있습니다. 목성과 토성이 거의 파틸 회합을 이루고 있어 GCGrand Conjunction 전후에 태어나 거시 정치, 경제 영역에서 출세한 인물의 전형적인 천궁도라고 할 수 있습니다. 그 외에도 천왕성이 MC와 파틸 앤티션을 이루고, 해왕성이 MC와 파틸 삼각을 이루는 등 커리어에 관련된 지표에 세외 3행성이 모두 파틸로 들어오는 특징적인 천궁도입니다. GC 전후의 목성-토성과 세외 3행성까지 모두 주요 감응점에 모이고 있어 천궁도의 그릇이 대단히 커지는데, 거기에 달이 마르카브와 거의 오차 없이 합하고 있어 그 커진 그릇이 더욱 흉험하게 채색됩니다.

비비언 롭슨은 달-마르카브 조합에 대해 '적에게 상해를 입기 쉽고, 집안과 육친의 문제에 자주 노출된다. 건강이 좋은 편이지만 사고와 상해를 자주 겪는다'라고 논한 바 있습니다.

　실제로 미국 공화당에서 꾸준하고 성실한 고위 참모로서 장기 재직했으며, 워낙 수명이 짧고 불안정한 직업 정치인 계열에서도 일종의 공무원 같은 인물입니다. 다만 심장이 좋지 않아 평생 동안 심근경색으로 인한 응급 상황을 겪으며 언제 경색이 발작할지 몰라 공포에 시달렸는데, 이후에 결국 석연치 않은 경로로 심장이식 수술을 받게 되었습니다.

셰아트
Scheat

★ 관측정보

별 이름: 셰아트

별자리 분류(constellation): 페가수스자리 베타(β)성

황경(longitude): 쌍어궁(Pisces) 27도 59분(1900년 기준) / 쌍어궁(Pisces) 29도 22분(2000년 기준)

적위(declination): 북위 27도 32분(1900년 기준) / 북위 28도 4분(2000년 기준)

적경(right ascension): 23h 03m

황위(latitude): 북위 31도 8분

광도(magnitude): 2.42

★ observation info.

Fixed star: **SCHEAT**

Constellation: Beta(β) Pegasus
Longitude 1900: 27PIS59   Longitude 2000: 29PIS22
Declination 1900: +27°32'   Declination 2000: +28°04'
ascension: 23h 03m   Latitude: +31°08'
Spectral class: M2   Magnitude: 2.42

천문 예측을 위한 실질 상대 등급 : 2부 리그 1군 교체 멤버

프톨레마이오스 기준 행성 속성 : 화성 - 수성

천궁도 해석을 위한 실제 속성 : 리젝션 아래 토성의 각을 받는 화성

페가수스자리의 베타성인 셰아트입니다. 스케아트라고 발음되기도 합니다. 같은 페가수스자리에 속하는 알파성 마르카브와 감마성 알게니브 역시 만만찮은 흉성이지만, 셰아트는 다른 둘보다 훨씬 더 흉한, 점성술 항성론의 2부 리그 중에서도 최고 등급의 순흉성이자 극흉성으로 분류됩니다. 광도가 2.42로 상당히 밝은 별이며, 황위가 북위 31도에 위치하여 PED로 활용 가능한 범위 내에 있습니다. 20세기 후반 기준으로 황경 도수가 쌍어궁 29도 초반에 위치합니다.

동양 천문에서는 북방칠수에 속하는 실수의 두 번째 별室宿二로 분류됩니다. 인부를 많이 동원해야 하는 토목공사와 전염병 등에 관여한다고 전해집니다.

점성술에서 최대 최악의 흉성이 페르세우스자리 베타성인 알골이라면, 바로 그 아래에 게자리의 성운 프레세페, 뱀자리의 알파성 우누칼하이, 천칭자리의 알파성 주벤 엘게누비가 포진하고 있습니다. 셰아트는 이들과 어깨를 나란히 할 수 있을 만한 순수한 흉성으로서, 그 극단적인 흉함이 돋보이는 무서운 별 중 하나입니다.

셰아트의 전문 영역은 익사와 자살입니다. 특히 물에 빠져 자살하는 사건에 아주 빈번하게 연루되는 별입니다. 그 외에도 위법적인 행동에 연루되어 구금, 투옥, 입원 관련 사건을 겪는 경우가 많습니다. 범죄를 저지르기도, 당하기도 쉽습니다. 플레이아데스 성단의 알키오네 같은 별과는 달리 질병에 대한 친화도는 크지 않으며, 대부분의 경우 질병보다는 사고나 상해로 이어집니다. 중대한 단일 사건이 아닌 경우 육친과 이웃 사람 등 주변인들과 인간관계 문제 및 다툼이 자주 발생합니다. 횡발과 횡파 같은 기복 없이 그냥 일관적으로 흉한 별입니다. 주벤 엘게누비와 마찬가지로 물상 대체가 어려우며, 셰아트가 부각된 천궁도의 소유자는 가해자가 될지언정 피해자가 되지는 않도록 애써야 합니다.

세차운동에 의하여 돌아오는 2045년 전후에 셰아트가 춘분점과 정확히 만나게 됩니다 Aries Ingress on Scheat. 전 세계 차원의 광범위하고 치밀한 자살방지대책이 절실해지는 시기를 앞두고 있는 것이며, 이는 특히 북반구에 위치한 국가들에 시급한 과제입니다.

Ricardo Ramirez

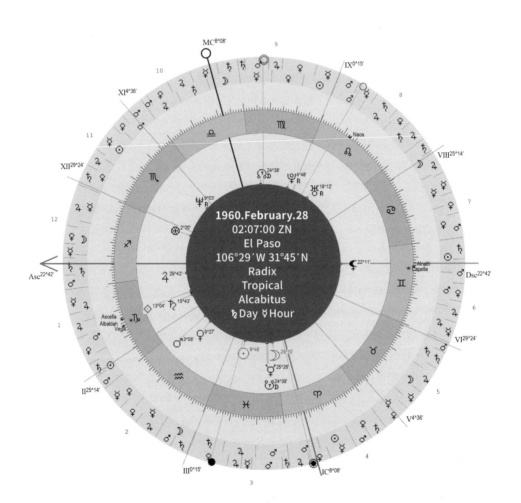

1960.February.28
02:07:00 ZN
El Paso
106°29′W 31°45′N
Radix
Tropical
Alcabitus
♄ Day ☿ Hour

리카르도 라미레스

**1년 동안 13명을 살해한 20세기 후반의 대표적 연쇄살인범.
어긋난 신앙이 악마 숭배로 이어져 악행을 정당화하다.**

　인마궁 상승에 Asc 로드인 목성이 역시 인마궁에서 룰러십을 얻고 있는 천궁도입니다. 달역시 쌍어궁에서 목성과 파틸 접근 사각을 이루고 있습니다. 이런 구조만 고려하면 아주 종교적이고 독실한 인물인 것 같은데, 실제로는 1985년 LA에서 13명을 살해한 연쇄살인마입니다. 피해자 연령은 6세에서 84세까지 다양합니다.

　달이 22분 오차로 셰아트와 회합을 이루고 있으며, 데트리먼트 로드이자 펄 로드인 수성과는 유효 회합을 맺는 동시에 파틸 컨트라패러렐 상태입니다. 한술 더 떠 남교점과 4도 30분 정도의 회합까지 맺고 있습니다. 도머사일 로드인 목성이 파틸 사각으로 보호해주고 있으나, 달이 3중으로 주요 손상을 입은 상태라는 점은 달라지지 않습니다. 루미너리와 남교점의 끔찍한 상성을 고려하면, 또 쌍어궁에 위치한 행성으로서 쌍어궁 수성과 회합하며 형성되는 더블 리젝션을 감안하면 사실상 4중 손상이라 할 수 있습니다.

　질적으로 어긋나버린 목성이 천궁도에서 너무 부각되는 경우 잘못된 믿음으로 대형 범죄로 이어지는 경우를 간혹 관찰할 수 있습니다. 이런 부분에서 주벤 엘게누비 항목에서 예시로 든 벨기에의 연쇄살인범인 마르크 뒤트루와 공통점을 가집니다. 라미레스는 나름대로 독실한 악마 숭배자diabolist인 것으로 알려졌는데, 악마 숭배는 사교邪敎이긴 해도 서양에서는 나름 유서 깊은 비주류 종교로 분류됩니다.

　LoS 로드인 토성이 LoS와 3도 이내로 만나고 있는데, 이 토성과 목성이 파틸 패러렐 상태이며 하필 토성 입장에서 목성은 펄 로드로 다가옵니다. 이 구조처럼 LoS 로드가 목성과 유효각을 맺고 목성이 리젝션 로드로 들어오는 경우, 신앙심은 강한데 그 믿음의 방향이 비뚤어져 왜곡된 종교생활에 빠지는 경향이 있습니다. 이렇게 왜곡된 목성 구조에 더하여 품성의 지표성인 달이 3~4중으로 주요 손상을 입고 있어 타고난 성정 자체가 무척 흉험하고 불안정해집니다. 무엇보다 극흉성인 셰아트가 달과 만나기 때문에, 단순한 종교적 위선 수준을 벗어나 타인을 적극적으로 해하는 것을 교리로 삼는 기괴한 믿음을 가지게 되는 것입니다.

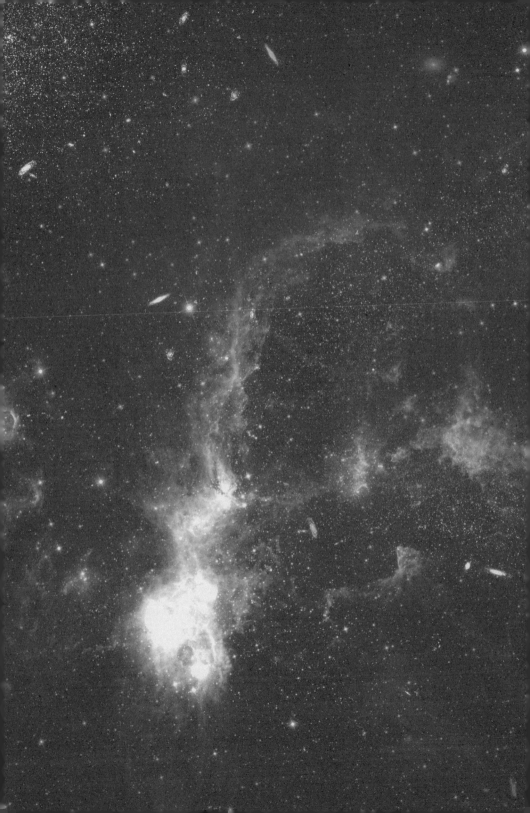

Outline
of
Fixed Star

항성 총론

고전 점성술에서
항성이 가지는
역할 및 행성과의 차이점

1) 행성은 주어, 항성은 서술어

서양 고전 점성술은 태양, 달, 수성, 금성, 화성, 목성, 토성의 일곱 행성planet이 핵심이자 주체가 되는 체계입니다. 따라서 점성학적 명제를 구성할 때 일곱 행성이 '주어'가 되며, 열두 사인sign이나 열 두 하우스house는 '서술어' 역할을 담당합니다.

우리가 별자리 운세 같은 내용에서 접할 수 있는 사자자리^{사자궁}나 물고기자리^{쌍어궁} 같은 열두 사인은 사실 주어가 될 수는 없습니다. 예를 들어 화성이 사자자리에 위치하는 경우 '사자자리의 특징을 가진 화성'이 주어가 되며, 사자자리는 주어인 화성을 묘사하는 서술어 역할을 맡을 뿐입니다.

항성Fixed Star 역시 주어가 되지는 못 하며, 사인이나 하우스와 비슷하게 일곱 행성에 대한 서술어 역할을 맡고 있습니다. 본문의 여러 항성 소개에서 모든 명제가 '이 별이 어떤 행성과 만났을 때, 혹은 이 별이 어떤 감응점과 만났을 때'라는 전제로 서술되는 것은 항성이 주어가 아닌 서술어 역할이라는 사실을 반영하고 있습니다.

같은 서술어 역할이라도 항성이 사인^{황도 12궁}이나 하우스와 구별되는 점이 있다면, 사인과 하우스가 눈에 보이지 않는 가상의 구획인 데 비해 항성은 실제 육안상으로 관측 가능한 실체라는 사실입니다.

항성은 행성처럼 실제로 밤하늘에서 하나하나 보고 확인하며 구분할 수 있는 대상입니다. 따라서 비록 행성을 보조하는 서술어 역할이라 해도 각각의 항성은 사인이나 하우스가 가질 수 없는 개체성individuality을 내포하고 있습니다. 너무나 멀리 떨어져 있어 우리가 사는 태양계에서 주인공이 될 수 없을 뿐, 각각의 별이 실제로 위치하고 있는 항성계에서는 이들이 주인공인 것입니다.

주어와 서술어라는 역할의 차이가 있지만, 이와 같이 행성과 항성은 눈에 보이고 구분할 수 있으며 개체성을 가진 천체라는 공통점을 가지고 있습니다. 행성과 항성이 가지는 속성 측면에서 서로 대조적인 특징을 가려낼 수 있는 것은 역설적으로 이러한 뚜렷한 공통점이 있기 때문입니다.

2) 항성은 행성과 어떤 부분에서 차이점을 가지는가.

- 행성 - 일상, 전형적, 클리셰, 통과의례, 예측이 용이함
- 항성 - 비일상, 낮은 개연성, 비범, 이야깃거리, 드라마, 예측하기 어려움

고전 점성술이 대상으로 삼는 인간의 삶에서 행성은 가장 기본적인 골격을 담당합니다. 태어나서 어린 시절을 보내고, 성장하며 공부하고, 진학하며 취업하고, 결혼하며 2세를 가지고, 늙어서 병에 걸려 자기 수명만큼 살다 가는 전형적이고 공통적이고 예측 가능한 삶의 큰 줄기는 일곱 행성에서 나옵니다. 정확히 말하자면, 굳이 항성까지 서술어로 쓰지 않아도 일곱 행성과 열두 사인만으로도 이 인간의 보편적 삶의 패턴을 구성할 수 있다는 것입니다. 정규 분포의 양쪽 맨 끝단으로 들어가는 게 아닌 한 보통 사람이라면 으레 누구나 겪는 예측 가능한 일들입니다.

반면에 항성은 보편적이라 할 수 없는 특이 패턴에 관여합니다. 천궁도에서 특정 항성이 명백히 부각되는 개인들만이 겪을 수 있는 특수한 환경과 체험이 그것이며, 이에 해당되는 경우는 전체 모집단에서 아주 소수에 불과합니다. 동일 시대 동일 문화권에서 태어나는 대다수의 사람이 공통적으로 겪는 삶의 수순이 아닌, 오직 그 항성의 색채가 뚜렷한 사람들만 가질 수 있는 개성인 것입니다.

특정 항성이 내포하는 특이 패턴은 비전형적이고, 일상에서 쉽게 겪지 못하는 극적인 줄거리로 표현되며, 희소한 만큼 그 기승전결을 예측하기도 어렵습니다. 인생이 한 편의 영화라면, 항성이 등장하는 장면은 이런저런 작품에서 공통적으로 등장하는 클리셰 cliché가 아닌, 그 작품만의 독창적인 플롯이나 참신한 표현 방식을 보여줄 것입니다.

3) 항성은 좋은 쪽으로나 나쁜 쪽으로나 극단적인 경향이 있다

행성이 우리가 사는 물질계의 현실에 좀 더 가까운 체계인데 비해, 항성은 애초부터 태양계의 것이 아니며 지구 안의 틀이나 법칙에 잘 맞지 않습니다. 손으로 만질 수 있는 물체나 살아 있는 생명이라기보다는 실체가 없는 개념이나 상징에 가깝습니다. 그만큼 살아 있는 인간에게 항성의 의미 영역이나 색채는 매우 극단적으로 체감되는 경향이 있습니다.

여러 문화권의 신화나 설화에서 공통적으로 등장하는 이야기 중 하나가 영웅이나 신의 자식들은 죽은 후 별이 된다는 것입니다. 이들이 행성이 아니라 별자리의 일원인 항성으로 고정된다는 것은 지구에 대해 항성이 가지는 이질성과 괴리감을 상징하고 있습니다. 보통 사람들이 모여 사는 사회에 존재 자체부터 너무나 튀는 준신demigod이 오래 머물지 못하는 것처럼, 항성 역시 지구에 가까이 있을 수도 없고 너무 가까이 있어서도 안 되는 존재인 것입니다.

많은 사람의 천궁도를 접하다 보면 강한 영향력을 지닌 일등성이 한두 개도 아닌 세 개 이상 뚜렷하게 부각되는 경우를 간혹 관찰할 수 있습니다. 이러한 천궁도의 주인공들은 높은 사회적인 성취를 이루었을 수도 있고 평범하게 살아가고 있을 수도 있지만, 하나같이 육체적·정신적인 균형이 많이 어긋나 있는 경우가 많습니다. 평소에 건강이 안 좋고, 좀처럼 낫지 않는 지병이 있거나 술과 담배 등 물질중독에 빠질 가능성이 높아집니다.

물론 특정한 분야나 상황에서 특출한 재능을 보여주며 월등한 성과를 낼 수는 있습니다. 다만 이는 타고난 재능이나 인생의 방향성이 한쪽으로만 뾰족하기 때문에 가능한 것이며, 그 분야 이외에서는 아무래도 소홀해지며 허무함을 느끼기 쉽습니다. 남들과 마찬가지로 평범한 일상생활을 평화롭게 영위하기는 어렵다는 것입니다.

단순히 건강하게 오래 살기 위해서는 개인의 심신이 온전하고 균형이 잘 맞춰져 있어야 유리합니다. 그런데 항성은 이 균형을 깨버리는 존재입니다. 그 대가로 특정 분야에 비범한 재능을 부여하고 특정 시기에 급작스러운 성취를 가져다주지만, 삶에 기복이 커지고 불안정해지며 건강도 잃기 쉽다는 단점을 피하기는 어렵습니다.

항성을
규정하는 항목

1) 광도(magnitude)

광도는 천체의 밝기를 의미하며, 점성술에서 논하는 항성의 광도는 각각의 별이 가지는 겉보기 밝기apparent magnitude를 지칭합니다. 지구의 관찰자 입장에서 구분할 수 있는 상대적인 밝기인 것입니다.

광도는 낮을수록 겉보기상 더 밝게 보인다는 의미입니다. 예를 들어 광도가 2.0인 별보다 0.5인 별 쪽이 육안상 훨씬 밝게 보입니다. 현재 지구에서 광도가 마이너스 대역인 별이 네 개 있는데, 이들이 겉보기 밝기가 가장 밝은 별들입니다(시리우스-1.46 / 카노푸스-0.72 / 톨리만-0.27 / 아크투루스-0.04).

광도는 각 항성이 가지는 영향력의 정도를 판단할 수 있는 척도입니다. 단, PED 기법을 적용할 때에는 황위와 함께 고려해야 합니다.

2) 황위(latitude)

황도 기준 천체의 위도를 의미합니다. 황도는 지구 기준으로 태양이 지나는 행로, 즉 지구의 공전 궤도를 표시한 좌표계입니다. 어떤 항성이 황위가 높다는 것은 황도와 직각으로 멀리 떨어져 있다는 반면에 황위가 낮다면 황도에 가깝게 위치한다는 뜻입니다. 황위에서 (+)는 황도의 북쪽으로 북위, (-)는 황도의 남쪽으로 남위를 지칭합니다.

황위는 항성을 적용하는 여러 기법 중 PED 기법에서 중요한 변수로 고려합니다.

3) 황경(longitude)

황경은 지구의 공전 궤도인 황도상의 경도를 의미합니다. 황경은 수치상으로는 0도에서 359도까지를 의미하며, 편의상 황도 12궁과 30도씩으로 분할된 각 사인의 도수로 표기합니다.

고전 서양 점성술에서 채용하는 회귀황도계tropical zodiac system에서 황경의 기준이 되는 황경 0도는, 그해에 낮이 길어지면서 처음으로 밤의 길이와 같아지는 춘분점vernal equinox을 의미합니다. 이 춘분점이 황도 12궁의 시작인 백양궁 0도 0분 0초로 규정됩니다. 춘분점을 기준으로 시작하여 백양궁 0~29도, 그다음 금우궁 0~29도, 그 다음인 쌍자궁 0~29도로 이어져 마지막으로 쌍어궁 29도 59분 59초로 황도 12궁이 한 바퀴를 돌게 되는데, 이 도수가 황경으로는 359도 59분 59초입니다.

예를 들어 처녀자리 알파성인 스피카는 서기 2000년대 기준의 황경 도수가 천칭궁 23도 50분이며, 이는 360도 황경으로 표현하면 203도 50분에 해당합니다. 모든 항성의 위치 관계를 논할 때 보통은 이 황경 도수로 표기합니다. 스피카는 천칭궁 23도, 레굴루스는 사자궁 29도, 시리우스는 거해궁 14도에 위치한다는 식이며, 이 황경 도수를 기준으로 항성과 행성과의 연계성을 규정하는 기법이 아래에서 자세히 설명해드릴 PED 방식입니다.

항성의 황경 도수에 관하여 한 가지 짚고 넘어가야 할 중요한 점이 있다면, 지구의 세차운동precession으로 인해 춘분점은 항성황도계sidereal zodiac 기준으로 72년에 1도, 100년에 1도 24분 역방향으로 이동한다는 것입니다. 즉 각 항성의 위치는 그대로인데 회귀황도계의 좌표 기준이 되는 춘분점이 이동하기 때문에, 서양 고전 점성술에서 채택하는 회귀황도계 기준으로 각 항성의 위치는 72년에 1도씩 순행하는 것처럼 변경됩니다.

예를 들어 1900년 1월 1일 기준으로 황소자리 알파성인 알데바란의 황경 도수는 쌍자궁 8도 23분이었는데, 72년이 지난 1972년 1월 1일에는 1도 순행하여 쌍자궁 9도 23분이 되며, 100년이 지난 2000년 1월 1일에는 1도 24분 순행하여 쌍자궁 9도 47분이 되는 것입니다. 이는 단지 회귀황도계와 항성황도계의 좌표 기준 차이에서 기인하는 것이며 실제로 항성이 이동하는 것은 아닙니다.

이러한 각 연도별 항성의 황경 도수의 변화 양상에 대해 따로 도표로 만들어 수록했으니 참조하기 바랍니다(p.000).

4) 적위(declination)

적도를 따라 투사한 지구의 자전 궤도 기준 천체의 위도를 의미합니다. 어떤 항성이 적위가 높으면 자전 궤도와 멀리 떨어져 있는 것이며, 적위가 낮으면 자전 궤도에 근접한다는 뜻입니다. 적위에서 (+)는 적도의 북쪽으로 북위, (−)는 적도의 남쪽으로 남위를 지칭합니다.

적위는 항성을 적용하는 여러 기법 중 PoD 기법에서 중요한 변수로 고려합니다.

5) 행성 속성(planetary nature)

전통적으로 항성의 특징을 묘사하기 위해 일곱 행성의 조합을 사용해왔습니다. 예를 들어 특정 항성이 목성-항성의 속성 조합이라고 기록되어 있다면, 해당 항성은 목성 위주에 화성이 보조하는 천체 구조와 비슷한 특징을 가지고 있다는 의미입니다. 목성처럼 리더십을 발휘하여 사람들을 관리하고 보호하는 역할이 우선인데, 공격적이고 속도를 중시하는 화성의 방식을 사용하니 군인, 경찰, 검찰 등 공권력을 행사하는 직종과 유사하다는 식의 묘사입니다.

이런 식의 행성 속성 조합은 서기 1~2세기에 활동했던 〈테트라비블로스Tetrabiblos〉의 저자 프톨레마이오스Ptolemaeos가 적용하여 체계적으로 항성의 특징을 정리한 바 있고, 20세기 초 고전 점성술의 항성론을 집대성한 비비언 롭슨 역시 이 기준을 채용하고 있습니다.

다만 실제 임상 천궁도 해석 과정에서 검증을 거치며 프톨레마이오스의 행성 속성 조합과 상이한 부분이 발견되는데, 이러한 차이점을 각 항성 목록에 따로 기재했으니 참조하시기 바랍니다.

03

항성을 실제 천궁도에
적용하는
여러 가지 점성학적 기법

항성은 그 자체만으로는 점성학적인 효용이 없으며, 특정 행성이나 감응점과 엄격한 조건 아래 연결되었을 때에만 유효성을 획득하게 됩니다.

다만 항성을 행성 및 감응점과 연결하는 방식은 단일하지 않습니다. 몇 가지 다른 경로가 존재하는데, 이 연결 경로를 규정하는 각각의 점성학적 방식에 대해 숙지해둘 필요가 있습니다.

1) PED(Projected Ecliptic Degrees) 기법

PED 방식은 황경 기준으로 항성과 행성을 연계하는 가장 전통적이면서 보편적인 방식입니다. 예를 들어 1990년대 후반에 태어난 사람의 천궁도에서 달이 거해궁 14도 0분에 위치한다면, 황경상 해당 도수에 해당하는 큰개자리 알파성인 시리우스와 PED 방식으로 거의 정확하게 회합을 이룬다. 즉 만나고 있다고 판단하는 것입니다. 다만 행성과 항성의 회합 오차 범위는 상대적으로 매우 좁은 편입니다. 행성과 행성 간의 연계에서 회합과 주요 각은 4도 이내 오차까지 유효각 범위로 보고, 앤티션antiscion과 컨트랜티션contrantiscion은 2도까지, 적위상 패러렐parallel은 1도 30분까지 허용합니다. 반면에 항성과 행성의 연계는 오직 회합conjunction만을 인정하며, 허용되는 오차 범위는 1도를 넘어가지 않습니다.

정확하게 규정하자면,
광도 마이너스에서 0점 대역까지는 전후 1도,
광도 1에서 2점 대역까지는 접근 40분 및 분리 30분,
광도 3점 대역 이하는 접근 30분 및 분리 20분까지를
유효 회합 범위로 제한합니다.

광도 3점 대역 이하의 그다지 밝지 않은 별들의 경우, 이 책에 수록된 몇 가지 예외적으로 유효한 별들 이외에는 초심자 입장에서 억지로 확인하고 암기할 필요는 없습니다.

아주 제한적인 조건에서 회합 이외에 행성과 항성의 PED상 대립각opposition이 유효한 경우도 있기는 합니다. 대립각을 맺는 정확한 도수에서 최대 10분(1/6도)의 오차 범위 이내에서 성립해야 하고, 해당 항성이 일등성(광도 1.5보다 밝은 별)이어야 하며, 대립각을 맺는 행성이 반드시 천궁도의 앵글에 위치해야 합니다. 이 까다로운 조건을 모두 충족하는 경우 행성과 항성이 정확히 대립각을 맺는 경우에도 유효한 연계성이 확보될 수 있는데, 물론 매우 드문 경우이고 동일 조건에서 이루어진 회합의 유효성에 비할 바는 못 됩니다.

다만 PED 방식은 반드시 고려해야 할 맹점이 있습니다. 모든 별이 황도 근처에 몰려 있는 것이 아니라는 점입니다. PED 방식으로 만나는 별이 황도에 아주 근접하는 것이 아닌 한 경도로는 가까운데 위도로는 상당히 떨어져 있는 경우가 허다하기 때문입니다. x좌표로는 만나는데 y좌표가 일치하지 않는다는 것입니다.

따라서 동일한 광도의 별이라 해도 황도가 낮은 쪽이 황도가 높은 쪽보다 만나는 행성이나 감응점에 대한 영향력이 강할 수밖에 없습니다. 삼차원상의 좌표에서 물리적인 거리가 가깝기 때문입니다.

이는 곧 광도는 이등성인데 황도에 매우 가까운 별 쪽이, 광도는 일등성인데 황도에서 멀리 떨어져 있는 별보다 PED 방식으로 유효성이 더 높을 수 있다는 결론으로 이

어집니다.

예를 들어 광도가 1.40으로서 밤하늘에서 스물한 번째로 밝은 별인 레굴루스의 황위는 거의 0도에 근접합니다. 즉 황도에 바로 붙어 있다는 뜻입니다. 반면에 광도가 0.026으로 밤하늘에서 다섯 번째로 밝은 별인 베가는 황위가 무려 북위 61도입니다. 베가가 황도에서 너무나 떨어져 있기 때문에, 광도상으로는 베가가 레굴루스보다 월등히 밝으나 점성학적으로 PED 방식을 적용했을 때의 유효성은 레굴루스가 베가보다 훨씬 더 크다고 판단합니다.

그렇다면 PED 방식은 황위가 낮은, 즉 황도에 가까운 별들만 적용할 수 있는 것일까요? 언뜻 생각해보면 일리가 있는 주장입니다. 실제로 PED 방식을 적용했을 때 가장 유효한 별들은 황위가 남북으로 15분 이내에 있는, 즉 황도로부터 15도 이내에 근접하는 별들이기 때문입니다. 흔히 일컫는 로열스타인 레굴루스, 스피카, 알데바란, 안타레스 모두 황위가 6도 이내로서 황도에 아주 가깝게 붙어 있는 별들입니다.

그러나 황위가 상당히 높은 별들도 임상적으로 PED 방식에서 반복적인 유효성을 확인할 수 있는 것이 사실입니다. 밤하늘에서 제일 밝은 큰개자리 알파성 시리우스는 황위가 남위 39도가 넘어가 황도와 멀리 떨어져 있음에도 PED 방식을 적용했을 때 언제나 유효합니다. 페르세우스자리 베타성인 알골 역시 황위가 북위 22도가 넘어가지만 PED 방식을 비롯한 모든 항성 적용 기법에서 어김없이 유효합니다. 심지어 북위 61도인 거문고자리 알파성 베가 역시 강력하지는 않지만 PED 기법에서 어느 정도의 재현성을 가집니다.

높은 황위에서 비롯된 물리적인 거리가 상당함에 황위가 높은 별들이 PED 방식에서 유효하다는 점은, 점성술의 가장 기초적인 연계 방식인 애스펙트Aspect 체계와 비교해보면 납득 가능한 사실입니다.

행성이나 감응점이 서로 연계 되었다고 규정할 수 있는 경우는, 실제로 황경상으로 가까이 만나는 회합에만 국한되지 않습니다. 정수비의 기하학적 각도인 대립각oppoistion, 사각square, 삼각trine, 육각sextile으로 구성된 주요각major aspect에서도 행성들은 서로 연계성을 확보할 수 있습니다. 고전 점성술 기법으로 수많은 천궁도의 임상 분석을 거듭하다 보면 이 애스펙트 체계가 실제로 유효하다는 점을 알 수 있습니다.

실제로 거리상 가까이 붙어 있지도 않은데 정수비의 각을 맺는 것만으로 두 행성의 사안이 연계성을 갖는다는 것은, 점성학적 연계성의 정도라는 것이 오직 물리적인 거리만을 변수로 두지 않는다는 점을 반증합니다.

즉 PED 방식으로 황위가 높은 별은 황도와 물리적으로 멀리 떨어져 있다고 해서, 황경이 일치한다는 점에서 비롯되는 연계성이 사라지지 않는다는 것입니다. 비록 정도의 차이가 있을지언정 특정 행성과 항성이 황경상 유효 오차 범위 내에서 일치한다면, PED 방식의 연계는 유효하다고 판단합니다.

물론 황도에서 물리적으로 떨어질수록 유효성의 강도는 약해지는 것이 사실입니다. 따라서 회합 및 주요각의 연계성 강도 차이로 비교하자면, 황위 0도에서 15도까지의 항성과 행성이 오차 범위 이내에서 만나는 경우 이는 회합에 준하며, 25도까지는 대립각에, 35도까지는 사각에, 45도까지는 삼각에, 그 이상은 육각에 준한다고 비할 수 있습니다. 아시다시피 모든 점성학적 연계 방식 중 회합의 연계성 강도가 가장 높고, 육각의 연계성 강도가 가장 미약하다고 판단합니다. 따라서 황위가 45도가 넘어가는 별의 경우 일등성으로서 광도가 무척 밝은 별이 아니라면 PED 방식의 고려 대상으로 두지 않습니다.

2) Angle at Birth 기법

황경 도수만을 기준으로 삼는 PED 방식과는 달리, angle at birth 기법은 실제 관측자 중심의 항성 적용 방식입니다. 당사자가 태어나는 순간, 즉 출생 천궁도가 작성되는 시점에서 해당 지역의 지평선과 자오선에 직접 걸리는 별을 대상으로 하는 것이 angle at birth 기법입니다.

PED 방식은 출생 천궁도 주인공이 태어난 지역과 무관하게 오직 행성 및 감응점이 황경 도수상으로 특정 항성과 일치하는지 여부만을 따집니다. 반면에 angle at birth 기법은 당사자가 태어나서 천궁도의 작성 기준이 되는 지역이 어디인지가 가장 중요한 변수가 됩니다. 출생 지역의 경도와 위도에 따라, 천궁도 작성 시점에서 지평선과 자오선에 정확히 걸리는 항성이 모두 달라질 수 있습니다.

예를 들어 초 단위로 동시에 태어난 사람들이라 해도, 출생지가 서울인지 뉴욕인지 런던인지 멜버른인지에 따라 angle at birth로 유효하게 들어오는 항성 목록이 모두 달라지는 것입니다. 게다가 하루나 시간 단위도 아닌 불과 몇 분 단위로 지평선과 자오선에 걸리는 별은 계속 달라지기 때문에, PED 방식을 포함한 다른 어떤 항성 적용 방식과 비교해도 angle at birth만큼 시간적·공간적 변별도가 높은 방식은 없습니다. 따라서 지금 설명하고 있는 모든 항성 적용 방식 중에서 이 angle at birth 기법이 천궁도 주인공의 개인적인 특징을 가장 잘 나타내고 설명할 수 있는 방식이라 할 수 있습니다.

물론 이는 장점인 동시에 단점이기도 합니다. 분 단위로 특정 항성이 특정 인물의 천궁도에서 유효한지 아닌지의 여부가 달라지기 때문에, angle at birth 기법은 출생 정보의 생시가 분 단위로 정확하다는 보장이 없으면 적용할 수 없습니다.

엄밀히 말하자면 모든 점성학적인 판단은 생시가 분 단위로 정확하다는 전제 아래 진행되지만, 예를 들어 오전 8시에서 8시 30분 사이라는 애매모호한 생시기록으로는 angle at birth 기법을 애초부터 그 천궁도에 적용할 수가 없는 것입니다. 반면에 생시에서 불과 30분 정도의 차이라면 일곱 행성의 황경이나 적위 도수는 그다지 달라지지 않기 때문에 PED나 PoD 방식을 충분히 적용 가능합니다.

PED나 PoD 방식이 도끼로 장작을 패는 느낌이라면, angle at birth 기법은 날카로운 메스로 수술하는 느낌에 가깝습니다. 아주 예민하고 정확하지만, 생시기록 자체의 정확성을 요구하기 때문에 임상적으로 적용을 제한하는 경우가 너무 자주 발견된다는 점이 아쉬운 기법이기도 합니다.

이 기법의 오차 범위는 보통 우리가 아는 시간 단위로 표기됩니다. 천궁도의 작성 기준이 되는 특정 시각과 특정 지역이 정해지면, 그날 어떤 별이 지평선과 자오선 어느 쪽으로 몇 시 몇 분 몇 초에 정확하게 걸리는지 계산이 가능합니다. 예를 들어 2020년 1월 1일 서울 기준으로 오후 12시 12분 39초에 페르세우스자리 베타성인 알골이 지평선 동쪽에서 상승하고, 오후 12시 28분 40초에 거문고자리 알파성인 베가가 자오선에서 남중하며, 12시 42분 04초에 처녀자리 알파성인 스피카가 지평선 서쪽에서 하강하고, 13시 37분 27초에 쌍둥이자리 베타성인 폴룩스가 자오선 아래에서 북중합니다. 이와 같은 정확한 자료를 기반으로 특정 천궁도에서 angle at birth로 유효하게 들어오는 별들이 무엇인지를 확인할 수 있습니다.

angle at birth에서 경우의 수는 네 가지가 있습니다. 지평선 동쪽에서 상승하는 경우rising, 자오선에서 남중하는 경우culmination, 지평선 서쪽에서 하강하는 경우setting, 자오선 아래에서 북중하는 경우lower culmination입니다. 이 중에서 가장 중요한 것이 지평선 동쪽에서 상승하는 경우와 자오선에서 남중하는 경우입니다. 전자는 태어날 때부터 죽을 때까지 한결같이 천궁도 당사자의 인생에 지속적인 영향력을 발휘하며, 후자는 성인이 되어 직업을 가지고 사회 활동을 시작하는 연령대부터 죽을 때까지 영향력을 발휘한다고 판단합니다. 인간의 인생이 대략적으로 이 두 시기 사이에 틀이 다 갖춰지기 때문에, 이 두 경로에서 걸리는 별들은 반드시 확인해야 합니다.

반면에 지평선 서쪽에서 하강하는 경로로 들어온 별은 중년에 접어든 이후에 비로소 유효성을 갖추고, 자오선 아래에서 북중하는 경로로 들어온 별은 은퇴 전후의 노년부터 뒤늦게 유효성을 갖추기 때문에 앞의 두 경로에 비해 아무래도 영향력이 적고 시간의 범위도 좁은 편입니다.

다만 지평선 서쪽에서 하강하는 경로로 들어온 별은 인간관계의 결혼에 대해서는 평생 동안 영향력을 가지며, 자오선 아래에서 북중하는 경로로 들어온 별은 부모 및 집안의 사회·경제적 수준에 관여하여 당사자의 출신(어떤 수저를 갖고 나왔을까)을 가늠할 수 있는 변수로 작용하기 때문에 역시 확인해두어야 합니다.

유효성 판단에서 가장 중요한 것은 오차 범위입니다. angle at birth 기준 항성이 걸리는 시점이 우리가 쓰는 시간 단위로 표기되기 때문에, 오차 범위 역시 분 단위로 판단합니다.

걸리는 별이 광도 마이너스 대역인 경우 전후 8분까지 오차 범위를 허용하며,

광도 0점 대역은 전후 6분,

광도 1~2점 대역은 전후 4분까지 허용합니다.

광도 3점 이하의 밝지 않은 별들은 2~3분 이내로만 봐줍니다.

예를 들어 밤하늘에서 가장 밝은 별인 시리우스는 광도가 마이너스 대역이기 때

문에 오차 범위를 전후 8분까지 허용합니다. 만일 천궁도가 작성되는 날 해당 지역에서 시리우스가 오후 2시 15분에 남중한다면, 오후 2시 7분에서 22분까지 태어난 사람들은 모두 angle at birth 기법으로 남중하는 시리우스가 유효하게 걸린다고 판단합니다.

로열스타 안타레스와 알데바란은 광도가 0.8~0.9 수준이기 때문에 전후 6분까지 오차 범위가 허용됩니다. 천궁도가 작성되는 날 해당 지역에서 알데바란이 밤 11시 41분에 지평선 동쪽에서 떠오른다면, 밤 11시 35분부터 47분까지 태어난 사람들은 모두 angle at birth 기법으로 상승하는 알데바란이 유효하게 걸린다고 판단합니다.

반면에 물병자리 델타성인 스카트는 광도가 3.5 전후이기 때문에, 오차 범위가 4분까지도 허용되지 않습니다. 천궁도가 작성되는 날 해당 지역에서 스카트가 아침 7시 20분에 지평선 서쪽에서 하강한다면, 7시 16분에 태어난 사람은 angle at birth 기법으로 스카트가 걸린다고 간주하기는 어렵습니다. 스카트의 광도가 너무 낮아 불과 4분의 오차 범위를 인정할 정도까지 밝지 않기 때문입니다.

3) Paran 방식

파란Paran 방식, 정확히 Paranatella 방식은 특정 지역 특정 날짜에서 어떤 행성이 어떤 별과 지평선-자오선 축에서 정확히 연계되는지를 판단하는 기법입니다.

기본적으로는 angle at birth 기법과 동일한 원리로 구성된 체계지만, 파란 방식은 그 대상과 범위가 훨씬 넓습니다. angle at birth 기법은 지평선 / 자오선과 항성의 연계, 즉 감응점과 항성의 연계만을 다루는 데 비해 파란 방식은 항성과 연계될 수 있는 일곱 행성 모두를 다룹니다. 예를 들어 어떤 날 특정 지역에서 자오선에 화성이 남중하는 시점에 정확히 지평선 동쪽에서 작은개자리 알파성인 프로키온이 떠오르고 있다면, 화성과 프로키온이 연계성을 지닌다고 간주하는 것이 파란 기법의 기본 틀입니다.

문제는 점성학적으로 유효한 항성이 상당히 많기 때문에, 파란의 기본 전제처럼 지평선 동쪽, 자오선 남중, 지평선 서쪽, 자오선 북중의 네 경로와 모든 행성-항성 조합을 인정한다면 어떤 천궁도라도 각 행성당 평균 2~3개 이상의 유효 항성이 걸리게 된다는 점입니다. 이는 너무나 변별력이 떨어지고 자칫 항성 특유의 사안을 무의미하게 만드는 판단 방식일 수 있습니다.

따라서 파란 기법의 경우 연계 경로와 그 오차 범위를 아주 엄격하고 좁게 잡는 것이 보통입니다. 위의 예시와 같이 지평선 동쪽의 상승-자오선 남중 조합 등 다른 경로의 연계를 불허하고, 해당 날짜에 특정 행성과 항성이 동시에 자오선에서 남중하는 등 동일 경로의 연계 방식만을 허용하는 것입니다. 상승하는 행성과 동시에 상승하는 항성rising-rising, 남중하는 행성과 동시에 남중하는 항성culmination-culmination만을 고려 대상으로 두는 셈입니다.

또한 우리가 쓰는 시간 단위에서 2분 이내로 일치하는 경우만 인정하여 오차 범위를 좁게 둡니다. 예를 들어 해당 날짜에 금성이 남중하는 시각과 안타레스가 남중하는 시각이 4분의 오차가 있다면, 금성과 안타레스가 파란 방식으로 연계되어 있다고 판단하지 않습니다. 비록 금성이 안타레스의 색채를 조금 입는다 해도, 이 색채가 현실적인 사건을 일으킬 힘은 없다고 보는 것입니다. 만일 그 오차가 1~2분 이내라면 유효하다고 인정합니다.

4) PoD 방식

PoD는 Parallels of Declination의 약자로 황도 기준이 아닌 적도 기준, 특히 적위 좌표를 이용하여 행성과 항성의 연계성을 확인하는 기법입니다.

지구의 공전 궤도황도와 자전 궤도적도는 약 23.5도의 경사로 기울어져 있기 때문에, 태양의 적위값은 남북 모두 23도 30분 정도가 한계입니다. 반면에 태양 이외의 여섯 행성은 각각 최대 오차 범위가 상이하기는 하지만 황위 기준 8도 이상까지 황도에서 떨어질 수 있습니다. 비슷하게 적위로 여섯 행성이 남북 28도 이상의 값을 갖는 경우도 있기 때문에, 이 범위 안의 적위값을 갖는 별들은 모두 PoD 방식을 적용할 수 있는 대상이 됩니다. 물론 대부분의 경우 최고 25~26도를 벗어나지는 않습니다.

PoD 방식의 오차 기준은 파란 방식에 비해서도 매우 좁습니다. 마이너스 광도 대역의 별들은 적위 기준 10분 이내의 오차 범위를 허용합니다.

광도 0점 대역은 8분 이내,

광도 1~2점 대역은 5분 이내,

광도 3점 이하의 대역에서는 3~4분 이내로 허용 범위가 좁습니다.

적위를 기준으로 하는 PoD 방식은 행성-행성 연계성 판단에서도 보통 1도 이내, 최대 1도 30분 범위까지만 오차를 허용합니다. 이는 적위 기반의 연계 자체가 황경 기반 연계보다 위력이 약하고 가시성이 떨어진다는 사실을 반영합니다. 따라서 행성-항성 연계에서 PoD 방식 역시 오차 범위가 상당히 좁고, 어떤 천궁도에서는 PoD 기법으로 들어오는 항성을 단 하나도 찾아볼 수 없는 경우도 있습니다.

그래도 광도가 높은 일등성이 특정 행성에 4~5분 이내로 확실하게 적위상 패러렐 상태인 경우, 그 별은 상당히 지속적이고 안정적인 방식으로 해당 행성에 영향력을 발휘하게 됩니다. 따라서 PoD 방식은 아래에서 설명할 횡발이 아닌 완발의 형태로 항성의 힘을 사건화하는 믿을 만한 경로라고 판단합니다.

04

당사자의 인생에 항성이 작용하는
두 가지 형태

서양 고전 점성술에서 항성의 역할이 어느 정도인지에 대해 지금까지 체계가 제대로 잡혀 있지 않았던 것도, 다소 무리한 해석이 이루어져왔던 것도 사실입니다. 따라서 항성의 역할과 그 영향력의 폭에 대해 냉정하고 객관적으로 서술하여 정리할 필요가 있습니다.

1) 행성과 감응점을 묘사하는 단순 서술어로서의 역할

초두에서도 잠깐 언급했듯이, 항성의 기본 기능은 행성과 감응점의 특징을 설명해주는 서술어 역할입니다. 그리고 이는 행성이 다른 행성에게 행사하는 영향력과 동일하다고 판단해도 무방합니다.

예를 들어 A라는 행성이 화성과 유효각을 맺고 있을 때, A 행성이 담당하는 사안에서 화성 속성의 사건이 발생하게 됩니다. A 행성이 해당 천궁도에서 신체와 건강을 담당한다면, 상해와 급성 감염이 발생할 것입니다. 재물을 담당한다면, 뜬금없이 큰 금전적 지출이 발생할 만한 일이 생길 것입니다. 육친을 담당한다면, 본인이 아닌 부모형제에게 사고가 발생할 것입니다. 마찬가지로 A라는 행성이 온전히 화성 속성의 일등성과 파틸 범위 이내로 회합을 이루고 있다면, A 행성이 담당하고 있는 사안에서 상기한 것과 유사한 사건이 발생할 것입니다. 상해, 급성 감염, 손재수, 육친의 사고 등. 물론 항성 쪽이 행성인 화성보다 좀 더 극적이고 특이한 형태로 사건화되는 경향이 있겠지만, 본질적인 부분에서는 큰 차이가 없을 것입니다.

특정 사안을 담당하는 지표성, 즉 시그니피케이터significator에게 영향을 주고 사건을 발생시킨다는 점에서 다른 행성과의 유효각이나 항성과의 회합은 별다를 바가 없습니다. 이를 관용적으로 '지표성을 채색시킨다'라고 표현합니다. 지표성 A가 화성과 유효각을 맺고 있다면 A가 담당하는 사안은 화성 속성으로 채색이 됩니다. 급작스러운 일이 잘 발생하고, 이해관계자 사이에 경쟁과 다툼이 잘 일어나고, 주변 환경은 빠르게 변하여 오랫동안 안정된 상태에 놓이는 경우가 별로 없을 것입니다. 이것이 화성의 속성이고, 지표성 A는 화성의 속성에 채색되는 것입니다. 만일 동일한 지표성이 화성 속성의 항성과 가깝게 회합을 이루는 경우도 역시 화성과 유사한 그 별의 속성으로 지표성이 채색되는 것입니다. 이는 별다른 가치평가가 들어가지 않는 점성학적 명제로서 사실상 동일합니다.

2) 천궁도 당사자의 사회경제적 지위에 관여하는 항성의 역할

단순히 지표성을 채색하는 역할에 추가로, 특정 조건으로 연계된 항성은 천궁도 주인공의 '사회경제적 지위'에 관여하기도 합니다.

예전부터 일등급 항성, 그중에서도 로열스타로 불리는 몇 가지 광도가 높고 유명한 별들이 정확하게 걸리는 천궁도의 주인공은 사회적으로 성공하기 쉬울 거라는 다소 섣부른 해석 방법이 성행했던 것이 사실입니다. 하지만 많은 천궁도를 임상적으로 해석하며 데이터베이스를 쌓다 보면, 항성이 그 자체만으로 당사자의 세속적 성취에 핵심적인 역할을 하는 경우는 아주 드물다고 할 수 있습니다.

기본적으로 일곱 행성과 감응점 관련 구조에서 전형적인 성취의 조합이 형성되어 있어야 가능한 일이며, 이미 성립한 성공의 구조를 일종의 양념처럼 보조하여 그 폭을 확대시키는 정도가 항성의 역할이라 할 수 있습니다. 항성만으로, 로열스타만으로는 안

된다는 것입니다. 또한 이는 전통적인 필요조건과 충분조건의 오류에도 해당되는 부분입니다. 점성술을 익히며 이런저런 천궁도를 해석하다 보면 아무래도 연예인, 스포츠맨, 정치인, 기업인 등 각계에서 크게 성공한 유명인들의 천궁도를 자주 접하게 됩니다. 이렇게 명백한 세속적인 성취를 이룬 사람들의 천궁도에서는 널리 알려진 일등성이 다수 분포하는 경우가 많기 때문에, 역으로 일등성이 여러 개가 걸리는 천궁도의 소유자는 나중에 성공하여 유명해질 확률이 높다고 생각하는 것이 인지상정입니다.

그러나 실제로 보통 사람들의 천궁도에서도 여러 개의 일등성이 동시에 걸리는 경우가 자주 관찰되며, 이들 중 대다수는 그저 일상을 살아내는 일반인으로서 대단한 사회적 성취나 인지도를 얻지 못합니다. 오히려 남들이 겪지 않는 특이한 고난이나 질병에 노출되는 빈도가 높아 외로이 고생하곤 합니다. 이는 곧 천궁도에서 강력한 항성이 여러 개 걸리는 구조가 높은 사회적 성취와 인지도를 얻기 위한 필요조건일 수는 있어도 충분조건이 되지는 못한다는 뜻입니다.

이미 크게 성공한 사람들의 천궁도를 확인했을 때 다수의 일등성이 걸리는 경우가 대부분이지만, 다수의 일등성이 걸리는 천궁도의 소유자라고 해서 꼭 큰 성공을 거두는 보장은 없는 것입니다.

본인에게 주어진 환경과 자원에 비해 크게 성공하는 경우, 소위 신분 상승에 준하는 세속적 성취를 이루는 인물의 천궁도에는 일곱 행성과 감응점 차원에서 이미 그럴만한 특이 구조가 형성되어 있습니다. 이는 로열스타가 걸리는지 아닌지 여부보다 한참 이전의 문제입니다.

다수의 일등성은 이 성취의 폭을 증가시킬 수는 있어도, 그 천궁도에 아무런 성취의 구조가 없는데 일등성 몇 개 들어온다고 신분 상승이 이루어지지는 않는 것입니다. 간혹 일시적으로 그렇게 보이는 경우도, 그 지위를 오래 유지하고 못하고 곧 실패를 거듭한 후 본인의 원래 그릇대로 살아가게 됩니다.

신분 상승에 준하는 세속적 성취에 관여하는 행성 및 감응점 구조를 논하는 것은 이 책에서 다룰 내용이 아니니, 큰 성공을 이룬 인물들의 천궁도에서 전형적으로 나타나는 항성 구조의 성립 조건에 대해서 나열해보도록 하겠습니다. 유의미한 사회적 성취를 이룬 인물들의 천궁도에서 발견되는 항성 구조는 아래의 네 가지 패턴이 가장 전형적이라 할 수 있습니다.

- · angle at birth 기법에서 일등성이 지평선 동쪽에서 떠오르거나 자오선에서 남중

- · 태양이나 달이 일등성, 특히 로열스타레굴루스, 스피카, 알데바란, 안타레스와 PED 방식으로 접근 40분 혹은 분리 30분 이내 범위에서 회합

- · 해당 천궁도에서 사회적 성취의 핵심이 되는 행성명예의 지표성이 앵글에서 상성이 좋은 일등성과 접근 40분 혹은 분리 30분 이내 범위에서 회합

- · 태양, 달, 명예의 지표성이 일등성과 PoD 방식으로 5분 이내 회합

3) 항성이 세속적 성취에 관여한다면, 그 방식은 어떠한가?

일곱 행성과 감응점 구조가 신분 상승의 조건을 충족시키는 동시에 다수의 일등성이 상기한 방식으로 유효하게 걸리는 천궁도의 경우, 어찌 됐든 세속적으로 남다른 성취를 이룰 것임은 어렵지 않게 판단할 수 있습니다. 다만 당사자의 사회적 성공을 항성이 밀어주는 방식이 각 항성마다 매우 다양한데, 크게 구분해보자면 두 가지입니다. 횡발橫發과 완발緩發이 그것입니다.

횡발은 급작스럽게 이루어지며 그렇게 얻어진 지위도 상당히 불안정한 편입니다. 가수나 배우가 아주 높은 경쟁률을 뚫고 오디션에서 뽑힌다든가, 유튜브가 대박이 나서 구독자가 백만 단위를 넘어 갑자기 전국에 이름이 알려진다든가, 별생각 없이 묻어둔 땅이 대규모 재개발 부지에 걸려 하루아침에 졸부가 된다든가 하는 식입니다.

횡발로 인한 성공은 상식적으로 실현 가능성이 매우 낮아서 동일한 조건에서 다른 사람이 똑같이 시도했을 때 비슷한 성취를 기대하기 힘들다는 특징이 있습니다. 마치 스토리가 있는 로또와도 같습니다. 그만큼 예상하기 어렵고 당사자 입장에서도 급작스러운 사건으로 다가오기 쉽습니다. 준비가 덜 된 상태에서 돈, 권력, 명예 등이 갑

자기 손에 들어오기 때문에, 한순간에 얻게 된 자원을 현명하게 관리하지 못하다가 몇 번의 실수를 거쳐 빠르게 잃어버리는 경우가 아주 많습니다. 갑자기 뜬 연예인이 별다른 전략 없이 처신을 제대로 못 하다가 2년도 못 가고 묻혀버리는 것과 비슷합니다. 즉 횡발로 인한 성취는 급작스럽고 빠르게 다가오며, 그 성공의 규모는 당사자가 감당하기 힘들 정도로 큼지막한 경우가 많습니다. 본인의 그릇에 넘치는 자원이 한순간에 들어오기 때문에 조절과 관리는 상당히 어렵고, 그만큼 그 지위는 불안정하며 약간의 판단 착오로 모든 것을 한꺼번에 잃어버릴 확률도 높습니다. 급하게 왔다가 급하게 가버리는 것입니다.

반면에 완발의 경우 성취가 급하게 이루어지지 않습니다. 목표를 이루기 위해 투자한 시간과 노력에 비례하는 경우가 많고, 이 과정은 대체로 예상 가능합니다. 비록 최종적인 성취를 얻어내는 확률이 높지 않다 해도 이미 성공한 사람과 같은 조건에서 동일한 시간과 노력을 투입한다면 후발 주자 역시 비슷한 성취를 얻어낼 것이라 기대할 수 있습니다.

과거의 사법고시나 행정고시에 도전해 합격한다든가, 높은 경쟁률을 뚫고 의치한 등 면허를 부여하는 전문 의료 직종이 된다든가, 한 번의 낙오도 없이 대기업에 입사하여 승승장구하다가 빠르게 임원직에 오른다든가 하는 식입니다. 물론 이런 예상 가능한 경로로 성공하는 사람은 전체 모집단에서 아주 소수에 불과하겠지만, 그래도 전국민이 모두 알아볼 만한 연예인이나 유튜버가 될 확률보다는 아주 높을 것입니다. 엄청난 부와 인지도를 짧은 기간 안에 쌓아 올릴 수는 없지만, 자기 분야에서 이삼십 년 이상 꾸준히 커리어를 유지한다면 남부러울 것 없는 사회적 지위와 경제적 풍요로움을 얻을 수 있습니다.

완발에서 더욱 중요한 점이라면, 예상 가능한 경로로 충분한 준비와 계획이 뒤따라야 얻어낼 수 있는 성취이기 때문에 한 번 얻은 지위를 갑자기 잃어버릴 확률은 적다는 것입니다. 횡발로 얻어진 지위는 불안정하여 한순간에 어이없이 날아가버릴 수 있지만, 완발은 그러한 리스크가 크지 않아 훨씬 안정적입니다.

항성에 의한 횡발과 완발의 표현형을 결정하는 변수로서 항성 외적인 부분과 내적인 부분을 나누어볼 수 있습니다. 항성 외적인 부분은, 항성을 적용하기 이전에 이미 천궁도에 형성된 일곱 행성과 감응점 구조가 어떠한지의 여부에 달려 있습니다. 예를 들어 주요 행성의 하우스 포지션, 즉 위치성이 월등하지만 섹트 등 질적인 안정성이 떨어지는 경우 강력한 일등성이 붙으면 횡발하는 경우가 많습니다. 인생 초반에 갑자기 큰 성공을 겪지만 좀처럼 그 영광이 오래가지 못합니다. 흔히 일컫는 초년 성공의 저주로 끝나는 경우도 꽤 있습니다. 반면에 주요 행성의 위치성은 그다지 유리하지 않지만 다른 행성이나 감응점 간의 연계성이 뛰어난 천궁도의 소유자는 초반에 두각을 나타내지는 못하지만 시간이 지나며 천천히 자신의 입지를 착실하게 쌓아나가는 경향이 있습니다. 이런 특징의 천궁도에 일등성이 걸리면 그 결과가 횡발보다는 완발로 나타나기 쉽습니다.

항성 내적인 부분은 애초에 각 별들마다 속성이 다르다는 점을 반영합니다. 천궁도 주인의 사회경제적 지위에 관여할 때 거의 횡발로 나타나는 별들이 있는가 하면, 횡발보다는 완발로 살살 밀어주는 안정적인 속성의 별들도 있습니다. 예를 들어 로열스타로 분류되는 레굴루스, 스피카, 알데바란, 안타레스의 경우 거의 언제나 횡발하며 완발로 천천히 가는 경우는 별로 없습니다. 반면에 천칭자리 베타성인 주벤 에샤마리는 큰 기복 없이 완발하는 대표적인 별이며, 오리온자리 베타성 리겔이나 궁수자리의 눈키, 아셀라, 카우스 오스트랄리스 등도 보통 완발로 기우는 특징을 가지고 있습니다.

또한 루미너리와 만난 데네볼라나 태양과 만난 알파드처럼 선택적으로만 횡발하는 경우도 있고, 토성과 만난 프로키온이나 화성과 만난 베텔게우스처럼 위태롭게 횡발할 것 같지만 실제로는 오히려 완발로 안정되는 경우도 있습니다. 행성-항성 조합에 대한 자세한 내용은 각 항성 설명에서 서술한 바 있으니 참조하시기 바랍니다.

항성이 천궁도에 들어오는 방식도 어느 정도 횡발과 완발의 방향성에 관여합니다. angle at birth 기법, 혹은 PED 방식으로 행성이 아닌 감응점에 직접 항성이 들어오는 경우 횡발로 이어지기 쉽습니다. 행성은 마치 동물처럼 자체적인 조절 능력이 어느 정도 있다고 간주되지만, 감응점은 식물과도 같아 무방비 상태에서 항성의 영향력에 노출되기 때문에 아무래도 그 결과가 불안정하기 마련입니다. 특히 일등성 중 화성의 속성을 가진 별들이 angle at birth나 PED 방식으로 직접 Asc, MC, LoF 등에 들어오는 경우 해당 항성의 색채는 무척 불안정한 상태에서 입혀집니다. 이러한 거칠고 격한 항성들은 감응점보다는 행성, 그중에서도 상성이 맞는 행성이나 루미너리 중에서는 가급적 태양이 아닌 달에 걸리는 쪽이 횡발의 부작용이 그나마 적은 편입니다.

비록 허용 오차 범위가 좁기 때문에 경우의 수가 많지는 않지만, PoD 방식으로 들어오는 항성의 색채는 다른 방식에 비해 안정적인 경우가 많습니다. 즉 PoD 방식으로 행성과 연계된 항성은 대체로 횡발하기보다는 완발하는 경향이 있습니다. 이는 황경 도수가 아닌 적위에 기반한 연계성 자체의 특징으로서, 항성이 아닌 행성에게도 마찬가지로 적용되는 부분입니다. 예를 들어 달이 화성과 황경상 유효 회합을 맺는 것보다는 적위상 패러렐을 맺는 편이 화성의 색채가 덜 거칠고 급작스럽게 나타납니다.

폴룩스, 레굴루스, 안타레스, 프로키온처럼 화성 속성 위주인 일등성들 역시 PED보다는 PoD로 들어오는 쪽이 순간적인 파괴력은 약하지만 그 효과가 안정적으로 오래 가는 편입니다. 소위 큰 거 한 방을 기대할 수는 없어도 오랫동안 본인이 종사하는 직업적 특성으로 활용하기에는 오히려 더 낫습니다.

예를 들어 레굴루스가 PED 방식으로 들어오는 경우 갑작스러운 명예나 권력이 손에 들어오지만 그 불안정한 지위를 쉽게 잃을 수 있는 반면, PoD로 들어오는 경우 군인, 검찰, 경찰, 고위 공무원이 되어 레굴루스 특유의 화성 속성을 장기간 직업적으로 풀어갈 확률이 높아지는 것입니다. PoD 자체가 횡발보다 완발로 기울어지는 연계 방식이기 때문에 그렇습니다.

05

특정 천궁도에서
어떤 항성이 유효하게 들어오는지를
확인하는 방법

서양 고전 점성술을 이미 익히고 계신 분이라면 Morinus, Zet, Solar Fire 같은 점성술 프로그램을 통해 천궁도를 작성하고 유효 항성을 확인하는 법을 알고 계실 것입니다. 만약 점성술에 대해 문외한이거나 갓 입문한 분인 경우, 항성을 확인하기 위해서는 우선 본인이나 주변 사람들의 정확한 천궁도를 작성하는 과정이 우선입니다.

www.astro.com

사이트에 가입하면 무료로 출생 천궁도 작성과 열람이 가능합니다. 이 사이트에서 Extended Chart Selection ⇒ Sections(Special) ⇒ Chart Type : Aspects / Parans 옵션을 선택하면 특정 천궁도에서 PED 방식과 Paran 방식으로 유효한 항성들을 확인할 수 있습니다. Stars brighter than m=3 정도로 설정하면 웬만한 별들은 모두 목록에 포함될 것입니다. 이 책에서 명시한 각각의 방식에 따른 오차 범위만 숙지한다면, 해당 천궁도에 걸리는 유효 항성 목록을 확인하실 수 있습니다. 이 자료의 Parans II, Stars at Natal Horizon or Meridian 항목에서는 angle at birth로 들어오는 항성들 목록을 확인 가능합니다.

www.constellationsofwords.com

PoD 방식으로 들어오는 항성의 경우 유용한 사이트입니다. 접속한 뒤 Star lists에서 declination order를 선택하여 본인 천궁도의 행성들과 적위 도수를 대조하며 확인이 가능합니다.

www.astro-seek.com

이 사이트도 추천합니다. 가입한 뒤 Free Horoscopes ⇒ Sidereal Astrology ⇒ Fixed Stars ⇒ Online Calculator를 선택하면 해당 연도의 각 항성별 정확한 황경과 적위 도수를 확인할 수 있으니, 본인이 궁금한 천궁도의 도수 자료와 대조하여 PoD 방식으로 걸리는 항성을 찾을 수 있습니다.

Ephemeris:
Longitude · Declination

67개 항성별
황경과 적위의
연도별 표

67개 항성별 황경의 연도별 표: Longitude

	1900년	1925년	1950년	1975년	2000년
데네브 카이토스	01 Ari 11	01 Ari 32	01 Ari 53	02 Ari 14	02 Ari 35
알게니브	07 Ari 46	08 Ari 07	08 Ari 28	08 Ari 49	09 Ari 09
알페라츠	12 Ari 55	13 Ari 16	13 Ari 37	13 Ari 58	14 Ari 18
미라크	29 Ari 01	29 Ari 22	29 Ari 43	00 Tau 04	00 Tau 24
샤라탄	02 Tau 34	02 Tau 55	03 Tau 16	03 Tau 37	03 Tau 58
하말	06 Tau 16	06 Tau 37	06 Tau 58	07 Tau 19	07 Tau 40
멘카르	12 Tau 55	13 Tau 16	13 Tau 37	13 Tau 58	14 Tau 19
자우라크	22 Tau 28	22 Tau 49	23 Tau 10	23 Tau 31	23 Tau 52
알골	24 Tau 46	25 Tau 07	25 Tau 28	25 Tau 49	26 Tau 10
알키오네	28 Tau 36	28 Tau 57	29 Tau 18	29 Tau 39	00 Gem 00
미르파크	00 Gem 41	01 Gem 02	01 Gem 23	01 Gem 44	02 Gem 05
프리마 히아둠	04 Gem 24	04 Gem 45	05 Gem 06	05 Gem 27	05 Gem 48
알데바란	08 Gem 23	08 Gem 44	09 Gem 05	09 Gem 26	09 Gem 47
리겔	15 Gem 26	15 Gem 47	16 Gem 08	16 Gem 29	16 Gem 50
벨라트릭스	19 Gem 33	19 Gem 54	20 Gem 15	20 Gem 36	20 Gem 57
카펠라	20 Gem 28	20 Gem 49	21 Gem 10	21 Gem 31	21 Gem 51
엘 나스	21 Gem 11	21 Gem 32	21 Gem 53	22 Gem 14	22 Gem 35
알닐람	22 Gem 04	22 Gem 25	22 Gem 46	23 Gem 07	23 Gem 28
알 헤카	23 Gem 23	23 Gem 44	24 Gem 05	24 Gem 26	24 Gem 47
베텔게우스	27 Gem 21	27 Gem 42	28 Gem 03	28 Gem 24	28 Gem 45
멘칼리난	28 Gem 31	28 Gem 52	29 Gem 13	29 Gem 34	29 Gem 55
무르짐	05 Can 48	06 Can 09	06 Can 30	06 Can 51	07 Can 11
알헤나	07 Can 42	08 Can 03	08 Can 24	08 Can 45	09 Can 06
시리우스	12 Can 42	13 Can 03	13 Can 24	13 Can 45	14 Can 05
카노푸스	13 Can 35	13 Can 56	14 Can 17	14 Can 38	14 Can 58
카스토르	18 Can 51	19 Can 12	19 Can 33	19 Can 54	20 Can 14
아다라	19 Can 22	19 Can 43	20 Can 04	20 Can 25	20 Can 46
폴룩스	21 Can 50	22 Can 11	22 Can 32	22 Can 53	23 Can 13
프로키온	24 Can 24	24 Can 45	25 Can 06	25 Can 27	25 Can 47
프레세페	05 Leo 57	06 Leo 18	06 Leo 39	07 Leo 00	07 Leo 20
알파드	25 Leo 53	26 Leo 14	26 Leo 35	26 Leo 56	27 Leo 17
레굴루스	28 Leo 26	28 Leo 47	29 Leo 08	29 Leo 29	29 Leo 50
데네볼라	20 Vir 14	20 Vir 35	20 Vir 56	21 Vir 17	21 Vir 37
빈데미아트릭스	08 Lib 33	08 Lib 54	09 Lib 15	09 Lib 36	09 Lib 56

	1900년	1925년	1950년	1975년	2000년
스피카	22 Lib 27	22 Lib 48	23 Lib 09	23 Lib 30	23 Lib 50
아크투루스	22 Lib 50	23 Lib 11	23 Lib 32	23 Lib 53	24 Lib 14
아크룩스	10 Sco 29	10 Sco 50	11 Sco 11	11 Sco 32	11 Sco 52
알페카	10 Sco 53	11 Sco 14	11 Sco 35	11 Sco 56	12 Sco 18
주벤 엘게누비	13 Sco 41	14 Sco 02	14 Sco 23	14 Sco 44	15 Sco 05
주벤 에샤마리	17 Sco 59	18 Sco 20	18 Sco 41	19 Sco 02	19 Sco 22
우누칼하이	20 Sco 40	21 Sco 01	21 Sco 22	21 Sco 43	22 Sco 05
아게나	22 Sco 24	22 Sco 45	23 Sco 06	23 Sco 27	23 Sco 48
톨리만	28 Sco 13	28 Sco 32	28 Sco 51	29 Sco 10	29 Sco 29
드슈바	01 Sag 10	01 Sag 31	01 Sag 52	02 Sag 13	02 Sag 34
아크라브	01 Sag 48	02 Sag 09	02 Sag 30	02 Sag 51	03 Sag 11
안타레스	08 Sag 22	08 Sag 43	09 Sag 04	09 Sag 25	09 Sag 46
사빅	16 Sag 34	16 Sag 55	17 Sag 16	17 Sag 37	17 Sag 58
라스 알하게	21 Sag 03	21 Sag 24	21 Sag 45	22 Sag 06	22 Sag 27
샤울라	23 Sag 11	23 Sag 32	23 Sag 53	24 Sag 14	24 Sag 35
폴리스	01 Cap 49	02 Cap 10	02 Cap 31	02 Cap 52	03 Cap 13
카우스 메디아	03 Cap 11	03 Cap 32	03 Cap 52	04 Cap 13	04 Cap 35
카우스 오스트랄리스	03 Cap 41	04 Cap 02	04 Cap 23	04 Cap 44	05 Cap 05
카우스 보레알리스	04 Cap 55	05 Cap 16	05 Cap 37	05 Cap 58	06 Cap 19
눈키	10 Cap 59	11 Cap 20	11 Cap 41	12 Cap 02	12 Cap 23
아셀라	12 Cap 15	12 Cap 36	12 Cap 57	13 Cap 18	13 Cap 38
베가	13 Cap 55	14 Cap 16	14 Cap 37	14 Cap 58	15 Cap 19
피콕	22 Cap 25	22 Cap 46	23 Cap 07	23 Cap 28	23 Cap 49
알타이르	00 Aqu 22	00 Aqu 43	01 Aqu 04	01 Aqu 25	01 Aqu 47
다비	02 Aqu 39	03 Aqu 00	03 Aqu 21	03 Aqu 42	04 Aqu 03
사달수드	22 Aqo 00	22 Aqu 21	22 Aqu 42	23 Aqu 03	23 Aqu 24
데네브 알게디	22 Aqu 08	22 Aqu 29	22 Aqu 50	23 Aqu 11	23 Aqu 33
포말하우트	02 Pis 27	02 Pis 48	03 Pis 09	03 Pis 30	03 Pis 52
데네브 아디게	03 Pis 57	04 Pis 18	04 Pis 39	05 Pis 00	05 Pis 20
스카트	07 Pis 29	07 Pis 50	08 Pis 11	08 Pis 32	08 Pis 52
아케르나르	13 Pis 53	14 Pis 14	14 Pis 36	14 Pis 57	15 Pis 19
마르카브	22 Pis 06	22 Pis 27	22 Pis 48	23 Pis 09	23 Pis 29
셰아트	27 Pis 59	28 Psi 20	28 Pis 41	29 Pis 02	29 Pis 22

67개 항성별 적위의 연도별 표: Declination

* 확인의 편이성을 위해 내림차순으로 정렬해두었습니다.

	1900년	1925년	1950년	1975년	2000년
미르파크	49.30	49.35	49.41	49.46	49.52
카펠라	45.54	45.55	45.57	45.58	46.00
데네브 아디게	44.55	45.00	45.06	45.11	45.16
멘칼리난	44.56	44.56	44.56	44.56	44.56
알골	40.34	40.40	40.45	40.51	40.57
베가	38.41	38.42	38.44	38.45	38.47
미라크	35.05	35.13	35.20	35.28	35.36
카스토르	32.06	32.03	31.59	31.56	31.53
알페라츠	28.32	28.40	28.49	28.57	29.05
엘 나스	28.31	28.32	28.34	28.35	28.36
셰아트	27.32	27.40	27.48	27.56	28.04
폴룩스	28.16	28.12	28.09	28.05	28.01
알페카	27.03	26.58	26.53	26.48	26.43
알키오네	23.57	23.59	24.02	24.04	24.06
하말	22.59	23.06	23.13	23.20	23.27
알 헤카	21.05	21.06	21.07	21.08	21.09
샤라탄	20.19	20.26	20.33	20.40	20.47
프레세페	20.03	19.58	19.52	19.47	19.41
아크투루스	19.42	19.34	19.27	19.19	19.11
알데바란	16.18	16.21	16.25	16.28	16.31
알헤나	16.29	16.28	16.26	16.25	16.24
프리마 히아둠	15.23	15.26	15.30	15.33	15.37
알게니브	14.38	14.46	14.55	15.03	15.11
마르카브	14.40	14.48	14.56	15.04	15.11
데네볼라	15.08	15.00	14.51	14.43	14.35
라스 알하게	12.38	12.37	12.35	12.34	12.33
레굴루스	12.27	12.20	12.12	12.05	11.58
빈데미아트릭스	11.30	11.22	11.14	11.06	10.58
알타이르	8.36	8.40	8.44	8.48	8.52
베텔게우스	7.23	7.23	7.24	7.24	7.24
우누칼하이	6.44	6.40	6.35	6.31	6.26
벨라트릭스	6.16	6.17	6.19	6.20	6.21
프로키온	5.29	5.25	5.21	5.17	5.13
멘카르	3.42	3.47	3.53	3.58	4.04

	1900년	1925년	1950년	1975년	2000년
알닐람	-1.16	-1.15	-1.14	-1.13	-1.12
사달수드	-6.01	-5.55	-5.48	-5.41	-5.34
리겔	-8.19	-8.17	-8.16	-8.14	-8.12
알파드	-8.13	-8.20	-8.26	-8.33	-8.40
주벤 에샤마리	-9.01	-9.06	-9.12	-9.17	-9.22
스피카	-10.38	-10.45	-10.53	-11.01	-11.08
자우라크	-13.48	-13.44	-13.39	-13.35	-13.30
다비	-15.06	-15.01	-14.57	-14.52	-14.47
사빅	-15.36	-15.37	-15.39	-15.41	-15.43
스카트	-16.21	-16.13	-16.05	-15.57	-15.49
주벤 엘게누비	-15.38	-15.44	-15.49	-15.55	-16.01
데네브 알게디	-16.35	-16.28	-16.22	-16.15	-16.08
시리우스	-16.35	-16.37	-16.38	-16.40	-16.42
무르짐	-17.54	-17.55	-17.55	-17.56	-17.57
데네브 카이토스	-18.32	-18.24	-18.15	-18.07	-17.59
아크라브	-19.32	-19.36	-19.40	-19.44	-19.48
폴리스	-21.05	-21.05	-21.04	-21.04	-21.03
드슈바	-22.20	-22.24	-22.28	-22.32	-22.36
카우스 보레알리스	-25.29	-25.28	-25.27	-25.26	-25.25
눈키	-26.25	-26.23	-26.21	-26.19	-26.17
안타레스	-26.13	-26.16	-26.20	-26.23	-26.26
아다라	-28.50	-28.52	-28.54	-28.56	-28.58
포말하우트	-30.09	-30.01	-29.54	-29.46	-29.38
카우스 메디아	-29.52	-29.52	-29.51	-29.50	-29.49
아셀라	-30.01	-29.59	-29.57	-29.55	-29.53
카우스 오스트랄리스	-34.26	-34.26	-34.25	-34.24	-34.23
샤울라	-37.02	-37.03	-37.03	-37.04	-37.05
카노푸스	-52.38	-52.39	-52.40	-52.41	-52.42
피콕	-57.03	-56.59	-56.54	-56.49	-56.44
아케르나르	-57.45	-57.37	-57.29	-57.22	-57.14
아게나	-59.53	-60.00	-60.08	-60.15	-60.22
톨리만	-60.25	-60.31	-60.37	-60.43	-60.49
아크룩스	-62.33	-62.41	-62.50	-62.58	-63.06

INDEX _ 용어 설명

Reference 참고문헌

1. Robson, Vivian 《Fixed Stars and Constellations in Astrology》 (Astrology Classics)
2. Ebertin - Hoffmann 《Fixed Stars and Their Interpretation》 (AFA)
3. Noonan, George 《Fixed Stars and Judicial Astrology》 (AFA)
4. Brau, Jean - Louis 《Larousse Encyclopedia of Astrology》 (McGraw - Hill Pubns)
5. Manilus 《Astronomica》 (HUP)
6. Brady, Bernadette 《Brady's Book of Fixed Stars》 (Red Wheels)

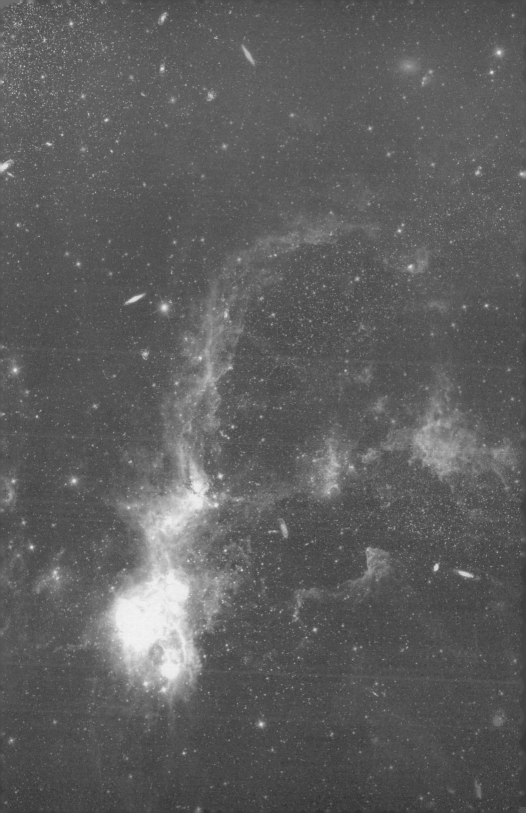

천궁도와 별이야기

초판 1쇄 발행 2020년 4월 18일
지은이 김고은

펴낸곳 책책
펴낸이 선유정
편집인 김윤선
디자인 아트퍼블리케이션 디자인 고흐
교정교열 박소영

출판등록 2018년 6월 20일 제2018 - 000060호
주소 (03088) 서울시 종로구 이화장1길 19 -6
전화 010 -2052 -7411
인스타그램 @chaegchaeg
전자주소 chaegchaeg@naver.com

© 김고은, 2020
ISBN 979-11-962974-9-7